La gloria y el ensueño que forjó una

PATRIA

2

1859-1863

PACO IGNACIO TAIBO II

La gloria y el ensueño que forjó una

PATRIA

2

1859-1863

La Intervención francesa

Planeta

Diseño de portada: Jorge Garnica / La Geometría Secreta
Imagen de portada: Batalla de Puebla, 5 de mayo de 1862 (fragmento).

© 2017, Paco Ignacio Taibo II

© 2017, Editorial Planeta Mexicana, S.A. de C.V.
Bajo el sello editorial PLANETA[M.R.]
Avenida Presidente Masarik núm. 111, Piso 2
Colonia Polanco V Sección
Deleg. Miguel Hidalgo
C.P. 11560, Ciudad de México
www.planetadelibros.com.mx

Primera edición: julio de 2017
ISBN Obra completa: 978-607-07-4089-3
ISBN Volumen 2: 978-607-07-4156-2

Impreso en los talleres de Litográfica Ingramex, S.A. de C.V.
Centeno núm. 162-1, colonia Granjas Esmeralda, Ciudad de México
Impreso y hecho en México / *Printed and made in Mexico*

Vámonos patria a caminar, yo te acompaño.
OTTO RENÉ CASTILLO

Nosotros venimos del pueblo de Dolores,
descendemos de Hidalgo y nacimos
luchando como nuestro padre,
por los símbolos de la emancipación,
y como él, luchando por la santa causa
desapareceremos de sobre la tierra.
IGNACIO RAMÍREZ, "Discurso cívico",
Obras completas, tomo III

El historiador no se ocupa sólo de la verdad;
se ocupa también de lo falso cuando se ha
tomado como cierto; se ocupa también de lo
imaginario y lo soñado. Sin embargo,
se niega a confundirlos.
ALAIN DEMURGER

ZARAGOZA

Juan Antonio Mateos te cuenta: "Zaragoza saludaba al pueblo siempre con emoción. Su fisonomía constantemente serena, infundía respeto y veneración. Zaragoza no repetía jamás una misma orden, porque está satisfecho de ser obedecido. Trataba con seriedad, pero con exquisita distinción, a sus subordinados y consideraba a la tropa, acariciaba a los niños que iban con sus madres en pos de los batallones, decía que aquellas tiernas criaturas eran sus hijos; muchas veces los tomaba en sus brazos: esto hacía llorar a los soldados. Era poco comunicativo, y jamás se ostentaba sino en los momentos supremos. Su presencia en el ejército era una esperanza radiante, que infundía valor y decisión al soldado". Tras esta idílica visión hay mucho de verdad si se contrastan decenas de testimonios, quizá bajo la simple lógica de que a un general del pueblo le gusta el pueblo.

En enero del 62 el presidente Juárez toma una decisión arriesgada: acepta que dejes la Secretaría de Guerra y dirijas una parte del Ejército de Oriente, bajo el mando de José López Uraga, y el 6 de febrero lo sustituyes a causa de su blandenguería con los invasores. Juárez te ha mandado a hacerte cargo directo del pequeño ejército que tendría la misión de frenar la intervención armada.

Naciste en 1829 en Bahía del Espíritu Santo, Texas, un pueblo de menos de 800 habitantes, cuando era provincia mexicana; tendrás siete años cuando se pierda Texas. ¿Un hombre sin patria? Al contrario, un nacionalista ferviente que a falta de patria chica se quedó con una patria grande.

Hijo del errante Miguel G. Zaragoza y de María de Jesús Seguín, estudiaste en Matamoros y Monterrey. Durante un tiempo fuiste seminarista; quizá del rechazo al mundo católico institucional surge tu radical liberalismo y pronto te dedicas al comercio; Guillermo Prieto, que lo sabe todo, añadirá que fuiste sastre durante un tiempo. Te incorporas al ejército en el 46 (a los 17 años) para pelear contra los gringos, pero en medio del caos no te aceptan. Finalmente ingresas a las guardias nacionales como sargento y en 1853 te ascienden a capitán. ¿Cómo ibas a estar al margen de la guerra contra los invasores?

De tu pasado queda tu estampa. Lo siento: más que capitán pareces con tus lentes de arito, tu escasa pelambre facial, tu extremada sencillez, un dependiente de comercio o un ayudante de abogado.

Te haces novio de la hermana de un compañero, Rafaela Padilla, a la que describen como "blanca, con cabello castaño, nariz respingada y ojos color miel", pero, llamado a reprimir un alzamiento conservador, no puedes asistir a tu propia boda que se celebra el 21 de enero de 1857 y tienes que pedirle a tu hermano que te supla en un matrimonio por poder. Dos veces se equivocará el cura y le preguntará a Rafaela si quiere casarse con Miguel y ella negará dos veces, hasta que el poco despierto sacerdote rectifique y le pregunte por Ignacio.

En el 58 resistes con un grupo de norteños el golpe de Zuloaga en la Ciudad de México. Derrotado, marchas hacia el norte defendiendo la Constitución del 57 y la Reforma. Una larga carrera hasta la batalla de Calpulalpan, que terminas con grado de general.

Zaragoza, que escribías el Ignacio con Y griega, no tenías buena ortografía, pero transmitías en tus escritos candor y calor, convicción y fuerza; pocos generales de la Reforma lograban pasar a sus subordinados el temple y la emoción. Uniformado con paño gris y sin adornos, tu sobriedad era una imagen, era una rebelión contra las plumas y los botones dorados del viejo régimen. Tu mirada miope y tus pequeños lentes hacían que a los ojerosos se les dijera que traían los anteojos de Zaragoza. Pero nadie se atrevía burlarse de tu radicalismo político.

Personaje rodeado de un aura de tragedia a causa de la muerte prematura de casi toda tu familia: tu primer hijo, llamado Ignacio, nacerá en Monterrey y morirá de enfermedad en marzo de 1858. Tendrás un segundo hijo al que llamarás igual, Ignacio Estanislao, y que ocho meses más tarde morirá en la Ciudad de México cuando eres ministro de la Guerra en el gobierno de Juárez. En junio de 1860 nacerá la tercera hija, también llamada Rafaela. Un año y medio después será Rafaela madre la que enferme de un "un mal incurable". A fines del 61 marchabas hacia San Luis Potosí bajo órdenes de Juárez y nunca volverías a ver a tu esposa. Rafaela moriría el 13 de enero del año siguiente. Prieto cuenta que tu única referencia por escrito al hecho fue una parca nota agradeciendo la ayuda pecuniaria que el gobierno dio para su entierro.

En abril-mayo del 61 salvaste al gobierno de la crisis entre González Ortega y Juárez al encargarte de la Secretaría de Guerra. Salvaste, bien saben todos los que vivieron cerca de ti, aquellos momentos difíciles, acosados por las guerrillas conservadoras, cercados por la penuria económica. Insististe en organizar e instruir un ejército basado en los voluntarios cuerpos de la Guardia Nacional, intentaste abrir una Escuela de Formación para Oficiales del Ejército encargada al general José Justo Álvarez; trataste de que el Congreso financiara la creación del cuerpo médico y el Estado Mayor General, pero el dinero necesario no llegó. En la *Memoria* del 10 de mayo de 1861 propusiste "una ley que obligue al servicio militar a todos los ciudadanos" y la formación de "colegios militares y escuelas facultativas". El 31 de julio escribías: "La gran mayoría de la tropa no sabe leer ni escribir", y cuando no estaba en servicio se entregaba al vicio y al juego. Proponías una medida inocente: llenar las paredes de los cuarteles de "vocablos sencillos morales; pónganse pizarrones para que en ellos se ejercite la escritura, y por último léase el catecismo político constitucional".

Confrontado en el debate público, porque el presupuesto del Ministerio de la Guerra era de $4 754 395.04, frente a $8 327 448.04 del presupuesto de todo el gobierno federal, que correspondía la situación excepcional que se estaba viviendo, Zaragoza, respondiste muy enfadado: "Yo ni robo a la nación ni hago favores a nadie como ministro de la Guerra. En el presupuesto se han suprimido los Estados Mayores de las armas especiales y el cuerpo especial de Estado Mayor, porque son innecesarios en nuestra República; y la prueba de ello es que en ninguna campaña, en ningún combate con las naciones extranjeras […] han aparecido entre nosotros esas lumbreras del ejército […]. Durante la última guerra civil […] tuve positivos deseos de encontrar a uno de esos genios de las armas especiales".

Cuando las opiniones derrotistas de López Uraga obligaron primero a reforzarlo y luego a sustituirlo, con gusto aceptaste rebajar tu grado, a pesar de que el mundo se te venía encima por la muerte de Rafaela: "Yo estoy seguro de tener el corazón tan en su lugar como el mejor de los europeos. No garantizo, sin embargo, la victoria. Yo me obligo a combatir, no me obligo a vencer".

NOTAS

1) Las biografías de Zaragoza, sorprendentemente, no son muchas, quizá la única abundante en información es la de Federico Berrueto Ramón (*Ignacio Zaragoza*) editada por la Secretaría de Gobernación en 1962, que en ese mismo año la misma reeditó un folleto originalmente publicado en 1862: *La vida del general Ignacio Zaragoza* de Manuel Z. Gómez, secretario durante un tiempo del general. Además: Luis Ramírez Fentanes: *Zaragoza*. Guillermo Colín Sánchez: *Ignacio Zaragoza: evocación de un héroe*. Rodolfo Arroyo: *Ignacio Zaragoza, defensor de la libertad y la justicia*. Luis Maldonado Venegas: *Zaragoza, libertad y Reforma*. Manuel Arellano y Felipe Remolina: *Ignacio Zaragoza, victoria y muerte*. Paola Morán: *Ignacio Zaragoza*. Luis Arturo Salmerón: *Ignacio Zaragoza, bandera de la república*. Juan Antonio Mateos: *El sol de mayo, memorias de la intervención, novela histórica*. Conrado Hernández López: *Las fuerzas armadas durante la Guerra de Reforma, 1856-1867*. Fernando Iglesias Calderón: *Rectificaciones históricas: la traición de Maximiliano y la capilla propiciatoria*. Óscar Flores Tapia: *Coahuila: la Reforma, la intervención y el imperio*. Lucas Martínez Sánchez: *Coahuila durante la Intervención Francesa, 1862-1867*. Paco Ignacio Taibo II: *Los libres no reconocen rivales*. Benito Juárez: "Efemérides" en *Documentos, discursos y correspondencia*, tomo I.

2) Respecto de su origen paterno, Óscar Flores Tapia: "Entre las leyendas que corren por la frontera del norte de Coahuila, figura la de que Zaragoza (Ignacio) era hijo de un francés apellidado Renier el cual al morir dejó en la orfandad a dos hijos Ignacio y Anacleto; que el primero fue adoptado por el capitán Zaragoza y el segundo por un señor de apellido

Falcón". José de la Luz Valdés, recogió otra versión que asegura que el coronel Gregorio Galindo que fue gobernador de Coahuila también era hermano de Ignacio Zaragoza. Federico Berrueto Ramón decía que "era físicamente distinto a sus hermanos y que, en cambio, como lo sostienen los parientes de Anacleto R. Falcón, entre ellos el Gral. Roberto Siller Falcón, el parecido entre Ignacio y Anacleto es asombroso".

77

LAS CUMBRES

El 20 de abril los franceses salieron de Orizaba por pura fórmula para volver a ocuparla unas horas más tarde. Las diversas columnas mexicanas se fueron replegando. Los franceses contaban en esos momentos con 6 874 hombres (6 488 según Palou), una parte de los cuales fueron dejados en guarniciones; no los acompañaba ningún contingente importante de los mochos, aunque sí el grupúsculo de Almonte y el general Ramón Taboada, al que los franceses lo tendrán custodiando convoyes y será juzgado por robarse el dinero de sus tropas.

El general Zaragoza, luego del encontronazo de Fortín, abandonó Orizaba y se retiró rumbo a San Agustín del Palmar, al sur del Pico de Orizaba, en la carretera del suroeste hacia Puebla. San Agustín era territorio conocido porque antes había hecho campamento allí y los campesinos lo conocían y lo querían. Ahora tenía que reagrupar al Ejército de Oriente porque los franceses iban a avanzar y en esos momentos él sólo contaba con una brigada de 400 hombres y ocho piezas de artillería. El 20 de abril escribe desde Fortín: "Me vengo replegando porque aún no se me han incorporado todas las fuerzas que necesito".

Ese mismo día, en Orizaba, Almonte da un pequeño golpe de Estado y escribe un manifiesto en el que declara: "Se ve que ningún peligro corre la independencia de nuestra amada patria, como los enemigos del orden han querido hacer creer", y "desconoce la autoridad del titulado presidente de la República Benito Juárez"; se reconoce a sí mismo como jefe supremo "de las fuerzas que se adhieran a este plan" y se da el permiso para tratar con "los jefes de las fuerzas aliadas que actualmente se alían en el territorio de la República". ¿Se lo ha permitido Lorencez, que extralimita los consejos de Napoleón ("Habéis hecho bien en proteger a Almonte")? ¿O Almonte actúa por cuenta propia creándose un lugar importante en el futuro reparto del botín? Pedro Santacilia comenta: "Almonte, el enfermo casi irremediable de presidentemanía". Y Zaragoza, en una carta a Juárez, se burla: "Ya tiene usted otro compañero más: Almonte ha sido declarado presidente de la República. ¡Son tres! [refiriéndose a Zuloaga y Miramón]". Irineo Paz, no será menos cáustico: Almonte "era el esclavo más humilde de los jefes de la expedición francesa y el más soberbio de los mandarines mexicanos para con los suyos".

Entre el 22 y el 23 de abril Zaragoza toma posiciones en Acultzingo. Con miedo a que Márquez lo flanquee, le escribe a Juárez haciendo un balance de la "situación muy comprometida", por el riesgo de que se establezca el contacto entre los franceses y los traidores encabezados por Leonardo Márquez, que "ha reunido unos 4 mil hombres" (exagera porque no rebasan los 2 500) "y comienza a ejecutar movimientos sobre uno de mis flancos y mi retaguardia". El gran problema, como de costumbre, es la carencia de dinero, armas y alimentos: "Exhausto de recursos y con pocas esperanzas de proporcionármelos [...] el estado de Veracruz poco podrá ministrar en las actuales circunstancias, poco también el de Puebla, que pronto será invadido por Márquez [...] y casi nada el de Tlaxcala por su pequeñez y estado de postración". Pide apoyo urgente, no sólo de las tropas de San Luis Potosí que vienen en camino, sino sugiere que le envíen a la brigada de Guanajuato, que tiene experiencia y está entrenada. Sostiene que hay que pararlos de un golpe para evitar entrar en una larga guerra de desgaste guerrillero. Propone abandonar Perote y robustecer Puebla (aunque sabe que "faltan recursos para hacerlo como se debe"). En esos días el coronel de ingenieros Joaquín Colombres presenta un plan para fortificar Puebla, que se aprueba, pero que se llevará a cabo parcialmente: reforzar los cerros de Loreto y Guadalupe que levantan 50 y cien metros, hacer trincheras en el interior de la ciudad, movilización de las milicias con el reclutamiento de todos los hombres de 16 a 60 años, levantar algunas barricadas, fortificación de San Javier y el Hidalgo en el sur y el sureste. Nada del otro mundo.

Zaragoza le escribe al general Ignacio Mejía. Cuenta que le reportan que Leonardo Márquez con "4 mil bandidos" (la cifra le parece exagerada) se acerca a Atlixco. Luego dirá que son muchos menos y que los manda Cobos. Los franceses continúan inmóviles en Orizaba. Presiona a Mejía para que la brigada Negrete (del que tiene confianza a pesar de su pasado conservador) se mueva hacia Acultzingo. Un día después ordena que las guerrillas hostiguen la retaguardia francesa cuando se empiecen a mover.

26 de abril de 1862. El Ejército de Oriente ocupaba el espacio comprendido desde las Cumbres de Acultzingo hasta San Agustín del Palmar; un impresionante paso montañoso y salida natural hacia Puebla y la Ciudad de México desde el estado de Veracruz, es quizá el mejor lugar para frenarlos. Los mexicanos comienzan a ocupar los contrafuertes de las cumbres.

Zaragoza recibe órdenes terminantes de Juárez de hacer allí la primera resistencia. Los exploradores informan que los franceses comienzan a moverse en Orizaba disponiéndose para la salida. Lorencez iba acompañado de Almonte y Saligny; antes de partir de Orizaba, dejó guarnecida la población con dos piezas y dos compañías de infantería. Ese día escribe al ministro de la Guerra en París: "Tenemos sobre los mexicanos tal superioridad de raza, de organización, de moralidad y de elevación de sentimientos, que por lo tanto ruego a V. E. se digne decir al Emperador que desde luego, a la cabeza de mis 6 mil soldados, soy el amo de México". ¿Cómo se mide la elevación de sentimientos? Pronto lo sabremos.

Y eso que en sus filas se habla de que Juárez les puede oponer 30 mil soldados regulares. Parece que la exageración está íntimamente asociada al fenómeno de la guerra. Lorencez marcha ahora con 6 mil hombres: infantería de marina, cuatro batallones, uno de cazadores de a pie, uno de zuavos, el 99º de línea y otro de fusileros de marina, tres baterías. Cuando al fin logra ponerse en marcha, lleva una enorme comitiva de carruajes tras él. Transportan 200 mil raciones de comida, para más de un mes, y sorprendentemente 400 mil raciones de vino (¡!). El narrador de esta historia, pecaminoso abstemio, no puede dejar de asombrarse. Si se trata de proveer de vino durante el mismo mes al ejército, ¿cuántas raciones le tocan diariamente a un soldado? ¿Más de dos? ¿No hay ninguno que no beba? Se trata sin duda del ejército más borracho del planeta.

Todo el día 27 y buena parte de la noche estuvieron situándose las fuerzas mexicanas; llegaron las que estaban concentradas en Tehuacán. Zaragoza coloca el Estado Mayor en Puente Colorado, entre una y otra cumbre. A la izquierda, la brigada del general Negrete, formada por milicias poblanas; en el centro y sobre el camino, en la primera cuesta, la brigada del gordo general José María Arteaga, que a los 35 años es otro más de los militares republicanos rojos formado en las milicias, la guerra contra los gringos, la Revolución de Ayutla y la Guerra de Reforma; republicano radical sin tacha, enormemente querido por sus tropas, sastre de oficio original al que la incierta vida de estos últimos años ha tenido en pie de guerra y que ahora cuenta con 2 mil hombres de las milicias de Michoacán dirigidas por el general Rojo; en la derecha, la 1ª brigada de San Luis Potosí del coronel Mariano Escobedo, ese norteño orejón, flaco y barbudo con cara de perro triste, que salido de las milicias ha vivido en pie de guerra estos últimos años; como primera reserva, una brigada de Querétaro en la cima de las grandes cumbres, y más a retaguardia, la brigada oaxaqueña del joven general Porfirio Díaz con seis piezas de artillería. El periodista Carlos R. Casarín, que está actuando como asistente de Zaragoza, cuenta que hacía "un frío que partía las piedras". Y que "la niebla se extendió poco después de las siete, de una manera tan espesa que hacía incómodo y casi imposible el tránsito y la colocación de las fuerzas que llegaban". En medio del caos, se escuchaban los gritos de los que se perdían. Zaragoza le escribe a Ignacio Mejía: "Como usted puede suponer, estamos sin comer". Los franceses pernoctan al pie de las cumbres, en Tecomaluca. Ignacio Zaragoza reporta a Juárez: "Ya los tengo a la vista".

En los siguientes meses la versión oficial de la batalla de Acultzingo, expresada en la propia correspondencia de Zaragoza y los futuros textos de Mateos y Jesús de León Toral, es que el jefe del Ejército de Oriente no estaba interesado en dar la batalla definitoria en las Cumbres ("No pensaba disputar el paso de las cuestas, sino foguear un poco a sus soldados, y causar a la vez algunas pérdidas al enemigo"), sino que había decidido posponer el gran enfrentamiento hasta la ciudad de Puebla. El joven Ignacio Zaragoza escribirá que se trató de "una defensa meramente pasajera" o que se buscaba "hacerles la mayor resistencia que fuera posible". ¿Eso pensaba, o nos encontramos con una explicación *a posteriori*? Apenas ha podido concentrar sus hombres y es "poca la fuerza que puedo destinar a combatirles" (quizá 3 mil soldados de 5 mil posibles, mil de ellos que han llegado en la noche). El terreno favorecía enormemente a los mexicanos para enfrentar al mítico ejército francés, pero el riesgo de una gran derrota dejaría a Puebla y la capital de la República al descubierto.

¿Comprometerse en el combate pero no jugársela? "Todas las bocas, nacionales y extranjeras, decían: Ahí vienen los mejores soldados del mundo", contaría El Nigromante. Dejemos a Zaragoza en esa noche de insomnio poseído por las dudas.

Según los cronistas franceses (Niox y Bibescu), el general Lorencez tampoco lo tiene muy claro; está operando sin sus aliados mexicanos ni exploradores y no espera resistencia en Acultzingo, ni siquiera en Puebla, tan sólo en la Ciudad de México, dominado por la prepotencia imperialista que tan bien expresa en sus cartas.

El 28 de abril, "al alba matinal", los franceses se encontraron en la entrada del paso, "una elevación de 600 metros que se prolonga durante siete kilómetros y medio". Mateos cuenta: "Apenas comenzaba a teñirse el horizonte con la luz del alba, cuando había en el campo una agitación suma. En las filas se notaba un entusiasmo infantil: nadie creería que aquellos hombres se preparaban a un combate. La mañana avanzaba rápidamente, y el general Arteaga no llegaba aún.

"Sus ayudantes lo buscaban por todas partes, hasta que al fin se dirigieron al punto donde había pernoctado. Otro ayudante les salió al encuentro.

"—¿Y el general? —le preguntaron.

"—Duerme aún —les contestó con un acento tristísimo.

"Los oficiales movieron la cabeza como un signo de mal agüero. Era que cuantos habían militado con Arteaga notaban que cuando su general dormía profundamente la víspera de algún combate, o era herido en él o sufría una derrota. Y eso los obligaba a ser supersticiosos. Al fin fue preciso despertar al general Arteaga, el cual se levantó penosamente".

A las 11 comienzan a llegar los franceses al pueblo de Acultzingo. Confiados porque el enemigo no daba señales de vida, ordenaron a una compañía de zuavos avanzar para elegir una posición desde la que se protegiese el desfile de la columna. Los zuavos ascendieron por "un camino de cabras". No bien intentaron efectuarlo, cuando un repentino y violento fuego de fusilería y artillería los detuvo.

Son poco más de las 11 de la mañana cuando se produce el primer choque. Casarín cuenta: "Tiroteos de las avanzadas, hostigamiento de las guerrillas. Progresan en tiradores hasta el principio de la cuesta. Son rechazados". Los cazadores de Vincennes comienzan la penetración y chocan con la brigada Arteaga; simulan replegarse sólo para abrir paso a una columna de 2 mil hombres flanqueada por mil tiradores.

Según el diario de un zuavo, una nube de tiradores que se desperdigan cubriéndose con el terreno es enviada a la vanguardia; después columnas, izquierda, centro y derecha, apoyadas por reservas y protegidas por una batería de cañones rayados, granizaban de proyectiles a los mexicanos. En principio la vanguardia francesa se cubre donde puede: trocos de árboles, rocas... Lorencez manda primero dos batallones, y van añadiendo refuerzos hasta llegar a 14 compañías conforme crecía la resistencia. Los franceses trepaban con guerrillas en las cuchillas de los flancos y dos gruesas columnas en el camino carretero. Una y otra vez y vuelven a replegarse. Lorencez decidió enviar otras dos compañías para que envolviesen las ruinas de un antiguo fortín donde los mexicanos hacían una seria resistencia; el resto del batallón encargado de esta operación, trepando las pendientes de la montaña, amenazaría una batería mexicana que, emplazada en un contrafuerte, barría con sus fuegos el camino. Estas fuerzas eran apoyadas por el segundo batallón de zuavos, distribuido de tal modo que dos compañías protegían el centro, y las restantes, los flancos. En estas últimas venían marinos, que traían, además de sus armas, instrumentos de zapa, y cuerdas y garfios para asaltar la altura.

Según Mateos, "Arteaga tenía un defecto sublime para batirse: perdía la sangre fría". La batalla puede definirse en un contraataque del centro mexicano. Hacia la una y media, cuando los franceses se habían aproximado a tiro de pistola, no más de 50 metros, y parecía que podían ser frenados, Arteaga, que encabezaba a las tropas mexicanas, fue herido y cayó del caballo. La bala lo hirió en la pierna izquierda, "debajo de la chaquezuela, perforando la tibia y el peroné"; le vendaron la herida con una bufanda y dos pañuelos. Arteaga es arrancado por los suyos del lugar en que estaba empeñado el combate. El general se reconoció la herida y, viendo que el peligro más inminente que lo amenazaba era la hemorragia, se aplicó él mismo el compresor de Dupuytren, que llevaba siempre consigo, mientras llegaba la ambulancia. El general Negrete lloraba al ver a Arteaga herido, hasta que con el humor que le era habitual el gordo general lo calmó:

—No me llores, que al cabo no me he de morir.

Así hasta las tres de la tarde en que los franceses lanzan dos columnas de mil hombres y una tercera flanqueando. Los que estaban realizando un movimiento de flanco ganan terreno, ocupando las primeras cuestas de la cumbre. Comienza la desbandada del centro de la línea republicana. Zaragoza decide ordenar la retirada para no comprometer al Ejército de Oriente en una lucha con destino incierto. Mientras alejaban al gordo de la línea de fuego y lo subían a las Cumbres, el ejército se retiraba en desorden. La brigada de Porfirio Díaz trató de frenarlo y reorganizarlo y sus tropas operaron como contención, manteniendo un duelo a distancia hasta las diez de la noche, cuando definitivamente se replegaron.

"La noche avanzaba rápidamente, y los toques de retirada se oían por segunda vez". Se repliegan hacia la Cañada de Ixtapa. Escobedo y los potosinos, que se encontraban cortados, ganaron la montaña y se dirigieron a Tehuacán.

Tras tomar las Cumbres, Lorencez "pasa delante de las filas y se permite una primera sonrisa de satisfacción". No es para tanto. La batalla no ha sido significativa e incluso el ejército mexicano no ha salido mal librado; pero aún más importante, como dice Zarco: "El suceso de las Cumbres estuvo muy lejos de ser una victoria para el ejército francés, y fue sólo la primera señal de que México está dispuesto a resistir en todas partes". Y es que el Ejército de Oriente pelea en un doble frente, el de la realidad y el del mito. Guillermo Prieto tendrá razón: "No se esforzaba México tanto por vencer como por luchar".

Al día siguiente Zaragoza le escribiría a Mejía: "Después de haber hecho una resistencia digna de elogio, el enemigo ha forzado el paso de las dos Cumbres". Atribuye la derrota a la herida de Arteaga y a la desorganización del centro. Luego le escribe a Juárez: "No he hecho más daño al enemigo porque no me ha sido posible". Y reportaría que les causó a los franceses 600 (luego haría descender el número a 500) bajas entre muertos y heridos, y que del lado mexicano los heridos y muertos fueron "pocos muy pocos", 50, dirá más tarde. Pero exageraba: las bajas francesas no superarían el par de centenares, probablemente muchos menos. Si el general mexicano exageraba las bajas enemigas, los franceses lo hacían en cuanto al número de mexicanos que habían enfrentado: 6 mil, diría Lorencez, y 6 o 7 mil, registraría el conde Bibescu.

Un día más tarde, el 30 de abril, Lorencez arengará a sus soldados: "Vuestros batallones avanzarán lo mismo en las llanuras que en las ciudades inexpugnables". Y aprovechará el discurso para regañar a sus tropas diciendo que "algunos no temen entregarse al pillaje" (la cosa debería ser grave cuando lo hace en un discurso público) y agrega que no hay motivo, que la ración de carne se ha aumentado a 360 gramos, "lo que jamás se había visto"; "todos los días recibís vino en un país que no lo produce y una ración doble cuando estáis en marcha", gratificaciones de pan, de azúcar, de café. Cuando uno lo compara con la dieta de tortillas, chile y frijoles de los soldados mexicanos, resulta insultante. Parece ser, según comenta Dubois de Saligny, que "en La Cañada [...] los excesos tuvieron un carácter bastante serio".

Mientras tanto, Zaragoza duerme en la cañada de Ixtapa. Está preocupado porque la retirada no ha sido tan organizada como él hubiera deseado. La brigada de Arteaga se alejó desorganizadamente y la de Mariano Escobedo se replegó por el rumbo de Tehuacán y tardaría en reconcentrarse. Es considerable el número de dispersos. Zaragoza decía, comentando el combate, con esa dureza descarnada de sus partes que parecía contradecir la suavidad de su carácter: "Pelean bien los franceses, pero los nuestros matan bien"; y añadía hablando de Escobedo, aquel coronel de potosinos: "Con otros cuatro como este, no llegaría un francés a México". Sin embargo, el jefe del Ejército de Oriente castigaría a Escobedo destinándolo a la retaguardia, por el tiempo en que tardó en reorganizar su brigada.

Juárez, ansioso por tantas demoras y falacias diplomáticas, y angustiado e irritado porque el ejército extranjero siguiera con pie en México, escribe: "Por fin ha empezado a correr la sangre mexicana en defensa de la independencia y libertad nacionales. Ayer, a las dos de la tarde, emprendió la marcha el enemigo extranjero del pueblo de Acultzingo rumbo a Puebla. Nuestras tropas le disputaron el paso hasta las siete, hora en que se retiraron en buen orden a la cañada de Ixtapan. Ha llegado el momento de actuar con la rapidez del rayo".

NOTAS

1) Ignacio Zaragoza: "Cartas al general Ignacio Mejía" y *Cartas y documentos*. Carlos R. Casarín: "Acción de las cumbres de Acultzingo el 28 de abril de 1862" en *Las glorias nacionales*. George Bibescu: *Le corps Lorencez devant Puebla 5 Mai 1862. Retraite des cinq mille*. Louis Noir: *Campagne du Mexique. Puebla: souvenir d'un zouave*. Gustave Niox: *Expédition du Mexique, 1861-1867; récit politique et militaire*. Hay un excelente croquis de la batalla en los mapas de *Los espacios de la guerra* de Mayra Gabriela Toxqui. Francisco Zarco: "El manifiesto de Almonte". Fernando Díaz Ramírez: *General José María Arteaga*. Antonio García Pérez: *Estudio político militar de la Campaña de Méjico, 1861-1867*. Paco Ignacio Taibo II: *Los libres no reconocen rivales* y *El general orejón ese*. Jean Meyer: *¿Quiénes son esos hombres?* Pedro Ángel Palou: *5 de mayo de 1862*. Juan de Dios Arias: *Reseña histórica del Ejército del Norte durante la intervención francesa, sitio de Querétaro y noticias oficiales sobre la captura de Maximiliano, su proceso íntegro y su muerte*. Guillermo Prieto, A. Chavero y Pedro Santacilia: "Impresiones de un viaje", traducción libre del diario de un zuavo, encontrado en su mochila, en la acción de Barranca Seca", *La Chinaca* 5, 9, 12, 16, 19, 23, 30 de junio; 3, 14, 17, 24 de julio; 7, 14, 21 de agosto, 8 de septiembre de 1862. Ralph Roeder: *Juárez y su México*. La crónica de Juan Antonio Mateos, *El sol de mayo, memorias de la intervención, novela histórica*, tiene el enorme defecto de hacer sentir al lector que en Acultzingo los mexicanos ganaron el combate. El grabado de Escalante miente, Zaragoza nunca estuvo en uno de los repechos de las Cumbres dirigiendo a un grupo

de combatientes descargando sobre el centro de la columna francesa. (Constantino Escalante y Hesiquio Iriarte: *Las glorias nacionales*). Ireneo Paz: *Maximiliano*.

2)   Gustave Niox, quien participó a la expedición como muy joven teniente en los servicios topográficos y luego capitán, llegó a México un año después de los combates del 62-63, más tarde sería encargado del archivo histórico y de la historia de la Intervención, escribió *Expedition du Mexique, 1861-1867; récit politique et militaire*. Llega a divisionario, escribe varios libros, entre los cuales el fundamental trata de la guerra de 1914-1918. El príncipe moldo-valaco Jorge (Gheorghe, George) Valentín Bibesco (Bibescu), nacido en Cracovia, hospodar de Valaquia, de 1842 a 1848 tuvo un interés temprano en la aviación. Actúa como voluntario en el ejército de Napoleón III. Viajó en un globo llamado "Romania" por Francia en 1905. Fundador de la Federación Internacional de Aviación, piloto de carreras, cubrió largos rallies a través de Rusia y fue más tarde presidente del comité olímpico rumano. Murió en el año 1941.

3)   El 99º regimiento de línea, que en su bandera llevaba la legión de honor e inscritas los nombres de Marengo, Wagram y Moscota, añadió en ella el nombre de Acultzingo. La mercadotecnia no anda en burro.

78

ZARAGOZA APENAS SONRÍE

Mientras que los franceses avanzaban hacia Puebla, Dubois de Saligny le escribía a su ministro de Relaciones Exteriores, el 2 de mayo, que Lorencez había renunciado "a pesar de todos mis consejos" a los auxiliares mexicanos. Se refería a las fuerzas del general conservador Leonardo Márquez, la bestia negra de los liberales, dado que no se podía contar con Zuloaga ni José María Cobos, que no aceptaron el plan de Almonte ni la Intervención francesa en México, o con Vicario y Liceaga, que habían viajado al sur.

Era la única fuerza importante de los cangrejos, unos 2 500 hombres supuestamente, con la que podía contar Almonte en su alianza con los franceses. El problema es que, en tanto se definía el inicio de las hostilidades, Márquez había estado amenazando y rondando las posiciones republicanas en el estado de Puebla sin enfrentarse a ellas de manera definitiva; y cuando se inicia la marcha de Lorencez desde Acultzingo, no ha enlazado con la columna invasora.

¿Estaba Lorencez dispuesto a prescindir de las tropas de Márquez en su primer enfrentamiento serio con el ejército mexicano? ¿Se trataba de un problema de comunicación? ¿Descoordinación? Supuestamente Lorencez esperaba a Márquez en Amozoc. Y ¿dónde estaba Márquez? El conde Bibescu

se quejaba ante la ausencia de "los 10 mil hombres de Márquez, que debe-
ríamos encontrar, y el gran partido de la intervención, que, después de tres
meses, eran anunciados, cada día, para el día siguiente". Fuera uno o lo otro,
el general francés sentía que con sus propios recursos tenía suficiente y no
demoró la marcha ni fijó un punto de encuentro previo a Puebla.

Dubois comentaba, además, respecto al avance francés, que en los pueblos se estaban produciendo "acogidas simpáticas y amistosas, aunque sin
entusiasmo", y que Zaragoza contaba con "varios oficiales extranjeros, alemanes, polacos, italianos, americanos, españoles y hasta franceses", lo cual
era relativaemente falso, porque no llegarían a la media docena. Los fantasmas cabalgaban en ambas direcciones.

Del otro lado y en el repliegue hacia Puebla, Zaragoza escribió en esos
días al ministro de la Guerra: "La miseria me persigue e ignoro ya cómo
seguir sosteniendo este cuerpo de Ejército contra un enemigo que día a día
va aumentando". Su carta pasó de mano en mano gracias a una filtración; el
país era consciente de lo extremadamente difícil, rayando con lo imposible,
que iba a ser detener a los franceses.

Las penurias del Ejército de Oriente también habían trascendido y se
habían aireado en los debates del Congreso gracias a la filtración voluntaria
de una carta de Zaragoza al general Ignacio Mejía en la que le informaba que
no había ni un grano de mísero frijol en la intendencia, y hacían recordar el
verso que cierta vez le había escuchado Guillermo Prieto a un gachupín comerciante en lanas: "Causa de este u otros males, / digo a usted en conciencia
/ no es la falta de inteligencia / es la falta de reales".

Los angustiados llamados de Zaragoza tenían un calor humano muy
peculiar. Lo mismo cuando pedía a Mejía alguna suela para huaraches, "aunque sea para 2 mil pares" (lo que dejaba claro que por lo menos dos de sus
5 mil hombres estaban descalzos), que más tarde cuando explicaba qué bellas eran las tiendas de campaña y su blancura, todo ello para exigir que le
mandaran las velas de barcos que nunca navegarían para volverlas cobijo y
vendas para los hospitales de campaña.

El 3 de mayo Zaragoza llegó a Puebla con los franceses a su espalda. "El
enemigo me siguió a una distancia de una jornada pequeña [...] habiendo
dejado a retaguardia a la 2ª brigada de caballería, compuesta de poco más de
300 hombres, para que en lo posible le hostilizara".

En Puebla se encontrará, porque han llegado desde el día anterior, a las
fuerzas de Tomás O'Horán, una brigada de 1 500 hombres, que desde marzo
habían estado tratando de cazar a Márquez, y el mismo día llegará la brigada
Lamadrid de voluntarios del Estado de México y las caballerías chinacas de
Antonio Álvarez. La brigada de caballería de Álvarez reunía pequeños grupos de guerrilleros, como los lanceros de Toluca, los lanceros de Oaxaca, los
exploradores de Zaragoza, la guerrilla de Solís y el escuadrón Trujano, pura

chinaca. Ellos, sumados a lo que va arribando en el repliegue desde Acultzingo, serán todo de lo que pueda disponer.

Para la defensa de Puebla, Zaragoza contaba con 5 454 hombres. Los dos batallones de Toluca y uno de Veracruz estarán mandados por el zacatecano de 35 años Felipe Berriozábal, hijo de vasco y madre mexicana, coronel de caballería y organizador de las guardias nacionales en el Estado de México, un ingeniero que ha pasado los últimos años en combate desde la Revolución de Ayutla y la Guerra de Reforma, y al igual que Zaragoza, hombre de las milicias y no de la carrera militar. Los tres batallones de San Luis Potosí serán mandados por Francisco de Lamadrid, que sustituirá al coronel Escobedo, al que se le encarga el mando de la reserva. La fuerza más importante estará integrada por dos batallones de Puebla, un batallón del Estado de México, uno de Querétaro y tres de Morelia, bajo el mando del católico poblano Miguel Negrete. Curiosamente, entre sus tropas se encontraba el sexto batallón de guardias nacionales de Puebla, hombres de la sierra norte, de Tetela de Ocampo y Xochiapulco, mandados por el coronel Juan Nepomuceno Méndez, que durante la Guerra de Reforma había tomando a sangre y fuego Zacapoaxtla, el "bastión de la reacción", a decir de Pola. Ignacio Mejía continuaba siendo cuartelmaestre y volvía a ceder el mando de los cinco batallones de Oaxaca al general Porfirio Díaz, dos de ellos mermados por la explosión de San Andrés, que habían tenido su bautizo de fuego en Acultzingo.

La reserva estaba integrada fundamentalmente por voluntarios civiles y alguna tropa, en total 800 hombres, una batería de batalla y dos de montaña, y estaría a cargo del general Santiago Tapia, gobernador militar de Puebla y responsable de la segunda línea de defensa.

Cuando el Ejército de Oriente se había desplegado en noviembre anterior con un poco más de 10 mil soldados, contaba con 127 jefes y 725 oficiales, la cifra mantendrá la misma proporción. Demasiados oficiales para tan poca tropa, con batallones muy mermados. ¿Un defecto? No parece serlo, en la oficialidad se concentra la experiencia de los últimos siete años de guerra y la fuerza ideológica y política del liberalismo.

El armamento es de muy baja calidad y escaso; abundaban los viejos fusiles de chispa y percusión, y aunque copiosa, había mucha variedad de munición, lo que era un problema; parte de la tropa estaba armada con lanzas (la caballería) y había batallones que no contaban con bayoneta sino con machete. De los uniformes del ejército mexicano y de su sorprendente disparidad daba cuenta un grabado del suizo Julius Shiving realizado un par de años antes, que mostraba una tropa de apariencia feroz pero desarrapada.

Guillermo Prieto registra la llegada de Zaragoza a aquella ciudad, que en esos días cuenta poco más de 75 mil habitantes: "El hombre llega a Puebla, recorre sus calles, ve en iniciativa sus fortificaciones, palpa la tristeza de sus moradores y al escudriñar la conciencia pública halla, entre las sombras del desconsuelo, los síntomas de la resignación con el desastre". Payno será menos generoso y atribuirá a la región la mancha de haber estado, casi permanentemente, en rebelión contra el liberalismo: "Puebla pasa por ser uno de los estados donde ha penetrado con más trabajo la civilización".

¿Qué trae en la cabeza el joven general? El propio Prieto, en posteriores conversaciones con el general Colombres, llega a la certidumbre de que Zaragoza pensaba inmolarse en Puebla, sacrificarse para dar el ejemplo. Si es así, el joven general también piensa que a los franceses les va costar caro.

El 3 de mayo reúne en su alojamiento a los generales Ignacio Mejía, Porfirio Díaz, Miguel Negrete, Francisco Lamadrid, Felipe Berriozábal y Antonio Álvarez. Les habla de la vergüenza que causa la poca resistencia que hasta entonces se les ha hecho a los franceses. Habla de comprometerse hasta el sacrificio. Recordará Porfirio Díaz que dijo que "si no llegábamos a alcanzar una victoria, cosa muy difícil, aspiración poco lógica, supuesta nuestra desventaja en armamento y casi en todo género de condiciones militares, a lo menos procuráramos causarle algunos estragos al enemigo, aun cuando nuestros elementos actuales fueran consumidos".

A lo largo de la tarde "di mis órdenes para poner en un regular estado de defensa los cerros de Guadalupe y Loreto, haciendo activar la fortificación de la plaza, que hasta entonces estaba descuidada". Poco se podrá hacer en dos días. Aun así, le pedirá al general Blanco que, por "la diligencia de mañana, sírvase mandarme 800 zapapicos, 200 barretas y 150 palas o las más que sea posible de estas últimas". Los zapapicos, barretas y palas nunca llegarían; el general Miguel Blanco, recién nombrado ministro de Guerra, le responderá que las consiga en rancherías y pueblos cercanos.

Zaragoza pide también refuerzos: "Si el gobierno, haciendo un esfuerzo supremo, me mandara violentamente, esto es, de preferencia, 2 mil infantes, yo le aseguraría hasta con mi vida que la división francesa sería derrotada precisamente el día 6". Se instala Zaragoza en la iglesia de los Remedios, frente al camino de Amozoc que viene de Veracruz; ese será su cuartel general. Juan A. Mateos recoge la versión de un oficial mexicano: "Veo al general tan sereno como un busto de mármol, apenas se sonríe, pero como sonríen las estatuas; lo rodea una atmósfera de prestigio, que sus palabras son mandatos: a morir, dice, y no hay más remedio, se muere".

No debe ser mala la moral, a pesar del trágico discurso dado a sus generales, cuando Zaragoza reporte al Presidente horas más tarde: "El Cuerpo de Ejército de mi mando, ahora que se ve reunido, ha recobrado todo su entusiasmo y tiene mucha confianza en sí mismo".

Al amanecer del día 4 recibe la noticia de que los 2 mil refuerzos que pedía, la brigada de Guanajuato de Florencio Antillón, salieron de la Ciudad de México, y según Blanco, están "bien armados, municionados y de la mejor calidad que tenemos. Pernoctarán hoy en Ayotla, mañana en Texmelucan y el 6 estarán en Puebla". Y al mismo tiempo Zaragoza toma una decisión muy arriesgada y envía a un poco más de 900 hombres de las brigadas de Carvajal y Tomás O'Horán hacia la zona de Atlixco para impedir que Márquez se sume a los franceses. Se trata de una fuerza mixta, pero fundamentalmente de caballería, lo que lo dejará apenas sin jinetes. ¿Es la medida correcta? Si las cosas salen bien, impedirá que los traidores se sumen al ejército de Lorencez, pero al mismo tiempo debilita al Ejército de Oriente.

NOTAS

1) Prácticamente el capítulo está construido canibalizando mi libro *Los libres no reconocen rivales*. Juan Antonio Mateos: *El sol de mayo, memorias de la intervención, novela histórica*. Miguel A. Sánchez Lamego: "El combate en Atlixco del 4 de mayo de 1862".

2) Félix María Zuloaga y el otro Cobos, Marcelino, a fines de mayo de 1862, se embarcarían en Veracruz con pasaporte de Almonte y residieron en San Thomas, en donde a poco tiempo publicó Zuloaga un manifiesto a la nación mexicana que no debe de haber tenido muchos receptores. Sirva de epílogo esta nota de Agustín Rivera sobre el presidente conservador golpista: "Zuloaga era un conservador de buena fe, el pobrecito era inclinado al naipe y perdedor, de escaso talento administrativo, débil, de buen corazón y con sus ribetes de cándido". (*Anales mexicanos. La Reforma y el Segundo Imperio*).

79

ATLIXCO

Leonardo Márquez, a lo largo de los años, tratará de explicar cómo se sumó a la Intervención francesa por culpa de la persecución que le hacía el juarismo, pero sus argumentos resultan incoherentes: "Luego que llegó a la Sierra [...] la noticia de la Intervención, se apoderó de mí y de mis compañeros una inquietud horrible. Nuestras opiniones políticas, la convicción de ser indispensable un cambio de gobierno para salvar al país [...] nos retraían de reconocer al gobierno de México [...]. Mas en medio de este desasosiego llegó a nuestras manos la circular de Juárez dirigida a sus gobernadores, en que [...] nos declaró traidores y protestó batirnos antes que el extranjero; cuando [...] estábamos animados de las intenciones más leales y patrióticas. Tomé entonces la resolución de salir del país. Y como el único puerto que había disponible era el de Veracruz, me dirigí [...] para evitar un encuentro a fin de no disparar ni un solo tiro contra mis compatriotas".

Curiosamente, a pesar de sus declaraciones, no fue Veracruz el primer objetivo de sus movimientos, sino Izúcar de Matamoros, donde, acompañado de Marcelino Cobos, preparó un ataque coincidente con la ofensiva francesa hacia Puebla. No hay duda de que Márquez se mantuvo enlazado a través de mensajeros con Almonte, pero tampoco la hay de que Lorencez, a pesar de los consejos de Saligny, lo tomara en cuenta. Probablemente la ausencia de coordinación se debía a que Márquez quería cosechar una victoria en solitario para revaluarse ante los franceses.

Merlo cuenta: "El primer punto era arribar a Atlixco, ciudad intermedia entre Izúcar y Puebla. El 22 de abril por la tarde entró un contingente de […] hombres de a pie y una brigada de caballería, todo al mando del general Domingo Herrán. La primera acción fue la de mandar la detención de los más ricos, cuya lista tenían, y de inmediato imponerles un *préstamo* por la cantidad fabulosa de 20 mil pesos, misma que fue reunida al día siguiente".

Las tropas de Márquez que finalmente se establecieron en Atlixco, a 40 kilómetros al suroeste de Puebla, contaban con abundantes víveres, bestias de carga, carbón y leña suficientes. A pesar de que las narraciones republicanas aumentan enormemente su fuerza, estaba mermado por continuas deserciones y su pequeño ejército no debía pasar de 1 200 hombres.

El 3 de mayo, a primera hora, salieron de Puebla las fuerzas de O'Horán y sin descanso tuvieron un pequeño choque con un grupo de 500 jinetes enemigos que se dispersaron en el pueblo de San Gregorio Atzompa, en las afueras de Cholula, replegándose los conservadores hacia Atlixco. Las brigadas del general Antonio Carvajal y del general Tomás O'Horán avanzaron tratando de localizar la fuerza principal de Márquez. Carvajal, de origen tlaxcalteca, era un veterano de la Revolución de Ayutla y de la Guerra de Reforma, en la que había mandado a los blusas rojas; tenía en el momento de la acción 51 años. En su contingente y en el de O'Horán, a más de cuatro piezas de artillería de montaña, contaban con varias guerrillas, como el regimiento de los lanceros de Iturbide, del coronel Porfirio García de León, los lanceros y cazadores de Morelia, y caballería irregular bajo el mando del general Ignacio Cuéllar.

Márquez había rehuido el combate, intentado a través de mensajeros convencer a O'Horán (según versión de la madre de este) de que se pasara de bando y dejó una fuerte retaguardia para evitar que lo persiguiera. Pero la vanguardia de la columna de Márquez fue a dar a una emboscada que las fuerzas del general Antonio Carvajal habían montado a unos siete kilómetros al norte de Atlixco, en el camino a Puebla, con dos piezas de artillería y una columna de tiradores. Cuando estaban cruzando el puente en las primeras horas de la mañana del 4 de mayo los republicanos hicieron blanco en las tropas de Márquez desde las casas y los cañaverales.

"Pasaban de las siete de la mañana y había una tenue bruma acentuada por el humo de la pólvora". Los conservadores resistían, y reforzados por el grueso del contingente, parecía que lograrían sacar de su posición a los republicanos aprovechando su superioridad numérica; pero hacia las tres de la tarde las tropas de O'Horán hicieron su aparición y quedaron atrapados entre los dos fuegos. Perseguidos por la caballería, se terminaron retirando en dispersión, dejando atrás prisioneros y tres o cuatro piezas de artillería. Los liberales sólo tuvieron "tres muertos y algunos heridos".

Cuando la batalla estaba finalizando, el general Carvajal mandó varios mensajeros a Puebla para que, reventando sus cabalgaduras, avisaran al general Zaragoza de la contundente victoria. El Ejército de Oriente se había librado del peligro de la combinación de los cangrejos con los franceses. A las seis de la tarde terminó el combate. Los dos generales republicanos entraron a la ciudad de Atlixco, cuyos habitantes se asomaron tímidamente, para luego salir a vitorear a los soldados republicanos. Los restos de la brigada de Márquez se dispersaron en los pueblos cercanos al Popocatépetl y volvieron hacia Izúcar.

NOTAS

1) Leonardo Márquez: *Manifiestos (el Imperio y los imperiales)*, rectificaciones de Ángel Pola. Eduardo Merlo: "La batalla de Atlixco: 150 años de una hazaña". Parte de Tomás O'Horán, 4 de mayo de 1862. Miguel A. Sánchez Lamego: "El combate en Atlixco del 4 de mayo de 1862". Gabriel Cuevas: "4 de mayo de 1862. La Gloria de Atlixco".

2) Las diferentes narraciones de la batalla y la ausencia de un mapa de la época, hacen complicado descubrir cual fue exactamente el punto del choque, se habla de "cerca del puente de Los Molinos", la ex hacienda de Las Ánimas, la hacienda de La Alfonsina, la hacienda La Trapera, en las cercanías del río Alseseca o el río Cantarranas.

3) El número de combatientes republicanos ha oscilado en las crónicas de manera enloquecida, haciéndolos llegar hasta 3 mil, lo que resulta absurdo porque Zaragoza en vísperas de confrontar a los franceses habría cometido un suicidio al desprenderse de tal cantidad de hombres. La única cifra real, basada en los combatientes de la batalla de Atlixco que recibieron una medalla, es de 885.

80

LOS MEJORES HIJOS DE MÉXICO

Entre tanto, Zaragoza afronta otros problemas: hay escasez de fusiles y se ve obligado a que los rifles de los artilleros se distribuyan entre la infantería, creyendo, según Porfirio Díaz, que aquellos estaban bastante armados con sus piezas. No alcanzan los fusiles para armar a los voluntarios urbanos de Puebla.

Nada es seguro, los traidores están por todos lados. Los republicanos capturan a un correo del padre Miranda, que viene con Almonte y los franceses, proponiéndole al general José María Cobos (que anda con Márquez) con una tropa de 1 200 hombres: "El fuerte de Guadalupe debe ser tomado esta noche. Sin perder un solo momento y con cuanta fuerza pueda, aunque sólo sea caballería".

Está amaneciendo en Puebla. Zaragoza ordena al general Miguel Negrete que con su división de 1 203 hombres ocupe los cerros de Loreto y Guadalupe, reforzados con dos baterías (los batallones de Morelia y de Puebla). Negrete registra: "Inmediatamente dispuse que sin pérdida de tiempo toda la fuerza se ocupase en fortificar dichas posiciones, teniendo la satisfacción de que al amanecer quedasen en disposición de resistir el ataque". Con Negrete defendiendo Guadalupe estarán los queretanos de Arteaga, sin su jefe natural, que está en el hospital, dirigidos por Jesús Arratia y Carlos Salazar.

Tapia declara el 4 de mayo el estado de sitio en Puebla. Advierte a la población que los víveres serán repartidos prioritariamente a los defensores y que los que quieran "pueden trasladarse a otro lugar, porque en este quedarán sólo hombres patriotas". Ordena a los empleados del Ayuntamiento ponerse a disposición para atender enlaces, enfermerías, movimientos de municiones; 15 de ellos no se presentarán a trabajar y posteriormente serán suspendidos.

Después de la diana se concentran en la Plaza de San José cuatro columnas, según el informe de Zaragoza: "Las brigadas Berriozábal, Díaz y Lamadrid […] tres columnas de ataque, compuestas la primera de 1 032 hombres, la segunda de mil y la última de 1 020, toda infantería, y además una columna de caballería con 550 caballos que mandaba el general Antonio Álvarez, designando para su dotación una batería de batalla" (los carabineros de Pachuca y los lanceros de Toluca y de Oaxaca).

Al mediodía los exploradores mexicanos reportan que los franceses no avanzan desde Amozoc, donde ha entrado su vanguardia. Zaragoza transmite la información de que el inicio de la acción se producirá con la señal de un cañonazo disparado desde el fuerte de Guadalupe.

A la hora de comer del 4 de mayo, Zaragoza informa que "la fortificación de la plaza se sigue a gran prisa. El cerro de Loreto y Guadalupe están ya guarnecidos. Nuestras guerrillas comienzan ya a hostilizar al enemigo. Ayer le han matado dos soldados y les quitaron los rifles, las cartucheras y las mochilas".

Ignacio Zaragoza no lo sabrá sino hasta el día siguiente, pero Márquez no acudirá en apoyo a los franceses. O'Horán y Carvajal lo han derrotado.

A las tres de la tarde del 4 de mayo, el grueso del ejército de la Intervención, los 5 mil franceses, entran en Amozoc, a 14 kilómetros de Puebla. Según el conde Bibescu, "las carreteras estaban desiertas y las casas cerradas. En la lejanía se [oía] el ladrido de los perros […]. Les siguen a poca distancia un convoy de 260 carros, grandes carruajes mexicanos que cargan tres y media toneladas y que son jalados por 12 vigorosas mulas […] llevan café y pan para 30 días […] y 16 cañones". Un soldado mexicano, de oficio pintor, que fue capturado en las Cumbres de Acultzingo, dirá que lo que más les preocupa son los dos carros franceses, muy custodiados, que traen el dinero del ejército.

La presencia de militares mexicanos entre los invasores es casi nula, pero no por pocos menos chaqueteros: tan sólo Almonte con una escolta de 12 hombres, el padre Miranda, Haro y Tamariz y el padre Villalobos. Con ellos y el Estado Mayor de Lorencez se celebra un consejo de guerra en el que participa un ingeniero mexicano que, de acuerdo con Bibescu, "conocía bien el país y en particular el fuerte de Guadalupe". ¿Quién es este singular traidor? A pesar del mucho interés de este narrador por registrar su nombre, no lo ha encontrado. Lorencez lo interroga largamente. Las informaciones del ingeniero le dan mucha seguridad. ¿Qué son Loreto y Guadalupe al fin y al cabo? Dos pequeñas fortalezas. Saligny le recuerda a Lorencez que, en la Guerra de Reforma, Puebla había sido tomada y dejada de tomar por unos y otros 20 veces. Los mexicanos Haro y Almonte son más cautelosos; primero proponen que se rodee Puebla y se avance hacia la Ciudad de México, que según ellos caerá fácilmente. Luego, ante la negativa de Lorencez de dejar a su espalda un ejército no batido, sugieren que se ataque la ciudad desde el sur en lugar de ir a chocar contra los fuertes. Sin embargo, los mandos franceses insisten: romper el fuerte de Guadalupe es romper el espinazo del Ejército de Oriente; si cae el reducto, todo lo demás se desmorona. El analista militar español Antonio García Pérez escribirá: "Por el camino de Amozoc, las pendientes del fuerte Loreto no son tan rápidas como en la parte opuesta; pero para atacar por el primer lugar era necesario ejecutar un movimiento envolvente, siempre bajo los fuegos de la plaza. A pesar de estos inconvenientes y contra el consejo técnico, decidió el general Lorencez atacar los cerros de Guadalupe y Loreto".

Bibescu añade: "El ataque debería ser tan rápido que no le diera tiempo a Zaragoza de evaluarnos y que nos pensaran diez veces superiores una vez que nos encontráramos cara a cara. El consejo fue unánime en reconocer que el éxito dependía de la corajuda y rápida acción del ataque a Guadalupe. Satisfecho, el general se dirige a nosotros: Hasta mañana señores, en Guadalupe".

¿Duerme Ignacio Zaragoza? Durante las primeras horas de la noche ha estado dándole vueltas a la cabeza tratando de pensar cómo atacará el ejército francés. Una idea le ronda con reiteración: "Es bien conocido el orgullo de sus soldados", por lo tanto no tratarán de evadir el enfrentamiento y seguir hacia la Ciudad de México, ni siquiera tratarán de rodear Puebla y atacar por el desguarnecido sur. Entrarán de frente. Y eso significa que usarán como eje el camino de Amozoc, dejando a su derecha las fortificaciones de Loreto y Guadalupe. El general resuelve: "Me propuse librar una acción campal al oriente de la población, atrayendo al enemigo al punto escogido por medio de un cuerpo de infantería dotado de dos piezas de campaña".

Porfirio Díaz recordará en sus *Memorias* que "a las dos de la mañana llegó a darme órdenes el teniente coronel Joaquín Rivero, ayudante del mismo cuartel general. Como mi columna había pernoctado con armas en pabellón en la plazuela que estaba frente a mi cuartel, inmediatamente la puse en pie y seguí con ella a Rivero, que me condujo a la ladrillera de Azcárate, […] último edificio de la ciudad sobre el camino de Amozoc", formando ángulo con los fortines. Luego Zaragoza situará a la izquierda de los oaxaqueños la brigada de Berriozábal y le da órdenes verbales de que se forme en columna para un posible contraataque. La brigada Lamadrid, a su izquierda; y en el extremo de la línea, que comienza en los fuertes, las caballerías chinacas. Su última orden es mandar la artillería sobrante a la reserva bajo las órdenes del coronel Zeferino Rodríguez.

Poco después, entre las cuatro y las seis de la madrugada, Ignacio Zaragoza, ese general miope de cara aniñada que más parecía un escribano que un oficial de caballería, recorre las líneas repitiendo una y otra vez un breve mensaje a gritos que a veces no se oyen, pero que serán repetidos línea a línea.

Algunas crónicas que pecan de *heroizantes* dicen que Zaragoza habló "con voz de trueno", difícilmente porque tenía una voz suave y atiplada. Lo que la historia registra es el eco de sus palabras repetidas a las filas traseras y que hacen del discurso un coro: "Soldados, os habéis portado como héroes combatiendo por la Reforma […] no una, sino infinidad de veces habéis hecho doblar la cerviz a vuestros adversarios […]. Hoy vais a pelear por un objeto sagrado: vais a pelear por la Patria […]. Nuestros enemigos son los primeros soldados del mundo; pero vosotros sois los primeros hijos de México".

No es un discurso demasiado inteligente. No le dices a una tropa que va a entrar en combate que se enfrenta a "los primeros soldados del mundo", pero la niebla, el general que todos quieren, las terribles circunstancias, le dan una dimensión que produce temple. Muchos años más tarde Jean Meyer reflexionaría sobre la validez de la afirmación de Ignacio Zaragoza: "Se decía que el ejército francés era el mejor del mundo […] precisamente gracias a esa escuela de endurecimiento, de insensibilidad al sol, al calor, al polvo, a la sed, al frío, a la nieve, a las tormentas… y a la guerra de guerrillas contra un adversario versátil, invisible, inalcanzable".

Zaragoza retorna a la iglesia de los Remedios, a escasos 2 mil metros de la línea de combate. La calumnia lo perseguirá semanas más tarde… El padre Cuevas, historiador jesuita, dice que Zaragoza estuvo durante la batalla escondido en una carbonera, según sus fuentes: "viejos y veraces poblanos".

El conde Bibescu cuenta: "Nada sobre la planicie, nada sobre el camino. Un disparo de cañón, uno solo. Ha partido del fuerte de Guadalupe". Son las nueve de la mañana. El ejército francés se aproxima a Puebla entrando por la garita de Amozoc, viene en un orden compacto; se detiene una hora y media, fuera del alcance de los cañones de la ciudad y de los fuertes. La ciudad se ve "como una masa confusa". Los franceses que llegan a Puebla son 5 174 hombres, un batallón de 700 infantes de marina, un batallón de cazadores de a pie de Vincennes, tres regimientos de zuavos, los cazadores de África y el 99º batallón de línea, más artillería de montaña, obuses y artillería de marina (en total diez cañones rayados de cuatro y seis obuses de montaña). No son soldados de leva, son profesionales de la guerra que se han incorporado al ejército por la paga; una buena parte veteranos (de Crimea y de la invasión de Italia en el 59). Los zuavos, regimientos originalmente argelinos, aunque en los últimos años se han europeizado mucho, cuentan en sus filas un porcentaje importante de egipcios y antillanos. Todos los oficiales son franceses. La infantería está armada con fusiles rayados Lefaucheux y Minié, con alcance de 600 a 700 metros, muy superiores a los rifles mexicanos, que sólo hacen blanco, en el mejor de los casos, entre 300 y 400 metros.

El general Tapia le escribe un telegrama a Juárez desde el interior de Puebla: "Desde las nueve las columnas enemigas, situadas en dirección de los cerros y línea que ocupa con sus tropas el general Zaragoza, se preparan a un ataque con todas sus fuerzas". La aproximación francesa es precedida por la aparición de la guerrilla del coronel Pedro Martínez, que viene en retirada tiroteando a la cabeza de la columna del enemigo.

El conde Bibescu registrará: "El general ordena alto, y hacer café, mientras que su jefe de Estado Mayor, el coronel Valaz, ejecuta un reconocimiento con el escuadrón de cazadores hacia la dirección de la Rementería. Para estudiar el terreno que conduce a Guadalupe, y juzgar, en la medida de lo posible, la posición exacta del fuerte. Guadalupe corona un movimiento de tierra de un relieve muy pronunciado […] y a la derecha […] Loreto, otro pequeño fuerte situado […] a mil metros […] que nos resulta invisible por las pendientes […]. Quien domine Guadalupe domina Puebla […] es la clave de la posición, es decir el verdadero punto de ataque seleccionado por el general".

A las 10:45 Zaragoza le envía un telegrama al general Blanco: "El enemigo está acampado a tres cuartos de la garita de esta ciudad […]. El cuerpo del ejército está listo para atacar y resistir".

Aún no suenan los cañones. Zaragoza, nuevamente sobre un caballo negro, con la sobriedad de ese uniforme que más parece de infante que de general, "traje de paño color gris, bota fuerte y cachucha azul oscuro bordada con hilo de oro", capote gris, sin charreteras ni distintivos, tan lejos voluntariamente de los uniformes del santanismo en que sobraban las plumas y las condecoraciones, recorre la primera línea.

Los franceses se ponen en marcha. Negrete, siguiendo las instrucciones, ordena que se disparen los cañonazos de advertencia; suenan las campanas en las iglesias de la ciudad. Desde la perspectiva mexicana está claro que se inicia el ataque, pero no el cómo.

Cuarenta y cinco minutos después las columnas francesas comienzan a desplegarse. El príncipe Bibescu cuenta: "Comienza el movimiento. Tres columnas se forman. La primera comprende dos batallones del regimiento de zuavos y diez piezas. Tiene órdenes de franquear el barranco, de marchar paralelamente al fuerte de Guadalupe hacia la derecha; después, una vez [que] arriben a la altura del fuerte, girar hacia la izquierda y dirigirse hacia él. La segunda, compuesta de un batallón de marinos y de una batería de montaña servida por la marina, tiene la misión de seguir a la primera y oponerse durante su camino a todos los movimientos enemigos que vengan del flanco derecho. La tercera, formada por un batallón de infantería de marina, debe colocarse en la retaguardia de la línea formada por los zuavos y apoyarlos".

Se quedará una ambulancia detrás en una casa en ruinas en la Rementería, y atrás el convoy sobre la carretera de Amozoc.

Juan A. Mateos diría que la batalla se inició a las 11:45, la misma hora en que empezó la batalla de Waterloo, pero en honor al rigor, la hora será el único paralelo entre los dos combates.

Lorencez añade: "Las dos baterías francesas avanzaron hasta el pie de la altura […] estaban a 2 200 metros de ella; su fuego se principió y los zuavos se desplegaron en batalla. Los disparos fueron en general muy certeros; los del enemigo muy vivos, bien dirigidos". Exagera en ambos casos.

Zaragoza reporta: "A las 11 y tres cuartos emprendió su ataque sobre el cerro de Guadalupe, comenzando por tiradores y continuos disparos de cañón, que mucho ofendieron a las habitaciones de la plaza". Un cuarto de hora después Zaragoza confirma: "Se ha roto el fuego de cañón por ambas partes".

Bibescu cuenta: "los zuavos se despliegan a los dos lados de las baterías esperando firmes la obertura de una brecha que están impacientes de atravesar". Contado así, todo parecía más simple de lo que verdaderamente fue. Desde el punto en que están los franceses no tienen una visión cabal del fortín de Guadalupe, semioculto por barrancas, y desde luego no ven la posición de Loreto.

Lorencez descubre la poca efectividad de sus cañones. Según Bibescu, "envía de inmediato al comandante de la artillería la orden de avanzar y de reiniciar el fuego. Sin embargo, la disposición del terreno es tal que perdemos completamente de vista el fuerte mientras nos acercamos. Y que no es posible para el artillero colocar la pieza de artillería a una distancia más cercana de 2 mil metros. Se presenta una nueva barranca, al término de la cual comienzan las pendientes que conducen a Guadalupe. Así mismo el enemigo con sus piezas perfectamente servidas desde el inicio tiene ventaja y nos vemos forzados al término de cinco cuartos de hora de un cañoneo que agotó la mitad de nuestras municiones sin hacer daño a las defensas de Guadalupe, y de dejar el destino de la jornada en nuestra sola infantería". El combate artillero ha resultado un fracaso.

Porfirio Díaz explica en sus *Memorias* que, si ineficiente fue el cañoneo de los franceses, lo mismo fue el de los mexicanos: "Los fuegos de nuestra artillería causaron al principio muy poco daño a la columna del enemigo que ascendía sobre los cerros, porque no estaba a su alcance, puesto que el de nuestros cañones era notablemente inferior a los otros cañones del enemigo que podían batirnos desde el llano, y después, porque en el ascenso seguían las ondulaciones del terreno que casi no dejaban verla".

Comienza a moverse la infantería; los zuavos llevan al frente ingenieros con explosivos (Lorencez precisa que "llevaban tablas provistas de escalones clavados y sacos de pólvora destinados a hacer volar la puerta del refugio") y diez cañones; en el segundo escalón los fusileros de marina, en su flanco, para evitar una acción de las fuerzas mexicanas que estaban al sur de los fuertes, los cazadores de a pie y una primera reserva con los cazadores de África. Lorencez mantiene en reserva profunda el 99º regimiento de infantería de línea.

El general Negrete contará: "En cuanto comprendí el movimiento [...] ordené al general José Rojo que con los batallones Fijo y Tiradores de Morelia y el 6º Nacional de Puebla formara una columna de reserva situándose entre los dos cerros y mandara desplegar en tiradores al frente al 6º Batallón de Puebla con orden de replegarse haciendo fuego en retirada según las columnas enemigas fueran avanzando".

No es el único que ha descubierto en precisión el plan francés. Al ver la manera en que se despliegan, Zaragoza ha cambiado desde una hora antes el orden de batalla. "Este ataque que no había previsto, aunque conocía la audacia del ejército francés, me hizo cambiar mi plan de maniobras y formar el de defensa, mandando en consecuencia que la brigada Berriozábal a paso veloz reforzara a Loreto y Guadalupe, y que el cuerpo de carabineros a caballo [y los lanceros de Toluca] fuera a ocupar la izquierda de aquellos para que cargara en el momento oportuno".

¿Están los franceses locos? ¿Van a ir a chocar frontalmente contra los fortines? Tanta prepotencia merece castigo. Berriozábal y su brigada (el fijo de Veracruz y el 1º y 3º batallones ligeros de Toluca) ascienden a paso veloz por entre las rocas. Luego dirá: "Convine con el mismo general Negrete en que con mis reservas y su brigada formáramos una batalla apoyados en una zanja azolvada". Guillermo Prieto resume en pocas palabras el movimiento de la brigada de Berriozábal: "Vuela, llega oportuno y vigoriza". Zaragoza complementa su primer movimiento: "Poco después mandé al batallón Reforma de la brigada Lamadrid para auxiliar los cerros que a cada momento se comprometían más en su resistencia. Al batallón de Zapadores de la misma brigada le ordené marchase a ocupar un barrio que está casi a la falda del cerro, y llegó tan oportunamente, que evitó la subida a una columna que por allí se dirigía al mismo cerro trabando combates casi personales".

El general Francisco Lamadrid reportará: "Recibí nueva orden de marchar a paso veloz con el batallón de zapadores a ocupar el barrio de Xonaca, para impedir que los franceses se apoderaran de tan importante punto y defender la derecha de nuestra posición de Guadalupe, seriamente amenazada entonces".

Porfirio Díaz hará el resumen: "La brigada de Berriozábal se colocó en esta forma: el primer batallón de Toluca apoyaba su derecha en el fuerte de Guadalupe y se extendía hacia el de Loreto y se cubría con la [...] cresta de terracería [que] estaba coronada con una línea de magueyes y le servía de foso la misma zanja y de trinchera [...]; a la izquierda [...] formaba el tercero de Toluca [...] a la izquierda del tercero formaba [...] el batallón fijo de Veracruz y seguían a su izquierda las fuerzas de Tetela y Zacapoaxtla que mandaba el [...] coronel Juan N. Méndez [...]. La brigada Lamadrid [...] colocó el batallón de zapadores en la Capilla de la Resurrección y el batallón Reforma de San Luis como reserva de la línea [...] mandado por el general Berriozábal, abrigado de la artillería enemiga, porque estaba en el descenso del cerro hacia la ciudad". Berriozábal está teniendo problemas: el coronel del batallón Reforma de San Luis se embriagó para darse valor y sus soldados tuvieron que sacarlo borracho de la línea. Berriozábal encontrará un capitán muy dispuesto que lo supla.

Niox narra: "Después de una hora y cuarto de cañoneo la artillería francesa había gastado mil disparos aproximadamente, es decir, la mitad de sus municiones, y las defensas del enemigo todavía no estaban dañadas".

Los dos batallones de zuavos que integran el primer puntal del ataque francés inician su avance y se abren en dos columnas para atravesar la barranca. El comandante Cousin, al abrigo de los cazadores de a pie que le cubren el flanco, con un batallón al que acompañan granaderos con sacos de pólvora, "rompe hacia la izquierda", mientras otro batallón de zuavos al mando del comandante Morand va hacia Guadalupe oblicuamente a la derecha, "buscando abrigo del fuego de Loreto". Dos destacamentos de zapadores siguen a esa columna; cada uno lleva planchas provistas de escalones. Bibescu interpreta a Lorencez, que piensa que "la victoria depende de un golpe de audacia".

Los zuavos ascienden, perdiéndose de la vista de los fusileros mexicanos. La artillería francesa hace un fuego muy vivo por delante de ellos. De repente aparecen frente a las avanzadas de Negrete y Berriozábal. Negrete había ordenado a los serranos de Puebla descender por la ladera unos 700 metros y desplegarse en tiradores para recibir a los franceses. El primer disparo lo hará el comandante de la cuarta compañía Tomás Segura. Luego van retrocediendo en orden, aunque casi los rodean. Se trata de atraer a los franceses a la línea que los espera entre los dos fuertes. No más de 20 metros de distancia entre ambos.

El general Felipe Berriozábal cuenta: "Nuestros tiradores de batalla se replegaron en buen orden, y el enemigo, con una bravura propia del soldado francés y digna de mejor causa, se arrojó sobre nosotros. Nuestros sufridos soldados, no menos valientes tal vez que los franceses, recibieron el fuego nutrido de los zuavos sin disparar sus armas, esperando la voz de mando de sus jefes". Negrete hace descender de la loma al resto de los batallones poblanos para apoyarlos y luego los tres batallones siguen retornando hacia el fuerte. El propio Negrete, que en Guadalupe espera el retroceso, comienza a recibir disparos de los franceses; le matan su caballo, sube a un segundo caballo de su ayudante y un balazo le vuela la cabeza al animal; los franceses giran hacia Guadalupe y ahí reciben los disparos de la línea de Berriozábal. El general cuenta: "Cuando tuvimos al enemigo a menos de 50 pasos, el general Negrete y yo mandamos romper el fuego y los valientes soldados franceses vinieron a morir a 15 metros de nuestra batalla".

Bibescu registra: "El general y su Estado Mayor siguen el movimiento de la tropas y se van a establecer en un punto para poder dirigirlas. Los reconocen y los buscan los artilleros mexicanos. Una bala golpea al caballo del subintendente Raoul y lo mata".

El general Miguel Negrete añade: "Los soldados franceses, con un arrojo que no desmentía la fama de valientes que tan justamente han adquirido, seguían avanzando al paso de carga protegidos por su artillería convenientemente situada, que arrojaba multitud de proyectiles sobre el cerro, y por el 2º regimiento de zuavos, que marcharon desplegando en tiradores, haciendo fuego sobre nuestros soldados. El 6º batallón de Puebla se replegó a nuestra línea según se le tenía prevenido, en muy buen orden y haciendo un fuego bastante activo. Entonces el enemigo, creyendo descubierta la línea, carga denodadamente con una fuerte columna formada de los regimientos 1º y 2º de la infantería de marina y es recibida por los fuegos de la artillería de Loreto y Guadalupe y por el activísimo de nuestra batalla, que no contenta con hacerlo a pie firme se lanza súbitamente sobre el enemigo, que amedrentado de tal audacia, retrocede en completo desorden hasta sus posiciones, donde de nuevo se organiza".

En la retórica de los posteriores partes de guerra, tanto franceses como mexicanos, todo es heroicidad y bravura, pero hay testimonios de que en algunos momentos la línea defensiva mexicana flaqueó. Porfirio Díaz contará: "En esos momentos la infantería que defendía el fuerte de Guadalupe, que consistía en un batallón de Michoacán, que apenas tendría uno o dos meses de reclutado, no obstante que estaba mandado por un jefe notable del ejército, el coronel Arratia, abandonó las trincheras y se replegó corriendo y en desorden dentro del templo que entonces coronaba el cerro de Guadalupe, quedando en las trincheras sólo los pelotones que servían los cañones, y que pertenecían a la artillería de Veracruz". Los veracruzanos mantienen la posición a costa a veces del cuerpo a cuerpo y de lanzar balas a mano contra los zuavos. Los salva la llegada de los potosinos del batallón Reforma con el coronel Modesto Arreola a la cabeza, que chocan a la bayoneta con los zuavos. Aunque Bulnes años más tarde diga que "se habla de cargas a la bayoneta cuando en el ejército mexicano casi ninguna brigada las tenía", todas las crónicas confirman que el batallón Reforma las tenía y las usó. (Hay un cuadro de Patricio Ramos, testigo ocular, que muestra el fuerte erizado de bayonetas mexicanas). Aun así, la posición está en riesgo y con él el destino de la batalla.

El coronel Arratia persigue a los michoacanos que se han replegado e incluso mata a tres con su espada mientras les grita que los franceses están flaqueando. Esto reanima a los soldados desmoralizados y los hace salir de la iglesia y coronar de nuevo las trincheras que poco antes habían abandonado, haciendo un vivo fuego en los momentos en que las compañías del batallón Reforma de San Luis Potosí, por la derecha, y los batallones 3º de Toluca y fijo de Veracruz, por la izquierda, rompían los suyos a pecho descubierto y a cortísima distancia.

Berriozábal cuenta: "Las columnas fueron diezmadas por nuestras fuerzas, puestas en completo desorden y obligadas a huir al frente de los modestos soldados de México, quienes cargaron inmediatamente sobre aquellos, trabándose entre algunos soldados un reñido combate a la bayoneta que nos hizo al fin dueños del campo. El valiente coronel Caamaño tomó la bandera de su cuerpo, el primer ligero de Toluca al cargar sobre los invasores".

El general Lorencez, que dirige las operaciones desde el rancho de Oropeza, ordena a la segunda columna de zuavos, que se había frenado, progresar hacia el fuerte de Guadalupe; vienen apoyados por la infantería de marina. Y Porfirio Díaz registra en sus *Memorias*: "Y los fuegos de la artillería de los dos fuertes de Loreto y Guadalupe hasta entonces empezaron a ser eficaces, porque comenzó el enemigo a ser visible y que en su mayor parte aprovecharon la metralla".

El príncipe Bibescu contará: "Mientras tanto, la lucha continúa aún más terrible. A medida que nuestras columnas se acercan al fuerte, el fuego se redobla. Las murallas siguen intactas. ¡Qué lucha y heroísmo entre los hombres para escalar las formidables murallas aún intactas de Guadalupe! Quedan electrizados por la vista de su bandera, que se planta firmemente en el borde del contra talud a unos pasos de la boca de los cañones mexicanos […]. Una bala mata al portaestandarte, un suboficial que lo reemplaza cae muerto a su vez. Mientras que ese asalto prodigioso se libra a la izquierda, la columna de Morand ataca la derecha de la posición. Pero el terreno resulta infranqueable […]. Los marinos y la batería de montaña en la reserva son enviados sucesivamente para apoyar a los zuavos y el combate se reinicia aún más encarnizado".

Los franceses rebasan los fosos. Ahí se produce el combate cuerpo a cuerpo. Lorencez registra que un corneta llamado Roblet de los cazadores logró treparse al parapeto y estuvo un rato tocando "a la carga"; contra lo que la imaginación invitaba a creer, un grabado del clarín Roblet sobre los muros del fuerte de Guadalupe lo muestra viejo, con barba de chivo.

En el fuerte de Guadalupe hay un cañón de 68 milímetros que causaba enormes estragos en las filas francesas; "los zuavos realizan un empuje desesperado y se abalanzan sobre la pieza. El artillero, sorprendido por la rapidez de la columna francesa, tiene en sus manos la bala de cañón que no alcanzó a colocar en la boca de fuego. Aparece frente a él un zuavo y tras este el resto del cuerpo que, una vez apoderados de ese fortín, levantarían la moral francesa […]. El artillero arrojó la bala al soldado francés, que herido mortalmente por el golpe en la cabeza, rodó al foso del parapeto".

En esos momentos el batallón fijo de Veracruz maniobra al trote para batir a la columna enemiga por su costado derecho. Negrete ordena que saquen de la línea al coronel Méndez que está gravemente herido. Lo sustituye en el mando de los serranos de Puebla el coronel Ramón Márquez Galindo, que se había presentado junto con su hermano Vicente como voluntario a la hora de la comida del día anterior.

Se veían cadáveres de zuavos caídos al pie de los reductos de Loreto y Guadalupe, con el tiro en la frente, justo abajo de la *calotte* rojiza que les servía a los mexicanos para apuntar.

Y entonces, o bien dijo: "¡Dios mediante, primero nosotros!", o bien: "¡Ahora, en nombre de Dios, arriba nosotros!", el hecho es que quedará en el registro histórico la singular frase del general Miguel Negrete cuando da la orden de contracargar a los serranos de Puebla descendiendo las laderas del fuerte de Guadalupe. Sea una u otra la fórmula, el caso es que lo que menos esperaban los franceses era ver descender sobre ellos a los serranos, como demonios descalzos armados de machete, y se desbandan. Negrete hablará de 300 franceses entre muertos, heridos y prisioneros. Dejarán más de un millar de mochilas tiradas en la huida.

Zaragoza cuenta: "La caballería situada a la izquierda de Loreto, aprovechando la primera oportunidad, carga bizarramente". Se trata del pequeño cuerpo de los chinacos de Antonio Álvarez y los carabineros. Álvarez añade: "Al ser rechazadas las fuerzas enemigas me sirvió de apoyo alguna infantería, que desprendiéndose de sus posiciones marchaba en su persecución a la carga […]. La guerrilla de Solís se me incorporó en el momento solemne. A su bizarro jefe le ha costado un miembro su arrojo". Y José Solís, del Tercer Cuerpo del Resguardo, escribirá en su parte dictando a un secretario: "Emprendí en el acto la carga poniendo mi fuerza a la vanguardia de dichos carabineros, y esta fue a mi satisfacción, porque la pérdida de mi brazo derecho no hizo desmayar a mis soldados, que siguieron batiéndose con denuedo hasta que el toque de reunión en el cerro los hizo retirarse sin pérdida más que un caballo herido".

No obstante, la carga de caballería no rompe la resistencia de los franceses; apenas logra zaherir a la columna en repliegue, que está siendo reforzada, y la infantería mexicana retorna a sus posiciones iniciales.

Desde Puebla, Tapia envía un nuevo telegrama optimista a la Ciudad de México: "Los zuavos se han dispersado y nuestra caballería trata de cortarlos en este momento".

La batalla no ha terminado. Ni mucho menos.

Berriozábal, metido junto a Negrete en el centro del combate, cuenta: "El arrojo con que el valiente general Álvarez cargó en el poco terreno de que podía disponer bastó para que el enemigo no repitiera su ataque de frente; pero sí, volvió a llamarnos la atención con algunos tiradores, mientras por el flanco derecho de la fortificación de Guadalupe cargaba una fuerte columna de cazadores de Vincennes que con un arrojo extraordinario llegó hasta el foso, y algunos de sus soldados asaltaron el parapeto", llegando al caso que unos soldados sobre los hombros de los otros pretendían escalar las trincheras de Guadalupe. La reacción de los defensores se lo impide y quedan 30 cadáveres franceses en el foso.

Mientras tanto, Lamadrid se enfrenta a un nuevo ataque: "Cuando llegué al barrio expresado [Xonaca] ya estaba ocupado en parte por el batallón número 1 de cazadores de Vincennes y una fracción del 99 de línea. En el acto ordené al mayor [...] Telésforo Tuñón que con 200 zapadores [...] defendiese nuestra izquierda y ocupase la torre de la iglesia para hostilizar y ver al enemigo y sus movimientos". Los zapadores de San Luis Potosí terminan librando un terrible combate a la bayoneta en la defensa de una casa abandonada, situada en la falda del cerro. "Los franceses la toman y se guarecen en ella, siendo desalojados por los zapadores; la tornan a recobrar y de nuevo son expulsados de ella por las ahora enloquecidas tropas de Lamadrid. El cabo Palomino se mezcló entre los zuavos y se batió cuerpo a cuerpo con los arrogantes soldados franceses, posesionándose de su estandarte como botín de guerra al caer muerto el portador del mismo".

Al tiempo que la tercera carga se está produciendo, en el ala derecha de la línea mexicana, la más alejada de Loreto y Guadalupe, donde se encuentran las tropas de Oaxaca dirigidas por Porfirio Díaz, un nuevo ataque francés se inicia. Porfirio cuenta: "Entre las dos y tres de la tarde, cuando más se empeñaba el combate en los fortines [...], observé que una gruesa columna de infantería se dirigía a mi frente apoyada por un escuadrón y trayendo a vanguardia una numerosa línea de tiradores que ya comenzaban a batir al batallón rifleros de San Luis, mandado por Carlos Salazar, un hombre que haría historia en los próximos años, que [...] permaneció combatiendo en su puesto, [y] al emprender su retirada según instrucciones que prevenían al caso, ya no sólo era batido por los tiradores enemigos, sino comenzaba a sufrir los fuegos de la columna. En este momento mandé que el batallón Guerrero, a las órdenes del teniente coronel Mariano Jiménez, se moviese en columna hacia el enemigo y [...] lo batiese sin dejar de ganarle terreno, comprometido ese batallón en un serio combate y habiéndose alejado mucho, era indispensable protegerles y doblar su impulso en caso necesario, y a este efecto destaqué los batallones 1 y 2 de Oaxaca [...] formados en una sola columna, y siguieron al enemigo con tal impulso que lo fueron desalojando sucesivamente de las sinuosidades del terreno, que era una continuación de parapetos sobre la llanura".

Zaragoza escribe en su parte: "Cuando el combate del cerro estaba más empeñado tenía lugar otro no menos reñido en la llanura de la derecha que formaba mi frente". Prosigue Porfirio: "Las columnas francesas, que por última vez y con indecible vigor atacaban al fortín de Guadalupe, se convirtieron en torrentes de fugitivos que veloces descendían del cerro y parecían pretender cortar a los que combatíamos en el valle. En este momento mandé que el batallón Morelos, que hasta entonces formaba mi reserva, se moviese en columna mandada por su teniente coronel Rafael Ballesteros y con dos piezas de batalla viniese a reforzar mi izquierda, como lo hizo acabando de rechazar a las que no consumaban aún su fuga. Mandé también que por la derecha marchasen […] los escuadrones lanceros de Toluca y Oaxaca".

Llueven los telegramas hacia la Ciudad de México. Zaragoza escribe: "Sobre el campo a las dos y media. [Y reitera la hora:] Dos horas y media. Los hemos batido. El enemigo ha arrojado multitud de granadas. Sus columnas sobre el cerro de Loreto y Guadalupe han sido rechazadas y seguramente atacó con 4 mil hombres. Todo su impulso fue sobre el cerro. En este momento se retiran las columnas y nuestras fuerzas avanzan sobre ellas. Comienza un fuerte aguacero".

El conde Bibescu relatará: "Por un momento nos creemos a salvo cuando una caballería con las insignias del general Almonte se lanza hacia nosotros al grito de: ¡Almonte! ¡Almonte! Sin duda son amigos, la ilusión es muy corta". Quién sabe lo que los lanceros de Oaxaca y Toluca iban gritando, pero desde luego no se trataba de "Almonte" ni traían sus insignias, que por cierto Bibescu no conocía. La cifra que el conde dará de sus enemigos, unos 1 500 (no serían más de 500), tampoco será muy fiel. Se trataba de los lanceros de Toluca de Morales Puente y de los lanceros que dirigía el hermano de Porfirio, el Chato Félix Díaz, no más de 200 hombres. Morales Puente narra: "Los perseguí en un espacio de más de 500 varas, hasta que aquellos que habiendo llegado a un bordo situado a la izquierda del camino se organizaron y parapetaron […] a la vez que otro cuerpo de ellos que se hallaba emboscado en una barranca se presentó cargando sobre nuestra derecha: en estos momentos en que ya no me era posible continuar la carga por lo obstruido del terreno, comencé a hacer mi retirada en el mejor orden hasta situarme a una distancia de 250 metros de aquella garita.

"Entonces la infantería [del] general Díaz lo comenzó de nuevo a hostilizar, hasta que por segunda vez emprendieron la retirada. En este momento se me previno darles de nuevo un alcance, lo cual ejecuté con el mejor éxito en un espacio de más de 90 metros de terreno parejo, en donde nuestros soldados lancearon a algunos; pero después de este espacio en que ya el terreno es bastante quebrado y lleno de barrancas y bordos, y por lo mismo el enemigo encontraba en él un apoyo para resistirme, hice alto a distancia de 20 pasos del enemigo para organizar mi fuerza y retirarme, situándome después a retaguardia de los Batallones Rifleros y Oaxaca que habían ido a protegerme, quienes haciendo un esfuerzo lograron quitar a aquellos las posiciones que tenían y perseguirlos hasta el centro del grueso de toda su fuerza".

Las versiones de Niox y Laurencez son diferentes, pero ambas coinciden con Vigil ("los escuadrones mexicanos lanzados a toda brida fueron a estrellarse contra las bayonetas de los cazadores, sin poder romper su cuadro"); según estas, los franceses se replegaron en orden, formaron cuadro y retrocedieron, causando la admiración de su general.

Zaragoza a caballo, las balas haciendo música en las crines del corcel y él lleno de miedo y sin mostrarlo, según confesaría, se acercó a la primera línea cuando los hombres de Napoleón *el Pequeño* atacaban por vez tercera. Reportará: "La columna enemiga [...] se replegó hacia la hacienda de San José, donde también lo habían verificado los rechazados del cerro, que ya de nuevo organizados se preparaban únicamente a defenderse, pues hasta habían claraboyado las fincas, pero yo no podía atacarlos porque, derrotados como estaban, tenían más fuerza numérica que la mía [lo cual no es cierto: en esos momentos Zaragoza contaba con una fuerza ligeramente superior a la de los franceses]; mandé, por tanto, hacer alto al general Díaz, que con empeño y bizarría los siguió y me limité a conservar una posición amenazante". Es evidente que no quiere arriesgar la victoria ya obtenida.

Como si la naturaleza quisiera ser protagonista, hacia las cuatro de la tarde la lluvia se convierte en una fuerte tormenta con granizo (¿en mayo?) que cae sobre el campo de batalla, reblandeciendo el terreno. Porfirio Díaz refiere: "Cuando en esta forma perseguía al enemigo, recibí repetidas órdenes para hacer alto y lo verifiqué, dejando a mi retaguardia el sitio del combate y con el enemigo al frente en el más completo desorden y a distancia de 700 metros".

Un testigo en la Ciudad de México dirá que las noticias "habrían de caer sobre nosotros como un rayo de luz en la tormenta, iluminando la patria", y eso que no puede contemplar la tormenta con granizo que les apagó la cuarta carga a mitad de la tarde, ni oír los 2 150 cañonazos que les dispararon, ni ver los más de 500 franceses dejados en el campo, mirando con los ojos que nunca se cierran el cielo turbulento de Puebla. Tres días después Guillermo Prieto publica en la prensa de la capital una "Marcha" en la que se lee: "Que tiene sed la tierra / de sangre de francés".

El conde Bibescu registrará: "Son las cuatro. El general de Lorencez da la señal de la retirada". Zaragoza reitera al general Blanco: "A las cuatro de la tarde comenzó su retirada el enemigo y en este momento la acaban de emprender. Toda su fuerza, como es natural, la llevan a retaguardia de sus trenes. Mil quinientos caballos que he podido reunir, los mandé ayer para tomarles la retaguardia. A esta hora están en Amozoc". Pero no es así: la brigada O'Horán no se encontrará allí, eran ilusiones del general mexicano, que nunca tendría rodeados a los franceses. Zaragoza reporta: "Reorganizado el enemigo hasta fuera del alcance de mi artillería, no me fue posible tornar sobre él la iniciativa [en otro telegrama dirá: 'No lo bato, como desearía, porque el gobierno sabe no tengo para ello fuerza bastante'] y puesto el sol desfilaron sus cuerpos para su campo, volviendo los míos a sus posiciones de la mañana; si como lo espero, se me incorporan mañana las brigadas de los generales O'Horán y Antillón, será completo nuestro triunfo, ora ataque nuevamente al enemigo, ora se retire del lugar que ocupa".

Las tropas de Oaxaca que hacen frente al repliegue francés intercambian disparos de artillería. Finalmente el general Tapia confirma: "El vigía de la torre de catedral detalla el orden en que verifican su retirada las fuerzas francesas, y según él, no es una simple demostración de engaño a nuestras tropas sino una verdadera retirada hacia Amozoc".

El historiador monárquico Zamacois contará que "entre tanto, las bandas de música de los batallones mexicanos tocaban en los fuertes y recorrían las calles de la ciudad al son de animadas piezas celebrando el triunfo que habían conseguido". Y Porfirio Díaz, en sus *Memorias*, hará un justo retrato de la impresión que tenía el Ejército de Oriente: "Esta victoria fue tan inesperada que nos sorprendimos verdaderamente con ella, y pareciéndome a mí que era un sueño, salía en la noche al campo para rectificar la verdad de los hechos con las conversaciones que los soldados tenían al derredor del fuego y con las luces del campamento enemigo". Bulnes, con el habitual cinismo con el que trata al juarismo, dirá: "Fue un chiripazo", pero no hay tal, los que han seguido de cerca la narración lo saben. Prepotencia francesa, seguro; una reacción táctica correcta de Zaragoza, sin duda; valor de un ejército de novatos impulsado por oficiales ideológicamente sólidos, claro.

Zaragoza reportará que "La noche se pasó en levantar el campo, del cual se recogieron muchos muertos y heridos del enemigo y cuya operación duró todo el día siguiente". Su primera estimación de las bajas francesas era que pasaba de "mil hombres entre muertos y heridos y ocho o diez prisioneros"; en un segundo parte la disminuía a 600 o 700. En la noche del día siguiente, visitando los hospitales de campaña, reportaba a Juárez: "Según lo que he calculado, habrá habido por ambas fuerzas beligerantes una pérdida de 1 200 hombres". En los tres casos estaba exagerando. Tampoco era correcta la primera estimación de las bajas mexicanas que hacía Zaragoza: "400 habremos tenido nosotros", cuando en realidad habían sido 215 (232 según Toral; según Maldonado, 213: 83 muertos y 130 heridos).

Las diversas estimaciones francesas de sus bajas tampoco coinciden. En el parte de Lorencez se registraban 482 bajas (aunque Toral hace descender la cifra a 422, entre ellos 35 oficiales); el cronista oficial habla de 156 soldados y 16 oficiales muertos, con 285 soldados y 19 oficiales heridos, de los cuales muchos sucumbieron poco después; Niox da 475 bajas. El hecho es que, de 2 500 soldados que habían participado en el asalto frustrado, el

25% quedó fuera de combate. Meyer cuenta que "la unidad francesa más castigada fue el 2º regimiento de zuavos, con 89 soldados y siete oficiales caídos, 194 soldados y ocho oficiales heridos. De un total de 285 soldados, sólo dos salieron ilesos, de los 15 oficiales, ninguno".

Luis Nava, el soldado preso que se les escapará a los franceses, reportará a los oficiales mexicanos que "observó la mucha pérdida que sufrió la fuerza francesa que se batió, entre cuya fuerza se contaron multitud de oficiales y un jefe de alta graduación, a quien sintieron mucho, y a quien después de quitarle unas medallas que traía al pecho lo cubrieron con una funda de hule".

Los mexicanos dispararon 118 500 proyectiles de fusil, lo que da 259 por cada baja francesa; no podemos hablar de puntería, sí de un vendaval de fuego: 26 333 disparos por hora en cuatro horas y media, y eso sin contar los cañonazos. Ignacio Zaragoza, como si estuviera envuelto en una frase de Manuel Machado, "polvo, sudor y hierro", contempla el campo de batalla. Probablemente no acaba de creerse lo sucedido, o como decía Guillermo Prieto, "con tal modestia que deja dudas de su propia victoria", y le escribía un nuevo telegrama al ministro Blanco: "El ejército francés se ha batido con mucha bizarría; su general en jefe se ha portado con torpeza en el ataque. Las armas nacionales, ciudadano ministro, se han cubierto de gloria y por ello felicito al primer magistrado de la República, por el digno conducto de usted, en el concepto de que puedo afirmar con orgullo que ni un solo momento volvió la espalda al enemigo el ejército mexicano, durante la larga lucha que sostuvo", y luego, ya oscureciendo, telegrafiaba al presidente Juárez: "Los franceses han llevado una lección muy severa; pero en obsequio a la verdad diré que se han batido, pues en los fosos de las trincheras de Guadalupe han venido a morir muchos [...]. Sea para bien, señor presidente, que nuestra querida patria, hoy tan desgraciada, sea feliz".

En el campo contrario, Bibescu diría: "Éramos 5 mil contra una nación entera". La lengua es más rápida que la mente y la retórica no anda en burro. Párrafos antes, en sus recuentos de lo sucedido, hablaba de cómo la Puebla antijuarista los "recibiría en júbilo"; ahora estaban solos ante "una nación entera".

Zaragoza pasará las primeras horas de la mañana del 6 de mayo en el hospital donde hay 185 heridos mexicanos y 30 franceses.

A Saligny le tomará más de 15 días redactar su informe al ministro de Relaciones Exteriores francés, en el que, siendo muy crítico con Lorencez, registra que la ciudad de Puebla había sido tomada y contratomada en los últimos años por ejércitos mexicanos inferiores en calidad y número (no más de 2 mil hombres) muchas veces, que nunca se había atacado el fortín de Guadalupe, que en uno de los ataques el comandante de los cazadores Magín abrió una brecha y, si hubiera girado hacia Puebla, podría haber tomado la ciudad, pero siguió la orden de tomar el fortín. Se quejaba de que Lorencez no había enviado espías, ni hizo reconocimientos.

José Emilio Pacheco, con el que el narrador conversó muchas veces los borradores de este capítulo, ofrecerá el mejor remate: "En medio de tanta sangre, tanta sombra y tanto dolor, el 5 de mayo de 1862 es para nosotros una fecha luminosa. Siglo y medio después su resplandor nos sigue iluminando".

NOTAS

1) Los diferentes partes y telegramas del general Zaragoza sobre la batalla están en una edición especial del *Boletín del Archivo General de la Nación*, que recoge además una visión de la batalla desde la prensa norteamericana, la documentación sobre la enfermedad y muerte de Ignacio, los partes de Miguel Negrete, Porfirio Díaz, Félix Díaz, el coronel José Solías, el general Berriozábal, el coronel Morales Puente, el general Francisco Lamadrid, el general Antonio Álvarez y el general Ignacio Mejía. En Internet se encuentran todos los telegramas cursados durante los días claves por Zaragoza, el cuartelmaestre Mejía, el gobernador militar de Puebla, el ministro de la Guerra Miguel Blanco y Juárez. La reconstrucción de la batalla es particularmente compleja porque tienden a confundirse en los testimonios las tres cargas que da el ejército francés sobre el fuerte de Guadalupe dependiendo de en qué zona de la línea mexicana se encontraban los mandos; quizá la información más rica proviene de las *Memorias* de Porfirio Díaz, escritas mucho tiempo después, pero no por ello la más precisa. Las cartas de Ignacio Zaragoza previas y posteriores a la batalla en "Cartas al general Ignacio Mejía" y *Cartas y documentos*. Benito Juárez: *Documentos, discursos y correspondencia*, tomo VI. José María Vigil: *La Reforma*. Miguel Galindo y Galindo: *La gran década nacional o Relación histórica de la Guerra de Reforma, intervención extranjera y gobiernos del archiduche Maximiliano, 1857-1867*. A. Belenki: *Intervención francesa en México, 1861-1867*. Guillermo Prieto: "Marcha", 8 de mayo del 62. El tomo XI de las *Obras completas* de Francisco Zarco recoge sus artículos periodísticos de 1862. Juan Antonio Mateos: *El sol de mayo, memorias de la intervención, novela histórica*. Victoriano Salado Álvarez: *Puebla*. Víctor Hugo Flores Solís: *Tiempo de héroes. La batalla del 5 de mayo*. George Bibescu: *Le corps Lorencez devant Puebla 5 Mai 1862. Retraite des cinq mille*. Gustave Niox: *Expedition du Mexique, 1861-1867; récit politique et militaire*. El parte de la batalla de Lorencez en Pedro Pruneda: *Historia de la guerra de México, desde 1961 a 1867*. Los papeles de Lorencez se encuentran en tres volúmenes en la Biblioteca de la Universidad de Texas. Jean Meyer: *¿Quiénes son esos hombres?* Pedro Ángel Palou: *5 de mayo de 1862*. Jesús de León Toral: *Historia militar: la intervención francesa en México*. Patricio Ramos: *Descripción de la batalla ganada al ejército francés el 5 de mayo de 1862. Lecturas de Puebla*, vol. 1. Niceto de Zamacois: *Historia de México*. Julius Schiving: *Impresiones de un zuavo*. Paco Ignacio Taibo II: *La lejanía del tesoro*. Celia Salazar, Edgar de Ita y Antonio Avitia: *150 años de la batalla del 5 de mayo en Puebla, 1862-1863*. Raúl González Lezama: *Cinco de mayo. Las razones de la victoria*. Antonio García Pérez: *Estudio*

político militar de la Campaña de Méjico, 1861-1867. Francisco Bulnes: *Rectificaciones y aclaraciones a las Memorias del general Porfirio Díaz*. Salvador Quevedo y Zubieta: *México, recuerdos de un emigrado*. Rafael Echenique: *Batalla del 5 de mayo de 1862*. Sobre la polémica sobre la falta de solidaridad de los poblanos con el Ejército de Oriente: María Elena Stefanón López: "¿Héroes o víctimas? Los poblanos durante el sitio de 1863". El peso de la batalla en la cultura popular: Cecilia Vázquez Ahumada y Margarita Piña Loredo: *La batalla del 5 de mayo en el Carnaval de Huejotzingo, espacio de identidad* (maravillosas fotos). Instituto Nacional de Antropología e Historia: *Huellas del pasado, museo de la no-intervención* (video sobre los restos del fuerte de Loreto).

2) Poco después de la batalla las informaciones, que daban como definitoria del combate la contracarga del sexto batallón de los serranos de Puebla, comenzaron a volverse populares y en la voz de muchos se atribuyó a los nativos de Zacapoaxtla la hazaña. Probablemente fue Miguel Negrete, quien habló del "batallón de Zacapoaxtla" ante varios periódicos, el que lo originara; pero el caso es que la prensa se haría eco. Julio Zárate lo registraría un año más tarde y El Nigromante lo glosaría en Mazatlán varios años después: "Los indígenas de Zacapoaxtla que ignoran si un Papa los ha declarado racionales". Sin embargo, no habían sido los zacapoaxtlas los autores de la hazaña de las milicias de la sierra, sino nativos de Tetela de Ocampo, Xochiapulco, del municipio de Cuetzalan, de Zacatlán y de comunidades del municipio de Zacapoaxtla, aunque de otros pueblos, no de la cabecera. El Sexto Batallón de Guardia Nacional del Estado de Puebla estaba integrado por 400 milicianos de Guardia Nacional divididos en seis Compañías: cuatro del municipio de Tetela de Ocampo, una del municipio de Xochiapulco y una con milicianos de los municipios de Zacapoaxtla y Cuetzalan. De los 169 combatientes que componían el sexto batallón, sólo uno, Nacho Betancourt era de esa villa. A lo largo de los años la villa de Zacapoaxtla se llevó una gloria que no se merecía y los de Tetela y las otras comunidades fueron ignorados por más que enviaron escritos, presentaron protestas, aportaron documentación de toda índole y absoluta fidelidad. La paradoja es que Zacapoaxtla había sido una ciudad conservadora durante la Guerra de Reforma y había sido tomada a sangre por los liberales, y que seguiría siendo base reaccionaria durante el imperio, al grado de crear una brigada que apoyó a un batallón austriaco en la quema de algunas otras de las comunidades liberales de la sierra. Fui a Tetela para deshacer el mito Zacapoaxtla y me entregaron los textos de Venancio Armando Aguilar Patán: *Heroica ciudad de Tetela de Ocampo* y la documentación del archivo de la familia Molina-Bonilla incluidos los estadillos de combatientes del sexto batallón de la Guardia Nacional de Puebla según los archivos de la Secretaría de la Defensa Nacional. Leí para confirmarlo en Internet el trabajo de Venancio Armando Aguilar: "Batalla histórica… error histórico. El mito de los zacapoaxtlas". En este país, en que la injusticia abunda, no sería malo reparar este agravio histórico. La gloria del 5 de mayo no es de Zaxcapoaxtla, sino de Tetela y las comunidades de la sierra norte. Como una muestra de la potente desinformación sobre el tema, la intervención

de Edwin Corona en la web *Cambio digital* en 2015: "los indígenas Zacapoaxtlas, que escondidos tras de los magueyales los dejaron pasar y haciendo uso de la reata, arma hasta entonces desconocida para los franchutes y el machete costeño".

3) Los liberales inventaron, reinventaron, desplegaron la "ceremonia cívica" y son los responsables originales de la futura tortura al sol de millares de niños y adolescentes en los siguientes años escuchando pésimos poemas sobre historias que no crean en ellos ninguna identidad. La proliferación de estos actos tras la muerte de Zaragoza estableció una cadena que llega hasta nuestros días.

4) En el aniversario 150 de la batalla de Puebla se editó el libro *150 años de la batalla del 5 de mayo en Puebla* por el Instituto Nacional de Antropología e Historia y Conaculta. Una introducción de Edgar de Ita da cuenta jubilosa en más de 40 páginas de tanto desatino y otras 80 páginas dan noticia de la celebración de 1962 y de las conmemoraciones alucinadas. Cierra el libro por cierto una brillante selección musical que incluye varias versiones de "La Paloma", "Los Cangrejos" y "Los Enanos", aunque lamentablemente no incluye la brillante sinfonía de Sergio Berlioz dedicada a la batalla.

5) En 1900 la prensa conservadora poblana iniciaba una *sui generis* ofensiva tratando de quitarle méritos a Zaragoza y diciendo que Negrete era el que verdaderamente había dirigido la batalla, que Zaragoza se la había pasado bebiendo pulque encerrado en la iglesia de Los Remedios y fueron sus segundos los que dirigieron el combate. Se trataba de una operación política orquestada por el porfirismo para controlar la historia, matar por segunda vez, como se había hecho en el caso de Escobedo, a los héroes militares liberales, para dejar solitario y propietario a Díaz de la resistencia contra el imperio. Luego, todo se ha vuelto nombre de calle y de estación de metro, bronce conmemorativo y desmemoria, demagogia y desamor. Vacío.

6) Gustave Niox y Porfirio Díaz tras haber combatido en bandos diferentes se encontraron finalmente. En 1911 el general francés que había escrito la gran historia de la Intervención le ofreció una visita guiada por París al dictador derrocado y en el exilio. Lo llevó a ver museos y sobre todo lo acompañó a visitar el Museo de los Inválidos en París; llegaron hasta la tumba de Napoleón Bonaparte, y Niox sacando la espada que Napoleón había usado en Austerlitz, se la puso en las manos a Porfirio, que respondió que no merecía tocarla; recibiendo del francés el elogio: "Nunca ha estado en mejores manos". Tal para cual, par de viejos chochos y autoritarios.

7) Fascinante el trabajo de Mayra Gabriela Toxqui (*Los espacios de la guerra*) al recopilar los planos de la batalla del 5 y las cumbres de Acultzingo; pero si en el terreno actual resulta casi imposible imaginar los movimientos de los franceses y el cambio de disposición de los zaragozas, los mapas tampoco ayudan demasiado. Hace falta una imaginación que carezco, me he visto dándoles vuelta y vuelta y comparando la disposición con las historias de los testigos.

8) En la segunda fase de la guerra Lorencez reclamará la posibilidad de volver a combatir en Puebla, argumentando el derecho a recuperar su honor y que debía ser él quien derrotara a los mexicanos, pero Napoleón III no le concedió la petición, así que dejó

Veracruz el 17 de diciembre de 1862. Perdedor en la guerra franco-prusiana, muere en el 92 de una enfermedad adquirida en México; según José Emilio Pacheco de fiebre amarilla. ("Antes de la batalla". Jean Tulard: *Dictionnaire du Second Empire*).

9)   Óscar de Pablo me recuerda que el 5 de mayo cumplían años la emperatriz de los franceses, Eugenia, y Karl Marx.

81

EL JAROCHO Y LA BALA DE CAÑÓN

El narrador de esta historia ya relató antes que los franceses rebasan los fosos y ahí se produce el combate cuerpo a cuerpo. Aunque J. A. Mateos sitúa el hecho en el fortín de Loreto, realmente sucedió en el de Guadalupe, cuando un cañón de 68 milímetros causaba estragos en las filas francesas: "El artillero, sorprendido por la rapidez de la columna francesa, tiene en sus manos la bala de cañón que no alcanzó a colocar en la boca de fuego. [...] El artillero arrojó la bala al soldado francés, que herido mortalmente por el golpe en la cabeza, rodó al fondo del parapeto".

Durante mucho tiempo el narrador de esta obra pensó que el grabado que reconstruye la escena debido a Constantino Escalante, dibujante y caricaturista de *La Orquesta*, era una invención, una alegoría, narrando el momento clave del ataque francés sobre Guadalupe, cuando llegaron más cerca; pero curiosamente el episodio en que un soldado mexicano enfrenta a un zuavo que se encuentra a unos metros de él arrojándole una bala de cañón en la cabeza mientras esquiva la bayoneta fue cierto. Porfirio Díaz cuenta que los artilleros veracruzanos estaban desarmados y "no podían rechazar el asalto de los franceses, sino usando de sus escobillones y palancas de maniobras".

Juan Antonio Mateos precisa: "En aquellos momentos el artillero tenía en las manos el proyectil que iba a colocar en la boca del cañón, sin que hubiese tenido tiempo por la rapidez con que el zuavo había llegado al parapeto. Tras de aquel hombre venía una multitud, que una vez apoderados del fortín, levantarían la moral de su ejército y se perdía en un instante la gloria adquirida a costa de tanto sacrificio. El soldado arrojó el proyectil a la cabeza de su adversario, que herido mortalmente, rodó en el foso del parapeto".

La historia parece confirmarse en un grabado francés en color en donde en el extremo derecho de la página aparece un lanzador de piedras desde los muretes. Está publicado en *Estampas mexicanas del siglo XIX*. El crédito se le da a V. A. Jain, pero la fecha es errónea (17 de mayo de 1861). Y también por Patricio Ramos, que además nos proporciona el nombre del autor: "Por donde conocían que era fácil escalar para poder dar asalto al fuerte; en el acto de llegar al merlón, se sirvieron uno al otro de escala; y cuando el sargento de artillería Pascual Gutiérrez iba a meter la granada a la pieza, se encontró con el primer zuavo que estaba parado en los hombros de sus dos compañeros queriendo subir, en el acto le arrojó el sargento la granada y lo echó al suelo".

Y luego que no digan que los jarochos no tiene recursos.

NOTA

1) Juan Antonio Mateos: *El sol de mayo, memorias de la intervención, novela histórica.* Constantino Escalante y Hesiquio Iriarte: *Las glorias nacionales.* Francisco Bulnes: *Rectificaciones y aclaraciones a las Memorias del general Porfirio Díaz.* Paco Ignacio Taibo II: *Los libres no reconocen rivales. Estampas mexicanas del siglo XIX.* Patricio Ramos: *Descripción de la batalla ganada al ejército francés el 5 de mayo de 1862.*

82

LOS ILUSTRADORES

En un mundo en el que está naciendo la fotografía, si se creyera, habría que decir que Dios nos dio a los ilustradores.

El 9 de marzo del 61 aparece en *La Orquesta* una caricatura llamada "La administración juega a manos postizas": Juárez al frente, bajo sus brazos aparecen los de Prieto, que gesticula atrás de él. El 13 de abril del 61: "Juárez y su gabinete sólo le hacen al teatro cuando se trata de gobernar"; Juárez toca el organillo, dentro de un teatro de títeres, Zarco, Prieto; a la derecha observa González Ortega. El 4 de abril del 62: "El Palo de Ciego, cuestión del día": Tres mujeres en un escenario (Inglaterra armada con cañones), una Manola española con un cuchillo, una dama francesa con dos revólveres, amenazan a una mexicana identificada sólo con una banda que dice "Libertad". A derecha e izquierda, acreedores y militares: Lorencez, Gabriac, Saligny, Jecker (con un "subirán mis pagarés" en las manos); Juárez, al fondo, con sus ministros muestra aburrimiento o apatía porque lo que se quiere destacar es su inacción.

Una más: en un carrito abierto, Saligny hace su entrada a México acostado y acompañado de una botella de coñac; el carro, en lugar de ser tirado por mulas, es jalado por Almonte y Forey.

¿Quiénes son estos fustigadores del Presidente desde la izquierda que no perdonan a los nuevos imperialistas? El autor de las dos primeras piezas es Constantino Escalante, el de las dos siguientes es Santiago Hernández.

Napoleón Constantino Escalante había nacido en 1836; originalmente pintor de caballete, había hecho un óleo sobre la Batalla de Molino del Rey durante la invasión estadounidense de 1847. Dibujando a lápiz, inició sus colaboraciones en *La Orquesta*. Con la Invasión francesa enfrente, Escalante cerró filas con la república publicando varias caricaturas.

Santiago Hernández, nacido en Distrito Federal el 25 de julio de 1832, estuvo entre los adolescentes defensores del Castillo de Chapultepec. Agustín Sánchez, uno de los mejores estudiosos de la caricatura en México, cuenta que "su vida sigue siendo un misterio […]. Su obra comenzó a destacar cuando pintó al óleo los retratos de los Niños Héroes; autodidacta, a la muerte de su padre comenzó a ganarse la vida pintando cuadros, naturalezas muertas, retratos a lápiz e impartiendo clases". Entre el 61 y el 63 hizo más de 514 dibujos para *La Orquesta*.

No menos importante sería Alejandro Casarín, arquitecto, dibujante, escultor, periodista, nacido el 5 de abril de 1840 en el Distrito Federal, que se suma a la defensa de México y como capitán es miembro del Estado Mayor de Doblado, con el que está en La Soledad en el momento de los tratados. Combatirá en Puebla en el 62.

Muy poco después de la batalla, el 1º de agosto del 62, se publican *Las glorias nacionales. Álbum de guerra,* editado por Constantino Escalante y el grabador Hesiquio Iriarte. La serie de litografías ilustra las batallas de las Cumbres de Acultzingo y el 5 de mayo. Los dos habían viajado a Puebla poco después de la batalla y recogido impresiones. Con los textos colaboraban otros dos personajes entrañables hijos del furor republicano y de trágico destino: Florencio del Castillo, que moriría de fiebre amarilla en el castillo de Ulúa, prisionero de los franceses, y Carlos R. Casarín, que había combatido en Acultzingo y Puebla dentro del Ejército de Oriente y que habría de morir poco después en un duelo. Quizá el mejor grabado es el que recoge la conocida imagen del asalto francés al fortín de Guadalupe.

NOTAS

1) Luis Arturo Salmerón: *¡Mexicanos al grito de guerra! Una página de la historia bajo el pincel de la oposición.* Esther Acevedo: *Una historia en quinientas caricaturas: Constantino Escalante en La Orquesta y Los caminos de Alejandro Casarín, 1840-1907.* Agustín Sánchez González: *La caricatura del Siglo XIX* y "Santiago Hernández, de Niño Héroe a caricaturista genial". Constantino Escalante y Hesiquio Iriarte: *Las glorias nacionales.* La colección completa podía ser consultada en la página electrónica del Instituto Nacional de Antropología e Historia. Francisco Sosa: "Escalante, Constantino" en *Biografías de mexicanos distinguidos.* Julio Zárate: "El 5 de mayo a través de la historia de México".

2) Escalante, cuando los franceses entraron a la capital de la República en mayo de 1863, huyó de la ciudad, porque era buscado por la caricatura de Dubois de Salig-

ny, retratado dentro de un frasco de coñac. "Amenazado por los franceses, se refugió en Real del Monte (Hidalgo), hasta donde lo persiguieron y apresaron. De regreso a la ciudad, lo exhibieron por las calles en una jaula para animales de circo, ante los reclamos de la prensa que exigía su liberación". Retomó su labor en 1867, con el triunfo de la República. Murió a los 33 años de edad, a causa de un accidente ferroviario mientras viajaba de México a Tlalpan el 29 de octubre de 1868. Santiago Hernández también fue perseguido por los imperiales y formó parte de la guerrilla de Nicolás Romero, hasta que volvió a su oficio en 1865. Hernández colaboró en sus últimos años en *El Ahuizote* y *El Hijo del Ahuizote*. Casarín estuvo 13 meses prisionero en Francia después de la 2ª batalla de Puebla, sería el autor de *Los indios verdes*. Una segunda entrega de *Las glorias nacionales* se hizo en diciembre del 62 y se ilustraban los combates de Barranca Seca, Cruz Blanca y el asalto al Fuerte de San Javier. Una última entrega de *Las glorias nacionales* al final de la guerra cuando Riva Palacio tomó en sus manos la dirección de *La Orquesta*, con otras dos litografías: La batalla de la Carbonera y la batalla de Zitácuaro.

83

EL NIETO DE LA PATRIA

Eras un personaje difícil de catalogar, Vicente Riva Palacio: buen escuchador y metido en ti mismo a veces, te trastocabas repentinamente en huracán sin motivo aparente; declamabas subido a una mesa o, tomando un sable, te calzabas las botas de montar y desaparecías en misión secreta, de la que luego no harías vanagloria ni mención. Tenías entonces una calvicie prematura que compensabas con unos bigotes frondosos y afilados y una barba en punta; así como una pelambrera desordenada que circunnavegaba las orejas naciendo de las sienes. Lucías una mirada vivaz tras unos anteojillos metálicos.

La historia formal dirá que eras hijo del abogado liberal y ex ministro Mariano Riva Palacio y nieto por parte de madre de Vicente Guerrero, el consumador de la Independencia, y de quien sin duda heredaste ese valor que las más de las veces es orgullo que se impone al miedo y que iluminó a los insurgentes. Tu condición de nieto de Guerrero te valía a veces el singular apodo de el Nieto de la Patria. Naciste el 16 octubre 1832 y fuiste bautizado Vicente Florencio Carlos Riva Palacio y Guerrero.

Ya en el 47, contando tan sólo 15 años, tuviste una aventura guerrillera de la que poco se sabe y menos aún se contó entonces, combatiendo contra los yanquis en la trastienda de sus filas. Ortiz Monasterio sugerirá que tu padre te llamó al orden. Y era mucho Riva Palacio tu padre Mariano.

Cuatro años más tarde te diplomaste en derecho civil y público como abogado. Te habías casado al final de la Revolución de Ayutla, en pleno año 56, con una jovencita nacida en la capital, dama sabia en amabilidades, llamada Josefina Bros, tras un largo noviazgo de tres años que produjo centenar y medio de apasionadas cartas y que te aportó, joven abogado, una tremenda dote. No hubo esto de alterar tus hábitos, pensamientos y acciones; espíritu inquieto como el que más, contabas con una temprana clientela heredada de tu padre. En el 57 fuiste diputado suplente en la asamblea que promulgó la Constitución y comenzaste a ser visto en buenas compañías, sumado al sector rojo y puro del liberalismo. Durante la Guerra de Reforma fuiste perseguido y terminaste dos veces con tus huesos en la cárcel. Al triunfo de la república resultaste electo diputado en aquella legislatura que tanta guerra le dio a Juárez y que continuaba dándosela. Parecías tener tiempo para todo, porque también eras a ratos redactor de *La Orquesta,* periódico liberal satírico.

Pero tu fama, que entonces era mucha, te venía por una doble vertiente. Quizá la más importante se originaba en que, junto con tu amigo Juan Antonio Mateos, eras en aquellos momentos el rey del teatro satírico en México. Del satírico y de cualquier otro, porque cultivaste todo tipo de fórmula teatral: comedias, dramas, sainetes. Suyos eran los escenarios del Iturbide, el Nacional y el Principal, los tres teatros con que contaba la Ciudad de México. Suyo era el público casi en propiedad y todos los aplausos. Incluso se decía que Juan Antonio y tú alquilaron a perpetuidad un palco y allí, a más de comer, mal dormir en un catre de campaña y beber unas docenas de botellas de vino, improvisaron con una vieja puerta de utilería un escritorio colocado sobre las primeras sillas, donde escribían las obras que luego habrían de representarse.

Francisco Zarco, que no los tenía en mucha estima, jóvenes creadores, los acusaba en *El Siglo XIX,* el diario mayor, de escribir las obras según se iban produciendo los ensayos, alterando una frase aquí y allá para adecuarla a las circunstancias del día como un recurso fácil para ganar el favor del público. Quizá fuera cierto que así escribieron durante aquellos años agitados. Si así fuese, poco tenía de fácil. Lo cierto es que durante el 61 y el 62 tú y Juan Antonio Mateos se habían virtualmente adueñado de los tres teatros de la capital y del corazón de sus espectadores. La cadena de sus frecuentes estrenos, todos ellos acompañados del éxito popular, era impresionante: el 27 de enero del 61 estrenaron en el Iturbide *Odio hereditario,* drama en cuatro actos y en verso. El 10 de marzo, también en el Iturbide, *Borrascas de un sobretodo.* El 15 de agosto, *El incendio del Portal.* A esa siguió *La ley del ciento por uno,* en la que atacaban a su crítico, Francisco Zarco. El 16 septiembre celebraron las fiestas patrias con *El abrazo de Acatempam o el primer día de la bandera nacional,* con la que ganaron un premio. La obra exaltaba amor patrio y esto sucedía en momentos en que la Intervención estaba en marcha, de manera que el público enardecido veía más allá de los parlamentos y las circunstancias y aplaudía las historias del día reflejadas en el escenario.

¿A qué horas escribían? Prieto, que tenía fama entre tus colegas de rápido y descuidado en el uso del tintero, no les llegaba ni a las suelas en esto de la velocidad.

El 5 de octubre se estrenó *Una tormenta y un iris* y tan sólo 15 días después un juguete cómico titulado *Temporal eterno*. Siguieron en rápida sucesión una comedia de costumbres que se estrenó el 1º de diciembre, *La política casera,* y al fin, el 25 de enero del 62, *El tirano doméstico* en el Iturbide, donde aparecieron por primera vez los feroces versos satíricos contra Almonte y Dubois de Saligny. La obra alcanzó un triunfo exaltante pese a que fueron criticados en la prensa por abusar de los personajes contemporáneos. Crítica que poco debe haberles importado, puesto que de eso se trataba, de hacer un teatro que tuviera la virtud del periódico más la gracia de la sátira. Como la piel se pega a la carne, así el juego del escenario a la realidad. Y poner el dedo en llaga, maltratar al imperio y a los mochos traidores. Todavía una nueva obra llegó a los escenarios el 23 de marzo, de afortunado título: *Nadar y a la orilla ahogar,* un drama cómico en cuatro actos que Zarco aprovechó para soltarles una nueva andanada sugiriendo que ambos autores dejaran de desperdiciar su talento y sus facilidades para la versificación en el teatro ligero y proponiéndoles que escribieran por separado. No era el único crítico: a Ignacio Ramírez no le gustaban tus obras en coautoría con su cuñado Mateos. Contestabas: "El corazón se educa con más facilidad que el cerebro".

La otra fuente de tu bien ganada fama estaba originada en que el mismo día del nacimiento de *La Chinaca*, el 15 de abril del 62, te presentaste en Palacio Nacional ante Benito Juárez y le pediste autorización para formar una pequeña fuerza guerrillera a tus costas, pagando de tu bolsillo (con el dinero que te daba el teatro) armas, caballos y abastos. El gesto era inusitado, puesto que poco antes fuiste considerado serio candidato a ocupar el Ministerio de Hacienda en el gabinete juarista, y aunque rechazaste el cargo, se esperaba que de incorporarte al ejército lo hicieras como oficial regular con un mando importante de tropa.

Autorizado de inmediato, integraste en pocos días esa fuerza de caballería y con ella te sumaste al ejército de Zaragoza operando en el exterior de Puebla, las más de las veces como correo, burlando a los franceses y a las caballerías del chaquetero Leonardo Márquez. Tus colaboraciones en la redacción del periódico eran por tanto como tus apariciones por la Ciudad de México: tempestuosas y fugaces.

Sentías, Vicente, por todas partes la electricidad del relámpago en el aire de los caminos poblanos y de la ciudad de los palacios y las caballerizas. No habías cumplido los 30 años.

NOTA

1)   Paco Ignacio Taibo II: *La lejanía del tesoro*. José Ortiz Monasterio: *"Patria", tu ronca voz me repetía: biografía de Vicente Riva Palacio y Guerrero, Historia y ficción. Los dramas y novelas de Vicente Riva Palacio y México eternamente. Vicente Riva Palacio ante la escritura de la historia*. Ricardo Orozco: *Vicente Riva Palacio*. Clementina Díaz y de Ovando: *Antología de Vicente Riva Palacio*. Vicente Riva Palacio: *Epistolario amoroso con Josefina Bros, 1853-1855*. Alfonso Sierra Partida: *Ignacio Ramírez, espada y pluma*.

84

BARRANCA SECA

El 6 de mayo Lorencez y su pequeño ejército se alejaron tres kilómetros de Puebla y acamparon en los cerros de las Navajas y Amalucán. Zaragoza piensa que se están reponiendo y se pregunta: ¿volverán a intentarlo los franceses? Se encuentran en un "campamento, un poco más retirado al mío. Entiendo, por todo lo que he visto hoy, que intente mañana un ataque decisivo o se retire porque no pueda guardar la posición que hoy tiene". Aunque "en todo el día de hoy no ha ocurrido novedad notable", hay cambios importantes en la correlación de fuerzas. El general O'Horán ha regresado a Puebla con su brigada y a las siete de la tarde ha entrado en la ciudad la brigada de los guanajuatenses de Antillón, el general de 32 años, con 2 o 3 mil hombres de refresco "en medio de entusiastas vivas". En la mañana del 7, Zaragoza telegrafía a la Ciudad de México: "El enemigo forma parapetos en el cerro de Amaluca [...] tiene sus trenes cubiertos con 1 500 hombres y 300 que tendrá sobre los cerros a nuestro frente. Espera que lo ataquemos, pero esto lo pensaré bien". Lo piensa y decide a medias, ordena formar en batalla ante la ciudad y frente al enemigo, que al verlo se repliega a Amozoc. El general da órdenes de volver a los cuarteles en Puebla. Para acabar de medirlos, una tropa de caballería se acercó al campamento francés, iniciándose un ligero tiroteo, que terminó a los pocos instantes. Otro tanto pasa en las cercanías, donde "fuerzas de los reaccionarios están en Cholula, pero es tal el orgullo de las nuestras que ni les llama la atención; desean que unidos nos ataquen".

Dos temas preocupan al general: la seguridad de sus comunicaciones telegráficas con la Ciudad de México y las medallas que se han recogido a muertos y heridos del enemigo. Respecto al primero le escribe al ministro de la Guerra: "La persona que vd. me encarga que esté en la oficina telegráfica no podrá decirle a vd. sino lo que yo le transmita", y aprovecha para despotricar contra Puebla, la ciudad que lo tiene realmente enfadado por la falta de solidaridad, de apoyo económico, por la escasez de voluntarios: "De modo que yo tendré cuidado de participar cuanto ocurra de interés para evitar noticias falsas y alarmas que en la traidora cuanto egoísta Puebla circulan. Esta ciudad no tiene remedio".

Curiosamente el desamor que Puebla le producía no se extendía a los soldados de la sierra de Puebla, porque en los partes que se escribirán en esos días habrá menciones especiales al valor del herido coronel Nepomuceno Méndez y a dos capitanes del 6º batallón de guardias nacionales.

El asunto de las medallas parece inicialmente intrascendente: "Es cierto que nuestros soldados han quitado muchas medallas a los soldados franceses que vencieron. Hoy dispondré que se recojan y las remitiré oportunamente. Algunos franceses lloraron cuando nuestros soldados les arrancaron sus medallas". Más tarde el ministro Blanco informará que se ha decidido devolver las condecoraciones a los franceses heridos y prisioneros que, por más que "han venido a nuestro suelo a traernos una guerra inicua y loca", de ellos son y se las merecieron en su día. En cambio, las condecoraciones tomadas a los muertos se usarán, según instrucciones de Juárez, para formar un "cuadro honorífico" del Ejército de Oriente.

Si Zaragoza duda en atacar a los franceses en descubierto, ¿qué piensa Lorencez? Está a la espera de que el antes despreciado ejército de Leonardo Márquez se le sume. Si en el bando mexicano todo es júbilo, en el bando francés no faltan las recriminaciones. Nava contará que, "entre algunos franceses que hablan el español, oyó decir que Saligny y Almonte eran unos bribones, que los habían engañado asegurándoles que los mexicanos no tenían disposición para batirlos, porque eran cobardes y carecían de armas". Martín Reyes cita a un oficial del Estado Mayor que se confiesa engañado por Almonte y Saligny: "Estamos sosteniendo una causa que no tiene y no puede tener partidarios". No hay como las derrotas para avivar la inteligencia.

Saligny le endilgará la culpa a Lorencez en un informe escrito el 26 de mayo en el que lo acusa de haber preferido el ataque frontal a buscar en el sur de Puebla el punto más débil de las defensas; de no haber realizado reconocimientos, si bien aceptaba que había dicho que los franceses serían recibidos con júbilo al entrar a Puebla ("al menos era necesario para eso que él supiera entrar en la ciudad"). Iglesias recoge justificaciones de Lorencez en Francia cuando habla de que el ejército de Zaragoza tenía 12 mil hombres y que las "pobres defensas de Guadalupe" eran como Sebastopol.

Francisco Zarco se reía en la prensa de la incultura de una parte de la prensa francesa, sus embustes y sus dislates: "Llaman aldea a la ciudad de Puebla, refieren la entrada triunfal de Lorencez a dicha ciudad, cuentan una inexistente pelea de millares de gallos en Guadalajara, inventan la fuga del gobierno constitucional a Guanajuato, pintan a Gálvez y a Márquez como *honorables* personajes, sueñan que Almonte ejerce una influencia decisiva en la opinión y a veces llevan su aplomo hasta colocar a México en la cordillera de Los Andes y acusar de ingratitud a los mexicanos porque fusilaron, nada menos, que a Bolívar".

En la Ciudad de México de todo esto se hablaba y todo el que no estuvo allí lo había visto con sus propios ojos, poseía parte de la absoluta verdad para relatar. El vendedor de paños y el tendero, el tinterillo y el evangelista se volvieron estrategas, el monaguillo y la aguadora podían describir el caballo retinto de Zaragoza y la cachucha azul con el leve bordado, como si le hubieran puesto el ojo encima hace unos instantes tan sólo; el catrín sabía de sables, marrazos y mandobles, y el vendedor de pájaros distinguía entre los uniformes de los Lanceros de la Libertad y los harapos rezurcidos de la brigada de los zacatecanos, sin haberlos visto nunca. Todos contaban cómo caían los truenos de la naturaleza y de la pólvora a las cuatro de la tarde y la bravura enloquecida de los defensores, que al acabárseles las balas usaron las rocas y los dientes. Y desde luego hasta el más necio sabía todo de memoria, por haberlo oído a unos metros tan sólo del protagonista.

Juárez animaba la expectativa de una victoria política basándose en la muy falaz impresión de que los franceses deberían entender las grandes dificultades de la imposición monárquica en un país mayoritariamente republicano y los grandes entuertos de tratar de hacernos la guerra a tantos kilómetros de la Europa y con océano de por medio. La victoria abriría negociaciones ventajosas para nuestras fuerzas, pensaba. Pero las negociaciones nunca se produjeron.

Harto de esperar la llegada de Márquez y sintiéndose en desventaja, Lorencez inicia la retirada. El 8 de mayo Zaragoza registra que "el enemigo se mueve. Dudo aún que sea retirada; pero parece movimiento retrógrado. Se alarmó muchísimo el enemigo cuando le presenté toda mi fuerza a su frente. En este momento rectificaré la noticia"; pocas horas más tarde la confirma: "el enemigo por fin se retiró [...] va con muchas precauciones y desmoralizado, pernoctará hoy a dos leguas".

Escribe: "Dejé que descansaran los hombres de O'Horán y los de Guanajuato de Florencio Antillón, pero el 8 los hice formar junto con el resto de las tropas frente a los fuertes de Loreto y Guadalupe. Ahí les dije estas palabras: *Venid a completar las glorias adquiridas el día 5 sobre las huestes francesas que amilanadas y abatidas, tenéis al frente [...]. Estoy viendo todavía en vuestras frentes los laureles adquiridos en Loma Alta, Guadalajara, Silao y Calpulalpan, y yo os aseguro que muy pronto serán ceñidas esas mismas frentes con las inmarcesibles coronas que os prepara la victoria*".

Un día más tarde parece que toma la decisión de pasar a la ofensiva. Sin embargo, demasiadas dudas, timideces, carencias, una derrota pondría en riesgo lo que se ha ganado. "Estoy preparando mi marcha sobre el enemi-

go; pero acaso no lo pueda verificar oportunamente por falta de recursos".
Y Zaragoza sigue blasfemando sobre Puebla: "En cuanto al dinero nada se
puede hacer aquí porque esta gente es mala en lo general y sobre todo muy
indolente y egoísta [...]. ¡Qué bueno sería quemar a Puebla! Está de luto
por el acontecimiento del día 5. Esto es triste decirlo. Pero es una realidad
lamentable".

Finalmente el 11 de mayo el ejército republicano, con Zaragoza al fren-
te, sale de Puebla y comienza a perseguir a los franceses, que se repliegan
con calma hacia Orizaba. "El enemigo salió hoy de Tepeaca, pernoctará en
Quecholac: voy a hacer un esfuerzo para alcanzarlo el día 14 al amanecer".
Sólo las caballerías de vanguardia se les acercan; Lorencez llega el día 12 a
Acultzingo; el 13, a Quecholac.

El general Ignacio Mejía, en Puebla, a través de los telegramas al Ministerio de Guerra, da cuenta de la persecución: "Mayo 15 de 1862. Los
franceses estaban detenidos en la hacienda del Agua de Quecholac, media
distancia [12 kilómetros] de Acatzingo del Palmar [donde está Zaragoza]; y
estaban rodeados por nuestras fuerzas; porque Carvajal venía por el Palmar
y O'Horán estaba en Tecamachalco, para donde también fue el general Díaz,
saliendo otras caballerías para el pueblo de Quecholac. Los reaccionarios no
habían aparecido por allá".

Porfirio Díaz narrará que la marcha en persecución del enemigo es muy
penosa porque las lluvias han puesto muy difícil el camino, y a él le hace falta
ganado para su tren, que se hace más pesado por el gran número de heridos
que lleva. La narración de Díaz, escrita muchos años más tarde, es incoheren-
te. ¿Por qué no se quedaron los heridos de la brigada oaxaqueña en Puebla?

Desde Acatzingo, Zaragoza reporta que las lluvias le han impedido alcanzar al enemigo y no ha querido maltratar mucho su tropa; que todas las
caballerías van hostilizando a los franceses y que los sigue hasta atacarlos
donde los alcance. Ha estado "avanzado bajo fuertes lluvias y lo pesado de
mis trenes y el mal estado de sus ganados y sus caminos me han impedido
dar alcance al enemigo".

Pero más que el agua y los malos caminos, lo que define el pensamiento
de Ignacio está contenido en una nota al presidente Juárez: "Yo creo, señor
presidente, que es absolutamente necesaria la prudencia y más para jugar en
una sola batalla todos los elementos organizados".

Zaragoza le escribe a Mejía: "Por más actividad que he desplegado no me
será posible acaso impedir que una chusma de reaccionarios al mando de
Márquez se incorpore con los franceses en Orizaba, pues aunque les inter-
cepté la vía carretera de Tehuacán [...] ellos tomaron las veredas".

El 17 de mayo Leonardo Márquez, al que acompañan los generales Agustín
Zires y Juan Vicario, y ha creado un cuerpo de artillería para el que nombra a
Ramírez de Arellano, conecta al fin con Lorencez, deja a sus tropas en El Potrero

y se reúne con el general francés en Tecamaluca (a una docena de kilómetros de Orizaba) a las cinco de la tarde. En el futuro se deshará en explicaciones. "Muy terminantemente declaré allí, desde la primera palabra que hablé […] que yo no buscaba las fuerzas de la Intervención, sino al general Almonte […] con el carácter de jefe supremo de la nación: así se lo manifestó al general en jefe de aquellas fuerzas el ayudante que le llevó la noticia de mi arribo, y así se lo repetí yo mismo […] sin querer detenerme, continuando mi marcha, a pesar de ser de noche, y llegando a Orizaba a las 12 de ella. Allí el general Almonte, el doctor Miranda […] me hicieron […] minuciosas explicaciones acerca del objeto de la Intervención". El hecho es que le habla a Lorencez de la situación difícil de su tropa y solicita apoyo. El capitán francés Loizillon tendrá una visión muy cáustica de sus compañeros: "Estamos obligados a tener aliados que nos avergüenzan", y de pasada despotrica contra México y los mexicanos, muy fuertes palabras para el oficial de un ejército que acaba de ser derrotado en Puebla: "Aun cuando los mexicanos carezcan de valor hasta donde no es posible imaginar […]. Bastan cinco o seis individuos para hacer temblar una población de 2 o 3 mil almas. Las leyes son impotentes para reprimir semejantes monstruosidades. El hombre miedoso, y lo es la inmensa mayoría de esta raza degenerada y decrépita, tiende a no malquistarse con ninguno de los partidos que le roban igualmente sus cosechas y sus bestias".

El 18 de mayo el general Santiago Tapia, que venía conduciendo la brigada Álvarez de caballería, 662 chinacos de los carabineros a caballo, lanceros de Toluca y lanceros de Oaxaca, anda bajando de Acultzingo a la busca del ejército de Márquez para impedir que se una a los franceses. Fue a dar con él cerca de un lugar llamado Barranca Honda y tomó posiciones. Tapia, michoacano nacido en una familia muy humilde, veterano de la guerra del 46-47, combatiente en la Guerra de Reforma, que había ascendido de soldado a general, mandó un mensaje a Zaragoza para notificarle que se encontraba ante una fuerza muy superior, porque los conservadores eran unos 2 500 hombres mandados por Vicario y José Domingo Herrán.

Leonardo Márquez, que regresa de Orizaba, se encuentra con que las fuerzas de Tapia estaban formadas "en cuatro columnas, dos en el centro y dos en los extremos, cubriendo su frente con una línea de tiradores, aprovechando los accidentes del terreno que ocupaba y extendiéndose desde la montaña en que apoyaba su derecha hasta la loma que queda al otro lado del camino principal, por su costado izquierdo".

Unos a la espera de refuerzos y los otros muy castigados los caballos y los infantes por las largas marchas de los últimos días, se mantienen. Márquez contará: "En la situación expresada se pasó la mayor parte del día, sin que ninguna de las dos líneas se moviera de su puesto, entreteniéndose sólo los tiradores en pequeñas escaramuzas de poca importancia".

Hacia las cinco de la tarde llega a la posición de Tapia la primera ayuda que ha enviado Zaragoza; es la brigada michoacana del coronel Rojo y un batallón de zapadores de San Luis Potosí, 1 190 hombres agotados por el lento descenso de las Cumbres.

Con su llegada, y a pesar de estar en minoría, Tapia no duda y ordena el avance. Márquez registra: "Atacaron el centro de mi línea con tanto valor y decisión que lograron penetrar en ella, mezclándose las fuerzas contrarias y las mías en medio de la lucha más encarnizada". En la versión de Sóstenes Rocha, que iba con las caballerías de Carvajal, estaban a punto de derrotar a los conservadores cuando "bruscamente y por la retaguardia" aparece el regimiento 99 de línea (unos 800 hombres) dirigido por el mayor Eugène Lefèvre, que ha dejado Lorencez a retaguardia para apoyar a Márquez mientras él se establece en Orizaba.

Los franceses que habían hecho una marcha penosa de 20 kilómetros apoyaron a la caballería de los mochos y cargaron a la bayoneta. Mateos cuenta: "Entonces comenzó una zamba a la bayoneta que horrorizaba. Los cuerpos de San Luis y Zapadores de Morelia hacían prodigios de valor, mientras las caballerías se diezmaban al sable". Los chinacos de Riva Palacio que habían estado en la punta del ataque y desbandado a una parte de los conservadores estaban recogiendo "armas del enemigo, lanzas, mosquetes, fusiles, caballos y hasta los instrumentos de música que llevaron al campo como trofeos", y sufrieron el primer encontronazo teniendo enormes pérdidas.

El ala izquierda republicana, que ya estaba sobre el campo de Márquez, sufrió entonces un contraataque de la división de Vicario y fue rechazada; en el combate Juan Vicario quedó herido.

En esos momentos cae prisionero el coronel español Tuñón Cañedo, que había estado días antes en la defensa del fortín de Guadalupe y los zapadores se reagruparon en torno a la bandera de su regimiento (que llevaba la condecoración del 5 de Mayo). Lo que sucedió después forma parte de las historias legendarias que siempre han acompañado a las revoluciones. Muerto el abanderado, el zapador morelense Marcelino Chávez (Rocha dirá que era cabo), en versión de Mateos, "arrebató la bandera y se dirigió a una cajuela de parque donde clavó el estandarte sagrado. Quitóse el kepí, victoreó a la independencia e hizo fuego sobre la cajuela. Se incendió el parque, subió una llamarada gigante que alumbró por un instante el campo de la lucha, y la más negra oscuridad se sucedió a ese relámpago de la muerte". Junto a Chávez se habrían de recordar los nombres de otros zapadores muertos en la acción: Trinidad Rosas y Trinidad Juárez.

Constantino Escalante habría de fijar este momento en un grabado, aunque de una manera diferente: una masa de soldados franceses se amontona bayoneta y sable en mano sobre otro puñado de mexicanos en cuyo centro se encuentra la bandera ladeándose. Curiosamente, en el primer plano, en una zanja, un desarmado soldado mexicano está estrangulando a un francés.

Al anochecer, en el campo de batalla se celebraba el recuento. Los franceses y la división de Márquez habían tenido cerca de 200 muertos y heridos; en cambio se habían perdido 1 100 republicanos, muertos, heridos y dispersos; además de 24 oficiales capturados. Márquez, contra su costumbre de fusilar sobre el terreno, probablemente para quedar bien ante los franceses, cuenta: "Tuve la satisfacción de defender yo mismo a los prisioneros, prohibiendo terminantemente que se les hiciera el menor mal". Los batallones de Michoacán, que tuvieron que sufrir la peor parte del choque, quedaron absolutamente mermados, no pudiendo reunirse más de cien de ellos, que fueron enviados a la Ciudad de México y luego a Morelia a rehacerse.

Zaragoza se replegó a San Agustín del Palmar y concentró a sus desperdigadas fuerzas. Su reporte al general Mejía es escueto: "Se empeñó un largo y sangriento combate que terminó por la noche, resultando por nuestra parte una pérdida de mil hombres casi en su totalidad dispersos por la oscuridad de la noche y la fragosidad del terreno", lo que inclinó la balanza en favor de los conservadores, "pues de pronto, con este refuerzo, los soldados de la república se vieron superados tres a uno. Por fortuna, la mayoría de nuestras tropas logró escapar.

"El general Tapia se encuentra sumamente abatido y me ha ofrecido someterse a Consejo de Guerra por esta lamentable derrota. No siempre la fortuna es compañera de la justicia".

Ignacio Manuel Altamirano escribirá: "El hierro de las nuevas de nuestro tiempo no ha podido todavía producir sus efectos salvadores".

NOTAS

1) Ignacio Zaragoza: "Cartas al general Ignacio Mejía" y *Cartas y documentos*. Paco Ignacio Taibo II: *Los libres no reconocen rivales*. Leonardo Márquez: *Manifiestos (el Imperio y los imperiales). Por qué rompo el silencio*, rectificaciones de Ángel Pola. Pierre Henri Loizillon: *Lettres sur l'expédition du Mexique*. José Ortiz Monasterio: *"Patria", tu ronca voz me repetía: biografía de Vicente Riva Palacio y Guerrero*. Miguel A. Sánchez Lamego: "El combate de Barranca Seca". Jesús Rodríguez Frausto: *Sóstenes Rocha*. Eduardo Ruiz: *Historia de la guerra de intervención en Michoacán*. Parte de Leonardo Márquez sobre el combate de Barranca Seca, Orizaba, mayo 23 de 1862. Antonio García Pérez: *Estudio político militar de la Campaña de Méjico, 1861-1867*. Porfirio Díaz: *Memorias. La Orquesta*, 21 de mayo de 1862. Juan Antonio Mateos: en *El sol de mayo, memorias de la intervención, novela histórica* ofrece una colorista y bastante imprecisa versión de la batalla, presentándola como una emboscada francesa. Habla del uso de cohetes Congrave, que aparecerán en la guerra un año y medio más tarde, sitúa en el combate a los Cazadores de África, que nuca estuvieron ahí y

remata afirmando que se trató de un empate: "La victoria había quedado indecisa, no había vencidos ni vencedores. La acción de Barranca Seca no fue otra cosa que el choque de dos locomotoras sobre los mismos rieles. Dos máquinas que se encuentran impulsadas por el vapor, destrozan, y cediendo al impulso que las arroja, retroceden sobre la vía".

2)   Hay dos excelentes mapas del combate: uno en Gallica, Internet, y el segundo "Croquis de Barranca Seca" (8 de mayo del 62) según los datos de Riva Palacio, Álvarez y Tapia, en el Archivo Histórico del Instituto Nacional de Antropología e Historia. La litografía de Constantino Escalante sobre la batalla por la bandera en *Las glorias nacionales*.

85

EL DIARIO APÓCRIFO DEL ZUAVO

En *La Chinaca* escribieron juntos Chavero, Schiafino y Prieto un divertidísimo diario apócrifo de un zuavo. Prieto y sus compinches cuentan las andanzas de este supuesto zuavo cuyo diario fue capturado en Barranca Seca. ¿Qué hay de verídico en el documento? ¿Es pura invención? ¿Qué pretenden con este sorprendente texto que combina una información rigurosa de los pasos del ejército invasor por el territorio con las más locas descripciones de lo mexicano? Sin duda establecer la barbarie de los invasores, su dificultad para entender, su absoluta extranjería.

Con una prosa absolutamente ingeniosa donde la exageración y el abuso les gusta en grande y donde el absurdo, a nivel delirante, cobra forma, los autores usan el sentido del humor y paralelamente el difícil ejercicio de ver el mundo con los ojos de otro.

A lo largo de las páginas pasan descripciones como estas: "[los mexicanos] usan por alimento una especie de badana redonda expuesta al fuego, que llaman tortilla, nombre del animal de que la sacan nuestros guanteros; sacarían de este artículo una riqueza prodigiosa lo mismo que los *marchand* de *papier maché*. En tan rara piel, envuelven estos indígenas temerarias cantáridas colosales llamadas *chili-vert*: el caporal de Vincennes, queriendo dar una emoción a sus tropas, se arriesgó a probar; sus ojos se convirtieron en dos ríos de lágrimas y empezó a bramar como un toro. En cuanto a la máquina para moler maíz, usan tortugas de tres pies que en mexicano se llaman metates, como quien dice *métele puños*".

El texto define a los coyotes como "panteritas domésticas", le da a Quetzalcóatl la condición de "dios del aire y el comercio" y se nutre de frases enloquecidas. Se contaba cómo los zuavos usaban el azufre del cráter del Pico de Orizaba para sacar "algún azufre que sirve de sal a los naturales de estas comarcas para sazonar sus *fricóles*".

En medio de los dislates, los narradores aprovechan para ajustar cuentas con los traidores Almonte y Márquez, vistos desde el punto de vista de los soldados franceses. Miles de ciudadanos esperaban la salida del periódico para divertirse y sacar risas de pasadas angustias.

Volver de la burla el exorcismo. Reírse a la mexicana de la muerte. Destruir los mitos de la superioridad imperial.

La Chinaca habría de sobrevivir hasta el 8 de mayo de 1863.

NOTA

1) Guillermo Prieto, A. Chavero y Pedro Santacilia: "Impresiones de un viaje", traducción libre del diario de un zuavo, encontrado en su mochila, en la acción de Barranca Seca", *La Chinaca* 5, 9, 12, 16, 19, 23, 30 de junio; 3, 14, 17, 24 de julio; 7, 14, 21 de agosto, 8 de septiembre de 1862. Paco Ignacio Taibo II: *Los libres no reconocen rivales*.

86

CERRO DEL BORREGO

El 21 de mayo Zaragoza reportará que los franceses se han hecho fuertes en Orizaba. La infructuosa persecución ha terminado. Reitera: "No siempre la fortuna es compañera de la justicia". El Ejército de Oriente no ha logrado capitalizar la victoria del 5 de mayo.

El 23 de mayo le cuenta a Ignacio Mejía que los refuerzos al mando del general Douay no deben de ser más de mil hombres, "lo que no me parece gran cosa" (realmente eran 500). Nombra a Vicente Riva Palacio jefe de la línea del sur para hostigar a los franceses entre Orizaba y Veracruz.

En el terreno enemigo, Lorencez no parece inquietarse por la cercanía de los mexicanos y está pensando en lavar la vergüenza de la derrota ante Puebla. Piensa que para vencer la resistencia necesita más cañones y cuatro morteros, y aumentar su ejército de 15 a 20 mil hombres. Por otro lado, mientras no se mostraba muy satisfecho de la conducta de Almonte y Saligny, comienza a valorar a Márquez.

Un día más tarde la enfermedad obliga a Zaragoza a guardar cama durante dos días. El ataque se reperirá dos semanas más tarde con algo que llama un "dolor espasmódico". El 26 le escribe a Mejía, que se ha vuelto el interlocutor ideal del continuo conflicto que vive el general: "Se me dice que impongamos préstamos. ¿Y cómo se llamará el tomar cuanto ocupamos sin pagarlo de pronto y sin seguridad de cuándo podrá ser reintegrado?".

Lorencez trata de mantener la línea abierta entre Orizaba y Veracruz, que ha estado permanentemente hostigada por las guerrillas del general Ignacio de la Llave. El 10 de junio la guerrilla jarocha de Honorato Domínguez atacaría en Arroyo de Piedra un convoy francés escoltado por zuavos y traidores y les destruiría las mercancías. Altagracia Domínguez, en el camino de Tejería, en el mismo mes atacaría otro convoy y les robaría 102 mulas. En julio Gumersindo Altamirano y la guerrilla de Quezada asaltan el ingenio en las cercanías de Orizaba y la chinaca de Abraham Plata cae sobre otro convoy francés. En represalias se incendiarán Boca del Río, Rancho Nuevo, Palito Verde y La Soledad.

A Lorencez no le basta con proteger los convoyes; necesita crear una serie de puestos fortalecidos que funcionen como enlaces. Decide que entre el Chiquihuite y Tejería se sitúen pequeños destacamentos: en Chiquihuite, dos batallones; en Potrero, un destacamento de auxiliares mexicanos; en Córdoba, dos batallones y un pelotón de caballería; en Fortín, un destacamento de auxiliares mexicanos, y en Orizaba, tres pelotones de caballería y diez piezas de artillería.

El 4 de junio Zaragoza informa: "El general De la Llave me envió su parte de novedades y me informa que en Tlacotalpan se presentó José Sánchez Facio en el vapor *Constitución* y amenazó con bombardear la villa veracruzana, si no se reconocía a Juan N. Almonte como presidente de la República. La población abandonó Tlacotalpan para no someterse al traidor".

Zaragoza, que ha decide posponer el ataque a Orizaba hasta el arribo de la división de González Ortega, se lo encuentra el 9 de junio en San Andrés Chalchicomula. La relación de fuerzas sigue creciendo a favor de las tropas nacionales al sumar al Ejército de Oriente los hombres del Ejército del Centro, dirigido por Jesús González Ortega. Lamentablemente, a pesar de que Zaragoza dice que sus relaciones con él no pueden ser mejores y que formalmente ambos ejércitos están bajo su mando, no logrará una buena coordinación.

Una nueva fuerza armada surge en el bando republicano, pero sin duda no estará a tiempo para el muy próximo enfrentamiento. Vidaurri anuncia en Nuevo León la formación de un nuevo ejército que será dirigido por Ignacio Comonfort. ¿A qué se debe el retorno del hombre que con su autogolpe de Estado abrió la puerta a la sangrienta Guerra de Reforma? Comonfort, tras el golpe de Zuloaga, salió de México hacia Nueva York. Al final de la Guerra de Reforma regresó por Matamoros y llegó a Monterrey. Juárez ordenó a Vidaurri que se lo remitiera para ser procesado por el golpe de Estado; el jefe neoleonense no obedeció (según su costumbre), y Comonfort vivió muchos meses bajo la protección de Vidaurri, en la que volvió a las armas combatiendo con éxito la rebelión en Tamaulipas de un tal Serna. Hacia octubre del 61 le escribió a Juárez invocando su "antigua amistad". En 1862, con la intervención extranjera en la puerta ("la patria en momentos solemnes"), Juárez concilia y lo amnistía, como haría con otros generales, no obstante una fuerte oposición que encabeza Francisco Zarco en *El Siglo XIX*. Juárez le propondrá el 10 de julio del 62 que tome 2 o 3 mil hombres de los norteños y vaya hacia la Ciudad de México. Valadés comenta: "Juárez […] no era tan inflexible como lo han retratado sus biógrafos".

Y en este momento de retornos González Ortega reitera el error de Santos Degollado de iniciar una negociación unilateral y envía una carta al embajador francés Alphonse Dubois de Saligny, diciéndole que él y Napoleón han sido engañados y que el país no se dobla ante la intervención y le ofrece interceder ante el general en jefe para celebrar un armisticio (sugiriendo que, si no, los van a sacar a patadas de Orizaba). Es un tanto *naif* pensar que el principal promotor de la intervención quiera negociar. Reitera dos días después enviándole una carta similar a Lorencez y mandándole copias al presidente Juárez (12 de junio): "Habéis sido engañados acerca de los hombres y de la situación de México; el reconocimiento de este error sería, por vuestra parte, salvando el buen nombre de vuestra nación, un acto que os honraría como diplomático poniendo a cubierto vuestra responsabilidad ante el gobierno francés. Convendréis conmigo que nuestra posición militar es, actualmente, superior a la vuestra; pero el interés de Méjico no es sostener una lucha contra la Francia, a la que le unen miles de simpatías; desea, por el contrario, por un lado, satisfacer toda reclamación justa […] en el terreno de la razón y no en el de la fuerza, y por otro, conservar su dignidad y su decoro". Un día después Juárez le lee amablemente la cartilla a González Ortega. No puede un general en el frente ponerse por encima de las autoridades legítimas de la nación. Resulta peligroso porque puede ser interpretado como un acto de debilidad.

Realmente González Ortega tenía razón, si no en la negociación o en la forma, sí en su percepción. La situación de los franceses en Orizaba era mala. Estaban en minoría frente a los dos ejércitos mexicanos, tenían problemas de abastecimiento y las comunicaciones con Veracruz estaban comprometidas. El puerto, dominado por los invasores, no estaba mucho mejor, y si las guerrillas hubieran concentrado todas sus fuerzas para atacarlo, podría haber triunfado. El comandante Roze sólo contaba con una compañía de marineros criollos, otra del 99 de línea, 20 gendarmes, 28 artilleros y cien soldados de infantería de marina. Apenas si pudo organizar apresuradamente un convoy de 200 carretas. Con la llegada del general Douay a fines de mayo, otras 40 carretas escoltadas por 150 soldados franceses marcharon hacia Orizaba.

Zaragoza llegó con su ejército el 12 de junio de 1862 a Tacamalucan y dio órdenes a la división del general González Ortega para que pasara la cordillera por Perote, saliera al norte de Orizaba por el rumbo de la Perla y tomara el ramal de la sierra que remata en el cerro del Borrego (un promontorio de 400 metros), que domina a tiro de fusil la ciudad de Orizaba. Porfirio Díaz comenta: "con orden de permanecer allí sigilosamente en la noche, hasta que nuestra columna [...] cercara la ciudad por la garita de México y por el camino de la fábrica de Cocolapan. Entonces la División de Zacatecas debía atacar por el norte y occidente, descendiendo del cerro [...] con su artillería".

El día 13 de junio llegó Zaragoza con su ejército a un par de kilómetros de distancia de la garita de Orizaba. La derecha de la batalla la ocupaba el general Berriozábal, la izquierda el general Antillón, y el centro y reserva la división Negrete y 22 piezas de batalla a uno y otro lado del camino. El general dispuso iniciar su ataque a las 11 y media del 14, y el fuego de sus armas daría la señal a González Ortega para que cargase sobre el punto de La Angostura con sus columnas.

González Ortega, con casi toda su división (unos 2 mil hombres) y tres obuses, pasó ante las avanzadas del general Taboada en la noche del 12 sin ser descubierto. Hilarión Frías cuenta: "La operación encomendada a González Ortega era dificilísima, porque para colocar su división en el punto designado tenía que marchar describiendo un gran semicírculo para no ser sentido por el enemigo, y por sitios boscosos, llenos de barrancas y casi intransitables. Todo el día, toda la tarde y parte de la noche [del 13] caminó la división de Zacatecas sufriendo mil fatigas, trepando con enormes dificultades la espalda del cerro y subiendo casi en brazos los soldados la artillería. A las ocho de la noche del 13 al 14 de junio llegaron las infanterías a la cima del cerro; y los soldados, incapaces de moverse, agobiados de cansancio, se tiraron al suelo y se echaron a dormir, sin que se lograra ponerlos en pie". González Ortega dio parte a Zaragoza de que su ejército ocupaba la eminencia del Borrego.

Hay dos versiones sobre cómo un descuidado e inepto Lorencez, que debió haber tenido exploradores que lo alertaran, descubrió la aproximación de los ejércitos mexicanos. La francesa es que el coronel L'Heriller oyó ruidos en el cerro y pensó que los mexicanos habían colocado allí un pequeño destacamento. La otra versión, según Hilarión Frías, es que "las tropas de González Ortega sólo habían tomado en la mañana un ligero rancho, que no era posible darles en la noche, porque ni había víveres, ni se debían encender hogueras que revelaran la situación de la fuerza al enemigo. Entonces se encargaron las mujeres, que por desgracia siempre acompañan a las tropas mexicanas, de alimentar a sus hombres. Y las soldaderas, sin comprender la torpeza que cometían, y sin que lo sintieran los jefes de la división zacatecana, aprovechando la oscuridad de la noche, se deslizaron por las veredas del Cerro y penetraron a Orizaba, creyendo les sería fácil salir y volver al campamento mexicano.

Sorprendidos los franceses, dejaron penetrar a aquella turba de mujeres y las redujeron a prisión; pero así comprendieron y supieron que los mexicanos acampaban en el Borrego".

Fue enviado el recién nombrado capitán (ascendido después de Barranca Seca) Paul Alexander Détrie con una de las compañías (150 hombres; algunas crónicas francesas la hacen descender a 60 o 75 hombres) del 99º de línea para que subiera a ocupar la cima a la carrera. "La noche era tan obscura que no pueden ver más allá de tres pasos adelante". Muy poco después sorprenden al oficial que custodiaba las piezas avanzadas en la primera línea, y que habiendo hecho el camino a pie, se había rendido al sueño.

A la una y media de la mañana, como dice Mateos, "ligeros como el rayo, rápidos como el golpe telegráfico, se lanzaron sobre las piezas y acuchillaron a los artilleros". El 4º batallón de Zacatecas sostenía la posición avanzada, a su lado los hombres de Durango y el 1º de Zacatecas. Las primeras descargas hacen muchas bajas. "Apercibido el general Llave de lo que pasaba, dejó oír su voz en medio de aquel terrible desorden, y lanzó a los soldados que pudo organizar sobre los asaltantes, trabándose un combate sangriento en la oscuridad de la noche". El teniente coronel Luis Pedraza cae muerto. González Ortega trata de reaccionar pero no sabe lo que está pasando; manda a De la Llave a frenar la desbandada y a dos compañías de Zacatecas con Alatorre. Détrie ordena una carga a la bayoneta. Mueren los oficiales de Durango y de los batallones de Zacatecas. Huida y dispersión. A las tres y media de la madrugada el capitán Leclerc llega con una segunda compañía a reforzar a Détrie. No sólo los generales mexicanos no tienen idea de cuántas tropas los están atacando, Lorencez tampoco tiene idea de que sus exploradores han ido a dar de frente contra una de las dos divisiones del ejército mexicano y no considera fortalecer su ataque.

Mateos cuenta que en medio del caso un "soldado francés percibió al general Ortega y se lanzó para darle la muerte; pero el joven Joaquín Ortega [su hijo], que tenía preparado su revólver, lo disparó sobre su frente y cayó muerto a los pies del general". La desbandada es general, son las cuatro de la mañana y González Ortega instruye que los clarines de órdenes toquen retirada y trata de reorganizar sus fuerzas al pie del cerro. Los franceses no avanzan. A las nueve de la mañana el general zacatecano, pensando que el plan original estaba frustrado, se replegó y acuarteló en el pueblo de Jesús María.

Los franceses sufrieron en el combate seis muertos y 28 heridos, mientras que la división de Zacatecas tuvo 250 hombres entre muertos y heridos (un general, tres coroneles, dos tenientes coroneles) y 200 prisioneros, pero lo más grave es que otros 500 soldados mexicanos estaban dispersos; muchos de ellos, "al correr en la oscuridad", se despeñaron.

Las crónicas mexicanas del combate del cerro del Borrego son patéticas, empezando por la versión de González Ortega: "Las tropas francesas no subieron el cerro del Borrego debido a su valor, porque no han disputado palmo a palmo el terreno que iban ocupando y por donde subían, ni debido tampoco a una ingeniosa estrategia, que les haría más honor, sino a la circunstancia de conocer de antemano el cerro citado y de encontrar dormidos a todos los individuos de que se componía la gran guardia, y si esta última circunstancia refluye en contra del jefe y oficiales encargados de aquel punto, no aumenta en lo más mínimo la bien cimentada reputación del ejército francés. Este no pudo ocupar el cerro sino hasta después de cuatro horas en que dio la sorpresa, quizá con fuerzas inferiores a las nuestras porque no podía maniobrar mayor número en aquel terreno; pero esto no se hizo por audacia sino por conveniencia [...] y después también de que teníamos más de 80 heridos, de haber caído muertos y heridos todos nuestros jefes y de que el enemigo pisaba ya sobre multitud de cadáveres de los nuestros". Hilarión Frías dirá: "Tal fue la derrota del Borrego, tan aclamada por los franceses, no porque estos hubieran impendido gran dosis de táctica y de valor, sino porque aquella sorpresa vulgar y cobarde, aunque fue de las que se permiten en la guerra, salvó a Lorencez de una pérdida segura". Y J. A. Mateos: "Ortega comenzó a hacerse centro de sus batallones, y luchando palmo a palmo, y muriendo y matando, y dejando un reguero de sangre en las rocas del camino, se puso fuera del alcance de los franceses". Sólo que para que esto fuera cierto debió de haber causado muchas más bajas que las 34 reportadas.

José Ramón Malo dice que Manuel Silíceo vio los partes de Zaragoza (luego desparecidos) sobre el cerro del Borrego y que se mostraba sumamente indignado con González Ortega, "por el descuido y la flojera al frente del enemigo". En una carta a Ignacio Mejia da cuenta del "pequeño descalabro que, por un descuido de sus avanzadas, sufrió el señor González Ortega cuando ocupaba el cerro del Borrego".

Después de la victoria, Lorencez, al amanecer el día 14, descubre al ejército de Zaragoza, que ha tomado posiciones al abrigo de la oscuridad al sur de Orizaba.

Porfirio Díaz, que mandaba una brigada de reserva, cuenta: "Después de un cañoneo muy vivo ejecutado por los franceses y contestado por nuestra artillería que estaba en línea de batalla, salieron dos columnas francesas sobre nuestra línea a paso de carga, y entonces se me ordenó por el cuartelmaestre, general Santiago Tapia, que marchara también a paso de carga al encuentro de dichas columnas". Tapia resultará herido. Sin embargo, las columnas francesas se repliegan.

Zaragoza, nuevamente enfermo del estómago, temiendo que sea disentería, espera que los franceses "lo salieran a batir y tener así la ventaja del terreno". Mateos anota: "Zaragoza estaba sombrío como la fatalidad, atravesaba en todas direcciones recorriendo su batalla, los proyectiles se arrastraban a los pies de su caballo, parecía que la muerte lo seguía de cerca".

Ignacio Zaragoza no quería retirarse a la luz del día y a las 12 de la noche movió su campo en dirección a Tecamalucan. Al día siguiente le escribe a Mejía diciendo que los acontecimientos lo han "movido a retirarme, como lo he ejecutado con el mejor orden y moral de la tropa, para esperar al enemigo en un punto ventajoso; mas si él no saliere de Orizaba, me retiraré a Acultzingo u otro punto, en donde espero sus auxilios de víveres para sostenimiento del ejército". Y añade: "Suplico a usted me mande en primera oportunidad papel blanco de oficio, que se me ha agotado, y azul rayado".

De poco consuelo serviría que poco después, como cuenta Victoriano Salado: "Salieron a recorrer el camino los ayudantes de Zaragoza, que querían ver de cerca a los franceses y observarles. Formaban el grupo fronterizos de pura sangre, hábiles en el manejo del caballo y la reata [...] observaron a un grupo de diez o 12 franceses, muy lucido. En vez de huir se dirigieron resueltamente a ellos, que les dejaron llegar creyéndolos soldados de Márquez; desataron las reatas, hicieron lazo y antes que los confiados franceses pudieran resistir" habían detenido a cuatro, entre ellos Desleauz, jefe de la artillería de marina y de la plaza de Orizaba, al que finalmente canjearían por 40 soldados mexicanos capturados en el Borrego.

Las razones de Zaragoza por no haber atacado Orizaba, si bien no se justifican, sí se explican. ¿Pero las de Lorencez por no haber contraatacado? De poco serviría que los franceses se mantuvieran inmóviles en Orizaba, rodeados de una población hostil, y que las guerrillas veracruzanas los hostigaran. De poco serviría que desde fines de junio Zaragoza comenzaba a planear un posible ataque. El impulso logrado por la batalla de Puebla se había perdido, el frente se estabilizaba y la invasión seguía mordiendo el territorio nacional.

Juan Nepomuceno Almonte regresó a Veracruz con instrucciones de Maximiliano. Las contradicciones entre el general mexicano, Lorencez y Saligny crecían a cada momento. Se acusaban del desastre del 5 de mayo y de la mala calidad de la información que le transmitían al general francés. Almonte, además, en lugar de sumar había levantado odios por todos lados. Saligny, después de comer en Orizaba, cruzaba las calles en completo estado de embriaguez y más de una vez se vieron obligados a llevarlo cargando a su alojamiento. Tampoco era muy querido Lorencez. El general francés Félix Douay escribía desde Orizaba a su hermano, el general Abel, el 8 de julio de 1862: "Verdaderamente la presencia del conde de Lorencez a la cabeza de un ejército es una mistificación bien cruel para tal ejército; Lorencez es de una impericia incalificable y la indignación es unánime y profunda. Se debería enviarlo, no ante un Consejo de Guerra, sino ante un Consejo de Salud. Su conducta en Puebla y la de su ilustre Valazé, su jefe de Estado Mayor, son objeto de las más vivas acusaciones. El grito general es: *Dios proteja a la Francia y nos libre de las gentes que lanzan columnas con grandes miras*".

Napoleón III envió a México a un comandante de Estado Mayor, M. de Amaut, para recibir un informe de primera mano de la situación del ejército, que permaneció unos pocos días en México y regresó a Francia, exponiendo al emperador una visión muy negativa. La única acción de guerra a lo largo de agosto fue un bloqueo marítimo francés a los puertos de Tampico y Campeche.

Manuel Doblado, sintiendo que su mediación había fracasado y que no era tan útil en la guerra como en las maniobras políticas de la paz, renunció el 13 de agosto al Ministerio de Relaciones Exteriores y a su función como primer ministro de hecho. Juárez rechazó su renuncia pensando que era esencial mantener el frente amplio que se había creado desde el inicio del año.

El 20 agosto Zaragoza regresó a la Ciudad de México para estudiar con el gobierno los próximos pasos de la campaña militar y fue recibido en medio de fiestas, visitas populares, pueblo llano haciendo en la calle de la Acequia, donde vivía, guardias permanentes para verlo y aplaudirle. A las 24 horas regresó a su campamento en el Palmar. Juan Antonio Mateos informa: "Nada más alegre que la población de San Agustín del Palmar durante la estancia de las fuerzas republicanas. Los hermosos portales estaban llenos de gente y la plaza enteramente cubierta de vendimias. Las mujeres de los soldados llenaban los cuarteles y la mayor animación reinaba en el campamento".

Mientras tanto, para los franceses el gran problema era mantener abastecido al ejército en Orizaba con los convoyes que salían del puerto de Veracruz. Las guerrillas había establecido un bloqueo en el cruce del río Jamapa y el general francés se vio obligado a enviar un batallón para abrir la ruta, pero se sumaba el problema de que en estas larguísimas travesías (un convoy podía tomar entre diez y 20 días para llegar de Veracruz a Orizaba, que dista sólo 150 kilómetros) las escoltas consumían una buena parte de los víveres, que llegaban menguados. El analista militar español García Pérez registraba: "El puente del río Jamapa fue quemado por los mexicanos; los enfermos que diariamente caían eran otros tantos cuidados; las tormentas a la misma hora embarazaban la marcha, y los tiroteos de un enemigo invisible mermaron aquella sufrida escolta".

El 23 de agosto refuerzos que habían salido de Argelia dos meses y medio antes llegaron a Veracruz en los vapores *Eylau*, *Imperio* y *Finisterre*; transportaban dos batallones de zuavos, un escuadrón de cazadores de África, un destacamento de obreros ferroviarios y administrativos. En total, 2 228 hombres. Una columna mandada por el coronel Brincourt partió hacia Orizaba y le tomó 11 días, "después de una penosa marcha a través de las tierras calientes, soportando los aguaceros, el calor, la humedad de los vivaques, la continua alarma por los mexicanos", llegar a La Soledad.

El 27 de agosto Zaragoza le escribía a Ignacio Mejía, su paño de lágrimas: "Una vez que consintió usted que los reaccionarios de Puebla se quedaran con parte de la vela, para sus procesiones, en Atlixco hay una muy grande y necesitándose para tiendas de campaña en este cuerpo del ejército, que no asiste a festividades religiosas sino que va a batirse con el enemigo extranjero, le suplico que en el acto la mande traer". Cuatro días después parece que Mejía le pidió que no se enfadara porque Zaragoza explica por qué usó ese tono para presionarlo, y sorprendentemente produce el siguiente párrafo: "Cuando la estación es mala el soldado se moja, y necesita techo con que cubrirse: en el campo no se pueden fabricar cuarteles de cal y canto: ahora, una vela convertida en tiendas de campaña es una cosa tan útil, como agradable a la vista: sobre que acabo de verlo en las Cumbres. La blancura de las tiendas de campaña, en medio de las quiebras de los cerros y entre los árboles, se asemeja a una gran nube blanca tendida sobre el monte. Ya verá usted si por gozar de ese espectáculo no es uno capaz de convertir en tiendas de campaña todas las velas del mundo".

NOTAS

1) Paco Ignacio Taibo II: *Los libres no reconocen rivales*. José C. Valadés: *El presidente Ignacio Comonfort: estudio biográfico*. Francisco Zarco: "Don Ignacio Comonfort". Agustín Rivera: *Anales mexicanos. La Reforma y el Segundo Imperio*. Benito Juárez: *Documentos, discursos y correspondencia*. Rosaura Hernández Rodríguez: "Comonfort y la intervención francesa". José Herrera Peña: *Ignacio Zaragoza: La retirada de los seis mil*. Raúl González Lezama: "La difícil génesis del ejercito liberal". Miguel García Sela: "El cerro del Borrego y el sitio de Puebla" en *La Reforma y la guerra de intervención*. Porfirio Díaz: *Memorias*. Antonio García Pérez: *Estudio político militar de la Campaña de Méjico, 1861-1867*. Humberto Morales: *Puebla en la época de Juárez y el segundo imperio*. Hilarión Díaz: *Juárez glorificado y la intervención y el imperio ante la verdad histórica*. José Ortiz Monasterio: *"Patria", tu ronca voz me repetía: biografía de Vicente Riva Palacio y Guerrero*. Ralph Roeder: *Juárez y su México*. José Ramón Malo: *Diario de sucesos notables, 1854-1864*. Juan Antonio Mateos: *El sol de mayo, memorias de la intervención, novela histórica* (con más imaginación que apego a los hechos). José María Vigil: *La Reforma*. Jean Tulard: *Dictionnaire du Second Empire*.

2) La victoria del cerro del Borrego fue tan importante para el ejército francés que en París a una calle, que aún existe, le pusieron el nombre de "Rue du Borrego".

3) Jean Meyer (Jean Meyer: *Yo, el francés. Crónicas de la intervención francesa en México, 1862-1867*, biografía colectiva de los oficiales de la intervención francesa): "El increíble Paul Détrie, cuya leyenda nació en aquella noche cuando trepó con unos pocos hombres al Cerro del Borrego, para derrotar a un ejército mexicano sorprendido por tal ascensión, digna de un alpinista; en cuatro meses el teniente pasó a capitán y luego a comandante; le estaban destinadas las estrellas de divisionario". Por cierto

que subiendo de Orizaba, el cerro del Borrego no se necesita de alpinismo. Hay un pequeño fondo de origen privado sobre Détrie en Ministère de la Défense, Service Historique de la Défense, État des fonds privés.

87

LA MUERTE DE ZARAGOZA

El joven general regresará a la zona de operaciones el 27 de agosto, de nuevo visita los hospitales, habla con los heridos, vigila a los convalecientes. Duerme en el Palmar, cerca de Acultzingo.

Cae enfermo de nuevo el día 1º de septiembre; el 3, los médicos ofrecen un diagnóstico grave, tiene tifus; es transportado a Puebla con una fiebre muy alta, "que ha tomado un carácter grave".

Ante la casa de la Santísima número 8 comienza a desfilar la gente.

Agonizando, quiere hacer un regalo a los que lo acompañan, pero no tiene dinero; a falta de otra cosa entrega su espada al general Berriozábal.

Zarco cuenta que "en su delirio creía que combatía contra los imperiales y los traidores" y decía cosas como: "Estoy convencido de que los zuavos son cualquier cosa". Le mandó decenas de órdenes a Carvajal diciendo que, si no estorbaba la retirada de los franceses, lo iba a fusilar. Habían llegado a Puebla su madre y su hermana para acompañarlo. Al día siguiente decidió que estaba prisionero y, sereno en el delirio, pidió a los médicos que no fusilaran a sus ayudantes. "¿Por qué no los dejan libres? Pobres muchachos", fueron sus últimas palabras.

Ignacio Zaragoza murió a los 33 años, el 8 de septiembre de 1862. Dejó una hija muy joven. En aquella ciudad de 200 mil habitantes Sara Yonke cuenta que millares acompañaron el cadáver. "Sobre el catafalco elevado, arrastrado por una larga línea de caballos cubiertos de arreos negros, estaba el majestuoso féretro".

Tres días después del deceso, Juárez firmaba un decreto en el que se cambiaba el nombre de Puebla dándole el de "Puebla de Zaragoza".

Desamparado por la ausencia de la peligrosa idolatría católica, de alguna manera el liberalismo nacional construyó un panteón cívico al que fueron a dar no sus héroes sino sus mártires. Para 1862 se había poblado con los médicos asesinados en Tacubaya en el 59, Herrera y Cairo, Melchor Ocampo, Santos Degollado y el joven Leandro Valle, Manuel Gutiérrez Zamora y Miguel Lerdo de Tejada. La muerte de Zaragoza daría su máxima figura al panteón. Centenares de poemas (Guillermo Prieto tan sólo escribió una docena), coronas fúnebres, homenajes, necrológicas nutrieron al panteón laico.

Quizá más importante aún es que el joven Ignacio dejaba tras de sí un fantasma con el que todos los otros generales de la República tendrían que lidiar en los próximos meses.

NOTAS

1) Paco Ignacio Taibo II: *Los libres no reconocen rivales*. Rodolfo Arroyo: *Ignacio Zaragoza, defensor de la libertad y la justicia*. Francisco Zarco: "Muerte del general Zaragoza". Sara Yorke Stevenson: *Maximiliano en México: recuerdos de una mujer sobre la intervención francesa*. María Magdalena Martínez Guzmán: "Los cuatro jinetes del Apocalipsis cabalgan sobre Puebla".

2) Catón, tan desafortunado como de costumbre, escribió: "Ignacio Zaragoza tuvo la suerte de morirse a tiempo", ¿implicando qué? Que hubiera sido tragado por la vorágine de los siguientes meses. ¿Que de sobrevivir sería posteriormente derrotado por el ejército francés? Como historia la frase es despreciable, como especulación, bastante barata. Juan Antonio Mateos afirma en *El sol de mayo, memorias de la intervención, novela histórica* que Zaragoza fue envenenado, no hay ningún indicio que haga sospecharlo.

3) En 1864, ya con los franceses dominando la ciudad de Puebla y la de México, el cinco de mayo, tercer aniversario de la batalla, un grupo de mujeres vestidas de luto se hicieron presentes en el cementerio para poner flores en la tumba de Ignacio Zaragoza. Un diario local decía que pase la aflicción, pero que mucho cuidado con la sedición, que "puede llevar a un consejo de guerra". Y comentaba: "A las diez de la mañana cruzó por las calles de Plateros una gran comitiva de señoras y señoritas todas vestidas de negro y llevando una banda roja al pecho y coronas de flores en las manos [...] van al panteón de San Fernando a la tumba de Zaragoza, la policía francesa las deja hacer". Un año más tarde, en 1865, la Ciudad de México se llenó de pasquines pegados en las paredes, la policía imperialista intervino persiguiendo a los que los colocaban sin resultado, aunque quién sabe cómo afirmaba en la prensa que se trataba de una sola persona y que había pegado en las paredes no más de unos 300.

4) En estos últimos años los regidores panistas poblanos decidieron quitarle el apellido a su ciudad y sustituir el nombre oficial de Puebla, o sea Puebla de Zaragoza, por su primitivo nombre colonial, Puebla de los Ángeles. Le dieron legitimidad a su acto con el voto en un plebiscito del 61% del 3% de los electores que habitan en el municipio. O sea, unas dos personas de cada cien habitantes de la ciudad. En aquellos días, el autor de esta historia no tenía objeciones a la recuperación del viejo nombre colonial de Puebla de los Ángeles, lo que me parecía un acto de gangsterismo ideológico era retirar el nombre del general Ignacio Zaragoza. Si alguien merece tener su nombre asociado a la ciudad de Puebla es Zaragoza. Y así lo escribí en un artículo publicado en *La Jornada*. Puebla fue fundada en la leyenda por un grupo de ángeles despistados que habían perdido el rumbo, pero sin duda fue refundada por ángeles morenos, ángeles de Tetela de Ocampo de la brigada Negrete. En ese debate abierto, me pronunciaba por una solución malignamente conciliadora y pro-

ponía que el nombre oficial fuera Puebla de los Ángeles de Zaragoza y llamaba a los poblanos de bien, que afortunadamente abundan, a que repararan la injusticia y canallada que se había producido. Naturalmente nadie me hizo caso, pero pocos meses después la propuesta panista era declarada anticonstitucional, en la medida en la que un edicto municipal no podía pasar por encima de un edicto presidencial (Juárez había decretado el nombre) y las autoridades municipales poblanas tenían que destinar a la basura la papelería "oficial" que habían elaborado. Justicia vil.

88

FOREY

Si la primera Intervención francesa estuvo marcada por la improvisación y la arrogancia que condujo a su derrota en Puebla, como dice Jean Meyer: "los franceses cayeron en el exceso inverso y tardaron diez meses en acumular las fuerzas necesarias". Víctima del orgullo herido y la enfermedad de la cautela, Napoleón III comenzó por cambiar la dirección militar de la invasión.

El 21 de septiembre de 1862 desembarcó en Veracruz encabezando una nueva división Élie-Frédéric Forey, mariscal de Francia, vencedor de Montebello y Melegnano, hombre de la academia de Saint Cyr, instructor odiado por los reclutas debido a los malos tratos que les daba; siendo capitán involucrado en masacres y saqueos a poblaciones indígenas en Argelia, donde es tres veces herido en combate. En el 51, cuando era coronel, fue golpista llevando al poder a Napoleón; se le recuerda por haber sido responsable de la operación de captura de la Asamblea Nacional y abusos a los que fueron sometidos los diputados; se gana así el ascenso a general. Participó en la Guerra de Crimea y en Italia luchó contra los austriacos. Parisino de barbilla prominente y regordete, ahora, a los 58 años, una foto muestra su pecho cubierto de medallas, sentado, con bicornio, apoyando la mano en la barbilla, parece tener los ojos semicerrados. ¿Estará aburrido?

Trae en su equipaje una carta de Napoleón escrita el 3 de julio en Fontainebleau, poco antes de que partiera: "Cuando lleguemos a México, será bueno que las personas notables de todos los matices que hayan abrazado nuestra causa se entiendan con usted para organizar un gobierno provisional. Este gobierno someterá al pueblo mexicano la cuestión del sistema político que deberá establecerse definitivamente; en seguida se convocará una Asamblea según las leyes mexicanas… El objeto que debe alcanzarse no es imponer a los mexicanos una forma de gobierno que les sea antipática, sino ayudarle en sus esfuerzos para establecer, según su voluntad, un gobierno que tenga probabilidades de estabilidad, y pueda asegurar a la Francia la satisfacción de los agravios de que se queja. Por supuesto que si prefieren una monarquía, el interés de la Francia pide se les apoye en esa vía. No faltará quien os pregunte: ¿por qué vamos a gastar hombres y dinero para fundar un gobierno regular en México? En el estado actual de la civilización del mundo, la prosperidad de la América no es indiferente a la Europa, porque ella alimenta nuestras fábricas y hace vivir nuestro comercio. Tenemos un interés en que la República de los Estados Unidos sea poderosa y prospere; pero no tenemos ninguno en que se apodere de todo el golfo de México y desde allí domine las Antillas y la América del Sud, y sea la única dispensadora de los productos del Nuevo Mundo". Es increíble, los maestros del doble lenguaje son capaces de engañarse a sí mismos. ¿De verdad cree Napoleón que el sentido de la intervención es "darle a los mexicanos un gobierno que tenga probabilidades de estabilidad" o que tiene interés en que los Estados Unidos "prosperen"?

La primera sorpresa de Forey es descubrir a la guarnición de Veracruz mermada por las fiebres: una compañía del 99 de línea tiene 19 hombres hábiles de 98; la marina ha tenido 1 200 bajas. El buque *Massena* había tenido que ser enviado a Nueva York cargado de enfermos. El *Grenada* tenía a todos sus oficiales enfermos y, de 45 hombres de la tripulación, en diciembre murieron 21. La *Normandie* había perdido 24 hombres y fue enviada a un fondeadero en las Antillas. Este será el origen de que en las siguientes movilizaciones se incorporen a la fuerza invasora soldados antillanos (sobre todo nativos de Martinica), egipcios y sudaneses, supuestamente más resistentes a las fiebres tropicales.

El médico general A. Fabre lo comenta: "Con todo y una buena organización del servicio sanitario, la expedición será, para el ejército francés, un desastre sanitario comparable al de Santo Domingo" (1802-1803). "Como en la gran isla caribeña, la fiebre amarilla [vómito prieto], la malaria y la disentería cobraron un tributo pesado". En un documento posterior contabilizará 90 750 individuos hospitalizados, de los cuales sólo 2 559 eran heridos. Estima que la disentería, paludismo y fiebre amarilla causaron la gran mayoría de muertes, entre ellas las de 30 médicos militares. Claire Fredj registrará que a lo largo de toda la campaña 6 mil miembros de la expedición morirán y 60 mil estuvieron hospitalizados de fiebre amarilla, paludismo, disentería y tifus. Sobre todo en las epidemias del 62 tras el desembarco, del 63 y del 66.

Cuatro días después de su arribo un anónimo conservador desde Orizaba daba noticias de la situación política: "El desprestigio de Almonte sigue cada día creciendo; y crece también diariamente la falta de armonía entre él y Lorencez [que aún estaba a cargo de la invasión], entre este y Saligny, y entre los tres mutuamente. Las tropas reaccionarias que al mando de Márquez vinieron a incorporarse con Almonte han disminuido a una tercera parte, porque las enfermedades, el hambre, y la indiferencia, o mejor dicho desprecio, con que las miran los franceses las han hecho desertarse. Abandonado a su suerte y acosados por el hambre, se han convertido en una bandada de ladrones, y cuanto de ellos le dijera sería poco. Aquí tenemos generales y oficiales más que suficientes para un ejército de 20 mil hombres. Excusado es decirle que los franceses no alternan ni hacen caso para nada de sus aliados mejicanos, cuyos generales y jefes se ven a luz del día lazar toros en los potreros particulares para venderlos al proveedor francés. Los guerrilleros no dejan entrar víveres, y los pocos que se consiguen se los apropia la administración militar francesa, importándole muy poco que los habitantes de la población coman o ayunen. La carga de harina de 18 arrobas vale a $116 […]. Dentro de una semana no habrá carnes, pues han acabado con el ganado de las haciendas, y será menester ir a buscarlo lejos […]. Almonte, por orden y tolerancia de los franceses, decreta mil desatinos, que por supuesto no tienen ni pueden tener cumplimiento".

El 1º de octubre el general Forey disuelve en Veracruz el gobierno formado por Almonte y ordena que en adelante no podrá "promulgar ninguna ley o decreto" y "no usará el título de jefe supremo de la nación". Almonte se somete: "Yo sólo usaré en lo sucesivo del título de general en jefe del ejército nacional de México".

Forey no se moverá de Veracruz durante casi un mes, a la espera de refuerzos, que llegarán muy pronto. De la derrota de Lorencez ha aprendido al menos cautela. Irá añadiendo a las tropas del general Douay, que arriban en junio, las que lo acompañan en septiembre y la división de Bazaine, Neigre y Castagny, que trae más de 8 mil soldados. Sumando a los combatientes de Puebla y Barranca Seca, las fuentes francesas hacen subir la cifra del ejército invasor a 17 384 hombres, probablemente más, contando marinos y guarniciones. Más del triple de los que combatieron en Puebla el año anterior.

En los siguientes meses se movilizarían hacia México hasta 38 493 hombres, 5 724 caballos, 26 mil toneladas de material bélico, transportados en 60 naves tripuladas por 17 751 hombres que efectuaron 70 viajes, cada uno de al menos mes y medio de duración, con los consiguientes barcos atrapados en la tormenta, caballos muertos, accidentes. El designio enloquecido de un gobierno dominado por la mentalidad imperialista y el delirio de grandeza.

Según Jean Meyer, "el cuerpo expedicionario es mucho más comparable al ejército de África que al de Crimea, o de Italia, pero, sin embargo, está afectado por una novedad importante: la Escuela Especial Militar de Saint Cyr", que ha formado al cuerpo de oficiales en una proporción muy novedosa. De los 379 egresados de las escuelas militares, 314 estudiaron en Saint Cyr, y 48, en la Escuela de Aplicación de Metz (Artillería e Ingeniería Militar), muchos de ellos becados y un 35% tenía experiencia de combate en África.

El 24 de octubre Forey llegó a Orizaba. Salieron a recibirle en las afueras Lorencez con su Estado Mayor, Almonte, el Ayuntamiento, el jefe político (nada menos que el eterno conspirador mocho, el general Haro y Tamariz), fray Francisco de la Concepción Ramírez, obispo de Caladro. Forey marca en su primer discurso la diferencia con los conservadores católicos: "Aprovecho la ocasión de ver al venerable clero […] y espero que, en cuantas ocasiones se les presenten, predicarán la reconciliación a todos los mexicanos y el olvido de sus recíprocas ofensas […] es de esperarse del patriotismo del clero mexicano, que acepte ciertos hechos consumados". Suena a advertencia de que no se derogarían las Leyes de Reforma.

Un día más tarde entra en funciones sustituyendo a Lorencez.

El 2 de octubre del 62 Juárez había decretado la expulsión del país del banquero Jean Baptiste Jecker; el comentario general es que había sido benévolo, que debió haberlo fusilado. Obviamente Jecker, acompañado del francés Barrés, no llegó al puerto de Veracruz sino que se instaló temporalmente en Orizaba, donde junto a Saligny siguió conspirando para que el ejército invasor se hiciera responsable del pago de sus bonos. Registra Iglesias que Lorencez y Forey ignoraron la "deuda Jecker". Viaja a Francia, ingresando como ciudadano francés (desde el 26 de marzo anterior) gracias al apoyo de Morny y la intervención de Jakob Elsesser, su cuñado, consejero y director de la policía de Berna, que hace publicar en los periódicos todo tipo de falsas explicaciones sobre las andanzas de Jean y sus bonos. Ahí surge la falacia de que los bonos habían sido vendidos a ciudadanos franceses y no, como era verdad, que la mayoría había quedado en manos de especuladores mexicanos, como los Escandón.

Mientras tanto, los ejércitos se observan y siguen acumulando fuerzas. Del lado mexicano, Jesús González Ortega, sucesor de Zaragoza en el mando del Ejército de Oriente, va desarrollando su futura estrategia variando el plan original que había comenzado a dibujar su antecesor muerto: "Abandonar el proyecto de defender las Cumbres de Acultzingo, que habían comenzado a fortificarse con parapetos pasajerísimos y de campaña, con sólo el objeto de causar algunos males al enemigo. Este proyecto lo abandoné, porque con él iba a dársele a aquel una victoria en cambio de algunos centenares de muertos que pudiéramos hacerle, aumentando en consecuencia la moral del ejército francés, todo lo que iba a disminuir la del nuestro". Concentrar en Puebla todo el Ejército de Oriente. Mejorar la calidad de las defensas.

Si bien no desdeña intentar aprovecharse "de cualquier incidente favorable que se presente y, donde pueda, con el número, sobreponerme a la disciplina del ejército francés", ordena el escalonamiento de varias brigadas "por las Cumbres de Acultzingo y por todas las vías de Orizaba; a retaguardia de estas […] en Ixtapa, Tehuacán y Chalchicomula, fuertes brigadas de caballería, y más a la retaguardia, 30 piezas ligeras de batalla, apoyadas en las divisiones de Zacatecas, Guanajuato, Veracruz, la de Berriozábal y en la brigada de Durango, que se hallan colocadas en Tecamachalco, Acatzingo, Huamantla, Nopalucan y Quecholac", y estimula en la retaguardia francesa, entre Orizaba y Veracruz, la guerra de guerrillas. Niox comenta: "Toda la zona comprendida entre Orizaba y Veracruz estaba agotada. Costaba gran trabajo conseguir carne, en una región donde el ganado abunda en tiempos normales. El enemigo lo había arrojado hacia las montañas o retirado muy lejos del camino y de los puestos avanzados franceses. En cuanto al trigo, esta región no lo produce y los guerrilleros colgaban a los que venían del Anáhuac con víveres para Orizaba. La ración de pan, en cuya fabricación entraba la mitad de maíz, no era más que de 600 gramos por cabeza, era necesario pedir siempre provisiones a Veracruz y el número de los carros era tan insuficiente que el general en jefe no creyó posible hacer avanzar a sus tropas sobre las altas mesas antes de haber asegurado sus provisiones y haberse procurado una gran cantidad de carretones y mulas".

Pero el general Forey, "bastante astuto", dirá Gonzalez Ortega, "no ha querido ocupar ninguno de los puntos que le he dejado intencionalmente". En una carta al ministro de Relaciones Juan Antonio de la Fuente, el general en jefe mexicano muestra su verdadera estrategia: "Es necesario una poquita de calma y que obremos concienzudamente [...]. Puebla, con los fuertes que tiene y otros tres que voy a hacer [...], queda invencible, sirviendo, además, de centro de nuestras operaciones, de donde pueden desprenderse 12 o 15 mil hombres para proteger a México o para hacer algún otro movimiento que se crea necesario". Y pasa a las peticiones, en esa eterna presión del ejército sobre un gobierno carente de fondos: "Vi con el mayor pesar que, para dar una dotación a cada pieza de 300 y 400 tiros, nos faltan 84 toneladas de pólvora y otras 30 o 40 ordinarias para minas [...] tres polvoreros que tienen fábrica en pequeño están contratados para vendernos cuanta pólvora elaboren [...]. He creído como necesario, como absolutamente indispensable, el vestido del soldado, pues desnudos y sin cobija, como se hallan más de 12 mil de nuestros soldados, tendríamos que perderlos [...] con la intemperie. Además, estoy convencido de que el soldado desnudo y andrajoso ni da fuerza moral a un ejército o a una nación [...]. Se ha recompuesto todo el armamento que teníamos inútil, he comprado espadas en esta y en esa ciudad para todos los jefes y oficiales del Ejército y se están pagando cien fusiles semanarios, que me está construyendo la fábrica de Panzacola".

Nuevamente, como le había sucedido a Zaragoza, González Ortega choca con la ciudad de Puebla: "Mis trabajos en Puebla me van a adquirir multitud de odiosidades, supuesto que he tenido que habérmelas con un millar de empleados [exagera], que he tenido que colocar en la esfera de cesantes; con los jefes y oficiales, que diariamente piden suplementos y que no les doy, y muy especialmente con algunas docenas de zánganos, que, con puro ingenio, se habían apoderado de una gran parte de los bienes del clero". Y terminaba su carta con: "Ahora, si el Supremo Gobierno cree conveniente que se aventure una batalla campal, con un mensaje telegráfico que me manden, les juro a Uds. que quedarán cumplidos sus deseos".

A fines de octubre Comonfort arriba a la capital de México a la cabeza de una división de combatientes de la frontera. Era el primer refuerzo importante que la República recibía de los estados desde el inicio de mayo. Epitacio Huerta le escribe a González Ortega explicando que con las fuerzas que hay en Michoacán poco se puede hacer. Si le manda fusiles quizá pueda armar algo, las tropas con las que cuenta apenas si pueden contener las gavillas reaccionarias de la región. Le entrega tan sólo una batería de grueso calibre; a cambio González Ortega logra enviarle 4 mil fusiles comprados en California. La medida es acertada y permitirá que en el futuro un nuevo batallón michoacano se sume a la División de Oriente.

En el bando opuesto abundan los problemas en la relación entre los traidores mexicanos y los franceses. El coronel Du Barail cuenta: "Una noche se presentó un hombrecito nervioso, seco, alerta, muy español de aspecto, cuyos ojos desalmados le hacían pensar en un guerrero árabe, que resultó ser el renombrado Leonardo Márquez". José María Iglesias apunta: "Los demás traidores, de Márquez para abajo, siguen siendo vistos con insultante desprecio, no sólo por los habitantes de la ciudad cautiva [Orizaba], sino también por los franceses". Siguiendo la tradición imperialista de despreciar a los aliados nativos, las fuerzas de Leonardo Márquez, al que los franceses llaman Leopardo, son vistas como "una reunión de bandidos andrajosos [...] nos indigna vernos acoplados con tales canallas. Ni modo, se debe tener un escalón alguno para lograr la anexión de México", escribiría el capitán Adolphe Fabre el 25 de octubre de 1862. Y Loizillon les comentaba a sus parientes en Francia: "Estos reaccionarios tratan de hacer pasar a Márquez por un hombre probo, pero es tan canalla como todos los demás. Tiene por jefe de Estado Mayor a un tal Facio, que es un ladrón en el concepto de todo el mundo". No sólo Facio será señalado, también un autonombrado general Gutiérrez, comandante de la caballería de Márquez, quien "es hijo de un general del mismo nombre. Es un hombre sin ninguna especie de principios, ni de educación; concurrente a los lugares públicos y a las casas de juego, en las que ha introducido frecuentemente moneda falsa. Ha tomado parte en todas las revoluciones y ha ocasionado mil disgustos a su padre. Mientras se enterraba a este último, él saqueaba la casa con perjuicio de sus hermanos. Es cruel y sanguinario. Donde ha ejercido un mando, ha sido detestado de las poblaciones".

No obstante, Forey decide incorporar a Leonardo Márquez en su primer despliegue y sacarlo de las tareas de escolta de convoyes a las que lo había condenado, sumándolo a la columna de más de 5 mil soldados franceses del general Berthier que avanza hasta Puente Nacional sin que le hagan resistencia.

El general recibe instrucciones de Napoleón III llegadas a Nueva York por cable: "Una vez dueño del país, será preciso que vos mismo nombréis un gobierno provisional compuesto de hombres recomendables de los más adictos a nuestra causa [...]. Veré con gusto que Almonte forme parte del gobierno provisional […]. Creo necesario que antes de reunir cualquiera asamblea, que todo el pueblo mexicano vote si desea Monarquía o República, por medio del sufragio universal. En ningún caso aceptéis un voto cualquiera antes de que estemos en la capital y que vos mismo hayáis establecido un gobierno a vuestra satisfacción".

Curiosamente en el campo francés ni Almonte ni Saligny gozan de aprecio. Magnin (de los cazadores de a pie) escribe: "El emperador ha sido indignamente engañado por su ministro Saligny o por otros con respecto a la situación del país. Sostenemos una causa que ya no tiene ni puede tener partidarios, llevamos con nosotros a individuos como Almonte, el padre Miranda y otros que causan horror en su tierra y que nos hacen aborrecibles hasta para nuestros nacionales. Se necesita aquí otro general y otro ministro". El general ya lo tiene, el ministro no parece perder su poder. Aun así Forey maneja a Almonte con un lazo muy corto y despide a muchas de las autoridades civiles que ha nombrado.

Berthier y Márquez, mientras tanto, consolidan posiciones en el centro de Veracruz. El 3 de noviembre derrotan a una pequeña guerrilla mexicana de 200 jinetes mexicanos; al día siguiente atacan Cerro Gordo. Niox registra: "La cabeza de la columna fue detenida al pie de la montaña por un vivísimo fuego de fusil y muchos cañonazos con metralla; pero dos compañías de cazadores se apresuraron a flanquear la posición y el enemigo la desocupó violentamente abandonando un obús de montaña. La columna francesa tuvo dos hombres muertos y dos heridos". Esta versión deja bastante claro que los hostigamientos que hacen las guerrillas no pretenden convertirse en batalla frontal y que los partes de los franceses dejan mucho que desear. Hilarión Frías comenta: "La cabeza de la columna no puede subir a la cima de Cerro Gordo detenida por la metralla y el fuego de fusilería, ¡y sólo tuvo la columna dos muertos y dos heridos!".

NOTAS

1) Jean Meyer: *Yo, el francés. Crónicas de la intervención francesa en México, 1862-1867*, *México en un espejo: testimonios de los franceses de la intervención, 1862-1867* y *¿Quiénes son esos hombres?* Gustave Niox: *Expedition du Mexique, 1861-1867; récit politique et militaire*. Claire Fredj, "Cerner une épidémie: le travail des médecins militaires sur la fièvre jaune au Mexique en 1862 et 1867" y "Écriture des soins, écriture du combat: six médecins militaires français au Mexique. Pour une histoire culturelle de la guerre du XIXe siècle". Juana Inés Abreu: *Juárez, memoria e imagen*. Genaro García: *Correspondencia secreta de los intervencionistas mexicanos, 1860-1862*. Agustín Rivera: *Anales mexicanos. La Reforma y el Segundo Imperio*. Francisco Bulnes: *El verdadero Juárez y la verdad sobre la intervención y el imperio*. José María Iglesias: *Revistas históricas sobre la intervención francesa en México*. Jack Autrey Dabbs: *El ejército francés en México. 1861-*

1867. Estudio del gobierno militar. François Charles du Barail: *Mes souvenirs*. Ralph Roeder: *Juárez y su México. Los traidores pintados por sí mismos. Libro secreto de Maximiliano en que aparece la idea que tenía de sus servidores*. González Ortega a Juan Antonio de la Fuente, 8 de octubre de 1862. Antonio García Pérez: *Estudio político militar de la Campaña de Méjico, 1861-1867*. Émile Ollivier: *L'Empire libéral*. Hilarión Díaz: *Juárez glorificado y la intervención y el imperio ante la verdad histórica*. "El general Forey", *La Chinaca*, núms. 45 y 46. Benito Juárez: *Documentos, discursos y correspondencia*.

2) Francisco Bulnes: "En la mesa central había nueve molinos de trigo que aprovecharon los Generales Berthier y Douay y el Coronel L'Hériller, para preparar su harina en gran cantidad. Bastaba haber volado los nueve motores hidráulicos para dejar enteramente quietos a los molinos. Las haciendas de toda la región estratégica, debieron ser registradas y todos sus granos conducidos a Puebla y sus ganados puestos fuera del alcance del enemigo. De las poblaciones del Estado de Puebla comprendidas en la misma zona debieron ser extraídos todos los depósitos de víveres y los ganados de todas clases. Las sementeras de maíz debieron ser arrasadas. Para todo esto tuvieron tiempo […] hubieran dejado al ejército francés, al subir, en una posición muy comprometida, quedando obligado a recibir sus víveres de Veracruz y aun pedirlos a los Estados Unidos".

3) Las versiones de Gustave Niox varían según las traducciones que fui usando, a veces citado por Francisco Bulnes, a veces directas gracias a J. R. Calvo y por último tomadas de la nueva versión en español.

89

EL DUELO

Carlos R. Casarín era uno de los periodistas más populares de México. Había sido promotor del diario satírico *Mi sombrero* en 1860 y el 1º de marzo de 1861 había fundado *La Orquesta,* el bisemanario burlón y liberal a ultranza. Lo dirigió con el seudónimo de Roberto Macario, un nombre tomado de uno de los personajes de Daumier (Robert Macaire, un empresario sin escrúpulos) e incorporó a Vicente Riva Palacio, a su primo Constantino Escalante y a otros grabadores, Al iniciarse la guerra se suma a las milicias y actúa como asistente de Ignacio Zaragoza. Como capitán de caballería participa en la batalla del 5 de mayo y en los combates de Acultzingo, sobre los que escribe una excelente crónica en el *Álbum de la Guerra*.

El 8 de septiembre de 1862, tras la muerte de Zaragoza, Carlos R. Casarín se reincorporó a la redacción de *La Orquesta* y comenzó a estudiar medicina. Dos meses más tarde, el 13 de noviembre del mismo año de 1862, cuando asistía en el Teatro Nacional a una función en beneficio de los hospitales de sangre, mientras se estaba tocando el himno a la bandera y según las crónicas periodísticas, "el pabellón nacional apareció en la escena empuñado por la señorita González, todo el público, presa de entusiasmo delirante, se puso en pie para rendir homenaje a nuestra gloriosa enseña que en tan crítica situación se encontraba por la invasión de un ejército extranjero" (los franceses acababan de tomar Jalapa).

El presidente de la República Benito Juárez y todos los ministros que asistían al acto se pusieron de pie. Sólo cinco personas que ocupaban uno de los palcos permanecieron sentadas. Al concentrarse sobre ellas las miradas de los asistentes, Guillermo Barrón (recuérdese las andanzas de su casa comercial en Nayarit), súbdito inglés, avergonzado también, se puso en pie, y nada más quedaron apoltronados en sus asientos Juan López Meoqui, L. Portu, alto empleado de la Casa Jecker (cuya casa comercial había quedado disuelta por varios fraudes poco antes), Francisco Lizardi y Ramón de Errazu y Rubio de Tejada (cuyo apellido es nombrado equivocadamente en algunas crónicas como "Erraza").

Dos días más tarde Casarín, indignado, arremetió contra ellos en un artículo titulado "Escándalo": "El señor De Errazu, joven que acababa de llegar de Europa, a donde deja a su familia en muy buena posición y en gran valimiento con Napoleón III, familia a quien alguien ha acusado de no ser la menos atizadora del fuego que hoy nos quema con la intervención, actualmente está ocupando de agitar cerca del gobierno la cuestión de las salinas del Peñón Blanco, negociación que por el monopolio que en ella ejercen los señores Errazu, les proporciona enormes sumas con las que representan su brillante papel en Europa, con los que se afrancesan y con los que vienen a insultarnos".

Una respuesta insultante de Errazu, nacido en San Luis Potosí en julio de 1840 de una familia de gachupines ricos (propietarios de salinas y empresas textiles), derivó en que Casarín le enviara a sus padrinos para retarlo a duelo. Errazu, del que se decía que era buen esgrimista (y también se aseguraba sin poder comprobarse que había combatido en España en las campañas napoleónicas), eligió el sable. Casarín nunca había combatido con espada y, llegado el momento del duelo, "con su acostumbrada naturalidad y sin sospechar siquiera que dejaba traslucir en sus palabras la grandeza de su alma, que la espada era una arma noble y que la aceptaba porque con ella se mantendría a la ofensiva y a la defensiva, y no se vería expuesto a matar a su contrario o a que este lo matara sin que pudieran ambos defenderse de sus mutuos golpes, y que, además, él no quería matar al señor Errazu, a quien no profesaba algún odio personal, sino únicamente demostrarle que no se insultaba impunemente".

En el lugar del enfrentamiento, la hacienda de la Teja, Casarín preguntó a uno de los testigos la manera de empuñar el arma y se inició el combate. Errazu fue herido en la mandíbula inferior y Casarín de una pequeña herida en el hígado. Según la crónica de *El Siglo XIX:* "Por su pie se dirigió Casarín hasta el edificio ocupado por las fuerzas que había levantado José Rincón Gallardo y Rosso para combatir al invasor. El herido tomó asiento en la sala de banderas con sus testigos y el coronel. El doctor, que había ofrecido regresar una hora después, probablemente para tener el herido en observación, no había apreciado más que un pequeñísimo agujero en la región del hígado. Casarín, temeroso de que pudiera molestar la policía al señor Errazu por haberse batido con él, propuso que se dirigieran al centro en una carretela de la hacienda, para que viéndolo pasar por las calles bueno y sano, no se estimara que se había batido […]. Acomodado en el carruaje en compañía de sus testigos y del coronel Rincón Gallardo, emprendieron la caminata hacia la metrópoli por el Paseo de la Reforma, pero al llegar a la Plaza de Toros que estaba en la esquina de Rosales y El Ejido, donde se va a levantar el edificio de la Lotería Nacional, Casarín empezó a torcerse y a decir que se moría y en gravísimo estado llegó a su casa". Durante dos meses, atendido por Francisco de Oca, el periodista estuvo entre la vida y la muerte hasta que pereció.

NOTAS

1) "Valor y nobleza" en *El Siglo XIX*. Ángel Escudero: "El duelo en México", *La Orquesta*, 1º de marzo al 31 de agosto de 1861. "Efemérides del Periodismo Mexicano: Carlos R. Casarín".
2) Tras la caída del imperio, Ramón de Errazu se exilió a París, donde murió en 1904. Fue un importante coleccionista de obras de arte. En el Museo del Prado se conserva un excelente retrato de él pintado por Raimundo de Madrazo.

90

INTERVALO: TAMPICO

El 17 de noviembre del 62 salía de Veracruz una expedición de diez barcos al mando del almirante Jurien de la Gravière, que llevaba al 81º batallón de línea, 1 500 hombres dirigidos por el coronel De la Canorgue, para apoderarse de Tampico, 500 kilómetros al norte, y el segundo puerto en importancia en el golfo de México. La operación tenía un doble sentido: privar a Juárez de los recursos aduanales de ese puerto y conseguir mil mulas, necesarias para la ofensiva que les había ofrecido el jefe proimperialista Florentino López.

El día 23 los franceses desembarcaron en chalupas entrando a la ciudad por el fuerte de Iturbide en el canal de La Cortadura, penetrando hasta la plaza de la Libertad y el fuerte de Casa Mata. El defensor de la plaza, el general mexicano Desiderio Pavón, apenas si contaba con 400 o 500 hombres;

solicitó refuerzos, y en vista de que no llegaban, evacuó la plaza, pero mantuvo cercados a los invasores, hostilizándolos.

Las mulas prometidas por Florentino López, que de pasada se autonombró presidente del Ayuntamiento, llegaron a medias porque un tal Gallardo que las traía cayó prisionero de los liberales. Además los sitiadores iban creciendo en número porque se les sumaban grupos y partidas de todo el noreste. Los franceses, casi un mes después de la invasión (el 21 de diciembre), intentaron una ofensiva por Altamira y fracasaron, y un día después 200 hombres en chalupas trataron de cruzar el río para sacar a los sitiadores de Pueblo Viejo, pero un incesante fuego que les costó 22 bajas los obligó a reembarcarse. Lo volvieron a intentar el 23 con éxito. En la operación los marinos de la cañonera *La Lance,* para apoyar a sus compañeros, la vararon a cinco metros de tierra, sufriendo dos muertos y cinco heridos.

Pero la presión crecía y Forey ordenó la evacuación de Tampico, contra la opinión del contralmirante Jurien de la Gravière, con una orden notable por su ambigüedad: "Si dejáis un destacamento en Tampico, lo apoyaré con todas mis fuerzas. Si no lo dejáis, diré a todo el mundo y me persuadiré a mí mismo que habéis hecho muy bien".

La llegada de refuerzos republicanos al mando del general Juan José de la Garza terminaron con las dudas del alto mando francés, que ordenó el abandono de la plaza el 2 de enero del 63.

NOTA

1)   Antonio García Pérez: *Estudio político militar de la Campaña de Méjico, 1861-1867.* Jesús de León Toral: *Historia militar: la intervención francesa en México.* Gustave Niox: *Expedition du Mexique, 1861-1867; récit politique y militaire.* Hilarión Díaz: *Juárez glorificado y la intervención y el imperio ante la verdad histórica.* François-Achille Bazaine: *La intervención francesa en México según el archivo del Mariscal Bazaine.*

91

LAS PINCHES MULAS

Los víveres para 50 días que necesitaba el ejército francés para acercarse a Puebla pesaban 2 600 toneladas, las que necesitaban de 800 carros y de 10 mil mulas para ser transportados en un solo viaje. El término medio de carga de los carros del general Forey era de tres toneladas, por ser los carros americanos más pequeños que sus equivalentes europeos. Perdiendo mucho tiempo y con grandes dificultades, el ejército francés llegó a disponer para sus transportes de 584 carros, 108 llegados de Francia, 226 alquilados o comprados en México y 250 comprados en Nueva York.

El problema eran las mulas. Los franceses compraron en Cuba 1 100, en las Antillas 250, con grandes trabajos consiguieron en Tampico 116 y en diversos puntos de la costa 88. Según Niox, sólo los equipajes exigían 1 100 mulas (porque se trataba de un ejército elegante y bien avituallado, de tal manera que los oficiales viajaban con varios baúles); necesitaban 2 mil más para servicio de víveres, tiro, municiones y demás material.

La orden de castigar con la pena de muerte al que condujese a Veracruz auxilios de cualquier clase al invasor y el fusilamiento de tres arrieros culpables surtieron efecto.

En teoría, Lincoln había decretado en noviembre de 1862 un bloqueo de suministros bélicos a las dos partes en conflicto: "Se ordena que hasta nueva orden no se despache ni permita la exportación por los puertos de los Estados Unidos de armas y municiones de guerra. Que los despachos que hasta ahora se hayan hecho por el Departamento del Tesoro de armas y municiones de guerra se suspendan y se detengan esos artículos si no han salido ya de los Estados Unidos".

Pero Seward autorizó la compra de mulas con un criterio bastante injusto, lo que permitió a los franceses comprar 1 200 más y llevarlas a Veracruz. "Sin este auxilio los franceses habrían tenido que esperar lo menos tres meses para comenzar el sitio de Puebla".

NOTA

1) Gustave Niox: *Expedition du Mexique, 1861-1867; récit politique et militaire*. Francisco Bulnes: *Juárez y las revoluciones de Ayutla y de Reforma*. Antonio García Pérez: *Estudio político militar de la Campaña de Méjico, 1861-1867*.

92

PUEBLA SE PREPARA

Los intentos de consolidar la base veracruzana siguieron fracasando por parte de Forey. A mediados de noviembre cuatro compañías del primero de zuavos arribaron a la hacienda de Omcalca, situada a 25 kilómetros al sureste de Córdoba, para conseguir ganado y granos, pero la acción de las guerrillas los obligó a abandonarla un mes más tarde.

Crear depósitos de alimentos se había vuelto esencial para ambos ejércitos. El 15 de noviembre González Ortega decretó que el ganado, semillas y comida sobrante de Puebla, Veracruz y Tlaxcala debían enviarse a Puebla; poco después ordenó la requisa de los alimentos que estaban en manos de particulares. Victoriano Salado Álvarez cuenta: "Parecía que no quedaba nada por recoger, cuando tuvo soplo el general de que había un gran depósito de maíz... en la casa del cuartelmaestre. El grano se mandó decomisar, se sacó de una bodega de la habitación de Mendoza y se pasó a los depósitos construidos en la plaza. El responsable se presentó ante González Ortega: *Le ruego me mande formar un Consejo de Guerra para que se me juzgue y se me fusile. He faltado al decreto de Ud. y casi no tengo disculpa... sólo una puedo alegar: ese maíz lo destinaba para dar de comer a más de cien pobres que ocurren diariamente a mi casa a recoger su subsistencia... pero hice mal, porque no debía desacatar la orden de usted, bajo ningún pretexto... Mándeme usted fusilar...* Y se echó a llorar en los brazos de Ortega, que se conmovió grandemente al ver aquel rasgo del loco y del extravagante".

Antonio Rojas, que dirigía una guerrilla de las que estaban hostigando a los franceses, le escribía a un compañero en diciembre de 1862, demostrando que, a pesar de su conocida brutalidad, tenía el corazón pegado al pueblo: "Los enemigos procuran atraerse la simpatía, y el modo de conseguirlo es pagando a buen precio todo lo que necesitan, mientras que nosotros no pagamos más que con recibos el sudor de un pueblo, arrebatándole lo más sagrado de sus familias, que es la subsistencia y el bienestar de la vida. Vergüenza da llegar a una población sin un centavo, pidiendo al encargado del mando político o militar, paja, maíz, tortillas, carne, leña y lo necesario para cubrir la subsistencia de la fuerza; y como esto no es sólo una vez, sino diario, al fin se enfadan, y aunque lo proporcionen, es de mala voluntad y más bien atemorizados por la misma fuerza".

"Comienza la movilización enemiga", escribe el 27 de noviembre González Ortega al ministro de Relaciones Exteriores. Las guerrillas de Riva Palacio y Cuéllar los van midiendo. Un día más tarde Juárez visita Puebla. Guillermo Prieto escribirá en esos días desde la ciudad: "Respete el extranjero nuestra gloria / y juremos unidos mexicanos / odio y muerte y rencor a los tiranos / odio y muerte y rencor a los traidores".

El 1º de diciembre 5 700 hombres a las órdenes del general Douay avanzaron hacia la meseta de Anáhuac, divididos en dos columnas: una por el camino de Maltrata y la otra por el de Acultzingo. La primera, mandada por el coronel Heriller, se apoderó de San Andrés Chalchicomula, defendida por unos 500 hombres que se alejaron no bien divisaron a los franceses. La otra columna franqueó sin inconveniente las cumbres y estableció su cuartel general en San Agustín de Palmar. Se envió una columna a Tehuacán, en la que se recogió gran cantidad de dinero y de sal. Félix Douay prosiguió su movimiento de avance ocupando Quecholac y Tecamachalco.

En una segunda operación, en la que participa el recién llegado general Bazaine, Márquez y el general Berthier, los franceses ocupaban el 12 de diciembre Jalapa. Cuatro días después Aureliano Rivera tiene una escaramuza con ellos en Perote.

El 24 de diciembre el general Berriozábal le escribe al ministro De la Fuente, que se ha vuelto el receptor de las quejas del ejército ante la inacción del ministro de la Guerra, Santiago Blanco, que parece particularmente ineficaz: "El enemigo no comenzará tan pronto como se espera, están ampliando su base territorial para aumentar sus recursos", y se pregunta: "¿Por qué no atacamos?" Pero González Ortega, perseguido por el fantasma del 5 de mayo, siente que la lentitud de los franceses trabaja para el Ejército de Oriente y sigue organizando la defensa.

Y pasa un mes más. Los franceses desocupan Jalapa, ocupada de inmediato por las guerrillas republicanas.

El 3 de febrero se inicia una serie de reuniones que van a ser cruciales para las próximas acciones bélicas. En Puebla se entrevistan Ignacio Comonfort, nombrado jefe del Ejército del Centro, y Jesús González Ortega, jefe del Ejército de Oriente. Al día siguiente la reunión se reproduce en la Ciudad de México. El narrador no tiene noticia de la presencia en estas juntas del general Blanco. Actúa como secretario José María González Mendoza, cuartelmaestre del Ejército de Oriente.

Jesús González Ortega cuenta: "Nos convenimos con la mayor facilidad [...] excepto en un solo punto [...] la unidad de mando en ambos cuerpos de ejército". Jesús le dice que, mientras que él es un "soldado de circunstancias", Comonfort tiene pedigrí militar y conocimientos, influencias y relaciones. Ignacio sufre un ataque de modestia y González propone: "Si el ejército francés hacía un movimiento con el objeto de atacar a la capital de la República esquivando batir Puebla, lo que no era de esperarse [...] el cuerpo de Ejército de Oriente quedaba a las órdenes del señor general Comonfort [...]. Mas si el ataque se dirigía sobre la referida plaza de Puebla, entonces el cuerpo de Ejército del Centro quedaba a las órdenes del general en jefe del de Oriente". Dejan en manos de Juárez la decisión final.

El resultado de las conversaciones son cuatro dudas que González de Mendoza pone en el papel y fecha el 5 de febrero; tres de ellas son formales, una amerita respuesta: ¿puede el Ejército del Centro cumplir su objetivo? Comonfort y González Ortega responden: "Los 4 mil y pico de hombres situados hoy en San Martín de Texmelucan no eran bastantes ni estaban en las condiciones requeridas para llenar su objeto. Ese Ejército debía aumentarse por lo menos a un efectivo de 12 a 15 mil hombres", y proponen que "al Ejército de Oriente se le aumente una brigada más".

Los dos generales conversan con Juárez y sus ministros el 8 de febrero en la Ciudad de México. González Ortega registra: "Volví a insistir en que se estableciera la unidad de mando [...]. El señor presidente ofreció resolver oportunamente este gravísimo punto, reservándose sin duda meditarlo y acordar lo conveniente en junta de ministros". Y el 10 de febrero el ministro de la Guerra, Miguel Blanco, les entrega en mano una nota que resuelve la diferencia: "Si los franceses atacan Puebla, el Ejército del Centro será su auxiliar y a la inversa".

A pesar de la nota, no habrá mando único, los dos ejércitos actuarían independientemente. ¿Se trata de un grave error? ¿O tiene sentido esta primera estrategia, que parte de no saber si Forey se dirigirá a Puebla o avanzará directamente hacia la Ciudad de México? El 11 de febrero González Ortega regresa a Puebla y Comonfort se queda en San Martín Texmelucan.

A su retorno, González Ortega reúne en su habitación en el Palacio de Gobierno a los oficiales superiores del Ejército de Oriente. Ahí se encuentran los veteranos del 5 de mayo: Miguel Negrete, Felipe Berriozábal, Porfirio Díaz, Francisco de Lamadrid, el coronel e ingeniero Joaquín Colombres y también el jefe de la artillería Francisco Paz, el guanajuatense Lorenzo Antillón, el zacatecano Miguel Auza y algunos de los cuadros que iniciaron la Revolución de Ayutla hace diez años: el veracruzano Ignacio de la Llave, Nicolás Régules, Luis Ghilardi, que acababa de regresar de Italia en enero, Epitacio Huerta, el oaxaqueño Ignacio Mejía, José María Patoni y Mariano Escobedo, y desde luego el sorprendente González de Mendoza. Resulta interesante la edad de los reunidos… exceptuando a Paz, Ghilardi (que tiene 63 años), Mejía (49), De la Llave (44) y el propio González Ortega (41), todos los demás oscilan entre 30 y 38 años, vienen de las milicias populares, sin formación militar alguna y prácticamente todos han vivido diez años de guerra casi continua. No son jóvenes poseídos de instinto aventurero, saben lo que es la guerra, y no son generales de retaguardia. A los 38 años de Negrete, los 37 años de Escobedo y Régules, los 36 de Huerta y Colombres, los 35 de Patoni, los 33 de Berriozábal, Antillón y Porfirio Díaz (aún no cumplidos) y los 30 de Auza, todos saben dirigir una carga de infantería desde la primera línea, combatiendo al lado de los soldados.

González Ortega les arroja un discurso similar al de Zaragoza diez meses antes: "Aunque la ciudad quedara convertida en escombros y no hubiera ya medio alguno de salvarla […] si la fortuna no nos era favorable, no salvar de la plaza ni un cartucho ni un proyectil, ni un hombre ni un cañón, y a defender la ciudad hasta en su último atrincheramiento, para que pudiéramos decirle en él al general del ejército invasor, cuando ya humanamente no nos fuera posible poder continuar la lucha: No podemos ya defendernos; no te pedimos garantías; ven y ahórcanos si quieres".

El proyecto de fortificación de la ciudad, realizado por el jefe del cuerpo de ingenieros, el coronel Joaquín Colombres (un ingeniero egresado del Colegio Militar con abundante experiencia en trabajos de fortificación y en combate, veterano del 5 de mayo y con la ventaja de conocer perfectamente Puebla, donde había nacido), fue avanzando no sin causar discrepancias, porque una parte de los generales opinaba que debería cerrarse totalmente el perímetro de Puebla; pero Colombres pensaba que había que construir una defensa más flexible, en la que los fuertes se enlazaran con defensas secundarias, aprovechando los anchos muros de iglesias y conventos, trincheras y fosos, barricadas, casas con aspilleras, azoteas, que pudieran cruzar sus fuegos. Para evitar conflictos, González Ortega aceptó su renuncia al cargo y lo sumó a su Estado Mayor.

Berriozábal, Antillón, Alatorre, De la Llave, Negrete, Mejía y Patoni, con los coroneles Escobedo, Rioseco y Prieto, auxiliados por ingenieros militares, se pusieron a mejorar las fortificaciones sin pausa ni descanso. Según versiones conservadoras, las obras se efectuaron gracias al trabajo forzado de millares de indígenas. Aun así, "nuestras fortificaciones eran sumamente débiles y pasajeras [...]. No era posible en unos cuantos meses y con pocos trabajadores haber improvisado una plaza semejante".

Puebla quedaría encerrada en un polígono irregular de siete lados que tenía entre ocho y medio y nueve kilómetros. En ocho puntos había fuertes. Los viejos fuertes de Loreto y Guadalupe, el primero reforzado con un nuevo parapeto de tierra y el segundo con el derribo de la iglesia y la construcción de subterráneos, cubrirían el norte-noreste. Al este, sobre el convento de la Misericordia, se había levantado un pequeño fuerte irregular llamado Independencia. El narrador, no habituado al lenguaje de las fortificaciones militares del siglo XIX, se pregunta qué eran los "cuatro dientes sierra apoyados en dos pequeñas lunetas y cerrándose todo por la gola" que adornaban el reducto, y por ahora renuncia a seguir manoseando viejas enciclopedias militares, aunque no por mucho tiempo.

Al este se levantó el fuerte Zaragoza, que tenía como base la iglesia de los Remedios; era un reducto cuadrado de 160 metros de lado, con baluartes o bastiones en las esquinas. Siguiendo la línea de defensa, se había reforzado las casas y la ladrillera, conectando con el fuerte de Ingenieros, llamado así por haberse armado sobre el cuartel general de los ingenieros militares en la Garita del camino a San Francisco Teotimehuacán, un edificio cuadrado de 200 metros por lado que cubría el sur.

En el convento del Carmen, el lugar por donde habitualmente en la Guerra de Reforma se había atacado Puebla con éxito, se construyó el fuerte Hidalgo, que originalmente era un fortín de pequeñas dimensiones pero al que se fueron haciendo reformas y parches y sustituyendo sus bardas por murallas. Estaba vinculado por muros y casas convertidas en fortalezas y terminó uniéndose con los redientes del fuerte de Morelos, que culminaba la red de defensa del sur. Y el narrador vuelve a las enciclopedias bélicas para descubrir que los redientes son esos salientes con forma de sierra que permiten siempre golpear el flanco de los atacantes.

Al oeste se encontraba el fuerte de San Javier, quizá la más sólida fortificación del conjunto, levantado sobre parte del convento de San Javier y parte de la penitenciaría, con 120 metros de frente y 220 de fondo, repleto de parapetos y fosos. Sobre el cerro de Santa Anita se levantó el último de los fortines y el mayor en tamaño, El Demócrata, un fuerte cuadrado con 300 metros de lado, con parapetos de cinco metros de altura y ocho de espesor.

Además, el general Ignacio Mejía, jefe de la línea interior, armó cien parapetos en las calles y edificios para ser utilizados en caso de que la primera línea cediera. Durante siete meses, y todavía en los últimos días de febrero, las obras siguieron para hacer de Puebla "la plaza mejor defendida de México". La sección de ingenieros había contado con 780 zapapicos, 1 620 palas, 240 barretas y hasta 480 palos para sembrar, llamados en México coas.

Aunque Bulnes, después de reconocer la habilidad del trabajo de los ingenieros militares, diga que "las fortificaciones de Puebla eran de tercer orden", los franceses las encontraron muy adecuadas: el coronel De la Canorgue, jefe del 81º de línea, opinaba que Ortega "había transformado la ciudad abierta de Puebla en una plaza fuerte de primer orden, cuya organización defensiva debe citar siempre como modelo". Paul Laurent, del 3º de cazadores de África, encontró también admirable la fortificación pero no creyó que fuera fruto del talento de los mexicanos (se lo atribuían a Ghilardi).

González Ortega ordenó que las religiosas abandonaran los conventos que aún ocupaban: La Concepción, La Soledad, San Jerónimo, Santa Clara, Santa Rosa y de las Capuchinas, para convertirlos en parte de la estructura de defensa o en depósitos de comida. Galindo registra: "Hemos presenciado la salida de esas mujeres santas con el mayor recogimiento, y que aquel silencio de la multitud que se agolpaba a las puertas del templo nos conmovía tiernamente: desfilaban uno por uno los carruajes; un sacerdote con una vela alumbraba el tránsito, y una por una, en medio del silencio que interrumpía solamente los reprimidos sollozos de los espectadores, iban pasando al coche".

Está eternamente pendiente el problema del salario de la tropa. Troncoso, desde el interior del sitio, comentará: "Parece ser que los ministerios de Guerra y de Hacienda han llegado a creer que el cuerpo de Ejército de Oriente no los necesita". González Ortega escribe: "Mandé el día 22 del mismo mes de febrero, en comisión cerca del supremo gobierno, a los señores coroneles Auza y Colombres, con el objeto de que le manifestaran de viva voz la necesidad de [dinero, parque y víveres]. La autoridad suprema atendió a mis comisionados, y ordenó que se remitieran con toda prontitud las cantidades que necesitaban mis tropas". Pero la respuesta será parcial.

Tanto Vicuña Mackenna como Bulnes piensan que González Ortega se quedó corto en la acumulación de víveres que necesitaba Puebla sometida a sitio, pero es la típica reflexión del analista *a posteriori*. ¿Podía pensar el general mexicano en que tendría necesidad de más de 60 días de reservas de alimentos? De hecho pensaba que 30 días serían suficientes y eso es lo que en principio concentró.

La lentitud de Forey le ha dado al Ejército de Oriente tres meses de respiro. González Ortega escribe: "Los movimientos y aprestos que se notaban en fines de febrero en el campo enemigo indicaban, ya con toda claridad, que el día del combate se aproximaba".

Los franceses están sufriendo deserciones al tomar posiciones, y durante la ocupación de las ciudades en la ruta. Aunque no son significativas, no eran esperadas. El doctor mayor Aronssohn, el 20 de febrero de 1863, se inquieta de que el número de desertores aumente. Hay todos los días. Algunos oficiales están molestos por el expolio de comunidades campesinas.

El 14 de febrero de 1863 Napoleón le escribió a Forey: "Es necesario [...] que una vez restablecida la tranquilidad se consulte a la nación, sea por una especie de sufragio popular o sea nombrando un Congreso por uno de esos medios revolucionarios, cuya costumbre y tradición posee México". ¿Y para qué necesitaba al tal Congreso? Aunque también le dice que el organismo sería formal, porque "Es necesario que en México seáis el amo sin aparentarlo".

Dictadura militar y control económico. Ya había escrito previamente: "Cuando lleguéis a México debéis ocuparos desde luego en restablecer el orden en las finanzas, pues esto nos permitirá sin sobrecargar al país, pagarnos nuestras indemnizaciones. Según los datos que he adquirido, los ingresos ordinarios de México [...] alcanzan a 50 millones de pesos (250 millones de francos) y como la administración de México puede ser ampliamente pagada con 20 millones de pesos, tendremos, pues, todos los años un sobrante de 150 millones de francos con los cuales será posible no solamente pagarnos nuestros gastos de guerra, sino presentar las bases para un empréstito que podrá ayudar a la regeneración del país". Las cuentas de Napoleón eran bastante ilusorias.

En esos días los mexicanos pueden oponer al ejército que se aproxima 23 930 hombres en cinco divisiones de infantería y una brigada suelta, de los cuales 250 son generales, coroneles y tenientes coroneles; 1 750 capitanes y tenientes, y 22 122 soldados, cabos y sargentos. Nuevamente 12 soldados por cada oficial u oficial superior, en una proporción inusitada, pero no inefectiva, como el ejército republicano ha demostrado anteriormente, desde el punto de vista político y militar.

Según Troncoso, "cuentan con 172 cañones de los más viejos y variados tipos, 125 de ellos eran reliquias de bronce, españolas e inglesas; de los 32 obuses de 120 mm de montaña sólo 47 eran de hierro. Una parte habían sido desmontados en Perote y Veracruz y traídos a Puebla, pero 15 o 20 de ellos no pudieron ser utilizados en el sitio porque no tenían cómo montarse". Están servidas por seis brigadas de artillería, tres de ellas de veracruzanos. Había 50 mil proyectiles de mil y un calibres, pero muchas granadas vacías. Tienen 18 mil fusiles, que van desde armas de la independencia, pasando por fusiles franceses del primer Napoleón vendidos por los ingleses, hasta fusiles Enfield norteamericanos y carabinas. Una buena parte de la guarnición contaba con machetes. Si de los 23 mil combatientes descuentas sanitarios y artilleros (otra vez sin rifles), millar y medio de los soldados no tienen fusiles, fundamentalmente entre la caballería, armada con lanzas y sables y una parte de los nuevos reclutas. Sara Stevenson, una gringa en México, registraba que durante el sitio las armas serían mayoritariamente mosquetes y que había hombres esperando al caído para poderse armar. Había un millón de proyectiles para fusiles, rifles y mosquetones, pero escaseaba la pólvora para cartuchos y minas.

Por más que los esfuerzos de Zaragoza, primero, y González Ortega, después, trataron de mejorara las condiciones de los combatientes, los guerrerenses de Eutiquio Pinzón llegaron en estado deplorable: "Se vino pidiendo limosna y llegaron a Puebla los soldados desnudos, mal equipados y hambrientos". El batallón de Saltillo, con 400 hombres, "había tenido su instrucción militar en el camino"; los zacatecanos no tenían zapatos.

En suma, era lo mejor que la República podía reunir en momentos económicamente terribles, agotada por años de guerra civil. González Ortega tenía ahora el problema de integrar un ejército con decenas de brigadas autónomas de guerrilleros y 40 cuerpos regionales de voluntarios, porque ahí estaban los tuzos de Zacatecas, los alacranes de Durango, los chileros de Aguascalientes, los tapatíos de Guadalajara, los "15 pesos nada menos" de San Juan de los Lagos, los chapulineros de Tlaxochimaco, y lamentablemente el ministro de la Guerra no había permitido que se sumaran las milicias del Distrito Federal, aunque se habían ofrecido como voluntarias.

NOTAS

1)   Jesús González Ortega: *Parte general que da al Supremo Gobierno de la Nación respecto de la defensa de la plaza de Puebla*. Francisco P. Troncoso: *Diario de las operaciones militares del sitio de Puebla de 1863*. Gustave Niox: *Expedition du Mexique, 1861-1867; récit politique et militaire*. Francisco Bulnes: *Juárez y las revoluciones de Ayutla y de Reforma*. Antonio García Pérez: *Estudio político militar de la Campaña de Méjico, 1861-1867*. Antonio de la Peña y Reyes: *Antología moral. Ejemplos mexicanos de virtudes, con notas históricas y biográficas*. Tirso Rafael Córdova: *El sitio de Puebla: apuntes para la historia de México, sacados de documentos oficiales y relaciones de testigos fidedignos*. Antonio Rojas a Manuel Magarriaga, 20 de diciembre de 1862. Pedro Salmerón Sanginés, Raúl González Lezama, Luis Arturo Salmerón: *La heroica defensa de Puebla, 1862-1863*. "Composición del Ejército de Oriente. Aprox. marzo de 1863" (que permite una cuantificación minuciosa de los efectivos republicanos en Puebla). Departamento de Estado Mayor: "Plano de la ciudad de Puebla con las obras de defensa y ataque en el sitio por el ejército francés en los meses de marzo, abril y mayo de 1863". Jean-François Lecaillon: *Les grands malentendus de l'intervention française au Mexique, 1862-1867*. "El sitio de Puebla en 1863, según los archivos de D. Ignacio Comonfort y de D. Juan Antonio

88   PACO IGNACIO TAIBO II

de la Fuente". Aurelio Almazán: "Plano de la ciudad de Puebla". Guillermo Prieto: *Obras completas*, tomo XIII. Benjamín Vicuña Mackenna: *La defensa de Puebla* (escribiendo sobre el parte de González Ortega dice que el mejor general juarista era López Uraga, que no estará en Puebla debido a su debilidad política en los momentos de la invasión). Juan Manuel Torrea: *Gloria y desastre: el sitio de Puebla, 1863*. Victoriano Salado Álvarez: *Los mártires de Tacubaya*. Francisco Zarco: *Obras completas*, tomo XI. René Chartrand: *The Mexican Adventure, 1861-67*. Paul Gaulot: *La Verite sur l'Expedition du Mexique*. José María Iglesias: *Revistas históricas sobre la intervención francesa en México*.

2)   En varias de las versiones francesas de la segunda batalla de Puebla se argumenta la abundancia de militares extranjeros en el ejército republicano mexicano; sin embargo, la lista real es más que escasa. Además de los conocidos Nicolás Régules y Luis Ghilardi, veteranos de la Revolución de Ayutla y la Guerra de Reforma, se encontraban el veterano soldado prusiano, socialista y coronel Carlos Von Gagern. A ellos habría que sumar al teniente coronel Hércules Saviotti, garibaldino de "Los Mil", recomendado por Lincoln a Juárez; el comandante español Telésforo Tuñón Cañedo que combatía con los liberales desde la Guerra de Reforma y había estado en Puebla en el 62, el mayor boliviano Subiría e incluso un tal comandante Cipriano o Cipriani, todos ellos voluntarios liberales de esta y de mil batallas y desde luego ninguno mercenario". (Jesús Lalanne: *Zaragoza y Puebla: al ejército mexicano por el general Don Jesús Lalanne*. Martha Celis de Cruz: "Presencia de la masonería alemana en México: Carlos de Gagern, 1826-1885").

3)   Unifiqué los bautizos de los fuertes de Puebla para evitar confusiones, usando el nombre con que se les menciona más veces: Guadalupe. Loreto rebautizado como Cinco de Mayo. El Demócrata también llamado Santa Anita. San Javier, un convento que se apoya en la Penitenciaría también llamado Iturbide. Reducto (o Redientes) de Morelos también llamado Rancho de Toledo o Santa Inés. Hidalgo también llamado El Carmen. Ingenieros llamado Totimehuacán porque llevaba al camino de ese pueblo. Los Remedios o sea Zaragoza. Misericordia conocido como Independencia. En los partes militares de Comonfort y González Ortega se usa frecuentemente la palabra Zaragoza en lugar de Puebla, como había sido rebautizada recientemente la ciudad (Puebla de Zaragoza); unifiqué con el nombre Puebla para evitar confusiones. Por la misma razón traduje millas y leguas a kilómetros y varas a metros, quintales a kilos o toneladas.

4)   Joaquín Colombres nació en Puebla el 28 de marzo de 1827, ingresó al Colegio Militar de México en 1838, era teniente coronel en 1847 y participó en la lucha contra los norteamericanos. En 1856 actuó como comandante militar de Veracruz y se le ascendió a coronel. El 6 de abril de 1861 fue nombrado ministro de Guerra. Fortificó la plaza de Puebla contra las tropas de la Intervención. El 16 de febrero de 1862 se le nombró jefe del Estado Mayor del general Ignacio Zaragoza como director de ingenieros. Participó en la batalla del 5 de mayo. (Celeste Bernal: *El conocimiento científico al servicio de la república*).

5)   Luigi Ghilardi tras su participación en la Revolución de Ayutla y la Guerra de Reforma en 1861 se trasladó a Italia para combatir por la unificación; sin embargo, debido

a que su intento de alistarse había sido extemporáneo, no fue admitido en el ejército. Decidió regresar a México para combatir la Intervención francesa. Comisionado para entregar correspondencia de Giuseppe Garibaldi a Washington, así como al presidente Juárez. Llegó a Nueva York en mayo de 1862 y logró entrevistarse con el encargado de negocios del gobierno mexicano en Washington, Matías Romero. Mantuvo correspondencia con el general McClellan y fue recibido por el presidente Lincoln. Ghilardi solicitó a ambos el apoyo hacia la causa mexicana contra la Intervención. El general Luis Ghilardi regresó vía Panamá, desembarcó en Acapulco el 3 de julio, ayudó a fortificar el puerto y en enero del 63, se presentó a Juárez le entregó una carta autógrafa de Garibaldi, en que felicitaba a Juárez por las *Leyes de Reforma* y por su resistencia a la Invasión francesa y se incorporó al Ejército de Oriente.

6) La composición del Ejército de Oriente al inicio de la segunda batalla de Puebla: *Primera división de infantería (general de brigada Felipe B. Berriozábal).* 1ª brigada del coronel Juan Caamaño, con tres batallones de Toluca. 2ª brigada de Porfirio Díaz con el Morelos, el Guerrero, de Oaxaca, y el 6°, de Jalisco. 3ª brigada del general Pedro Hinojosa, con los batallones 2, 3 y 4 de Jalisco. *Segunda división de infantería (general Miguel Negrete).* 1ª brigada del coronel Pedro Rioseco con los Rifleros de San Luis (coronel Carlos Salazar), Batallón Reforma de San Luis. Batallón mixto de Querétaro (coronel Anacleto Herrera y Cairo). 2ª brigada del coronel Mariano Escobedo con Batallón 10 de Aguascalientes del coronel Jesús González Arratia. Batallón 1° de San Luis. Batallón 1° de Chiapas. 3ª brigada del general Luciano Prieto. Con el 1, 2 y 4 batallones de Puebla. *Tercera división de infantería (general Florencio Antillón).* 1ª brigada, 1° batallón ligero de Guanajuato, 2° batallón ligero de Guanajuato. 2ª brigada con el 3° y el 6° batallones ligeros de Guanajuato. 3ª brigada del general José Mariano Rojo con el 1° batallón de Michoacán y Batallón de policía de Michoacán. *Cuarta división de infantería (general Francisco Alatorre).* 1ª brigada del general Luis Ghilardi con el Batallón de zapadores (coronel Carlos Gagern), 1° y 2° batallones de Zacatecas. 2ª brigada del coronel Miguel Auza con el 3°, 4° y 5° batallones de Zacatecas. 3ª brigada del general Nicolás Régules, con Batallón Zaragoza (teniente coronel Telésforo Tuñón Cañedo). Batallón artillería de Morelia. Batallón Ocampo. *Quinta división de infantería (general Ignacio de la Llave).* 1ª brigada. Batallón fijo de Veracruz. Batallón de Tuxpan. Batallón de rifleros de Veracruz. 2ª brigada del general José María Patoni con 1° y 2° batallones de Durango y 1° batallón de Chihuahua. 3ª brigada del general Eutimio Pinzón, con 1° y 2° batallones de Guerrero. Brigada suelta de infantería del general Ignacio Mejía) (la reserva en el interior). Con 1° y 2° batallones de Oaxaca, Batallón de Huauchinango, Batallón de Zacatlán, Batallón de Tetela. Batallón de Tlaxcala. *Caballería:* División de Caballería (general de brigada Antonio Álvarez, después la mandó el general Tomás O'Horán). 1ª Brigada, Cuerpo carabineros a caballo del teniente coronel José Tabachinski. 1° cuerpo lanceros de Toluca. 1° cuerpo lanceros de Oaxaca (teniente coronel Félix Díaz, "El Chato", hermano de Porfirio). 2ª Brigada del coronel Jesús Sánchez Román con cuatro escuadrones de lanceros de Zacatecas y uno de Durango. Brigada del general Antonio Carbajal, con el cuerpo Lanceros de Morelia. 5° cuerpo de policía. Escua-

drón de Tlaxcala. Guerrilla Lara. Sección Prieto (con el coronel Vicente Riva Palacio). Brigada General Aureliano Rivera. Con cuerpo exploradores del Valle de México. 2º cuerpo de lanceros fieles de Querétaro. Resguardo de Tlaxcala. Escuadrón lanceros de Quezada. *Artillería:* 172 cañones (77 piezas de sitio, 63 de batalla y 32 de montaña) de bronce, hierro, lisa en casi su totalidad (Torrea hace subir la cifra a 176) 1ª brigada con el batallón de Plaza de Veracruz. 2ª brigada (coronel Isidoro Santelices), artillería de Zacatecas. 3ª brigada formada por una batería de Oaxaca, otra de Querétaro y dos de Morelia. 4ª brigada, formada por el 2º batallón de infantería mixto de Veracruz. 5ª brigada formada con tres baterías del batallón de México y una batería ligera. 8ª brigada formada por los restos de las baterías que se pronunciaron en Perote en mayo de 1862 y por artilleros del estado de Puebla. *Ingenieros:* dos jefes, diez oficiales, utilizando como mano de obra las tropas de infantería. *Servicio sanitario* contaba con 20 jefes, 50 oficiales y 102 individuos de tropa, que atendían seis hospitales (uno en Cholula) con 3 mil camas. (Antonio Carrión hace disminuir la cifra a 1 800 camas). Habría que añadir 25 hombres del Estado Mayor.

7)   El diputado Ignacio Manuel Altamirano nombrado coronel auxiliar de la guardia nacional, tenía la misión de llevar a Puebla un contingente de Guerrero. Fue a su estado, entregó una lana a Álvarez, pero no se sumó a la columna, dice que llegó tarde y que ya había caído San Javier y regresó a Guerrero. Cosa extraña. (Vicente Fuentes Díaz: *Ignacio M. Altamirano*).

93

EL CUARTELMAESTRE DE PUEBLA

El historiador Francisco de Paula Troncoso, hablando del general José María González Mendoza, que había sido gobernador de Puebla en 1853, diría: "Es el hombre de las rarezas; raro en su modo de vestir, en su carácter, en su instrucción, en su vida pública, en su vida privada, en sus ideas políticas y religiosas [...]. Es un hombre honorable a carta cabal con un ceño terrible que cambia en sonrisa y bondad con la mayor facilidad [...] se le conoce como *El loco Mendoza* [...] también se dice que es pariente de la emperatriz de los franceses". Y el novelista Victoriano Salado completará: "A pesar de ser republicano y liberal, como lo era todo, hasta tocar en el fanatismo y la locura, guardaba sus papeles y pergaminos perfectamente clasificados para demostrar, a la hora que fuera menester, que descendía de aquel Conde de Tendilla que plantó el primero el estandarte de la Cruz en la Alambra de Granada, y del primer virrey de Nueva España, don Antonio de Mendoza [...]. Era don José [...] un hombre de buena estatura, bien conservado [de tal manera que nadie le habría echado la edad que en realidad tenía], metido en carnes y con tendencia a la obesidad. [...] Por lo demás, Mendoza era instruidísimo en historia, su táctica de castrametación [el arte de disponer campamentos militares], en balística y en todas las disciplinas bélicas; y podía hablar con singular maestría de muchas cosas que aún ahora ignora la mayoría de los militares que se llaman instruidos".

NOTA

1) Victoriano Salado Álvarez: *La intervención y el imperio*. Francisco P. Troncoso: *Diario de las operaciones militares del sitio de Puebla de 1863*.

94

FRENTE A PUEBLA

Al iniciarse marzo, el presidente Juárez y La Fuente, su ministro de Relaciones, visitaron Puebla para pulsar el estado de ánimo del Ejército de Oriente y el avance de las defensas. Según las crónicas de la época, la recepción fue muy variada: mientras que las tropas mostraban júbilo, la población permaneció indiferente. El 2 de marzo, después de un desfile, Juárez les habló a los defensores: "Soldados: en vuestros denodados pechos más que en los fuertes que circundan esta ciudad, tiene la República cifradas sus más preciosas esperanzas. La patria os ha mandado aquí para combatir los primeros, defendiendo su honor, su independencia y sus hermosos destinos; para mostrar una vez más todavía a sus injustos y pérfidos invasores, que México es grande, libre y digno de serlo, aunque otra cosa pregone un puñado de ilusos, de agiotistas y de traidores". González Ortega reiteró su pedido de víveres y municiones: "Supe que el supremo gobierno había hacinado una gran parte de los elementos que necesitaba la plaza, que unos venían ya en camino y con dirección a ella, y que los otros se remitieron también un poco después". El 5 de marzo el presidente de la República regresó a la Ciudad de México.

Un día después el general en jefe es víctima de "una fiebre biliosa" que le produce vómito y lo arroja en cama, y que él atribuye a "las desveladas". Afortunadamente la fiebre desaparece y dos días después está en pie.

Al inicio de marzo el Ejército del Centro del general Comonfort está situado en San Martín Texmelucan, a 40 kilómetros de la ciudad, sobre la carretera que lleva a la Ciudad de México. Era fuerte en 5 780 hombres, con dos baterías de batalla y tres de montaña. Son tres divisiones al mando del general veracruzano Miguel María Echeagaray (uno de los militares conservadores que se habían sumado al llamado de Juárez); la segunda, al mando del general chihuahuense Ángel Trías, y la tercera, al mando del general sinaloense Plácido Vega. Ninguno de ellos es particularmente brillante; acaudillaban, según Sóstenes Rocha, "tropas de reciente formación […] con jefes y oficiales a la cabeza que no tenían más título para serlo que su amor a la patria y su anhelo de morir por ella". Comonfort se lo confirma a González Ortega cuando le dice que "estaba al frente de un cuerpo de ejército improvisado y compuesto en su mayor parte de reclutas". El 16 marzo se sumarán las fuerzas de Pueblita, mejores guerrilleros que combatientes de línea.

El 8 de marzo Comonfort le escribe a Juan Antonio de la Fuente, que será su interlocutor durante la batalla, así como el general Miguel Blanco, ministro de la Guerra, lo será de González Ortega: "Es preciso que cuanto antes me completen 9 mil hombres, a fin de poder poner […] una división ligera de operaciones con 5 mil hombres escogidos y colocar los otros 4 mil en el Puente, para tener cubierta la retirada sobre esa capital [Distrito Federal] y mantener las comunicaciones con Puebla". Pide que le manden 12 cañones y que pongan a sus órdenes las dos brigadas de Carvajal y Aureliano Rivera, que están en Puebla. "El Ejército francés tiene ya una parte avanzada de sus fuerzas en las haciendas que se hallan a las inmediaciones de Amozoc, y desde el pueblo de San Jacinto, que dista de aquí 22 kilómetros, se divisan […] sus tiendas de campaña; sin embargo, creo que las operaciones sobre Puebla tardan todavía algunos días en comenzar. Las fuerzas que se hallan a mis órdenes se conservan en buen espíritu; pero el tifo y las pulmonías las siguen". Comentará: "Los víveres aquí son muy escasos y caros y […] tienen que comprarse a dinero"; y en su carta informa: "La carne ha comenzado a escasearse de tal manera por acá, que estamos dando ya borregas flacas a los cuerpos para su rancho […]. Y si fuere posible hacer el supremo esfuerzo para mandarle a Quiroga 300 o 400 caballos buenos [las caballerías de Quiroga tenían sus cuacos en un estado lamentable], sacaríamos de esta brigada todo el provecho de que es capaz".

Advertido por los exploradores y las guerrillas de la próxima llegada de los franceses, el 10 de marzo el general González Ortega declaró estado de sitio en la ciudad de Puebla y todas las poblaciones comprendidas en un radio de 30 kilómetros. Se produjo el éxodo de los 80 mil habitantes; como dice José Emilio Pacheco, "los ricos y poderosos abandonaron la ciudad junto con los eclesiásticos y sólo quedaron los pobres para contribuir a la defensa".

González Ortega distribuye sus cinco divisiones y da jefatura a los fuertes: "La línea que quedaba comprendida entre los fuertes de Loreto, Guadalupe e Independencia al general Felipe B. Berriozábal, que mandaba la primera división. El general Miguel Negrete, con la segunda división, quedó formando la reserva general del cuerpo de ejército. La línea comprendida entre los fuertes de El Demócrata y San Javier la encargué al general Florencio Antillón, que mandaba la tercera división. La línea comprendida entre los fuertes Hidalgo y Morelos la encomendé al general Francisco Alatorre, que mandaba la cuarta división, quedando los fuertes a las órdenes del general Ghilardi y del coronel Miguel Auza. La línea comprendida entre Zaragoza e Ingenieros a Ignacio de la Llave, que mandaba la quinta división, quedando encargado de los fuertes el general Pinzón, y el general Patoni. El general Ignacio Mejía quedó encargado de la defensa del perímetro interior de la plaza. Las brigadas de caballería de Carvajal y Aureliano Rivera se repartieron en diversos puntos". Forey pensará que el general Carvajal se dejó encerrar, tal vez contra su voluntad, en el cerco. No hay tal. González Ortega creía que la caballería podía jugar un papel importante porque "esperaba, no un sitio formal, sino un ataque rudo por alguno de los puntos no fortificados de la ciudad, y quise que las caballerías, en uno de estos casos me sirvieran para resolver la cuestión sobre la llanura".

González Ortega, un hombre fuerte y orgulloso, vivía obsesionado con los fantasmas ensabanados de Zaragoza y el 5 de mayo. Guillermo Prieto escribía con certeza: "Va invisible en tus filas Zaragoza", y el general mexicano veía con los ojos de la imaginación a los franceses repitiendo el esquema y la fecha; sin embargo, las tropas de Forey parecían haber aprendido la lección y, ya no considerando al ejército mexicano una horda con plumas y arcos, se movían con extremada cautela. El general francés poseía muy buen información, muy precisa, sobre las fuerzas, las armas, las fortificaciones, el dinero, la comida almacenada en Puebla, y había recibido instrucciones explícitas de Napoleón III de no atacar por Loreto y Guadalupe. No obstante, pensaba que la plaza debía resistirle muy poco tiempo y volvió a elegir como base de aproximación Amozoc, a ocho kilómetros de la ciudad.

En la iglesia parroquial se depositaron municiones para un mes y medio y víveres para 50 días, y en el pueblo se establecieron los hospitales. En el caso impensable para los franceses de que la plaza resistiera dos meses y se impidiera que recibieran víveres y municiones, el sitio debía ser levantado.

Jean Meyer recoge testimonios de oficiales del ejército francés que valoran su calidad. Gustave Niox dirá: "En ningún otro ejército se encontró jamás elementos superiores a los que conformaban el Cuerpo Expedicionario de México". El general Du Barail: "Casi todos han tenido carreras brillantes". Y S. Fiette: "No cabe duda, nos encontramos en presencia de una élite militar absolutamente excepcional".

De las fuerzas con que contaba el ejército invasor, Forey había traído hacia Puebla 18 mil soldados de infantería (1ª división de infantería con François Achille Bazaine como jefe, y Neigre y Castagny como generales de brigada; 2ª división de infantería a cargo del general Félix Douay, con el general Berthier y el coronel L'Heriller como jefes de brigada); una brigada de caballería a cargo del general de Mirandol, con 1 400 hombres; 2 150 artilleros, 450 zapadores y 2 300 auxiliares (trenistas, servicios médicos, administración, cocinas de campaña); sumaba a 2 300 mexicanos de la brigada Gálvez y artilleros de Veracruz. Iniciará el ataque a Puebla con 26 600 hombres.

Tenía además la brigada de Márquez en la retaguardia y había dejado por el camino, en guarniciones, a casi 6 mil hombres entre Amozoc y Orizaba, en Orizaba, en Fortín, en el Chiquihuite, en Paso del Macho, en La Soledad, en Tejería y en Veracruz. Bulnes apuntará: "¿Le pasó por la cabeza a Comonfort tan pronto como apareció Forey frente a Puebla lanzarse sobre Orizaba, que contaba con 912 hombres, y tomar la plaza? Si es así, no lo hizo".

En un día espléndido, en que se disipó el cielo gris y desaparecieron los aguaceros, el 15 de marzo, los franceses, hostilizados por las caballerías mexicanas, salieron de Amozoc. Jesús González escribe: "A las ocho y 46 minutos el enemigo avanza hacia la plaza con fuerzas de las tres armas y la fortaleza de Guadalupe anuncia con un cañonazo que el enemigo está al frente".

De nuevo las crónicas son contradictorias; mientras que Galindo habla de que en el interior de Puebla "la población se presentó llena de júbilo; las columnas todas de reserva se alistaron, los ciudadanos todos acudieron, preguntando a dónde se presentaban; y más bien ofrecía la ciudad un aspecto de fiesta que de batalla", Tirso habla de apatía y curiosidad: "Las torres y azoteas se hallaban llenas de curiosos: la guarnición cubría todos los puntos señalados para el combate, y el silencio pavoroso que reinaba en las calles era sólo interrumpido por el galopar de los caballos de los oficiales y el crujir de los carros en que se transportaba el parque". Lo que parece evidente es que, como dice Troncoso, resulta "imposible describir el entusiasmo de la guarnición". Juan A. Mateos cuenta que "los soldados estaban impacientes, los artilleros se paseaban al lado de sus cañones, los generales no quitaban la vista del camino de Amozoc, por donde comenzaba a dibujarse una polvareda como las primeras nubes de la tempestad". La columna francesa "se descolgó en la llanura como una serpiente monstruo de acero". En las trincheras los defensores comienzan a cantar el himno nacional.

González Ortega ha enviado a las caballerías, las cuales hostigan el avance de las columnas de Bazaine y Douay, que van a la vanguardia, y poco después ocupan y empiezan a fortificar los cerros de Amalucan y las Navajas, al norte de los fuertes de Loreto y Guadalupe, para apoyarse en ellos. Mateos también narra, sin que otras fuentes lo confirmen, que "de la columna invasora se desprendió una batería arrastrada por dobles tiros de caballos normandos, que atravesó como un huracán la llanura, hasta pararse atrevida frente al baluarte de Guadalupe, dentro de tiro. Aquellos valientes plantaron la bandera de su nación sobre la arena, y descargaron sus piezas [...] los artilleros regresaron pausadamente hasta colocarse en la columna". González Ortega da órdenes de que la artillería mexicana no responda para no "descubrir el alcance del cañón de la plaza".

El general mexicano espera que los franceses repitan la acción del 5 de mayo y carguen sobre la línea que defiende la primera división de Berriozábal en Loreto y Guadalupe. Su caballería se despliega a la derecha ante el fuerte de Zaragoza, que da directo al camino. No hay tal. En contra de lo esperado, los franceses avanzan en otro sentido. Douay va rodeando Puebla por el norte, fuera del alcance de los cañones mexicanos, y la división Bazaine lo hace por el sur. Porfirio Díaz, que está observando los movimientos desde el fuerte de Guadalupe con los generales De la Llave, Berriozábal, Antillón y Negrete, relatará: "Destacaron una columna como de 10 mil hombres por nuestra izquierda y otra igual por la derecha que marcharon todo el día con la intención visible de envolver a la ciudad en una línea que iban estableciendo fuera de tiro de cañón".

Al caer la noche ese grupo de generales va a conversar con González Ortega para proponerle un plan de ataque, porque las columnas estaban separadas diez o 12 kilómetros entre sí. "Por consiguiente, podíamos atacar a una de esas columnas, con seguridad de que el núcleo principal del ejército enemigo no podría protegerla, y una vez derrotada […], la fuerza victoriosa reforzaría la parte de nuestra línea que hacía frente al núcleo principal del enemigo".

Salmerón escrbirá que, en un principio, González Ortega consideró la propuesta, pero González de Mendoza estaba en contra de arriesgar la suerte de la defensa tan pronto, argumentando que habría de movilizar al menos 10 mil hombres y que Comonfort acudiera con exactitud, lo cual con el estado de las comunicaciones resultaba muy difícil. La propuesta sería rechazada. A la medianoche los generales se retiran "muy desanimados". ¿Hay exceso de mentalidad defensiva?

Al día siguiente González Ortega repliega a las caballerías al interior de la plaza y observa los movimientos, conectado con el telégrafo interior desde el fuerte de Guadalupe. A las 8:10 de la noche reporta: "Todo en silencio y no ocurre novedad […]. Acaba de llegar un desertor francés y los informes que da parece que son exactos. Dice que Forey aún no está en el campo, que se quedó en Amozoc y que avanzará hasta mañana con toda la artillería de sitio; que falta una división en el campo […] que las piezas de sitio que trae el enemigo son 80 y además 12 morteros; que la dotación de esas piezas son 500 tiros para cada una".

El desertor exagera; los franceses traen entre 50 y 56 cañones, pero la mayoría son de 120 milímetros (o los llamados de batalla o de montaña), buenos para el combate a corta distancia, y sólo seis obuses, lo cual disminuía la efectividad de la artillería para romper los muros y las defensas. El desertor, cuyo nombre y motivos no conocemos, también decía "que, según ha oído decir, cargarán toda la fuerza y artillería sobre una sola fortaleza y que, si no pueden tomarla, establecerán en seguida un sitio. Agrega que el ejército francés es de 20 mil hombres […] y además los traidores".

González Ortega no ha desechado la idea de un contraataque y le propone un plan a Comonfort. A "las primeras luces de la mañana del día 17, se dejaron ver por las lomas de la Uranga las columnas del cuerpo de Ejército del Centro", pero Forey tiene un planteamiento diferente: "El enemigo, durante ese día, no hizo otra cosa que prolongar un poco más su línea por su izquierda y derecha […]. Su marcha la ejecutó lenta y pausadamente y con todas las precauciones de guerra". En otro telegrama informa: "El enemigo toma muchas precauciones, pero todas ellas me indican que nos respeta o que no tiene fe en el buen éxito del ataque". La noche pasó sin novedad.

Forey ha estado intentado, sin resultado, sacar al ejército mexicano a combatir en despoblado mientras continúa organizando el cerco. El día 19 los franceses ocupan el cerro de San Juan, colocan su cuartel general e izan la bandera de Francia. Pocas horas después una batería anunciaba la llegada del general. Alguien sugiere: "Forey pareció malhumorado, pero se aseguraba que esa era su cara normal".

En el cerro se ha situado su cuartel general. González Ortega comenta: "Si bien dicho cerro es una posición ventajosa por su proporcionada elevación y por hallarse un poco avanzado de los suburbios del oeste de la ciudad, no era posible su defensa, porque para hacerla con buen éxito, era necesario constituirlo en una fortaleza aislada e independiente de la plaza, y con todos los elementos necesarios para su defensa". La ocupación del cerro de San Juan por 8 mil franceses crea inquietud en la plaza. ¿Debimos ocuparlo nosotros? Queda fuera del arco de las fortificaciones, sostenerlo habría significado dejar aislada la zona, sin apoyo de los otros fuertes. Algunos analistas, como Vicuña Mackenna, piensan que fue un error dejarlo. Con la toma del cerro, terminada el 19, queda bloqueado el camino Puebla-México. Comonfort reporta que una fuerza de 14 mil franceses (sin duda muchos menos) ocuparon la posición. "Yo no he podido sino estar a la vista, cambiando unos ligeros tiroteos", y argumenta que con fuerzas tan inferiores sería una locura atacar.

A mediodía es cortada la línea telegráfica y con ella toda comunicación directa con la capital. Comonfort informa: "Ahora es menester usar personas de a pie que, atravesando veredas, puedan comunicarse con la plaza, pero estas gentes manifiestan mucha resistencia y por ningún dinero han querido hasta ahora hacerlo". A partir de este momento, desde el interior, González Ortega empieza a mandar mensajeros que evadan el cerco; muchos morirán en la operación, a ellos debemos la notable documentación existente.

Francisco Zarco registrará que destacamentos franceses requisan todas las provisiones que pueden encontrar en Tlaxcala y Huamantla y crean un depósito de municiones en Amozoc. Comonfort observa la operación desde Santa Cruz; los franceses han montado entre él y Puebla, "únicamente para su seguridad, una línea de tiradores bastante fuerte, con el frente hacia nuestro campo". González Ortega presupone que el ataque principal vendrá sobre "los fuertes de San Javier, El Demócrata, Morelos e Hidalgo", y añade que en escaramuzas de la caballería republicana se le han hecho algunos muertos al enemigo y se descubrió que, "aunque usaban el traje de zuavos, eran de los traidores".

Con el cerco cerrado, Forey parece no tener prisa, y durante el día 20 apenas si se escuchan algunos disparos sueltos de cañón. González Ortega anota: "La plaza guarda muy buen estado".

El 21 de marzo, cumpleaños de Juárez, muere en los enfrentamientos artilleros el primer combatiente mexicano, Pablo Ramírez. Juárez, que se encuentra en una comida, ahí mismo abre una suscripción para la familia. Ese día, desde el fuerte El Demócrata se hace fuego de artillería sobre un convoy de carros que iba de Amalucan al cerro de San Juan. González Ortega informa: "Esto produjo una grande alarma en todo el campamento enemigo, el que se puso en el acto listo y sobre las armas". Desde El Demócrata se "hizo con tanto acierto sus tiros, que una columna que se dirigía hacia ella como para amagarla a una gran distancia, la desbarató a los diez o 12 tiros, haciéndole algunos muertos. El enemigo tuvo que diseminar la columna en guerrillas y tiradores y hacer que echaran pecho a tierra para proteger el paso del convoy". Con exceso de optimismo, comunica a Comonfort: "Los defensores de esta plaza no necesitan de los recursos de México para vivir, sólo necesitan víveres y que, con los que hay, con los que yo les proporcione, con 4 mil caballos que tengo y con la carne de 4 mil acémilas que tengo adentro de la plaza, puedo hacer que nuestro ejército viva tres meses y dígale usted que le manifiesto esto, para que todos sus esfuerzos los reconcentre a defender la capital y a reforzar el ejército de usted, pues que de esta manera pondremos, dentro de pocos días, al ejército invasor en una situación embarazosa, complicada y difícil. Si el enemigo sigue para México, yo desprenderé de la plaza 15 o 20 mil hombres y 80 piezas ligeras a su inmediata retaguardia". Es quizá esta visión la que hace que dé orden a dos de las cuatro brigadas de caballería con que cuenta, las de los generales Antonio Carvajal y Aureliano Rivera, de que salgan de Puebla en la noche del 21 "con el único y exclusivo objeto de proporcionar víveres a la plaza".

A las diez de la noche del 21 de marzo los 1 500 jinetes se deslizan por la barranca de San Aparicio y rompen el cerco sufriendo sólo tres muertos y dos heridos en los tiroteos que se produjeron.

Al día siguiente Forey envía la caballería de Mirandol a tomar Cholula para saquear otra zona que puede proveerlo de víveres. Ahí chocan hacia las tres de la tarde con los rifleros de Nuevo León, de la brigada Quiroga del Ejército del Centro. Los mexicanos apenas si tienen tiempo de evacuar 87 enfermos del hospital. Durante hora y media los jinetes mexicanos y franceses se enfrentan. En el parte de Comonfort habla de que "hemos perdido sobre 60 hombres, entre muertos y heridos, un jefe y dos oficiales; habiéndole hecho los nuestros también mucho daño al enemigo y quitándole cosa de 15 o 16 caballos árabes".

El 23 de marzo Guillermo Prieto, desde la Ciudad de México, le sugiere a Conmfort: "Me atrevo a indicarte: Primero: que establezcas a toda costa un telégrafo de señales con Puebla, cosa para ti, que has estado en aduana marítima, muy fácil. Segundo: que envíes y te envíen de la plaza globitos con cifras aprovechando las corrientes de aire. Tercero: si quieres escribiremos una proclama en francés o escríbela allá, porque la de González Ortega ha producido magníficos efectos. Cuarto: establece periódicamente tus partes para calmar la ansiedad pública; el pueblo está pendiente de tus labios y se complace cuando cree que se le considera poniéndolo al corriente de lo que ocurre. Quinto: aunque no sean todas felices, producen muy buen efecto las salidas contra el enemigo e inquietarlo constantemente; los franceses son inconstantes y de grande imaginación, el más leve contratiempo los pondría en nuestras manos. Sexto: fortifica aunque sea ligeramente los puntos en que vivaquees porque te tienen muchas ganas. Séptimo: pon la policía en todas las avenidas de México, porque este es el momento de más activa y peligrosa comunicación con los traidores; registra a los cocheros, las colleras de las mulas, cojines y ejes de los coches; pon de cuando en cuando un policía secreto como pasajero dentro de los mismos carruajes. Ya ves que el afecto me hace charlar de lo que no entiendo".

Siguiendo las recomendaciones de Prieto, Comonfort le escribe a Jesús González Ortega: "Creo que pudiéramos establecer un telégrafo de señales de colores para el día, fijándolo en la torre de Catedral de esa ciudad, que yo veo bien desde las lomas de Cuautlancingo. Para la noche podría usarse de cohetes de luz, salidos de la misma torre. Si está usted conforme con mi idea, mándeme la clave".

Ese mismo día 23 González Ortega señala en su parte: "Toda la noche hubo fuego de cañón con toda lentitud". Mateos cuenta: "A la salida del sol, comenzó el bombardeo. Dos baterías de morteros abrieron sus fuegos, llegando sus proyectiles al centro de la plaza, que ya a la mitad del día habían causado grandes destrozos en los portales y otros edificios". Parece claro que los franceses han elegido como blanco el convento de San Javier-la penitenciaría, el también llamado fuerte Iturbide. ¿Por qué han elegido esta zona?

En la reconstrucción de los hermanos Salmerón se establece que San Javier contaba con "muros de más de 20 metros de altura y con la sólida iglesia y claustro del convento de San Javier. Su línea norte era protegida por las iglesias de Guadalupe y del Señor de los Trabajos, pero su línea sur carecía de esa protección, debido a que entre los redientes del fuerte Morelos y San Javier se encontraban las construcciones de los baños de azufre, que estorbaban el cruce de fuegos entre estos puntos. Los parapetos fueron construidos cerca de los gigantescos muros de la penitenciaría, dando como resultado que, cuando la artillería impactaba en ellos, las grandes rocas que los constituían se derrumbaran y cayeran sobre los defensores situados en las trincheras, causando numerosas bajas. También obraba en su contra que desde el pueblo de San Matías, situado al noroeste de San Javier sobre el camino de México, la artillería enemiga podría establecer una batería que podría hacer gran daño al fuerte". Contiene tres patios internos y varios edificios, 170 metros de largo, 70 de ancho.

El trabajo de los zapadores franceses se inició con la construcción de una trinchera paralela de un kilómetro a 600-650 metros de los muros de San Javier, donde se instalaron las dos primeras baterías. Mateos cuenta que "los jefes superiores contenían el ardimiento de los jóvenes generales y de sus soldados, que se sentían presos y encadenados tras de los parapetos [...]. Más de 15 mil hombres acudían con sus palas y zapapicos a aquel terreno; los indios de Cholula y pueblos inmediatos eran arrastrados al campo para ayudar a los trabajos. Por el rumbo de Teotimehuacán avanzaban todas las noches los zuavos tomando posiciones por medio de fosos, y hostilizando constantemente a las fuerzas mexicanas; lo mismo hacían en distintas direcciones, aproximándose más y más a los reductos sin que la plaza diese señales de vida en espera de que el enemigo se pusiese al alcance de sus cañones y sin pretender salir a su encuentro".

En la tarde del 24 el enemigo, según González Ortega, "comenzó a arrojar bombas desde la Garita de México". A las ocho de la mañana del día siguiente el general en jefe mexicano reportó que "el fuego durante la noche ha sido nutrido y al enemigo se le han impedido, hasta donde ha sido posible, sus trabajos. Su segunda paralela, aunque sumamente imperfecta [...] se halla a 450 metros de las fortalezas. En la noche de hoy deberá probablemente continuar sus trabajos".

Mateos cuenta: "Por la noche se comenzaron a percibir como exhalaciones desprendidas de la tierra, los farolillos de los ingenieros que reconocían el campo. Los ingenieros mexicanos comprendieron al instante que los trabajos comenzaban, y que en aquellos momentos se hacían los trazos de la primera línea de ataque. En las altas horas de la noche se oían [...] los golpes de la zapa, tenaces y perseverantes, abriendo un gran camino cubierto que debía conducirlos al establecimiento de la primera trinchera paralela. La luz del día vino a confirmar el parte que los ingenieros habían dado al cuartel general".

González Ortega reporta: "Hoy han continuado las bombas de una y otra parte, lo mismo que el fuego de cañón y de rifle de los cazadores del enemigo y nuestros rifleros, pues dispuse que entraran 80 de estos, pertenecientes a la legión del Norte, al fuerte de San Javier, y que el coronel Auza, que defiende el de Morelos, colocara rifleros del 5º batallón de Zacatecas por todas las sinuosidades del terreno fuera de las murallas y cerca del enemigo".

En las cercanías de San Javier los franceses toman el poblado de Santiago y son desalojados por los zacatecanos de Auza. Luego ocupan algunas casas en el poblado de San Matías, donde se suceden los enfrentamientos. Finalmente la artillería mexicana, los "certeros tiros de nuestros cañones", como dice Zarco, demolieron las casas, haciendo inútil mantener la posición.

Mientras tanto, al amparo de las baterías colocadas en la paralela, los zapadores construyeron una segunda paralela, ahora a menos de 300 metros de las posiciones mexicanas. Desde ahí, 24 cañones se sumaron a las dos baterías emplazadas en la primera paralela, para machacar el fuerte. La respuesta mexicana provenía de los cañones del fuerte, así como en El Demócrata y los redientes de Morelos. A esa distancia no resultaba significativa la diferencia de alcance entre unos cañones y otros.

Durante casi diez días se han estado mirando, escarceos, maniobras, dudas. Parece que la hora del enfrentamiento se acerca. González Ortega informa: "Estamos muy bien respecto de moral y de confianza: todo el comercio está abierto, no obstante los fuegos nutridos de una y otra parte. He mandado desempedrar y quitar las losas de todas las calles y formar con ese material traversas y parapetos adentro de la ciudad. Se tomó prisionero a un sargento mexicano. He mandado que se le ponga una marca de traidor en la cara y que se le ponga en libertad. La nación necesita conocer a sus buenos y malos hijos".

Mateos añade: "Por los caminos cubiertos y como las espigas de un sembrado se veían las bayonetas de los sitiadores que yacían ocultos teniendo por apoyo la formidable batería de brecha [...]. La bandera mexicana flameaba en los fuertes, y en cada baluarte, cada batería, se desplegaba el gallardete rojo".

Pocas horas antes de iniciarse el que sería el primer asalto a Puebla, González Ortega le da el mando del fuerte de San Javier al teniente coronel Bernardo Smith, hijo de norteamericano y mexicana, salido del Colegio Militar en el 56, buen lector, querido por todos. El conjunto de la zona la dirige el italiano Ghilardi. Además, "desde las seis de la tarde preví el ataque y dispuse que cuatro baterías de la reserva general, tres de Zacatecas y una de Veracruz, se situaran para que a la hora del asalto y con una ligera marcha se colocaran en campo raso, envolviendo los dos flancos del enemigo".

Noche del 25 al 26. Un "fuego nutridísimo de artillería" cae sobre San Javier y el Morelos, que defiende el coronel Auza. Los franceses están concentrando el fuego de 20 cañones rayados, cuatro morteros y seis obuses de montaña en un frente de 120 metros. Mateos refiere: "La primera paralela abre de súbito sus fuegos, siguiendo las baterías adyacentes, y el fuego por elevación de los morteros. ¡Viva la libertad! ¡Viva la independencia!, fueron las voces que contestaron a aquella tormenta de fuego". Sonaba el himno nacional.

Una columna de zuavos salió a paso de carga de la segunda trinchera paralela al fuerte de San Javier y atacó "de una manera ruda y vigorosa, por su frente y flancos, llegando para dar el asalto, sus columnas, hasta el foso del mismo fuerte". Allí Florencio Antillón y Lamadrid enviaron al choque al 2º batallón de Guanajuato y casi de inmediato al 6º de Guanajuato; y al poco tiempo al batallón de Rifleros de San Luis, que salió de los parapetos y atacó a los asaltantes por su flanco izquierdo; y poco después, saliendo del fuerte de Morelos, actuaron los batallones 3°, 4° y 5° de Zacatecas, mandados por el coronel Miguel Auza.

Mateos de nuevo: "Y aquella juventud se lanzó a la muerte, seguidos de los zapadores, y llevando de continuo gaviones y sacos a tierra. El fuego seguía implacable; pero el estrago era reparado. Media hora después, la brecha estaba cubierta, y el valiente Platón Sánchez reemplazaba la artillería desmontada. El bravo soldado condujo dos piezas y el combate se renovó con más empeño".

González Ortega resume: "A las dos y 50 minutos de la mañana las columnas del enemigo eran rechazadas", y protegidos por la oscuridad y el apoyo de varias compañías del 99° de línea, los zuavos lograron escapar. "Poco después quedaron apagados por nuestra artillería los fuegos de cañón del enemigo". Mateos culmina: "Después de dos horas de fuego de brecha, los clarines franceses tocan alto, y ese silencio que sucede al peligro fue imponente. Los revestimientos de los baluartes y cortinas se veían abiertos por las nubes de polvo y humo".

González Ortega no tuvo que utilizar las reservas. Entre las menciones de su parte se reconoce al "bravo coronel Smith, jefe principal del fuerte de San Javier". Se escuchan los lamentos de los heridos franceses. Las bajas mexicanas, según Zarco, fueron de 60 hombres; pero según González Ortega, los batallones de Zacatecas tuvieron 32 hombres fuera de combate (con dos jefes y dos oficiales) y 50 el primer batallón de Guanajuato. "No sé los muertos y heridos que hayan tenido los cuerpos de la división que manda el general Negrete, quien personalmente, y por el flanco izquierdo, auxilió al fuerte atacado. Tampoco sé los que tendría nuestra artillería". En la versión de Mateos, "más de cien cadáveres estaban tendidos en el recinto de San Javier y la ambulancia no cesaba de conducir a los heridos". Alejandro Rosas narrará: "El silencio que cayó sobre las trincheras de Puebla era tan profundo que los murmullos de los defensores de la penitenciaría de San Javier podían escucharse en la línea de ataque de los franceses. Nadie dormía".

Zarco registra el júbilo de la guarnición. González Ortega escribe: "El enemigo acaba de sufrir un fuerte descalabro". En el diario de Forey se dice que el choque se produjo entre los defensores mexicanos y 2 mil zapadores que estaban construyendo la tercera trinchera paralela, pero el tipo de bajas parece desmentirlo. González Ortega tiene razón cuando asienta que "Forey trata de desfigurar los hechos […]. No fueron, pues, trabajadores los que los franceses lanzaron sobre el fuerte de San Javier, sino gruesas columnas perfectamente armadas para asaltarlo. La poca resistencia que interpusieron esas columnas, una vez que se vieron envueltas en la llanura por los fuegos de artillería y fusilería del fuerte y de sus flancos, demostraron claramente que el enemigo, demasiado astuto como es, y viendo el estrago que sus bombas y demás proyectiles habían hecho [...] creyó desmoralizados a sus defensores, creyó por lo mismo que estos interpondrían una débil resistencia, y por último creyó posible y fácil hacerse de aquella posición, tomándola por medio del asalto y la sorpresa".

Al describir la segunda batalla de Puebla, Francisco Zarco usa dos palabras: "serenidad y denuedo".

NOTAS

1) Guillermo Prieto: "Al Ejército de Oriente", 14 de marzo del 63. "Parte general que da al supremo gobierno de la nación respecto de la defensa de Puebla el ciudadano general Jesús González Ortega". Jean Meyer: ¿Quiénes son esos hombres? y Yo, el francés. Crónicas de la intervención francesa en México, 1862-1867. Juan Antonio Mateos: El sol de mayo, memorias de la intervención, novela histórica. Gustave Niox: Expedition du Mexique, 1861-1867; récit politique et militaire. Pierre Henri Loizillon: Lettres sur l'expédition du Mexique. Ralph Roeder: Juárez y su México. Francisco Zarco: "La defensa de Puebla de Zaragoza". Alejandro Rosas: "Bajo los muros de Puebla". Jack Autrey Dabbs: El ejército francés en México. 1861-1867. Estudio del gobierno militar. Pedro Salmerón Sanginés, Raúl González Lezama y Luis Arturo Salmerón: La heroica defensa de Puebla, 1862-1863. Paco Ignacio Taibo II: La lejanía del tesoro. Benjamín Vicuña Mackenna: La defensa de Puebla. Francisco P. Troncoso: Diario de las operaciones militares del sitio de Puebla de 1863. Jesús Lalanne: Zaragoza y Puebla: al ejército mexicano por el general Don Jesús Lalanne. Victoriano Salado Álvarez: La intervención y el imperio, 1861-1867. "Retreat of the French from Puebla". Luis Chávez Orozco: El sitio de Puebla, 1863. Manuel Santibáñez: Reseña histórica del cuerpo del Ejército de Oriente. Humberto Morales: Puebla en la época de Juárez y el segundo imperio. "El sitio de Puebla en 1863, según los archivos de D. Ignacio Comonfort y de D. Juan Antonio de la Fuente". Antonio Carrión: "Llegan los franceses". Porfirio Díaz: Memorias.

2) Un año después del fin de la guerra (1868) comenzaba a salir por entregas de 32 páginas, El sol de mayo, memorias de la intervención, novela histórica, de Juan Antonio Mateos (chilango, nacido en 1831, hijo de un insurgente, abogado y autor teatral); el mero folletín, cuando aún se estaba publicando El Cerro de las Campanas: memorias de un guerrillero, novela histórica y aprovechando su enorme éxito. Aunque con muchos errores de detalle, (confunde todas las fechas de la aproximación a San Javier y el primer ataque) está basada en testimonios directos de participantes y multitud de anécdotas sobre las batallas de Puebla. Vicente Riva Palacio reconoce que hay información que no se encuentra en los libros de historia.

3) Constantino Escalante, presentó el 18 de marzo de 1863, la caricatura titulada "Se hacen chiquitos. Se hacen grandotes. Los enanitos. Los enanotes". Era la versión actual de un juego infantil. En la caricatura las parejas son: Juárez y Napoleón III, y en un segundo plano, Forey y González Ortega, al fondo un chinaco y un zuavo.

95

SAN JAVIER

Al anochecer, en el patio del correo de la Ciudad de México el gentío es inmenso, el interior está completamente iluminado por la luz de gas; de trecho en trecho se ven grandes letreros que dicen: "Noticias de Puebla". Ahí se hacen públicos los partes telegráficos, con la (metafórica) tinta fresca que los transmite desde Puebla, Texmelucan o Palacio Nacional. Guillermo Prieto, desde la media tarde, se ve obligado a salir a los corredores y leer a la multitud en caliente los telegramas que van llegando. Así narra, por no menos de tres veces, con voz grave obligada por las circunstancias, los primeros bombardeos contra el fuerte de San Javier, también conocido como de Iturbide, y las primeras cargas infructuosas de los franceses. ¿Se haría el milagro? ¿Detendríamos por segunda vez a aquellos hombres reputados como el mejor ejército del mundo? Las esperanzas recorrían el cuerpo social.

El corresponsal alemán del *Demokrat* registra en Acapulco cómo se estaba celebrando un fandango en la plaza cuando se recibió la noticia de que los ataques franceses sobre Puebla fueron rechazados la noche del 25 de marzo. Escribe sobre "los profetas del mal" (vaya manera de hablar de los franceses), cómo sufren la abundancia de enfermos, la actividad guerrillera entre Orizaba y Puebla y la escasez de víveres.

Ante Puebla, la segunda trinchera paralela se establece a 300 metros el 25. González Ortega cuenta: "El día que los invasores concluyeron su segunda paralela […] redujeron a escombros, en siete horas de fuego, uno de los baluartes, parte de otro, y la cortina que se hallaba entre ellos […]. Las bombas de grueso calibre que continuamente estaban cayendo sobre ellos, así como en el centro de la ciudad, eran las que causaban más estrago". Niox registra: "San Javier totalmente arrasado". En la noche se recolocan las piezas de artillería mexicanas. Forey: "Tomarlo era indispensable para nosotros […]. No dudé en ordenar el asalto".

La tercera paralela estará lista al amanecer del 26. A las cinco de la mañana se rompieron los fuegos, "y a las 12 [cuenta González Ortega, que está observando el bombardeo desde 'una de las torres de la catedral, que sólo distaba algunas cuadras del fuerte atacado'] había tenido que reponer tres veces los pelotones de artilleros que servían las piezas, y dos a los comandantes de la artillería del fuerte, porque los más de ellos habían sido muertos o heridos honrosamente". Estaban inútiles casi todas las piezas con que se hallaba artillado el reducto, una "desmontada y las demás estaban cubiertos sus montajes con los escombros de los muros".

Hacia una hora que las crónicas no pueden precisar, entre las ocho y las 11 de la noche, los franceses desde la trinchera paralela van formando una enorme columna. De nuevo González Ortega: "Me preparé de modo que el enemigo sufriera una sorpresa, caso de que diera el asalto por cualquiera punto y mandé, en el acto, romper el fuego de cañón, con cañones y morteros [...]. La moral de nuestro ejército está bien, muy bien". La línea que va a ser atacada la manda el general Florencio Antillón, de 33 años, prematuramente calvo, con bigote potente, barba de chivo y mirada furibunda. Combatió a los norteamericanos en 1847, diez años después se unió a la Revolución de Ayutla, participó en la Guerra de Reforma en las filas liberales y ascendió a general de Brigada en 1860; su segundo es Francisco Lamadrid, y los apoya "el no menos valiente y modesto general Alatorre".

Antonio Carrión cuenta: "Una franja negra y sombría salió del seno de la tierra, ondulaba e invadía el terreno que se extiende al oriente del cerro [...] la infantería francesa, saliendo de sus paralelas y al llegar a un punto convenido formó en columna por batallones [...] marchó apoyando su frente por una doble línea de tiradores y [...] por unas hileras de flanqueadores". "El sonido del clarín se dejó oír", pero fue opacado por la respuesta de la artillería mexicana.

González Ortega les ha puesto una trampa: "Dispuse que cuatro baterías de la reserva general, tres de Zacatecas a cargo de Negrete e Isidro Santelices y una de Veracruz, se situaran convenientemente, para que a la hora del asalto y con una ligera marcha se colocaran en campo raso envolviendo los dos flancos del enemigo". Minutos después de haberse inciado el ataque, los fuegos de fusilería de los batallones 2° y 6° de Guanajuato, apoyados por el flanco derecho desde el exterior de la muralla, por el batallón de rifleros, y por el flanco izquierdo y los redientes de Morelos, por los batallones 3°, 4° y 5° de Zacatecas, mandados por los coroneles Ghilardi y Auza, a los que se sumaban las descargas de flanco de la artillería mexicana, los frenaron. Los franceses fueron "rechazados y destruidos en menos de una hora por nuestros valientes". En el combate no ha sido movilizada ninguna de las siete brigadas de infantería de reserva.

Pero el combate por San Javier y la penitenciaría sólo está empezando. Al caer el sol se había detenido el bombardeo y se escuchaban los trabajos de zapa de una tercera línea paralela, a sólo 130 metros. A la una y media de la noche del 27 de marzo al 28, el 1° de Guanajuato del teniente coronel Alonso Flores dio el grito de alarma. De la recién excavada paralela una nueva columna de asalto formada por hombres del 41° de línea y del 7° batallón de cazadores de Vincennes se lanzó al asalto. Se entabló una lucha cuerpo a cuerpo en la que lograron imponerse los mexicanos. Cuando una segunda columna caía sobre la penitenciaría, llegaron de nuevo el 2° y 6° de Guanajuato. Los franceses arribaron hasta los fosos, siendo castigados por sus flancos por los batallones mixto de Querétaro, Reforma y rifleros de San Luis

por un lado, y los batallones poblanos de la reserva de Negrete. Los zacatecanos de Auza salían del baluarte Morelos para sumarse a la lucha.

No es fácil desbordar el lenguaje relativamente seco de los partes y los
informantes; hay que entender que se está combatiendo en un frente de no
más de 120 metros bajo el estruendo de balas, cañonazos y metralla. Forey
reportaría: "El fuego que hacía el enemigo era tan nutrido que me parecía
estar en Sebastopol". De nuevo los republicanos, con 60 bajas, obligaron a
los franceses a replegarse. Pero al amanecer González Ortega pudo ver que
el fuerte de San Javier y la penitenciaría eran un montón de escombros. El
general mexicano desartilló los restos, ordenó que se hicieran mayores las
defensas secundarias y le informó al ministro de la Guerra: "Resolviéndome
al mismo tiempo a seguir defendiéndolo, no ya con el carácter de un fuerte,
sino de unos cuantos palmos de terreno que quería disputar de todas maneras al enemigo, vendiéndolos bien caros en caso desgraciado".

En las menciones, el general destacaba el comportamiento de los artilleros de Veracruz que, "sosteniendo el fuego en el fuerte, en posición de difícil
combate contra una batería en la segunda paralela de 24 piezas y otras dos
en la primera, una de obuses y otra de cañones, ni se resfrió su valor, ni se
detuvo su maniobra", y en particular citaba a los capitanes segundos Platón
Sánchez y Onofre Pérez Pinzón, "que herido el primero y contuso el segundo y mandados relevar, pidieron permanecer para concluir el tiempo de su
fatiga; el artillero Matías Martínez, que sacado de combate todo su pelotón y
no pudiendo servir solo la pieza, se ocupó al descubierto de reparar la parte
del muro destruido [...], el paisano Antonio Huerta que, sin pertenecer al
ejército", ayudó a servir una pieza toda la jornada; el sargento Julián Hinojosa "al que una bomba de grueso calibre le quitó el fusil de las manos y, sin
abandonar su servicio, esperó a los nuestros que le diesen otro". Las menciones incluían al general Lamadrid, el teniente coronel Gaspar Sánchez Ochoa,
"que convaleciente de una enfermedad anterior, estaba de baja en el servicio,
pero que en el momento en que el enemigo desenmascaró sus baterías sobre
el fuerte, entró en él".

Comonfort logró hacer pasar un mensaje a González Ortega: "Creo que
15 días más de resistencia por parte de esa plaza bastarían para obligar a los
franceses a levantar el sitio". Y le informaba que el ejército de Forey consume
el triple de raciones y forraje que los mexicanos.

En la noche del 27 al 28 de marzo los franceses vuelven a intentarlo. Tienen una batería de 40 piezas cerca de San Javier y han construido una cuarta
trinchera paralela, esta vez a 70 metros. González Ortega temía el trabajo de
sitio que "de una manera hábil y atrevida han construido, empleando para
ello un trabajo extraordinario". A la una y media de la madrugada las columnas francesas atacaron por frente y flancos, llegando al foso y desafiando los
parapetos de los baluartes destruidos. Se enfrentaron a los tiradores de Zaca-

tecas dirigidos por Auza, desde el fuerte de Morelos y desde las ruinas de San Javier, nuevamente los de Guanajuato y medio batallón mixto de Querétaro. Las bajas mexicanas fueron grandes: 82 hombres fuera de combate, pero también lo fueron las de los franceses, cuando a las 2:50 de la madrugada se retiraron. González Ortega anotó en su parte que "se están oyendo en las inmediaciones de la fortaleza […] los lamentos de los heridos del enemigo".

El general mexicano recorre el terreno: "Destruida una gran parte del edificio […] de San Javier, próximo a desplomarse otro; destruidos también los baluartes y cortinas de la referida fortaleza y cegados sus fosos en una gran parte por los fuegos de la artillería enemiga […] ya no era posible defender[lo]".

Todo era el prólogo de lo que Forey pensaba sería el asalto definitivo. Poco más de 12 horas después le dio el encargo al general Achille Bazaine de dirigir el asalto a los restos de San Javier y movilizó 3 mil hombres (5 600, según Troncoso). Tenían el honor de ir en la vanguardia los batallones derrotados en Puebla un año antes: el 1er batallón de cazadores de Vincennes, mandado por el comandante Courey; el 2º regimiento de zuavos del coronel Gambier, el 2º batallón del comandante Gaudrelet, el 99º de línea dirigido por el coronel L'Heriller y el 62º de línea del que era coronel el barón Aymard.

Defienden la posición 600 o 700 soldados mexicanos ocultos en medio de los escombros, de los batallones de Guanajuato y Morelia, que tienen que ganar tiempo para que a sus espaldas se construya una segunda línea de contención. A la una de la tarde Bazaine se presenta en la trinchera para tomar el mando. A las tres y media concentran sus fuegos sobre el baluarte 44 piezas de artillería francesa. A las cinco Bazaine da la orden de ataque; le responden las hurras de las columnas, los "vivas" al emperador.

Toda batalla necesita su retórica. Hay un cuadro al óleo de Jean-Adolphe Beaucé (nacido en 1818, un pintor reconocido por sus escenas militares que pasó un tiempo en México, aunque no fue testigo de los hechos) titulado *El general Bazaine ataca el fuerte de San Xavier durante el sitio de Puebla, 29 de marzo de 1863,* que es una reconstrucción idealizada del ataque no exenta de belleza.

Los franceses llegan al foso. De las terrazas, los muros, las casas, responde "un tiroteo violento", se descubren las piezas escondidas detrás de las barricadas. Forey piensa que los mexicanos han colocado minas que hacen explotar cuando ingresa a San Javier la columna francesa, pero no hay tal, es simplemente la tremenda concentración de fuego que viene de los defensores entre los escombros y la segunda línea de barricadas, y los fuegos cruzados de los fuertes El Demócrata, Morelos e Hidalgo. Los cazadores de Vincennes se frenan, no pueden avanzar ni retroceder; entra en su apoyo el 2º de zuavos, a las órdenes de Gantrelet.

En medio del tiroteo, el general de artillería Clément Vernhet de Laumière, cuando estaba a unos 60 metros de la brecha a un lado de Bazaine, recibe un tiro en la cabeza. Su primera reacción es ordenar aprovisionar a la infantería de municiones. Su herida no parece mortal (pero comenzará a delirar el 5 de abril y morirá de meningitis el día 6). Nacido el 28 de octubre de 1812 en Roquefort, en Aveyron, estudiante del Politécnico, activo participante en la campaña de Argelia, en la Guerra de Crimea, en las acciones de Italia, recibe la Legión de Honor en 1859 siendo coronel de la guardia imperial, ascendido a general en México en 1862. Al narrador le impresionan sus fotos con uniforme de húsar, el pecho exageradamente cubierto de botones y medallas, el morrión emplumado. Será el primer general muerto en esta guerra.

González Ortega cuenta que los resistentes en el patio, que en ese momento empiezan a combatir a la bayoneta, no pudieron "recibir un auxilio instantáneo, porque las fuerzas que [...] había colocado en los flancos del fuerte tenían que recorrer una extensión de 400 a 800 metros, cuando los franceses sólo tenían que andar 25 o 30 [...] esto no obstante, el coronel Carlos Salazar, con el batallón de Rifleros, llegó por nuestra derecha hasta el foso; otra columna, que mandó desprender del Hidalgo el general Francisco Alatorre, de las fuerzas de Zacatecas, a las órdenes del general Ghilardi, llegó, atravesando la llanura que se interpone por la izquierda hasta cerca del pueblo de Santiago; tres batallones de Puebla también a pecho descubierto, al mando de los generales Negrete y Prieto, reforzaban la línea de la derecha que manda el general Antillón; los batallones Reforma, Mixto de Querétaro y parte del de Rifleros, al mando del coronel Rioseco, defendían bizarramente las manzanas que circunvalan la retaguardia de San Javier, y otros tres batallones de Zacatecas, al mando del señor coronel Auza, defendían otra de las manzanas y los redientes de Morelos". El valor, como el miedo, son contagiosos. De uno y otro lado los defensores y los atacantes realizan hazañas sorprendentes. Si, en el caso del ejército francés, su notable disciplina les da ventaja, en el caso mexicano los oficiales y suboficiales que combaten en la primera línea dan una consistencia enorme a la defensa. González Ortega añade: "Los vi serenos en medio de los fuegos, a unos a pecho descubierto y a otros en los muros que se les habían encomendado, esperando el empuje del invasor".

Forey, en su parte, comenta: "El enemigo fue un instante sorprendido, pero al cabo de algunos minutos, una granizada de balas saliendo de los muros aspillerados, de las azoteas, de las puertas, las ventanas y de los campanarios cubren a nuestros atacantes". Troncoso, que está combatiendo dentro del cerco, añade: "Un grupo de unos 20 hombres con la bandera mexicana equivoca la salida por las horadaciones y va a dar a una pieza sin salida, pues no tenía más que una ventana con una fuerte reja sobre la plazuela [...] se hacen grandes esfuerzos para arrancar la reja, mas esto es imposible; la bandera se salva, pero no aquellos 20 hombres ni el abanderado, pues aunque defendiéndose desesperadamente, son muertos la mayor parte".

En el reducto de la penitenciaría y en la iglesia de San Javier el encuentro continuaba, luchando al arma blanca en el coro, en el altar, los confesionarios. Por fin, luego de tres horas de combate mortal, los diezmados defensores abandonaron la posición, replegándose a la iglesia de Guadalupe y a la manzana de la Plaza de Toros.

El general Porfirio Díaz cuenta: "Las tropas que lo defendían se retiraron a colocarse en las manzanas vecinas, a no más de 50 metros de la penitenciaría, presentando siempre al enemigo, una línea de fortificaciones pasajeras".

Hacia las ocho de la noche disminuye el fuego. Los franceses no han podido convertir la captura de San Javier en un pasaje amplio hacia el interior de la ciudad. Es una victoria inútil. Según cuenta Troncoso, 48 cañones mexicanos disparan cruzado desde media docena de posiciones. "El fuego era espantoso, aterrador". Había duelos artilleros a la distancia, pero algunos se producían a 150 metros. Los combatientes del 2º batallón de Guanajuato han quedado reducidos a 100-120 hombres y junto con los del 6º son enviados a la segunda línea. Cuando se repliegan, dicen: "Ya entraremos al combate de casas y calles y ya veremos".

El campo de batalla ante los restos de la penitenciaría y en el interior de San Javier está cubierto de cadáveres. Según González Ortega, los mexicanos han perdido 600 hombres, entre ellos 200 prisioneros (dos de ellos coroneles), "que intentaron una resistencia a ultranza". Tres cañones de montaña y una pieza de campaña cayeron en poder de los franceses, "que era necesario perder para causarle algunos males al enemigo a la hora del asalto". Más tarde la cifra de prisioneros capturados por los franceses se reducirá a "ciento y tantos" una vez que se recuperen los dispersos. Santibáñez argumentará: "La defensa era obligada porque había que reconstruir la segunda línea y nos costó 500 hombres".

Los franceses tienen 249 bajas (entre ellos están heridos el coronel Garnier, el coronel Vialla, comandante de ingenieros, y el capitán de Gallifet, oficial de órdenes del emperador, y otros 13 oficiales), aunque los prisioneros mexicanos oyen hablar hasta de 600 bajas y los espías de Aureliano Rivera hablan de "500 o más muertos". ¿Está Forey falsificando las cifras de sus bajas?

NOTAS

1) Guillermo Prieto: "Al Ejército de Oriente", 14 de marzo del 63 y "Los primeros tiros", *Obras completas*, tomo XXIV. "Parte general que da al supremo gobierno de la nación respecto de la defensa de Puebla el ciudadano general Jesús González Ortega". Gustave Niox: *Expedition du Mexique, 1861-1867; récit politique et militaire*. Francisco Zarco: "La defensa de Puebla de Zaragoza". Alejandro Rosas: "Bajo los muros de Puebla". Jack Autrey Dabbs: *El ejército francés en México. 1861-1867. Estudio del gobierno militar*. Pedro Salmerón Sanginés, Raúl González Lezama y Luis Arturo Salmerón: *La heroica defensa de Puebla, 1862-1863*. Paco Ignacio Taibo II: *La lejanía del tesoro*. Benjamín Vicuña Mackenna: *La defensa de Puebla*. Francisco P. Troncoso: *Diario de*

las operaciones militares del sitio de Puebla de 1863. Jesús Lalanne: *Zaragoza y Puebla: al ejército mexicano por el general Don Jesús Lalanne*. Victoriano Salado Álvarez: *La intervención y el imperio, 1861-1867*. "Retreat of the French from Puebla". Luis Chávez Orozco, *El sitio de Puebla 1863*. Manuel Santibáñez: *Reseña histórica del cuerpo del Ejército de Oriente*. "El sitio de Puebla en 1863, según los archivos de D. Ignacio Comonfort y de D. Juan Antonio de la Fuente". Antonio Carrión: "Llegan los franceses". Constantino Escalante y Hesiquio Iriarte: *Las glorias nacionales*. Porfirio Díaz: *Memorias*. Coloquio internacional: "El sitio de Puebla de 1863". Élie Frédéric Forey: *The French in Mexico. The Siege of Puebla-Gen. Forey's Official Report of the Capture of Fort San Xavier*. Antonio García Pérez: *Estudio político militar de la Campaña de Méjico, 1861-1867*. "Forum des Amis du Patrimoine Napoléonien". Militaryphotos.com.

2) Resulta particularmente complicado ordenar cronológicamente los acontecimientos, el anochecer de un día se confunde con el amanecer del otro, las fechas de los partes no registran a veces el momento en que se producen los hechos y a veces se confunden con el momento en que se transmiten o se retransmiten.

96

INSISTIENDO

El ejército francés había abierto una brecha en las defensas, pero el boquete no era tal. A la espalda de San Javier y la penitenciaría el agujero se había cerrado y no les permitía avanzar hacia el interior de la ciudad. Forey debía de estar desesperado y durante los siguientes días trató de obtener alguna ventaja táctica de los combates previos.

Porfirio Díaz refiere: "Continuaron los ataques casi diarios por medio de los cuales los franceses seguían ocupando algunas manzanas y nuestras fuerzas tomando sucesivamente las posesiones contiguas". González Ortega recordará en su futuro informe "estas frases que me dirigió modesta y privadamente Herrera y Cairo. *Mi general, si usted lo cree conveniente, sacrifique el batallón de Querétaro que mando, para ver si se logra recuperar el fuerte de San Javier: mi persona y el batallón están dispuestos a hacer ese sacrificio en los términos que usted lo exija*. Yo aprecié en lo mucho que valían las palabras de aquel jefe, y más cuando su fisonomía, su acento y la hora y punto en que las vertiera me revelaban que procedían del corazón; pero juzgué que era inútil cualquier sacrificio, porque aunque lograra apoderarme del fuerte, con pérdida de algunos centenares de hombres, no podía conservarlo ni defenderlo".

Gustave Niox añade: "Las piezas de pequeño calibre que se metieron a San Javier no ofrecen resultados contra las casas vecinas. Ni minas ni un ataque por sorpresa dan resultado. Los combates prosiguen". El 30 Forey duda si persistir o abrir un nuevo frente y su artillería parece concentrarse en el norte, haciendo nutridos fuegos contra Loreto y El Demócrata.

El 30 de marzo Comonfort se aproxima a Puebla para provocar que los franceses lo sigan y disminuya la presión sobre los sitiados. González Ortega se encuentra en las torres de la catedral y observa el movimiento. Ordena que las tropas de Negrete vuelvan a desplegarse para proteger el posible acceso de un convoy, pero todo se limita a un tiroteo entre las avanzadas, que luego vuelven a las posiciones originales.

González Ortega le envía mensajeros al general Comonfort, pidiéndole "que se situara con su fuerza en Santa Inés Zacatelco, al norte de la ciudad, desde cuyo punto podía amagarse la línea de comunicación que tenía establecida el invasor con Orizaba: y le decía además que [...] hiciera un movimiento rápido en las altas horas de la noche, para que a las primeras luces del día siguiente se hallara sobre la línea enemiga, que estaba entonces bien débil por San Pablo del Monte y San Aparicio, y que dándome previamente el aviso de su movimiento, fuertes columnas saldrían de la plaza para hallarse a la misma hora y por otro de los flancos, sobre la misma línea enemiga, con el objeto de que ambas fuerzas atacaran simultáneamente los campamentos [...] y obligaría al invasor a levantar el sitio o a reconcentrar sus fuerzas". En esos días el jefe del Ejército del Centro tiene noticias de un convoy francés cargado de bombas y pólvora que viaja de Veracruz a Puebla. Le escribe al ministro de Relaciones Exteriores: "Es cierto que no hay un soldado francés sobre el camino de Orizaba, pero lo es también que para interceptar esos convoyes sería menester desprender 2 mil hombres", y dice que tiene sólo 1 400 hombres de caballería y que los necesita para hostigar a los franceses... una pobre disculpa. El 30 de marzo arriba en el puerto otro convoy francés con 6 mil hombres de refuerzo. Con esto el general francés tiene bajo su mando 34 144 hombres a los que habrían de sumarse los mochos, estimados en unos 15 mil, y las "guarniciones de egipcios y negros" (llaman negros a los turcos y sudaneses) en los puertos del golfo.

Finalmente Comonfort responde a la propuesta de González Ortega diciendo "que para ejecutar el plan [...] necesitaba que le proporcionara una fuerza de la plaza [...] de 5 o 6 mil hombres". Una comunicación de Juárez le sugiere al general sitiado que apoye la propuesta de Comonfort.

A Comonfort "le contesté que no me sería posible obsequiar sus deseos sin comprometer seriamente la defensa de Puebla, y al señor presidente le dije también en lo confidencial que facilitar la fuerza a Comonfort importaba tanto como obligarme a perder la plaza en unas cuantas horas, porque esta quedaría sumamente débil por todas partes"; si insistía "se sirviera darme las órdenes correspondientes". Juárez aceptó. González Ortega, a su vez, le señaló que "nada importaba la pérdida de San Javier, y que aun era tiempo de salvarlo todo siempre que se estableciera la unidad de mando en ambos cuerpos de ejército". González Ortega estaba particularmente irritado porque Comonfort parecía incapaz de introducir un convoy en la ciudad y porque las brigadas de caballería de Rivera y Carvajal, que había enviado fuera de Puebla, habían sido agregadas al Ejército del Centro.

Mientras tanto, la guerra casa a casa continúa en el interior de la brecha de San Javier. El capitán G. Niox reporta: "La toma del fuerte de San Javier no hizo avanzar tanto como se había esperado las operaciones del sitio; los mexicanos, con una tenacidad muy lejos de esperarse, se atrincheraron en las casas vecinas, a 50 metros solamente de los muros de la penitenciaría; sus tiradores colocados en las azoteas hacían fuego sobre nuestras líneas de ataque, cuyos trabajos dificultaban considerablemente. Las piezas de pequeño calibre que fueron llevadas al fuerte de San Javier no fueron suficientes para destruir los muros de esas sólidas y macizas construcciones españolas; se intentó, aunque inútilmente, volar las puertas; un ataque sorpresa tampoco tuvo éxito alguno; y ni la aplicación de una mina dio ningún resultado. Las masas de piedras y escombros acumuladas tras de los muros de las casas se transformaban en fuertes parapetos de cal y canto, en contra de los cuales de nada servían los arbitrios ordinarios de los sitios. El trazado regular de las calles, cuyo paso estaba cubierto por enormes barricadas artilladas, permitía al enemigo formar, de cien en cien metros, verdaderas líneas fortificadas de extrema solidez. Todas estas eran dificultades imprevistas. El general en jefe dio orden de sitiar en regla cada una de las manzanas".

Rioseco sufre durante tres días con la primera brigada de la división del general Negrete, sin recibir relevo alguno en la Plaza de Toros y con el fuego de rifle en las manzanas aledañas que le hacían el enemigo de San Javier y las baterías colocadas en las trincheras exteriores. "Ocho o diez veces visité a este jefe para ver el estado en que se hallaba su tropa y los puntos que defendía, y otras tantas lo vi, lo mismo que a Herrera y Cairo, sereno y contento en medio de la muerte y del estrago que causaban los proyectiles del invasor, ya cubriendo, con los mismos escombros que le dejaban aquellos, las brechas que le abrían a cada hora, y ya improvisando […] otros medios de defensa. No oí de los labios de Rioseco ni de los jefes, oficiales y tropa que lo obedecían ni una sola queja, ni observé el más ligero disgusto de por qué no los había mandado relevar oportunamente".

A la espalda de Rioseco, los coroneles Gómez y Mariano Escobedo construyen, con sus tropas y bajo fuego, una tercera línea de defensa. El coronel Miguel Auza, que dirigía desde el inicio el baluarte de Morelos, en ese momento el punto de mayor peligro, con los batallones 3º y 5º de Zacatecas, consultando con sus oficiales le comunica a González Ortega: "Creo que aceptaría usted mi súplica, que no relevará las fuerzas, ni me mandará reserva alguna particular, pues hasta esta hora no creo necesitarla. Ya ve usted el buen estado en que se hallan las fuerzas: ellas y mi vida le responden a usted de los Redientes de Morelos".

Miguel Auza tiene una trayectoria más política que militar. Nacido en Sombrerete, Zacatecas, en 1822, se había graduado en la Ciudad de México como abogado, había sido diputado al Congreso Constituyente de 1857, destacándose en el debate sobre la Ley de Tolerancia de Cultos; en el 58 sustituyó a González Ortega como gobernador de Zacatecas, posteriormente fue comandante militar de Veracruz. Ahora él y sus zacatecanos son una de las claves de la defensa.

El 30 de marzo Forey cuenta: "Ordené la ocupación del convento de Guadalupita, al este de San Javier, y que nos servirá de pantalla contra el fuego de El Demócrata cuando invadamos el occidente de la ciudad. Fue, sin embargo, una operación delicada porque, en adición al considerable número de mexicanos que el convento podía contener, está a una distancia de 40 metros de San Javier, y esa distancia estaba controlada por la artillería del enemigo. Todas las torres en el vecindario estaban cubiertas por fusileros, haciendo la aproximación al convento muy peligrosa. Se había acordado que los ingenieros deberían montar una línea de gaviones, para permitir la comunicación, y si el fuego enemigo lo impedía, una bomba debería ser colocada a la puerta del convento, y luego tomar el lugar al asalto. Los gaviones no se pudieron colocar, y dos bombas no produjeron efecto porque la pared estaba tapiada desde el interior. El ataque, en el que perdimos varios devotos soldados, fue por tanto abandonado y se tomó la decisión de que durante el día un cañón del 12 se montaría en el convento de San Javier, para que hiciera una brecha en el convento de la Guadalupita. El cañón estaba listo para abrir fuego cuando se presentó un obstáculo, no apuntaba al lugar correcto, y tuvo que elevarse la plataforma".

González Ortega contará: "La división del ciudadano general Negrete había sufrido mucho [...] tuve que mandar hacer su relevo", usará para eso a las tropas de Berriozábal y al general De la Llave. Forey interpreta las maniobras defensivas de los mexicanos como un intento de recuperar San Javier y atribuirá al fuego de los cazadores de a pie y los zuavos su repliegue.

Pero la realidad es que para las ocho de la noche del día 31 de marzo y durante las últimas 24 horas, "el enemigo no ha podido desalojar a nuestras fuerzas de las manzanas y Plaza de Toros que se hallan inmediatas y a la retaguardia de San Javier, no obstante el fuego nutrido de artillería que ha dirigido sobre ellas desde sus paralelas".

Finalmente, tras seis horas de cañoneo, el general Neigre logra que el 18º de cazadores entre por la brecha abierta en el convento de la Guadalupita tras usar una mina. Según Forey, "mataron a la bayoneta a 400 de sus defensores y otros, abandonados por sus oficiales, se rindieron, tras lo cual los bravos cazadores prosiguieron su éxito y tomaron posiciones de otras casas al este del convento". Las cifras de Niox serán más tímidas: "Los mexicanos perdieron 80 hombres muertos y 60 prisioneros; los franceses, dos muertos y ocho heridos".

Se combate a diez y 12 metros de distancia y González Ortega está logrando su intención de ralentizar el ataque francés mientras se fortalece la nueva línea de defensa. El 1º de abril reporta: "Me he propuesto defender otras 30 horas las citadas manzanas, para obligar al enemigo a que las tome en columna cerrada, y a que en el ataque sea rechazado o pierda mil o 2 mil hombres".

Niox tiene que reconocerlo: "Los defensores de la plaza constituyeron en poco nuevas barricadas más a retaguardia, abrieron troneras y cubrieron con sacos de tierra los edificios vecinos […]. El enemigo estrechaba el perímetro defensivo a medida del progreso de los asaltantes, y lejos de encontrarse debilitados por la pérdida de las manzanas de su línea primitiva, parecía que al contrario, juzgaba ventajoso replegarse a retaguardia de su segunda y tercera líneas".

Zarco comenta: "Para decepción de los franceses, la victoria no les significó una gran ventaja. Los sitiados se fortificaron en las casas vecinas a 50 metros de distancia donde, amontonando piedras y cascajo, lograron construir parapetos que los franceses no podían traspasar".

A las cinco de la tarde del 1º de abril González Ortega da órdenes de abandonar los redientes de Morelos, la iglesia de Guadalupe, la manzana de la Plaza de Toros y algunos de los puestos en torno suyo, los cuales quedan cubiertos por la nueva línea que ha creado. Como los franceses no avanzan, "he vuelto a ocupar, a las diez de la mañana de hoy [2 de abril], las manzanas abandonadas y los redientes, si bien con poca fuerza, porque no estoy resuelto a seguir defendiendo estos puntos. En los redientes dejé cuatro piezas de marina, inútiles y pesadísimas, y que ni a esta hora que estoy en posesión de dicho punto me resuelvo a sacarlas. Hoy el fuego ha sido más lento y flojo. Hemos perdido como 40 hombres entre muertos y heridos. Tiene el enemigo siete oficiales y dos jefes prisioneros de los nuestros".

Se produce un intento de mediación por parte de los vicecónsules de Estados Unidos y de Prusia; tras haberlo acordado con González Ortega, visitan el campo de Forey para que permita que salgan de la ciudad todas las mujeres, niños y familias indefensas. Forey se niega pensando que eso creará más presión a los sitiados por la falta de alimentos.

Por esos mismos días se presentó ante González Ortega el general Berriozábal para proponerle abandonar la plaza, y poco después lo hace el general Paz en los mismos términos. "No venían a proponer la rendición, ni mucho menos, sino la salida en combate del ejército para romper el cerco francés y unirse al Ejército del Centro". González Ortega respondió las dos veces que "no abandonaría jamás la plaza". Al otro día acudirá Ignacio de la Llave y nuevamente encontrará la negativa. El jefe de la División de Oriente tiene un solo argumento: "Yo no recibí más instrucción y consigna que la siguiente:

Defiende Puebla". Comunicando estas opiniones al gobierno, recibe el apoyo del general Blanco y de Juárez. González Ortega dirá: "Me reservé el contenido de aquella contestación para no herir susceptibilidades".

Puebla está sitiada desde hace 16 días.

NOTA

1) "Parte general que da al supremo gobierno de la nación respecto de la defensa de Puebla el ciudadano general Jesús González Ortega". Gustave Niox: *Expedition du Mexique, 1861-1867; récit politique et militaire*. Francisco Zarco: "La defensa de Puebla de Zaragoza". Francisco P. Troncoso: *Diario de las operaciones militares del sitio de Puebla de 1863*. "El sitio de Puebla en 1863, según los archivos de D. Ignacio Comonfort y de D. Juan Antonio de la Fuente". Antonio Carrión: "Llegan los franceses". Porfirio Díaz: *Memorias*. Constantino Escalante y Hesiquio Iriarte: *Las glorias nacionales*. Élie Frédéric Forey: *The French in Mexico. The Siege of Puebla-Gen. Forey's Official Report of the Capture of Fort San Xavier*. Emmanuel Rodríguez Baca: "¡En salvaguarda de Puebla!".

97

LOS TRES DÍAS DE COMBATES
Y EL CONSEJO DE GUERRA

A las ocho de la noche del primer día de abril, Jesús González Ortega le escribe a Ignacio Comonfort: "No ha ocurrido cosa alguna de importancia. Dentro de algunos minutos me voy a la línea avanzada para formar una extensa muralla entre las manzanas, para hacer jugar toda nuestra artillería sobre la Plaza de Toros". Contra la opinión del coronel Auza, González Ortega ordena el repliegue a la segunda línea tras San Javier. Berriozábal se hace cargo.

Veinticuatro horas después (la noche del 2 al 3) los franceses, que habían estado prácticamente inmovilizados en la brecha de San Javier-la penitenciaría, ocupan el Hospicio, porque la brigada de Escobedo se ha retirado antes de que llegue su relevo y a las 8:45 Porfirio Díaz, que está a cargo de la línea de avanzada frente al convento de San Agustín, se enfrenta a un bombardeo desde el Hospicio que abre una brecha en el llamado cuartel de San Marcos, "que no era cuartel sino una casa habitación ocupada por su dueño, y en la cual tenía una matanza de puercos y fábrica de jabón". Porfirio contará: "Durante el cañoneo aplicaron los franceses un fuerte petardo a la puerta del zaguán del cuartel de San Marcos, que previamente había yo reforzado por dentro con las baldosas del patio, las del mismo zaguán y con un gran hacinamiento de tierras. Debido a este esfuerzo, el petardo no causó efecto alguno sobre la puerta y los franceses tuvieron que asaltar por la brecha abierta en la tienda", y lanzaron por el boquete una columna de infantería de cazadores que ocupa la mitad del patio del edificio. Tras tres horas de combate los franceses se ven obligados a replegarse al punto de partida.

En la noche serán apoyados por un destacamento de 3° de zuavos que entra por la brecha, y que según Niox llegan a "un departamento obscuro sin más salida que un estrecho pórtico por el cual era necesario desfilar uno a uno, al frente de dos obuses. Treinta hombres, y el capitán Lalanne a su cabeza, se lanzaron por ese paso y por él llegaron a un patio rodeado de muros almenados, en donde se hallaron con todas las escaleras destruidas y todas las salidas barricadeadas". Los recibe una lluvia de balas. Porfirio Díaz mantiene la defensa a tiros e incluso lanzándoles ladrillos de las casas destruidas.

Porfirio cuenta: "Hubo un instante solemne en que el ímpetu de la carga de los franceses en el patio de la casa desmoralizó a mis soldados, que llegaron a huir en desorden; pero lo pequeño de la horadación por donde tenían que pasar no permitió que se retiraran todos. En esos momentos disparé contra los franceses un obús que tenía en el patio, cargado con metralla y apuntado para el zaguán, y la descarga los desmoralizó al grado de que abandonaron el patio que ya ocupaban".

Enfrentado en un duelo con un zuavo, saca su pistola, "pero era tan mala, pues mis cortos recursos no me habían permitido comprar una buena, que se me desarmó y me quedé con el puño en la mano, el cañón en el carcax y el cilindro rodó por el suelo; arrojé el puño de la pistola al pecho del zuavo y me adelanté sobre él, pero sintiendo un golpe se creyó sin duda herido, porque había muchos disparos en esos momentos y regresó al zaguán en donde estaban sus compañeros".

La retirada parcial de los franceses "reanimó a mis soldados que habían huido y muchos de ellos regresaron a su puesto y, parapetados tras de una fuente que se hallaba en el centro del patio, se defendieron con ella e hicieron fuego vivo sobre el zaguán, en donde había yo hecho una excavación para reforzar la puerta de la calle con tierra y losas". El teniente José Guillermo Carbó, con 50 hombres, sube al corredor del segundo piso de la casa y comienza un fuego eficaz. Niox añade: "agobiados por una lluvia de metralla, de granadas y fusilería; se vieron obligados a batirse en retirada, y volvieron todos heridos". Las tropas de Porfirio toman la totalidad del edificio y bajo fuego cubren la brecha. Son las 10:30 de la noche.

Tres horas más tarde el general Berthier lo intenta de nuevo y ordena al comandante de Longueville, con dos compañías del 51 y una sección del cuerpo de ingenieros, que trate de penetrar cerca de la plazuela de San Agustín, abriendo una brecha con artillería en la "Casa de la cerbatana", que defiende el coronel Balcázar, lanzándose a continuación hasta ocupar parte de la casa. Niox cuenta que "después de haber penetrado en la primera casa vino a chocar con un muro paralelo a la fachada y en el que habían dos líneas de almenas. El capitán Melot logró, sin embargo, sostenerse en un cuarto, en donde se hicieron esfuerzos para protegerlo por medio de un camino cubierto a través de la calle; pero el fuego de fusilería de las azoteas y la metralla de una barricada cercana impidieron ese trabajo".

En el contraataque intervienen, cubiertos por los muebles de otra de las casas, el 4º batallón de Oaxaca, los 6º y 8º batallones de Jalisco, el 1ᵉʳ batallón ligero de Toluca. El general De Berthier intentó infructuosamente rodear la posición con dos compañías de zuavos, "que acogidas por un fuego terrible se vieron forzadas a retroceder". El enfrentamiento dura hasta las cinco de la mañana, cuando nuevamente se repliegan "cargando los heridos en la espalda y a todo correr". Así pasa la noche de Jueves a Viernes Santo.

Forey anuncia en su parte: "Esta noche hemos extendido la ocupación de la ciudad tomando la iglesia de San Marcos y varias cuadras de casa contiguas. Somos los dueños de Morelos y hemos tomado cinco cañones con las cureñas quemadas. En una casa que hemos tomado por asalto matamos 50 mexicanos e hicimos varios prisioneros. Nuestras bajas son siete muertos y 16 heridos". El informe es muy inexacto: las bajas mexicanas ascienden a ocho muertos y 34 heridos, y sólo los "muertos visibles" franceses que quedan ante las dos casas atacadas son 13. Pero además ocupó los redientes de Morelos porque González Ortega los había desalojado, no tomaron San Marcos y la casas contiguas nunca fueron ocupadas. Su único avance es haber tomado el Hospicio, sólo para encontrar que tras él estaban establecidas las nuevas defensas.

Se dice, y ya a estas alturas el narrador no sabe qué creer, que en la línea de San Agustín los mexicanos dispararon 58 100 tiros de fusil.

Forey, en tono triunfalista, anota: "Estamos firmemente establecidos en la ciudad y estoy preparando un ataque general". Presupone que el ejército mexicano se replegará sobre Loreto y Guadalupe. El 3 de abril prepara el asalto a la catedral. "Las operaciones de sitio no durarán demasiado", es la tercera vez que repite la frase. Le quedan 2 millones de cartuchos en Puebla y 6 millones en Veracruz. Tres convoyes vienen de Orizaba en camino y llegarán a fines de abril. Pero las bajas francesas rebasan los 500 hombres hasta ese momento.

El Sábado de Gloria, día 3 de abril, hacia las nueve de la mañana, vuelve a sonar la artillería. Porfirio Díaz, que ha pasado la noche reconstruyendo muros y barricadas, ha inventado un artilugio, poner "un soldado con una mecha encendida en la mano y cuatro granadas con mechas unidas todas por el centro, para poderlas incendiar a la vez [...] y echarlas por la perforación".

El ataque será en la misma zona de San Marcos y en la noche la artillería no sólo destruye el muro exterior sino dos más, pero los franceses (tres compañías de los cazadores de a pie) no pueden utilizar la brecha porque durante el cañoneo se les desplomaron los techos de la habitación en que habían colocado sus cañones y les taparon la batería. Los soldados mexicanos incendian la casa y la dejan fuera de acción. En el enfrentamiento es herido el coronel Manuel González.

Casi al mismo tiempo se lanzaron dos pelotones de zuavos por la brecha del cuartel de San Marcos, donde se había combatido la noche anterior. Porfirio cuenta que "cuando la tienda estuvo llena de zuavos, los soldados que la cuidaban, por las perforaciones del techo, lanzaron simultáneamente las 40 granadas de mano [...]. Como la sucesión de detonaciones conmovió mucho la casa, los soldados mexicanos abandonaron sus puestos y se replegaron al corredor, porque creyeron que esa parte de la casa se iba a derrumbar. Cuando desapareció el polvo y humo causado por la explosión de las granadas, los zuavos se habían retirado a sus posiciones, dejando a los muertos y heridos muy graves que no pudieron huir, y se limitaron a cañonearnos".

El 4 de abril ha llegado artillería de sitio de mayor calibre de los barcos de Veracruz. Los franceses están usando cohetes Congreve de poca efectividad, pero de monumental ruido y escándalo. Incendian el convento de San Agustín. González Ortega está dormido y sus oficiales superiores se niegan a despertarlo mientras intentan simultáneamente usar bombas de riego para apagarlo, y sacar de la iglesia un depósito de municiones y transportarlas a una cuadra. Los generales y coroneles se mezclan con los soldados. Ignacio de la Llave dirige la operación. Troncoso registra: "Todo el mundo, jefes, oficiales y tropa, cargábamos las cajas [de municiones] que se sacaban por la puerta de la calle y por la comunicación con el convento". González Ortega resume: "Nosotros no perdimos ni un cartucho, ni la cosa más insignificante perteneciente al ejército".

Al paso de los días las terribles fotos de los edificios destruidos, descascarados, despedazados, muestran cómo se combatió en esa parte de la ciudad. No hay piedra indemne ni exenta de sangre.

El corresponsal del *Demokrat* en la Ciudad de México escribirá: "Los soldados de Louis Napoleón, aunque combaten por el despotismo, han mostrado un valor y heroísmo que merece una mejor causa. Están determinados a tomar Puebla a cualquier costo y una retirada sería una ruina total". Un cronista militar como el español Antonio García Pérez, que suele utilizar tan sólo fuentes informativas francesas, comenta que el día 4, para "borrar el mal efecto del día anterior, rudos y decididos en su avance, los franceses se encuentran con muros aspillerados, parapetos, zanjas ocultas y tantas y tan insuperables dificultades, que desmayan en la empresa y se retiran. Dirigen entonces sus esfuerzos para apoderarse de la cuadra, pero como un petardo colocado al pie de un gran portalón no produjese efecto, se intentó atravesar la calle con cestones; derribados estos y heridos los que los conducían, fue preciso renunciar a este proyecto". Pruneda añade que "los franceses están usando unos blocaos móviles en los que traen una pieza de artillería y sus servidores y los hacen avanzar infantes que disparan para cubrirlos".

Ese 4 de abril Juárez le escribe a Comonfort; le sugiere que le proponga a González Ortega dejarle unos 4 o 5 mil hombres, "para que puedas hostilizar al enemigo de manera que lo distraigas". Comonfort, que acaba de saber que los franceses han desocupado Cholula, responde quejándose al día siguiente.

¿Qué significa "distraer" a los franceses? Desde luego no actuar sobre Orizaba para interrumpir el flujo continuo de víveres y municiones que llega desde Veracruz. Cinco días antes Comonfort ha rechazado esa propuesta de González Ortega, argumentando "las graves consecuencias que podía traernos abandonar todo este valle al enemigo". ¿Atacar entonces la retaguardia de uno de los campamentos franceses que circunvalan Puebla? Comonfort ha rechazado también esa propuesta porque "se necesitaría hacerlo acometiéndole por dos o tres puntos a la vez, a fin de dar dos ataques falsos y uno verdadero". Por lo tanto, ¿qué propone? Que se distraigan de Puebla 4 o 5 mil hombres para operar en el punto que sugiera González Ortega. Pero eso ha estado haciendo el general sitiado cuando saca la reserva de Negrete cada vez que Comonfort se acerca a la plaza. Comonfort argumenta que bajo crítica constante en la Ciudad de México, "casi desesperado, he ido ya dos veces a buscar al enemigo a sus posiciones, formándole batalla enfrente de ellas y provocándolo a un combate, que no ha querido aceptar, porque, obrando con suma prudencia, no quiere exponer ni un solo hombre inútilmente; y aun cuando contaba con fuerza suficiente para destruirme, comprendiendo que yo era débil, a la vez, para atacarlo, sólo se limitó a ponerse a la defensiva, sin salir de su campo".

Ni Juárez ni Comonfort se dan cuenta de lo que está sucediendo en Puebla, donde González Ortega y su ejército están empeñados en una lucha terrible casa a casa, y no perciben la importancia de aislar a Forey de su base en Orizaba, y aunque se dan cuenta de que es esencial avituallar a la ciudad cercada, no actúan con urgencia.

En la noche del 4 al 5, tres columnas de cazadores de a pie entran por la famosa brecha. Fracasan. Un nuevo ataque a través de una pared destruida en la iglesia de San Marcos. Traen gaviones (cajas de forma prismática rectangular, rellenas de piedra, de enrejado metálico de malla que se colocan a pie de obra desarmados y, una vez en su sitio, se rellenan con piedras del lugar) y se retiran en desorden.

El domingo 5 de abril, en la zona en la que combaten los oaxaqueños de Porfirio Díaz y los jarochos de De la Llave, se inicia el bombardeo de las posiciones mexicanas desde el Hospicio. No les es difícil suponer que a esto seguirá el ataque de una columna para abrir una brecha en las defensas. Su comportamiento a lo largo de la semana ha sido absolutamente previsible. Berriozábal ordena colocar en una trinchera dos cañones para batir a metralla la calle que debía atravesar la columna. Porfirio Díaz y diez de sus hombres corren por las azoteas para tomar una posición ventajosa. Están disparando no con bala sino con balines, porque se combate a muy corta distancia. La columna ni siquiera llega al punto de choque y tiene que replegarse.

El soldado francés Adolphe Favre cuenta en una carta a sus padres que los ataques (debe de referirse a estos días) han "fracasado totalmente con todo y los esfuerzos heroicos de nuestros soldados. Las cifras hablan solas: seis oficiales muertos, ocho heridos y siete desaparecidos, 36 soldados muertos, 122 heridos y 174 desaparecidos". Los zuavos se han llevado la peor parte.

El lunes 6, por la mañana, una nueva finta: los franceses abren fuego de cañón desde San Javier contra la garita de Santa Anita, un intercambio de cañonazos con los defensores, sin mayores consecuencias, que dura hasta las 11.

No debe de estar muy convencido Forey de la estrategia que está siguiendo, porque el 5 y 6 de abril lanza ataques para pulsar la fuerza de otras posiciones mexicanas. Primero un "cuerpo de turcos" ataca Teotimehuacán y es rechazado; huye sin que sus oficiales los puedan hacer retornar al combate. Los zuavos les disparan a los que huyen. Los franceses pierden 500 hombres. Luego tres columnas débiles tratan de atacar el fuerte de Zaragoza. González Ortega le informa a Comonfort: "Este, lo mismo que el de Ingenieros y Guadalupe, rompió sobre ellas sus fuegos de artillería, y algunos minutos después, las referidas columnas, en desorden, corrían para su campamento".

González Ortega está escribiendo una carta a Comonfort cuando, hacia las cinco de la tarde del 6 de abril, escucha un fuerte cañoneo sobre la manzana frente al Hospicio, a un lado de la calle Miradores. Seis compañías del 1º de zuavos están atacando de nuevo la posición del general Llave y los jarochos del batallón Tuxpan y logran abrir brecha con la artillería. Los primeros informes dicen que el general Llave "salió ligerísimamente herido, por una rozada de bala". Les responden tiroteando desde las manzanas inmediatas. Niox cuenta: "Otra sección siguió sus pasos con igual brío: un fuego espantoso de metralla y fusilería se cernió desde luego sobre la calle, muchos de nuestros soldados cayeron muertos y los heridos arrojándose hacia atrás paralizaron el combate de la columna".

Por la estrecha brecha ha entrado una sección de 30 hombres comandados por el teniente Galland; cuando tratan de seguirlos el fuego cruzado de la derecha, donde está el 2º batallón de Toluca, y por la izquierda, el 8º de Jalisco y un obús de a 24, deja la calle llena de franceses muertos y heridos y se paraliza el empuje de la columna. El capitán Michelon es muerto; el comandante Carteret, el capitán Guillemain, el teniente Avèque son heridos: siete suboficiales, cabos y zuavos mueren; 30 hombres están fuera de combate.

Inútiles esfuerzos. Pero aún peor: no sólo han sido rechazados, sino que Galland y sus hombres han quedado atrapados. Galland cuenta: "Llegando a lo alto de la brecha me encontraba frente a un patio con tres lados cerrados por habitaciones resguardadas y almenadas; los cuartos del primer piso estaban también ocupados. Algunos mexicanos, todavía en el patio, fueron rechazados a golpe de bayoneta y se refugiaron en la habitación a nuestra izquierda, a la que los seguimos. Ahí sucedió una pequeña masacre. Este cuarto comunica interiormente con los que estaban justo en frente de la brecha. Igualmente hicimos que la evacuaran y me encontré así dueño, con un puñado de hombres de dos de los lados de este patio; faltaba el tercero, el que estaba fuertemente ocupado".

En su versión y en la de Niox, resistirá así al menos cuatro horas; en realidad será mucho menos. Son invitados a rendirse. Les gritan: "¡Abajo los armas, chingados!". Galland: "No entendía muy bien el idioma del Cid, pero como las cosas más feas son las que se aprenden con mayor facilidad […] *¡Chingado tú mismo!*, y le disparé dos balas con mi revólver y regresé a la habitación con una bala en la cadera derecha".

"Se reavivó el fuego". En el parte de Berriozábal se registra que el capitán Manuel Galindo, cuando los incitaba a la rendición, "fue muerto con felonía en los últimos momentos del combate".

Será el propio De la Llave, que no había sido herido de bala, sólo recibió dos contusiones por los escombros que cayeron sobre él al abrirse la brecha, quien invite a los cercados en francés a rendirse, lo que hacen. La pequeña batalla les ha costado a los franceses nueve muertos, 20 heridos, 37 prisioneros "y varias armas, las cuales he mandado repartir a los bravos soldados que se las quitaron" (¿mejoraban sus armas o no las tenían?), dirá el general en jefe.

Los fracasos convencieron a Forey de que la resistencia de Puebla era mucho más seria de lo que él había una y otra vez pensado. Desconcertado por las derrotas, no acaba de creérselo y visita personalmente la zona de combate. Niox cuenta: "Vio por todas partes barricadas erigidas y previstas de piezas de artillería, murallas almenadas, azoteas abrigadas con sacos de tierra, las cúpulas y campanarios de las iglesias repletas de tiradores perfectamente a cubierto. Pudo, pues, convencerse personalmente de las dificultades que presentaban esos ataques a viva fuerza, en que se perdían los más valientes soldados, porque siendo estos los que van siempre a la cabeza de las columnas, caían naturalmente los primeros".

Al observar los escombros "erizados de fusiles mexicanos", suaviza la bronca que trae contra Berthier, entre otras cosas por la pérdida de Galland. Como si la derrota se transmutara en rabia, da orden de intensificar el bombardeo de la ciudad. El 7 de abril el general Ignacio Mejía reporta: "Una de las muchas bombas que sobre esta plaza disparó el enemigo causará la muerte a una monja, hiriendo a otras siete y a un presbítero, de quien también murió una hermana suya; habiendo logrado sofocar el incendio que otra bomba había causado en la calle del Correo Viejo, casa del canónigo". Forey comienza a ser apodado el General Matamonjas.

Guillermo Prieto anota: "Escribimos sobre ruinas, sobre devastación y proscripciones". Pero no es malo el balance de González Ortega desde la caída de San Javier: "El enemigo no ha podido dar un paso hace cinco días; ha abierto algunas brechas en las manzanas ocupadas por nuestras fuerzas lanzándose en seguida sobre ellas; mas las veces que ha verificado esto ha sido rechazado". Pero ¿a qué costo? Cientos de combatientes de los batallones de Guanajuato, Zacatecas, Jalisco y Veracruz están muertos o heridos. ¿De dónde han sacado estas tropas su increíble capacidad de resistencia? Una parte son veteranos de Guadalajara, Silao y Calpulalpan, y sin duda cuentan con una oficialidad a prueba de fuego que ha visto ya a los franceses correr en la primera batalla de Puebla. ¿Cuánto castigo más pueden recibir?

Niox analiza: "Las contrariedades sufridas en la noche del 2 al 3 de abril, en la del 4 al 5, y del 6 al 7, no habían agotado todavía la energía de nuestras tropas, y sin embargo era imposible dejar de conocer que habían producido en su moral un efecto asaz penoso". El general Du Barail dice: "Cuando se convoca a consejo de guerra es casi seguro que algo anda mal". Y no le falta razón.

Posiblemente el día 7 Forey convoca a un consejo de guerra. Hay constancia de la presencia de los generales Bazaine y Douay y el nuevo jefe de la artillería. En una versión rescatada por Blanchot, cuenta que los dos generales de infantería estaban en contra del combate casa a casa y proponían destrozar los fuertes exteriores y dejar que la guarnición se rindiera por hambre. Forey parecía distraído y seguía la discusión, quejándose tan sólo de que en Francia no le habían dado el equipo necesario.

Se discutió si era necesario, dada la superioridad de la artillería enemiga, suspender los ataques y esperar la llegada de más cañones de grueso calibre que se pidieron a la Escuadra. Y en ese caso, si al suspender el sitio se marcharía sobre México atacando al ejército de Comonfort. Douay propuso que él se haría cargo de Comonfort mientras Bazaine seguía en el combate casa a casa. El consejo pareció ignorar su propuesta. Quedaba una tercera posibilidad que señaló Forey: replegarse a Cholula y seguir de ahí hacia el Distrito Federal con todo el ejército, lo que significaba dejar al Ejército de Oriente a sus espaldas.

El consejo terminó sin llegar a ninguna conclusión, lo que significaba, según Niox, "resignarse a proseguir el lento procedimiento y a la vez sangriento de los avances graduales hacia el centro de la plaza". Se sugirió actuar contra los fuertes de Teotimehuacán e Hidalago en el convento del Carmen. Comonfort recogió los rumores: "Dicen que [...] se celebró una junta de generales en el cerro de San Juan y se les oyó decir a Taboada y Márquez que se necesitaban no menos de 10 mil hombres más para tomar la plaza de Puebla".

Las bajas francesas en el sitio, según sus propios datos, ascendían a un general y siete oficiales muertos, 39 oficiales heridos, 56 soldados muertos, 443 heridos. ¿Están disminuyendo sus cifras? Eso sin contar las bajas en otros choques y entre los auxiliares mexicanos, más los prisioneros.

La batalla está indecisa. En la Ciudad de México Guillermo Prieto va registrando el pulso de la guerra. Los partes se colocaban públicamente en las puertas del Ayuntamiento: "El telégrafo momento por momento nos transmitía las pulsaciones de la lucha, el alambre febricitante oprimía nuestro corazón dentro del pecho. La lluvia disipó la electricidad, su palabra había enmudecido y ella, que era nuestra luz, al desaparecer, nos dejó en las más completas tinieblas. La ciudad estaba de duelo, un silencio profundo reinaba en todas partes. Las hojas de los árboles no hacían el más ligero movimiento [...]. Repentinamente un destello eléctrico trajo entre el suspiros de las víctimas y el hurra entusiasta de nuestros compatriotas, el anuncio de la victoria, el honor estaba salvado, la República conservaba su honra".

Al anochecer en Puebla, hay un silencio absoluto.

NOTAS

1) "Parte general que da al supremo gobierno de la nación respecto de la defensa de Puebla el ciudadano general Jesús González Ortega". Gustave Niox: *Expedition du Mexique, 1861-1867; récit politique et militaire*. Francisco Zarco: "La defensa de Puebla de Zaragoza". Francisco P. Troncoso: *Diario de las operaciones militares del sitio de Puebla de 1863*. "El sitio de Puebla en 1863, según los archivos de D. Ignacio Comonfort y de D. Juan Antonio de la Fuente". Antonio Carrión: "Llegan los franceses". François Charles du Barail: *Mes souvenirs*. Pedro Pruneda: *Historia de la guerra de México, desde 1961 a 1867*. Celia Gutiérrez Ibarra: *Documentos de la Reforma, la iglesia y el Imperio de Maximiliano*. Francisco Bulnes: *El verdadero Juárez y la verdad sobre la intervención y el imperio*. Élie Frédéric Forey: *The French in Mexico. The Siege of Puebla-Gen. Forey's Official Report of the Capture of Fort San Xavier*. Demokrat, crónica fechada en el Distrito Federal, 8 de abril de 1863. "Las horas de gloria y de pena del ejército francés contadas por los testigos oculares". "La prise de Puebla". Miguel Galindo y Galindo: *La gran década nacional o Relación histórica de la Guerra de Reforma, intervención extranjera y gobiernos del archiduche Maximiliano, 1857-1867*. Guillermo Prieto: "En Tacubaya, 5 de mayo de 1871" y "Situación". Charles Blanchot: *L'Intervention française au Mexique*. Ralph Roeder: *Juárez y su México*.

2) Dice José Emilio Pacheco en "La victoria de la derrota (Puebla, hace 150 años)": "El héroe de aquel asedio terminó por convertirse en enemigo de Juárez y porque, tanto en la segunda como en la primera batalla, tuvo una participación muy destacada Porfirio Díaz, se prefirió pues silenciar el acontecimiento y no insistir en hechos que estremecen la historia oficial".

3) Porfirio Díaz: *Memorias*: "Entonces puse una compañía a las órdenes del teniente coronel Manuel González, la que maniobró tan bien y con tanto éxito en esa operación, que a mi regreso, cuando todo había concluido, el General en Jefe me preguntó quién mandaba aquella compañía y aproveché la ocasión para presentarle a González".

98

CASA POR CASA, CUARTO POR CUARTO

José Emilio Pacheco narra: "Se combatió cuerpo a cuerpo, manzana por manzana, casa por casa, cuarto por cuarto. No había manera de sepultar a los muertos. La corrupción emponzoñaba el agua y el aire. Al fracasar las tentativas de reabastecimiento, el hambre y la enfermedad fueron los otros jinetes del Apocalipsis. Al terminarse la carne de caballos, mulas y burros", Pedro Ángel Palou Pérez continúa, "el salvado fue el único alimento disponible. Hubo defunciones por hambre, sobre todo en los niños. No había cloroformo ni hielo para los heridos. La peste se esparció, se caminaba entre restos humanos, se pisaban cráneos; lo común eran el hedor, el fuego, las cenizas, las ruinas y los escombros. Ese era el telón siniestro de aquellos días en Puebla".

Entre el 7 y el 13 relativa calma. Bombardeos sobre la ciudad. A veces tiroteos casa a casa. Gatos y perros se disputan los cadáveres. La artillería francesa vuela una de las torres de la catedral desde la que se hacían señales a los exploradores del Ejército del Centro.

El 11 de abril González Ortega le escribe a Comonfort: "Ha disminuido notablemente su ardor de iniciativa, y creo ha perdido mucho en su moral; así lo está indicando al menos la actitud que guarda, pues se ha limitado últimamente a la defensiva de las cinco o seis manzanas que ocupa por la orilla de la ciudad, inmediatas a San Javier". González Ortega acierta cuando piensa que no tienen suficientes municiones de artillería y las han pedido a Orizaba.

El problema fundamental dentro de la ciudad sitiada es la carencia de víveres. Ese mismo día 11, el general en jefe emite un decreto en el que informa que, al haber descubierto "algunos depósitos de víveres y forrajes", les da 24 horas a los dueños de cualquier depósito para que los entreguen al ejército o los acaparadores "serán juzgados como traidores".

Desde el 7 de abril, en Barranca Honda una fuerza de caballería de franceses y traidores que estaba forrajeando fue batida por el general Rivera y se logra un pequeñísimo éxito cuando las caballerías republicanas acaban con la gavilla de Caamaño en Izúcar. Es el prólogo para una serie de escaramuzas contra el Ejército del Centro en varios puntos, desde la base francesa en Cholula. El 10 de abril Comonfort reporta choques menores contra las tropas de Aureliano Rivera, las del general Soto, que estaba de guardia cubriendo el camino nacional de Ocotlán a Cuautlancingo, la brigada Mata, y la brigada de Pueblita entre Apapasco y la hacienda de San José. Las bajas han sido de dos muertos y una quincena de heridos y "el enemigo ha dejado 15 muertos, sin que pueda estimarse el número de sus heridos porque estos los han recogido todos".

Un día después Comonfort le escribe a Juárez que, dada la negativa de González Ortega de poner a su disposición 5 mil hombres de los defensores de Puebla, sólo "queda el único recurso de que vengan los 3 o 4 mil hombres más, que urgentemente necesito para poder extender con más eficacia mis operaciones sobre el enemigo" (a la Ciudad de México han llegado una nueva brigada de Oaxaca y otra de Sinaloa). Y continúan las quejas: "Todo esto me obliga a continuar en la posición violenta que he guardado hasta aquí y que por desgracia está sirviendo de pretexto a los que no me quieren bien, para lanzar contra mí recargos injustos, porque se ignoran las cosas tal como pasan; y por [eso] yo estoy prefiriendo hasta el sacrificio de mi misma reputación, que dejar conocer al enemigo mi debilidad, o entibiar el espíritu público de nuestro pueblo". ¿Y los planes para introducir víveres a Puebla?

González Ortega cuenta que "en esos mismos días hice salir de la plaza una guerrilla [...] compuesta de hombres audaces y atrevidos, y que poseían un conocimiento exacto del terreno, con el objeto de que introdujeran algunos víveres". La operación fracasa. Decide que la división de caballería del general O'Horán saliera de la plaza en la noche del 13 al 14 para tratar de conseguir víveres y municiones.

El 12 de abril Forey reporta al ministro de la Guerra de Francia las bajas tenidas hasta el momento: un general y dos oficiales muertos, 30 oficiales heridos, 50 soldados muertos y 443 heridos. Las cifras son falsas, han variado desde el último informe (¿disminuyen?), no incluyen varios casos documentados, ignoran tanto las bajas producidas por la guerrilla en los caminos Veracruz-Puebla como los rendidos y muertos en Puebla, de los que no tiene constancia.

Felipe B. Berriozábal, saltando la cadena de mando, le escribe a Ignacio Comonfort: "La moral de parte de nuestro Ejército, que se había perdido a consecuencia de la toma de San Javier, Colegio de Guadalupe, Hospicio [...] se ha levantado mucho [...] en 12 días no ha logrado adelantar un palmo de terreno del que se le había abandonado anteriormente; pero temo que si los víveres nos faltan y las municiones se consumen, el ejército sucumba de una manera ridícula. Fío mucho en que usted nos auxiliará, no sólo con su aproximación, sino con la introducción de cuantos víveres pueda disponer". Y aprovecha para criticar la conducción de la defensa por González Ortega: "Hasta ahora, la plaza se mantiene y el enemigo tendrá que hacer grandes esfuerzos y que sacrificar mucha gente para rendirla; pero creo que si los elementos que tenemos hubieran sido bien manejados, el enemigo no habría adquirido ni las pequeñas ventajas que hoy tiene". Termina dudando del general zacatecano: "Ya escribo al Sr. Presidente y me tomo la libertad de indicarle prevenga terminantemente al general Ortega que se defienda hasta el último momento, pero que de ninguna manera capitule; sino que, cuando llegue el caso de que absolutamente no pueda defenderse en la plaza, a todo trance se abra paso y salve cuantos elementos pueda, pues mucho me temo que este señor prefiera, llegado aquel caso, hacer una capitulación sin salvar nada".

El 13 abril salen las caballerías de O'Horán y el coronel Riva Palacio, su jefe de Estado Mayor, con 1 500 hombres. Tienen instrucciones de ponerse de acuerdo con Ignacio Comonfort, pero no subordinarse a él, e informar al gobierno. Y luego tratar de introducir víveres y municiones y de ser posible cortar la línea de abastecimiento de Forey desde Orizaba. En la plaza se comenta que "es una vergüenza que los franceses hagan llegar diariamente sus convoyes de víveres y municiones recorriendo tan largo camino sin que nadie se les oponga", y se dice que tienen como destino preciso cortar la carretera de Veracruz. O'Horán cuenta: "Anoche a la una, rompí la línea del enemigo con la división de caballería arrollando al 81 de línea que se encontró a nuestro paso, haciéndole varios muertos, y prisioneros que llevo conmigo".

La división de O'Horán se dirigió a los cuarteles del Ejército del Centro en la hacienda de San Jerónimo y transmitió las propuestas. Comonfort dudaba, a falta de órdenes expresas del ministro de la Guerra no ofreció respuesta.

En la Ciudad de México, según cuenta Guillermo Prieto, en el correo la gente espera los partes de Puebla. "Las diez de la noche. Avísase que está transmitiendo el telégrafo un parte larguísimo, la gente toma lugar y espera. Son las 11… llega un empleado a decir que tardará una hora más todo el parte; los quinqués flamean con una luz pálida y opaca, algunas personas dormitan en las escaleras del patio y se ponen de pie sobresaltadas al más leve ruido […] los caballos preparados para los extraordinarios golpean en el suelo con sus herraduras". Finalmente llega el parte donde González Ortega informa de la salida de las caballerías.

El coronel Riva Palacio arribó a México en la tarde del 15 de abril y se reunió con el presidente Juárez y cuatro de los ministros. Presentó la angustiosa situación que estaba viviendo la ciudad sitiada y planteó las dos necesidades: bloquear el camino de Orizaba a Puebla y meter víveres y municiones dentro del cerco. Contaba que, en un mes que llevaba el sitio, Forey había recibido al menos dos convoyes (tres realmente). Traía una carta personal de González Ortega para el Presidente: "En Puebla hemos perdido ya como 3 mil hombres". Presupone que los franceses van a pasar a la defensiva y tratar de rendir Puebla por hambre, y con esa lógica, si se hacen entrar víveres a Puebla, "el enemigo antes de un mes tendrá que tratar con el gobierno legítimo". Ofrece la alternativa de "romper el sitio el día o noche que se me designe" en combinación del Ejército del Centro, "para recibir el convoy o convoyes que se me manden", o "No creo tampoco remoto que podamos darle un golpe a uno de los campamentos del enemigo, excepto los que se hallan en el camino de México. Y esto se puede conseguir fácilmente con un movimiento rápido que durante la noche hiciera el Ejército del Centro para colocarse a una hora dada sobre uno de los campamentos, a cuya hora

estaría, precisamente, una fuerte columna de esta plaza para apoyar y dupli-
car el ataque". Y resume: "Lo que necesito por ahora es que me introduzcan
víveres a la plaza a costa de cualquiera cosa [...]. También espero que se sirva
remitirme unos diez toneladas de pólvora de cañón", porque tiene miles de
proyectiles que se volverán inútiles sin pólvora.

Riva Palacio tenía la orden de González Ortega de sumar a la chinaca
poblana y jarocha de la región y hacer guerra de guerrillas en los caminos
entre Orizaba y Puebla si no lograba una decisión clara del mando supremo.
No la hubo, Juárez y el gabinete se limitaron a recibir las propuestas de González Ortega y transmitirlas a Comonfort y urgirlo a que rompiera el cerco.
Tampoco le permitieron al poeta y coronel armar la guerrilla que aislara Orizaba. ¿Por qué Juárez y el gabinete no apoyaron claramente las propuestas
de González Ortega? Posiblemente porque confiaba más en Comonfort que
en él por razones personales, y creían que tarde o temprano la estrategia del
Ejército del Centro le permitiría acceder con abastos a Puebla.

Vicente no podía menos de preguntarse para qué servía entonces ese
Ejército del Centro. Cinco días más tarde le reportó a González Ortega desde
Tlaxcala: "Nunca pude obtener un feliz resultado. Esforcé cuanto pude estas
razones en esta y otras conferencias, advirtiendo que era tan grande la urgencia que usted veía en cortar el camino de Orizaba, que me había autorizado
para reunir todas las guerrillas que hubiera por el rumbo de Puebla y probar
el ataque de alguno de los convoyes que le venían al enemigo. Después de
tres días de permanencia en México, se nos mandó volver al ejército, di-
ciéndonos que el ciudadano ministro de la Guerra vendría en uno de estos
días, para arreglar el plan de estas operaciones". En la práctica la brigada de
O'Horán había quedado sumada al Ejército del Centro, pese a las continuas
peticiones de González Ortega de que no fuera así para que actuaran intentando entrar a Puebla con abastos.

Los acontecimientos no parecían darle la razón al gobierno. Comonfort
está paralizado. El mismo 13 en que las caballerías habían salido de Puebla,
recibió el aviso de que iba a recibir el refuerzo de 3 500 hombres. Juárez se lo
confirmó poco después: "Mi deseo es remitirte cuanta fuerza útil haya aquí.
La policía se encargará de la seguridad de esta capital".

Comonfort le contesta a Manuel Silíceo: "Contaba sólo dos bestialidades
en mi vida: la del golpe de Estado y el haber pagado 500 pesos por una casaca
de general. Ahora cuento la tercera". Se queja del vapuleo de la prensa, porque
hace o porque deja de hacer. "Todos quien mandar este ejército desde su casa".

Un día antes se inició una ofensiva francesa para controlar Atlixco desde
Cholula, a 30 y 15 kilómetros respectivamente al suroeste y noroeste de la
ciudad, y usarlas como abastecimientos de víveres. Una columna mandada
por el coronel Brincourt, de tres kilómetros de largo, con 1 790 hombres
(500 zuavos, batallón de infantería de Márquez, una sección de artillería de

montaña, tres escuadrones de cazadores de África, el escuadrón del coronel de la Peña), marchó desde Cholula hacia Atlixco. El 12 Carvajal, después de una vigorosa resistencia, desocupó la plaza. Comonfort informaba: "En el acto ordené al general Echeagaray que, con una sección de 2 500 hombres escogidos de las tres armas compuestas de las tropas que había en este cuartel general y Huejotzingo, marchase a situarse en el camino de Atlixco y en un lugar conveniente, a fin de cortar, si era posible, al enemigo en su regreso; pues por mis exploradores de Cholula, había ya sabido que el objeto principal era proveerse de víveres".

Echeagaray reportaría más tarde: "Ayer a las 12 del día, se avistó el enemigo en la llanura situada entre Atlixco y la cuesta de San Juan Tianguismanalco y tuvo lugar un combate entre nuestra caballería y parte de la infantería de la fuerza enemiga, compuesta de las tres armas. En este primer encuentro el enemigo logró obtener ventaja sobre nuestra caballería, por cuya causa determiné que el batallón de infantería enviado en su apoyo se replegase a las posiciones que con anticipación había escogido para dar o resistir una acción. Entonces, el enemigo, formado en columna su infantería, avanzó sobre nuestras posiciones hasta el pie de la cuesta de Tianguismanalco, abriendo sobre ellas sus fuegos de artillería. Estos no le fueron contestados durante media hora, con la esperanza de que avanzase hasta ponerse a tiro de fusil pero, no habiéndolo hecho, se contestó su fuego con nuestra artillería y en el acto se retiró precipitadamente rumbo a Atlixco. El resultado de la lucha fue que quedáramos dueños del campo, habiendo caído en nuestro poder como 500 cabezas de ganado vacuno, mulas y caballos, unas 300 ovejas, cosa de 30 caballos árabes y varias armas".

Pero el choque del 14 de abril, en el que intervino también la caballería de Carvajal, no fue exactamente así. Lo que en principio pareció un éxito se convirtió en nada. Comonfort se quejaba amargamente de la indisciplina de las guerrillas, que se fueron sobre las vacas y los borregos. Y tras un combate de tres horas, el ejército liberal sufrió 200 bajas entre muertos heridos y dispersos. Juárez le escribiría más tarde: "Aquí se dice mucho de la insubordinación de Pueblita. Te suplico que obres con la mayor severidad y energía, haciendo un escarmiento que restablezca la moralidad en nuestro ejército". Los franceses abandonarán Atlixco una semana más tarde; su único interés en la plaza era saquearla.

González Ortega le escribía a Comonfort el 13 de abril: "El enemigo no ha podido dar un paso. Continúa sus fuegos de cañón sobre el Hidalgo y los reductos inmediatos a ese fuerte, situados entre el mismo y San Agustín [...] pero en ellos no ha sido tan afortunado, pues nuestra artillería los ha apagado dos o tres veces, si bien aquel no ha hecho jugar todas sus piezas, así como nosotros no hemos puesto en acción ni la décima parte de las nuestras [...]. Los fuegos de fusilería de una y otra parte han sido lentos y continuados […]. Estamos bien, muy bien; la moral de nuestro ejército ha subido gradualmente, a proporción que se manifiesta la impotencia del enemigo para tomar la plaza".

En los días 13 y 14 los fuegos continuaron por una y otra parte, aunque no muy nutridos. Los franceses parecían estar intentando nuevas obras de zapa. El 15 Forey recibe de Orizaba 60 carros con municiones y dinero, y dos días después otros 90 con municiones y víveres y aumenta la intensidad del cañoneo. González Ortega, utilizando a los zacatecanos de Auza y Ghilardi, lanza algunos pequeños contraataques para obstaculizar los trabajos de zapa. "Esto dio lugar a una pequeña batalla que hubo en dicho punto y a la que puso término la noche".

Pareciera como si los franceses intentaran cambiar el eje de su penetración hacia el centro de Puebla y realizan algunas fintas en el camino de Teotimehuacán, el fuerte de Ingenieros, al sureste. Pero no era así. La artillería francesa continuó actuando "durante la noche [17], el día siguiente, la noche del mismo día y mañana del 19, con más o menos interrupciones". Si en el combate a corta distancia la artillería mexicana era tan eficaz como la francesa, los cañones de sitio del imperio podían bombardear a tres kilómetros de distancia.

En la noche del 18 al 19 lograron entrar a Puebla a hombros de algunos indígenas un cargamento de 90 arrobas de harina, organizado por el general Aureliano Rivera. Lamentablemente se perdió una parte por falta de buenas comunicaciones cuando los del 4º de Zacatecas dispararon contra ellos creyendo que era un intento de los franceses.

"A las cuatro de la tarde del día 19, el enemigo rompió sus fuegos de cañón generalizándolos por toda la línea […] incluso el fuerte de Totimehuacán, al que se aproximaron algunas fuerzas". Pero las intenciones de Forey quedarán claras cuando el domingo 19 de abril la línea atrás de San Javier está a punto de romperse. Porfirio cuenta que cuando estaba de visita en la manzana que mandaba el coronel Joaquín Sánchez Román, llamada del Mesón de la Reja, comenzó un ataque precedido de un fuertísimo cañoneo (González Ortega comenta que a "las casas viejas de las orillas de la ciudad se les hacía el honor de batirlas como a una fortaleza"). "Una hora después estaban abiertas grandes brechas en las manzanas [que] se cerraban con pelotones de nuestros soldados, quienes ya no podían ser auxiliados por nuestros fuegos de fusilería porque los había apagado la artillería enemiga".

A las tres y media de la tarde se inicia el asalto y los zuavos, en unión de los cazadores de Vincennes y del 51, consiguen entrar en las trincheras mexicanas tras haber sido rechazados dos o tres veces. Un pequeño grupo de hombres les dispara desde las alturas, frenándolos. Se produce una desbandada, pero las reservas de Oaxaca y Toluca la detienen después de un difícil combate. "Qué horrible es un pánico", dirá Díaz. Además de la pérdida de la posición, las bajas mexicanas son muy grandes: entre muertos y heridos

150 hombres del 4º batallón de Zacatecas, e igual número de cada uno de los batallones de rifleros de San Luis y primero de Aguascalientes, que formaban parte de las reservas de Negrete que tuvieron que entrar en acción.

Para los franceses es menor el daño, pero resulta herido gravemente el jefe de escuadrón parisino Gastón de Galliffet (nacido en 1830), oficial de los húsares, que había formado parte de los guías de la guardia imperial. Había sido alistado por un padre autoritario, y después de mediocres estudios y un grado de preparatoria obtenido en 1846, entra en 1848 a los húsares, luego a los cazadores a caballo. Va a Crimea en 1854-1855. Teniente en 1857; con una breve estancia en África en la caballería en 1859. Regresa a Francia para participar en la campaña de Italia. Capitán en 1860, auxiliar del comandante en jefe de la intervención en México en diciembre del 62. Llevará de aquí en adelante una placa de plata en el vientre, lo que dará sentido a su nuevo apodo: Ventre d'Argent.

González Ortega informará: "La pérdida honrosa de las manzanas […] me ocasionó nuevas y fuertes dificultades". Estaba muy dañada la cuadra que defendía el coronel Auza. Después de confirmar que el ataque no proseguirá, "muy entrada la noche visité aquella manzana y […] le ordené al coronel Auza la abandonara después de incendiarla, para que no aprovechara el enemigo los escombros en que estaba convertida y que a continuación se replegara a la manzana inmediata, que es la de Santa Inés […] también le ordené en la misma noche al general Berriozábal que incendiara la manzana que habían ocupado en la tarde las fuerzas francesas, cuya orden fue cumplida en el acto, sin que pudiera impedirlo los fuegos del enemigo".

Forey sale de su campamento y va hasta El Molino para inspeccionar todo el sur de la ciudad. Parece que está aglomerando piezas de artillería para atacar simultáneamente al Hidalgo, Santa Inés y San Agustín. Tiene la esperanza de que la plaza se rendirá dentro de diez o 12 días por falta de víveres. Envía un nuevo convoy a Orizaba, para traer más abastos.

El general mexicano termina su informe con un par de líneas: "Estoy muy cansado y desvelado, y además, me duele mucho la cabeza".

Una nueva pausa de tres días. Hasta que el 21 o 22 de abril (los informes varían) se presentaron en el cuartel general de Puebla sin cita previa los generales Berriozábal, Negrete, Antillón y De la Llave, a los que se suman los generales Mendoza, Paz y Porfirio Díaz. El grupo con el que parecen no estar de acuerdo Miguel Auza e Ignacio Mejía propone que para salvar al Ejército de Oriente hay que abandonar Puebla. González Ortega, con "alguna vehemencia", les responde que es una propuesta deshonrosa; no tiene demasiados argumentos: el gobierno le dio la orden de defender Puebla y eso va a hacer, "de esa consigna no me separaría ni en lo más pequeño".

Esto motivó una larga y acalorada discusión. Los argumentos de los generales eran que "nuestro cuerpo de ejército estaba enteramente desmoralizado

[al] extremo que se desbandaría esa misma noche o al día siguiente". González Ortega lo percibe de manera diferente, veía a las tropas "llenas de entusiasmo, llenas de entereza y vigor". Le argumentan que seguir intentándolo sería un "sacrificio inútil" por la carencia de víveres. No están proponiendo ni mucho menos la rendición, sino hacer una salida y romper el cerco dando una batalla campal para después unirse al Ejército del Centro. González Ortega les responde que esa batalla campal no había a quién dársela. Que los franceses destruirían las columnas al salir de la plaza. Berriozábal, Negrete, el propio general De la Llave informan que en caso de que "no admitiera nuestras proposiciones", estaban dispuestos a renunciar a sus mandos. Mendoza y Paz, muy cercanos al zacatecano, no toman parte en el debate. No hay constancia de la resolución, fuera de que González Ortega repite su argumento y comunica las discrepancias al gobierno. Ninguna renuncia se produce.

El ministro de la Guerra, Blanco, aprueba la posición del general en jefe y este, tras informarlo a los generales de división, se reúne con los otros generales que mandan batallones o brigadas: Lamadrid, Régules, Hinojosa, Ghilardi, García, Gayosso, Mariano Escobedo, Cosío, Mora, Rioseco, Prieto, Carlos Salazar e incluso algunos de los coroneles que se habían destacado en el sitio como Sánchez Román, Herrera y Cairo, Smith e Ignacio Alatorre.

¿Quién tenía razón? El hecho es que, sin renunciar a la idea de defender Puebla hasta el imposible, González Ortega comenzará a barajar otras opciones, inclusive la de hacer una salida combinada con el Ejército del Centro.

Los días 22, 23 y 24 "se habían estado batiendo con el enemigo los fuertes de Zaragoza, Totimehuacán y el Hidalgo", haciendo algunas salidas el general Pinzón con los guerrerenses, el general Patoni con los de Durango y Chihuahua y el general Ghilardi con las reservas de Zacatecas, logrando desalojar a los zapadores.

Van 45 días de asedio.

NOTAS

1) José Emilio Pacheco: "La victoria de la derrota (Puebla, hace 150 años)". Pedro Ángel Palou: *La voluntad heroica*. "Parte general que da al supremo gobierno de la nación respecto de la defensa de Puebla el ciudadano general Jesús González Ortega". Gustave Niox: *Expedition du Mexique, 1861-1867; récit politique et militaire*. Francisco Zarco: "La defensa de Puebla de Zaragoza". Francisco P. Troncoso: *Diario de las operaciones militares del sitio de Puebla de 1863*. "El sitio de Puebla en 1863, según los archivos de D. Ignacio Comonfort y de D. Juan Antonio de la Fuente". Paco Ignacio Taibo II: *La lejanía del tesoro*. Francisco Bulnes: *Juárez y las revoluciones de Ayutla y de Reforma*. François Charles du Barail: *Mes souvenirs*. Guillermo Prieto: "Impresiones de la campaña en el correo". Vicente Riva Palacio: "Parte al general González Ortega, Tlaxcala, 20 de abril de 1863". Antonio Carrión: "Llegan los franceses". Pedro Pru-

neda: *Historia de la guerra de México, desde 1961 a 1867.* Celia Gutiérrez Ibarra: *Documentos de la Reforma, la iglesia y el Imperio de Maximiliano.* Élie Frédéric Forey: *The French in Mexico. The Siege of Puebla-Gen. Forey's Official Report of the Capture of Fort San Xavier. Demokrat,* crónica fechada en el Distrito Federal, 8 de abril de 1863. "Le lieutenant Galland au siége de Puebla (1863)". Miguel Galindo y Galindo: *La gran década nacional o Relación histórica de la Guerra de Reforma, intervención extranjera y gobiernos del archiduche Maximiliano, 1857-1867.* Ralph Roeder: *Juárez y su México.* Pierre Henri Loizillon: *Lettres sur l'expédition du Mexique.* Porfirio Díaz: *Memorias.*

2) El coronel Joaquín Sánchez Román era nativo de Tlaltenango, Puebla; desde la Guerra de Reforma combatía con las brigadas zacatecanas de González Ortega. En el sitio estaba al mando de una unidad de zapadores. Más tarde haría la guerra en Sinaloa. Se presta a confusión que en el ejército liberal combatía su hermano José María y sus primos (¿?). Jesús e Ignacio, del mismo apellido. González Ortega estaba casado con una Sánchez Román.

3) Después de la campaña mexicana la carrera del teniente coronel Gaston Alexandre Auguste de Galliffet prosiguió rápidamente: general a los 41 años, gobernador militar de París, ministro de Guerra (1899-1900). Edecán del emperador, el marqués ("Hay muchos marqueses de Galliffet; hay un solo general con mi apellido") y príncipe de Martigues ("Ni qué príncipe, ni qué nada, yo no soy de antiguo régimen, soy de 89", gruñía el viejo húsar) había heredado de su padre (1854) una fortuna considerable: 100 mil francos de renta anual que gastó sin contarlos jamás ("dinero: detalle sin importancia"). Moriría en 1909 en París. (Jean Meyer: *¿Quiénes son esos hombres?* Jean Tulard: *Dictionnaire du Second Empire*).

99

SANTA INÉS

El convento de Santa Inés no formaba parte de la línea original de defensa; estaba a 400 metros de la catedral y la plaza mayor. El coronel Miguel Auza recibió el mando de la posición, con 800 soldados del 3º y el 5º de Zacatecas, y ordenó que se cavara un foso frente al cual se fijó una fuerte reja de hierro.

El 24 de abril, a las seis de la tarde, después de un fuertísimo aguacero, los franceses hicieron volar con minas una cuadra de la manzana de Pitiminí ocupada por las fuerzas de Toluca, que mandaba el coronel Padrés. "Una parte de la fuerza […] quedó sepultada entre los escombros, y el resto de ella defendió con entusiasmo y brío el punto que se le había encomendado, rompiendo un fuego nutridísimo sobre las brechas, que hizo retroceder al enemigo dos o tres veces que intentó dar el asalto". Los fuegos se generalizaron por una y otra parte, durante la noche.

El ataque había sido diseñado por el general Douay y ejecutado por tropas al mando de De Castagny; el objetivo principal era el convento de Santa Inés, el cual cruzaba sus fuegos con el edificio de San Agustín que, como dice el capitán francés Niox, "habían sido hasta entonces tan molestos".

La artillería francesa estableció baterías de sitio enfrente de Santa Inés y los ingenieros barrenaron para colocar una mina. Douay movilizó para la operación un contingente importante; a las cuatro de la mañana se concentraron en las cercanías dos columnas de cuatro compañías, cada una del 3º de zuavos, con el apoyo de dos compañías más del 51º de línea para actuar como ingenieros. Los cubrían otras dos columnas del 2º de zuavos para explotar el éxito y otros tres batallones con cerca de 3 mil hombres.

Aún no ha amanecido cuando a las cinco de la mañana comienza el bombardeo: cuatro piezas batían San Agustín y otras tres disparaban sobre el centro de la línea defendida por el general Régules. Como una diversión, al mismo tiempo se atacaban los fuertes de Hidalgo e Ingenieros. Sin embargo, parecía evidente que el objeto del ataque francés era el convento de Santa Inés, donde habían concentrado ocho piezas de artillería que desencadenaron una lluvia de granadas. A las cinco y media de la mañana el cañoneo se duplicó.

González Ortega le mandó un mensaje al coronel Miguel Auza para advertirle que, tan luego como cesara el fuerte cañoneo, debía esperar un asalto, y ordenó "rechazar al enemigo, o defender el punto que le estaba encomendado hasta caer muerto o prisionero con la fuerza que le obedecía". Y hay que imaginar a Auza, en medio del estruendo, volando pedazos de muro y mampostería, viendo morir a su lado a sus hombres, con su posición agujerada a cañonazos, respondiendo que "las órdenes que acababa de recibir quedarían exactamente cumplidas". Y son tiempos terribles, porque Auza lo decía en serio.

De pronto, a las seis de la mañana, una serie de pavorosas detonaciones se sobrepusieron a la algarabía de los cañones, mezclado con el fuego de diversión sobre la izquierda. Dos minas al detonar abrieron un enorme agujero en la barda. Pero los franceses, como diría Francisco Zarco, cronista a la distancia, habrían de encontrar "un obstáculo tan formidable como el fuerte San Javier: el convento de Santa Inés".

Niox comenta: "Entonces fue cuando pudieron ser palpadas las inauditas dificultades que el ataque presentaba. Detrás del muro destrozado, existía una maciza reja de hierro que las balas de cañón no podían destruir, y cuatro trincheras colocadas, una tras de otra, de las cuales las dos últimas, con escarpas de piedras, habían sido construidas con los escombros de construcciones cercanas. Los aproches se hallaban provistos de estacadas y redes de lazos de cuero, unidos entre sí por medio de estacas; tras del último parapeto se alzaban los edificios del Convento de Santa Inés, con sus muros almenados y cuyas ventanas y azoteas estaban cubiertas por tiradores. Un ala de ese edificio, sobre la cual se hallaba colocada una pieza de artillería, blanqueaba a las trincheras".

A las seis y media cuatro piezas de artillería pesada comienzan a abrir un hueco intentando destruir las trincheras. Pero la fusilería de los mexicanos pone a dos de ellas fuera de combate. Durante tres horas hay un intercambio de disparos, con los artilleros bajo fuego de los francotiradores mexicanos.

Castagny reportará: "Para las nueve la resistencia [mexicana] había logrado enfilar el paso de los atacantes y comienzan a tener bajas importantes. Nosotros habíamos tirado más de mil cañonazos". Es difícil que la cabeza asimile lo que significan mil cañonazos en cuatro horas, cuatro por minuto, de manera continua.

A las nueve y media Castagny dio la orden de efectuar el asalto. Las ocho piezas de sitio hicieron descarga de metralla y las columnas cargaron sobre trincheras que parecían abandonadas pero de las que surgieron como letales fantasmas cubiertos de tierra y humo los mexicanos, apoyados por francotiradores desde almenas, torres, casas.

Los franceses atacan con dos columnas: la de la derecha con cuatro compañías mandadas por el comandante Melot; la de la izquierda con otras cuatro del tercer batallón del 1º de zuavos, conducidas por el capitán Devaux hacia la portería del convento que era defendida por el teniente coronel Padrés y hombres del 2º ligero de Toluca con un obús.

Parecía que los defensores habían debilitado su fuego, pero, apenas las compañías comenzaron a desembocar ante las rejas, cuando las murallas, las ventanas y las azoteas se llenaron de tiradores. Porfirio Díaz cuenta que "en los momentos en que el ataque era más reñido, saqué por una de las puertas que daban a las azoteas de los cuartos bajos de la huerta unos pelotones de infantes que llegaron hasta la esquina bajo los fuegos que nos hacía el enemigo, y mis pelotones de los balcones de enfrente hacían los suyos muy eficaces sobre las columnas de asalto, cooperando así, casi decisivamente a cortar la columna y que los asaltantes que habían penetrado al Convento de Santa Inés no fueran apoyados por el resto de la columna, que se vio obligada a retroceder".

Más de 2 mil mexicanos concentraron sus tiros sobre el estrecho espacio en que se amontonaban los asaltantes, y cuyo trayecto ofrecía enormes dificultades, a causa de los escombros de los muros destrozados y de los obstáculos acumulados. Los zuavos avanzan bajo una granizada de balas: la columna de la derecha llega hasta la reja, la de la izquierda la rebasa y llega hasta los edificios del convento, pero en ese momento el fuego se aviva.

Dos obuses colocados en la esquina del noviciado baten el flanco de las columnas atacantes; bajo fuego, dos compañías de zapadores franceses derriban la reja, sufriendo numerosas bajas. Tras un sangriento combate, la columna de Devaux se adueña de la posición, pero no la conserva por mucho tiempo. El teniente coronel Padrés, que al verse obligado a abandonar la trinchera que defendía se había replegado hasta la Plaza de la Concordia, reorganizó su columna y la reforzó con soldados del 1º ligero de Toluca. A fuerza de coraje volvió al punto del que había sido desalojado y arrolló a sus enemigos con una terrible carga de bayoneta hasta recobrar la trinchera y el obús que había perdido.

Mientras esto ocurría, la columna que Melot había dirigido sobre la brecha abierta del convento de Santa Inés se batía con Auza y los zacatecanos. Una segunda columna que llega a reforzar a los que han entrado en los patios se frena por el fuego de las laterales. Castagny registra: "Gran número de hombres fueron muertos o heridos". De nuevo insiste por la derecha el resto del primer regimiento de zuavos. Cerca está está Douay ("Usted lo vio por sí mismo", le escribirá Castagny). La columna de ataque es nuevamente detenida por el fuego "molestísimo, siempre creciente".

Del lado de los defensores entra en combate la columna de reserva del general Caamaño. Arriban espontáneamente el general Alejandro García, el teniente coronel Lalanne, "cuyo puesto militar estaba en otro punto, pero que a despecho de su apellido francés, se complacía en afirmar su mexicanismo acudiendo a todos los puntos en que había peligro de morir de bala francesa". Muere en los enfrentamientos el coronel mexicano Rafa Nogueyra.

Como dice González Ortega, que se ha acercado a la línea de fuego con Mendoza y Paz ("Creí indispensable mi presencia en Santa Inés"), sólo se podía ver claramente cuando "algunas ráfagas de viento disipaban la oscuridad que producía el humo del combate".

Las horas se sucedían y la lucha, con enfrentamientos cuerpo a cuerpo y disparando a bocajarro, no se definía. Uno de los asistentes del general en jefe llega con la orden para Auza de que "no cejara un punto, fueran cuales fueran las pérdidas que tuviera, y que para resolver la cuestión a nuestro favor sólo se requería acabar de matar a los zuavos de que se componía el regimiento que había penetrado".

Una parte del edificio se desploma; el coronel Auza desaparece bajo los escombros, lo sacan "unos atrevidos soldados y oficiales de Puebla y Zacatecas". Toma el mando el coronel Manuel González Cosío, con unos 150 hombres. González Ortega recibe la noticia de que Auza ha quedado sepultado por los escombros y ordena que "parte de las reservas generales, que se hallaban apostadas en la Plaza de Armas al mando de los generales Negrete y Prieto, reforzaran las calles y puntos inmediatos a la línea atacada". Envía al interior del convento al 2º batallón de guardias nacionales de Puebla, del coronel Juan Ramírez.

La fuerza de choque de Devaux es derrotada y cae muerto su capitán junto a los capitanes Saint Hilair y Bormehligel. Los franceses que se encontraban en el patio del convento no tuvieron mejor suerte: el coronel Mariano Escobedo, con parte de la reserva del 1er batallón de San Luis, carga a la bayoneta para empujar a la columna de Melot hasta su punto de partida. A los potosinos les costó cara su intervención, porque el batallón perdió la mitad de sus fuerzas.

González Ortega: "Hechas pedazos por nuestros fuegos las columnas enemigas, vacilaban unas y retrocedían otras por todo el frente de nuestra línea". Niox recapitula: "Ese terrible asalto había costado en la columna de la izquierda sobre diez oficiales, nueve muertos o desaparecidos, y en la de la derecha un oficial muerto, dos desaparecidos y cinco heridos".

Auza, aunque lleno de golpes y contusiones, milagrosamente está vivo, "se encontraba fuera de los escombros y permanecía en el edificio atacado por no haber querido que lo sacaran de él, y que, si bien vencedor, ya no podía continuar mandando, por el estado de postración física".

Douay ordenó brutalmente que siguiera el bombardeo a pesar de tener una parte de sus hombres dentro y entre dos fuegos, hasta que tuvo que suspenderlo. A las 11:30 la desbandada de los franceses es general, incluso la artillería se repliega perseguida por el fuego de fusilería. Las bajas han sido importantes, zapadores franceses comienzan a hacer trincheras. Según Loizillón, "Hay un cierto desaliento". Mientras tanto, Régules, sin problema, había rechazado los ataques de diversión en el centro de la línea, así como los ataques simulados sobre San Agustín y el Hidalgo.

Desde el inicio del combate, en la noche del 24, el ejército mexicano consumirá cerca de un millón de tiros de fusil y una gran cantidad de municiones de cañón. Más tarde González Ortega comentará que "en obsequio de la verdad diré que los franceses han peleado como leones". No han sido los únicos. El heroísmo es moneda corriente en esas horas. Troncoso recuerda que al capitán Pancho Hernández "lo hirieron por su imprudencia; salió a pecho descubierto de la casa que está cerca de la esquina de Pitiminí en la Siempreviva, cuando el fuego estaba muy vivo, e inmediatamente recibió un balazo en la derecha de la frente que por fortuna sólo le llevó la piel. Ahora está cojo por la herida de San Javier; vendado el pescuezo, por la de Cabecitas, y con otra herida en la frente [...]. Los generales [...] no han podido más que reírse al verlo en esa facha; lo han sermoneado por su temeridad e imprudencia, pero pierden el tiempo".

En el parte oficial hay menciones de honor a cinco coroneles: Miguel Auza, Flores, Mariano Escobedo, Juan Ramírez y Caamaño; los batallones número 14, de Jalisco; 3º y 5º de Zacatecas; 2º de Puebla, y 1º y 2º de Toluca, así como a los artilleros.

Las bajas francesas han sido terribles. El capitán Blotd, uno de los 130 prisioneros del primer regimiento de zuavos, contará más tarde: "Aquí estamos tres oficiales, Abril, yo y Salata, que no tenemos más que nuestros uniformes desgarrados y agujerados por las balas. Deveaux, St. Hilair, y Bormehligel fueron muertos; a La Louctte le desarticularon el brazo izquierdo; Deemill y Mejon, Duchesné, Mathieu y todos nuestros heridos, tienen dos o tres heridas el que menos. Gallaud está bueno". Niox ofrece la cifra de las bajas francesas: diez oficiales y 27 soldados muertos; cinco oficiales y 127 soldados heridos, dos oficiales y 176 soldados prisioneros, o sea 345 bajas. Pero el oficial Duchesné, estando prisionero, escribirá: "Nuestro batallón está de desgracia [...] de 500 hombres apróximadamente que tomamos parte en el combate, sólo 70 u 80 quedaron sanos". Y está hablando sólo del batallón de zuavos. La versión mexicana de Santibáñez y González Ortega hará ascender la cifra a 400 bajas francesas, entre muertos, heridos y 130 prisioneros.

El choque ha durado siete horas y los sanitarios mexicanos no se dan abasto, se han agotado las camas en los hospitales de sangre. En el interior de Santa Inés los oficiales mexicanos rebuscan con avidez la bandera del batallón de zuavos que acaban de destruir, pero no la han traído con ellos, la han dejado en el cuartel general de San Juan.

Cuando los soldados mexicanos están recogiendo a los heridos franceses, de la línea imperial salen disparos que hieren a varios. González Ortega cuenta que entre las bajas se encontraba el "bravo teniente coronel Carlos Galindo, quien en mi presencia y al cumplir sereno la orden que le di, una bala de cañón le llevó una pierna. Mandé al general Ghilardi que suspendiera aquella humanitaria y filantrópica operación". Sin embargo, todos los testimonios hablan de la generosidad con la que fueron tratados heridos y prisioneros franceses. González Ortega ordenó que los heridos fueran atendidos al mismo tiempo que los mexicanos y "se les alimentara del mejor modo posible, atendida la escasez de víveres en que se hallaba la plaza". Uno de los oficiales franceses prisionero le escribirá a su familia: "Los oficiales mexicanos que hemos visto son encantadores, y el señor general en jefe que nos visitó se mostró excesivamente digno y benévolo para todos".

El general mexicano se encuentra en Santa Inés al final del combate para distinguir al coronel Miguel Auza, uno de los héroes de la jornada, y para ordenar el relevo que hizo la brigada Ghilardi, con los batallones de zapadores y 1° y 2° de Zacatecas de las tropas del coronel herido.

González Ortega le escribe a Comonfort: "Espléndido triunfo que acaban de tener nuestras armas". En el campo francés la derrota ha dejado impactados a muchos. El teniente coronel Loizillon escribió: "Después de este triste negocio, hubo cierto desaliento; todo el mundo se preguntaba: ¿qué medios vamos ahora a emplear?, y nadie resolvía el problema. Todos convenían en que nuestros elementos en artillería eran insuficientes, y que era preciso esperar llegasen de Veracruz los grandes cañones de la marina, antes de volver a emprender algo de nuevo". Y el coronel Du Barail: "En París no comprenderán lo que estamos haciendo aquí". En la Ciudad de México, cuenta Iglesias, "las victorias [...] han causado en México un entusiasmo que ha rayado en el delirio". Se celebra con músicas, gallos, iluminaciones, vítores, aplausos, salvas, repiques, cohetes, discursos improvisados.

A la mañana siguiente del combate, calma en las líneas. González Ortega da orden de economizar municiones de artillería "para prolongar la defensa de la plaza hasta donde humanamente fuera posible"; que no se dispararan cañonazos contra los edificios ocupados por los franceses y que se reservara todo para enfrentar los asaltos. Se reúne con González de Mendoza para que le responda si los víveres dan para ocho días más; la respuesta es negativa, sólo existían unas cuantas fanegas de legumbres secas. Se crean comisiones para que "con todo el comedimiento posible, o rompiendo los cerrojos y azoteas, si esto era necesario, fueran cateadas todas las casas del oriente de la ciudad, con el objeto de sacar de ellas los víveres que se encontraran". Se descubren pequeños depósitos de maíz y harina; comienzan a comerse los caballos bajo órdenes (el comérselos clandestinamente había comenzado días antes). El general Paz, a cargo de la artillería, informa que "nuestras municiones de guerra concluirían antes de cinco días".

Entre el 25 y el 29 se celebraron dos armisticios de dos horas cada uno para que fueran recogidos los muertos de ambos bandos que habían quedado en tierra de nadie.

Por estos días recibe Forey cañones y municiones que ha mandado traer de Veracruz: tres obuses de 30 y cuatro cañones de montaña. Arriba también desde Orizaba Saligny en un coche, acompañado de cinco mujeres; viene con él Budin, inspector de finanzas que acaba de llegar de Francia. En el campamento no los quieren demasiado.

En una de sus muchas cartas a Comonfort, González Ortega comenta: "En obsequio de la justicia le diré a usted que si hubiera atacado a esta ciudad otro general que no hubiera sido Forey, estaría a la vez derrotado". No debe de ser la misma opinión que Forey y sus oficiales superiores tienen de sí mismos. Niox argumenta: "Como consecuencia de este mismo fracaso [el de Santa Inés], el general en jefe convocó nuevamente a los generales de división y a los comandantes de artillería y de ingenieros; era la cuarta vez que en esta guerra de calles, se habían estrellado las tropas contra obstáculos insuperables: cada descalabro había sido pagado con la sangre de los mejores soldados. Se decidió al fin abandonar el sistema seguido hasta entonces". ¿Para utilizar qué otro sistema? Niox abunda: "El centro de la ciudad era un vasto reducto que el general Forey no creía poder tomar a viva fuerza".

El que sí está pensando en una variación es González Ortega, que el mismo 25 de abril le informa a Ignacio Comonfort: "El ejército francés [...] se ha desconcertado todo, con las rechazadas y derrotas que ha sufrido, así es que si usted comienza a moverse tan luego como reciba esta carta con todas sus fuerzas hacia la línea enemiga, Forey comienza a reconcentrar sus campamentos y creo que lo obligamos antes de seis u ocho días a levantar el sitio; pues el movimiento de usted va a verlo como resultado de la derrota de hoy y como el presagio de una batalla que nos proponemos darle".

Y comienza a examinar desde el día 27 "cuál era el punto más débil o más conveniente por donde nosotros pudiéramos emprender la salida cuando fuera necesario". Ordena a Berriozábal, Alatorre y Llave que esa misma tarde "rompieran los fuegos de fusilería y artillería sobre la línea enemiga" y se asaltara la cuadra al sur de la calle de la Obligación, por unos instantes, y prenderle fuego. No se quedará ahí: ordena que las reservas de la 4ª y 5ª división se desplieguen entre los fuertes de Zaragoza, Ingenieros, y el Hidalgo, "como en actitud de amago a la línea francesa"; y aún más, le ordena a Negrete que extendiera su división "sobre los campamentos enemigos situados entre Rancho Colorado y Santa María, y que cuando se hallara inmediato a ellos, hiciera jugar su artillería, replegándose a la plaza tan luego como yo se lo ordenara por medio de un signo telegráfico convenido, para cuyo efecto me coloqué con una bandera sobre la torre de Santo Domingo".

No es la actitud de un ejército cercado y bajo de moral. Sin embargo, tiene que confesar que "lucho con todas las dificultades que pueden imaginarse, a veces pidiendo 15 pesetas para poder mandar un correo. He vendido hasta los espejos de Palacio para pagar los gastos de hospitales y de maestranza [...]. No tengo tampoco víveres y los que adquiero es con sacrificios inauditos y sin esperanza de conseguir otros [...], me aflige de una manera extraordinaria". El ejército gasta 2 mil raciones diarias de alimentos.

El 28 de abril finalmente Benito Juárez le da instrucciones urgentes a Ignacio Comonfort: "Primera y urgentísima obligación, la de procurar introducir a la plaza de Puebla la cantidad de víveres y municiones". A lo que agrega: si esto fracasa y no puede sostenerse el Ejército de Oriente, que Puebla "sea desocupada [...] procurando salvar el personal del ejército y cuanto material de guerra se pudiere después de inutilizar el que quedare". Y para hacerlo, "le prestará usted por su parte todo auxilio con las fuerzas de su mando". Si esto no es posible, que ambos ejércitos se enfrenten en batalla campal al mando de González Ortega. Y anuncia que viajaría personalmente a San Martín Texmelucan para resolver el paso que debía darse, ante la discrepancia de opiniones entre Comonfort y González Ortega, cosa que no hará sino hasta el 4 de mayo.

Ese mismo día Comonfort le responde a Juárez: "Estoy pronto a librar una batalla con la fuerza que cuento actualmente, ya bien sea para introducir víveres a la plaza o para procurar la salida de sus defensores".

González Ortega, sin saberlo, le escribe el día después al general Comonfort diciéndole que, "habiendo concluido las municiones de boca y guerra con que contaba la plaza, y no teniendo de dónde sacarlas, ya no me sería posible seguir defendiéndola, y que por lo mismo, y dejando tranquila mi conciencia, había llegado el día de romper el sitio, lo que tendría que verificar el 2 de mayo, arrollando dos de los campamentos retrincherados del enemigo: lo excitaba igualmente para que, colocándose en un punto dado, llamara la atención de los sitiadores y auxiliara la operación que yo tenía que practicar".

Las medidas que va tomando (concentrar una parte de la artillería en la retaguardia, acumular las pocas municiones que quedan) tienen que ver con que ha hecho suya la propuesta de los generales: "Arrollar una parte del cerco, para que emprendiera su salida por ese punto el cuerpo de ejército de mi mando". Mantiene en secreto hasta de su segundo, González de Mendoza, el día que le ha comunicado a Comonfort y los puntos de ruptura que tendrían que romper los parapetos que el ejército francés había situado en los caminos. "A los generales que mandaban divisiones les previne reservadamente, que con cuanta precaución fuera posible, comenzaran a retirar las fuerzas que teníamos en nuestras líneas avanzadas". Por último le encomendó al cuartel-maestre la misión de sacrificio de hacerse cargo de la ciudad con uno o dos batallones mientras el grueso del ejército rompía el cerco.

Una carta de Comonfort detiene los preparativos porque le informa el acuerdo que ha tomado el gobierno y por lo tanto que se preparaba a cumplir el primer punto, que era abastecer Puebla, y estaba preparando la introducción de un convoy por San Pablo del Monte, que sería avisado "durante la noche [con] unas grandes fogatas, y en el día fuertes y visibles humaredas". Un convoy de 20 carros de transporte y 300 mulas conduciendo maíz, trigo, frijol, garbanzo, cecina, proyectiles y pólvora. El riesgo era desproporcionado pues, aunque se lograra introducir todos los suministros, Balbontín calculaba que habría servido sólo para otros diez días. Con esta carta venía una noticia del Ministerio de la Guerra, que informaba de ciertas casas particulares en Puebla en las que había escondidos alimentos. Fueron incautados de inmediato.

El 29 Troncoso, que llevaba nueve días sin fumar, se encuentra con un depósito de 500 puros "entre buenos y malos" y los entrega al cuartel general, que le permite conservar los habanos.

Al día siguiente, el 30 de abril, se colocaron vigías sobre las torres de la catedral y el cerro de Guadalupe. Negrete y el coronel Caamaño reciben la misión de prepararse para salir de la plaza a recibir el convoy.

NOTAS

1) "Parte general que da al supremo gobierno de la nación respecto de la defensa de Puebla el ciudadano general Jesús González Ortega". Gustave Niox: *Expedition du Mexique, 1861-1867; récit politique et militaire*. Francisco Zarco: "La defensa de Puebla de Zaragoza". Francisco P. Troncoso: *Diario de las operaciones militares del sitio de Puebla de 1863*. "El sitio de Puebla en 1863, según los archivos de D. Ignacio Comonfort y de D. Juan Antonio de la Fuente". Juan de Dios Arias: *Reseña histórica del Ejército del Norte durante la intervención francesa, sitio de Querétaro y noticias oficiales sobre la captura de Maximiliano, su proceso íntegro y su muerte*. Pedro Salmerón Sanginés, Raúl González Lezama, Luis Arturo Salmerón: *La heroica defensa de Puebla, 1862-1863*. Ralph Roeder: *Juárez y su México*. Jesús de León Toral: *Historia militar: la intervención*

francesa en México. Paco Ignacio Taibo II: *La lejanía del tesoro*. Francisco Bulnes: *Juárez y las revoluciones de Ayutla y de Reforma*. François Charles du Barail: *Mes souvenirs*. Guillermo Prieto: "Impresiones de la campaña en el correo". Pedro Pruneda: *Historia de la guerra de México, desde 1961 a 1867*. Pierre Henri Loizillon: *Lettres sur l'expédition du Mexique*. Porfirio Díaz: *Memorias*. Niceto de Zamacois: *Historia de México*, tomo XVII. José María Iglesias: *Revistas históricas sobre la intervención francesa en México*.

2) "Mohammed Ouled Caíd Osmán, soldado de la Legión Extranjera, pasado a un regimiento de Cazadores de África en el cual ascendió rápidamente a teniente. El Caíd Osmán me causó problemas hasta que pude relacionarlo con otro expediente, el del teniente Jaeger; los dos murieron en México (el 26), como ordenanzas del general de Laumiére, unos días después de la muerte de su jefe, en el sitio de Puebla. En realidad Osmán y Jaeger eran un solo y mismo teniente. Joven teniente en un regimiento de Coraceros de la Guardia Real de Prusia, había matado en duelo a su mayor; eso lo llevó al regimiento extranjero en África y al cambio de estado civil. Famoso y querido por todo el ejército de África, el pruso-argelino bigotón y barbudo no quiso nunca pasar del grado de teniente; le gustaban las aventuras de guerra y la cacería. Hizo las campañas de Crimea, Italia y México como oficial de ordenanza" (Jean Meyer).

100

CAMARÓN

Un escenario, dos personajes. El espacio: un antiguo pueblo totonaca, originalmente conocido como Temaxcal, llamado luego Camarón no por los crustáceos (estaba a 60 kilómetros de Veracruz, tierra adentro) sino por los árboles de ese nombre, que por ahí crecían. El poblado tenía diez casas medio destruidas, y a unos 300 metros se encontraban los restos de una hacienda abandonada llamada "la Trinidad".

El primer personaje: el 11 de abril de 1863 Francisco de Paula Milán quería renunciar al gobierno de Veracruz y seguir luchando sin ningún nombramiento ni cargo; le escribe a Juárez: "Pronto me interpondré en el camino nacional con 800 hombres que no merecen el nombre de soldados, y que no cuentan siquiera con un regular armamento, pues ni bayonetas tienen, y haré lo posible por hostilizar vigorosamente a los invasores en el rumbo de Orizaba y Córdoba".

De Paula Milán, gobernador civil y militar de Veracruz, originalmente abogado, había participado en la batalla del 5 de mayo cubriendo el fuerte de Loreto. En una de las pocas fotos que se conocen, muestra un rostro triste, dominado por un espléndido bigote; tiene 42 años (nacido en Jalapa en 1821), habla francés, estudió filosofía y letras en Puebla. A los 24 años entra en la Guardia Nacional para combatir a los gringos y se une a los defensores del puerto de Veracruz durante la invasión norteamericana del 46. Dos veces prisionero, a punto de ser fusilado, dos veces fugado. Es uno más de la sólida generación de liberales veracruzanos a los que no ha quedado otra que alternar la política con las armas. Fiel amigo y compañero de Ignacio de la Llave, participa en la defensa de Veracruz con Juárez durante la Guerra de Reforma. Al iniciarse la Invasión francesa, está en uno de los primeros combates en Tejería. Le ha tocado la imposible tarea de hostigar la retaguardia francesa con las guerrillas jarochas.

Al día siguiente reportaba que había salido de Jalapa con la "Brigada del Centro, compuesta de los batallones Independencia, Guardias Nacionales de Jalapa, Zamora y Córdoba, los cuales (con las fuerzas que logré reunir por estos rumbos) forman un número de 650 infantes y 200 caballos". Muy lejos de los 1 200 o 2 mil combatientes que le atribuirán futuras crónicas. Con la mayoría del ejército concentrada en Puebla o en la División del Centro, ¿de dónde iban a sacar 2 mil hombres las guerrillas veracruzanas? Eran además milicias locales, sin mayor experiencia de combate y muchos de ellos armados con machetes y lanzas (la caballería) y con suerte con viejos fusiles. Los irregulares que mandaba Jiménez "traían más hombres que fusiles, y no todos sabían disparar". A enorme distancia de "bien armados con rifles de último modelo y revólveres", que les asignará la narración de un ex soldado de las SS aficionado a la historia, o "la caballería mexicana irregular era una tropa muy móvil y muy bien armada con rifles de repetición Remington y Winchester y con revólveres Colt", que les atribuirá un cronista francés. No tenían un solo cañón y desde luego no había zapadores. La fuerza con la que contaba Milán, "800 hombres que no merecen el nombre de soldados", estaba lejos de ser una impresionante fuerza de combate.

Enfrente, en esa región que iba del puerto de Veracruz hasta el Chiquihuite, estaba la Legión Extranjera. Para reforzar los contingentes franceses reunidos en México, al mando del coronel Pierre Jeanningros la Legión salió de Sidi Bel Abbes en Argelia en un primer grupo de 1 400 hombres armados de carabinas rayadas modelo 1857; arribaron al puerto de Veracruz en tres navíos: el *Finisterre,* el *Wagram* y el *Saint Louis,* el 28 de marzo de 1863, y acamparon en la Alameda.

Su primera misión fue la escolta y protección de las caravanas francesas que viajaban a Puebla. Pronto, al igual que sus antecesores en la guarnición de Veracruz, serán diezmados por el vómito negro (la fiebre amarilla), la tifoidea, la disentería.

Hacia fines de abril un convoy de 64 carretas y 2 mil mulas con municiones y 14 millones de francos (casi 3 millones de pesos) en plata y oro para pagar a las tropas francesas partía de Veracruz hacia Puebla. Lo dirigía el comandante Bruat y su más valuada carga eran los cañones rayados de calibre

30 de la flota. Como parte de su escolta, además de seis compañías de infantería, iba la contraguerrilla de Dupin, del que mucho se hablará en esta historia.

El segundo personaje: Jean Danjou tenía 35 años de edad, pero llevaba
más de diez en la Legión Extranjera. Nacido en Calabria, había servido a
Francia como soldado y oficial en la campaña en Argelia con 20 años de
edad. Estuvo en la Guerra de Crimea y el asalto a Sebastopol, y fue ascendido
a capitán. En 1853, siendo teniente de la Legión, perdió una mano al dispa-
rársele por accidente el fusil cuando realizaba unas mediciones topográficas;
mandó que le fabricaran una mano de madera para poder seguir en el ejército. Danjou se distinguirá en las sangrientas batallas de la campaña de Italia:
Solferino y Magenta, en 1859 contra los austriacos.

El 29 de abril, en el cuartel general establecido en el Chiquihuite, Jeanningros, sabía que las tropas de Milán estaban en la zona y decidió enviar a la
3ª compañía del primer batallón, a cargo de Danjou (en otras versiones se
presentó voluntario), para hacer un reconocimiento y, si contactaba con el
convoy, proporcionarle escolta. La 3ª compañía contaba con dos oficiales y 62
legionarios, con 60 balas por cabeza y algunas mulas de carga, porque los restantes hasta llegar al centenar estaban fuera de acción por las enfermedades.

Danjou pensaba salir del campamento inmediatamente y llegar hasta
Palo Verde (a 35 kilómetros camino a Veracruz) al amanecer, donde harían
un reposo de dos horas; luego hacia La Soledad. Marchan a la una de la
noche del 29 al 30. Está lloviendo. A mitad de camino, arriban a Paso del
Macho, donde se encuentra otro campamento de la red que ha creado la Legión Extranjera a cargo del capitán Saussier, que les ofrece refuerzos, porque,
según los rumores la guerrilla que merodea la zona, lo mismo cuenta con 20
que con mil hombres de a caballo. Danjou los rechaza.

A las seis de la mañana la 3ª compañía llega a un pequeño rancho abandonado que ignoran que se llama Camarón. Una pausa para el café. El agua esca-
sea. Se dividen en dos secciones: una comienza su avance hacia Palo Verde, la
otra se aproxima al bosque cercano. A lo lejos, un legionario divisa una nube
de polvo: caballería. Los legionarios se repliegan hacia el poblado; un disparo
desde una de las casas provoca inquietud, el tirador nunca será encontrado.

El general republicano Milán, que tenía su base en La Joya, a ocho kilómetros de Camarón, cuenta: "En la mañana de hoy salí, como frecuentemente lo hago, a reconocer algunos puntos del camino, llevando la fuerza
de caballería. Al llegar a dicho camino, encontramos una fuerza francesa que
bajaba del Chiquihuite y al momento dispuse cargar sobre ella". La versión
de Milán es inexacta, él no se encontraba entre el primer grupo que enfrentó
a los franceses, una patrulla de 20 exploradores al mando del capitán Sebastián Campos y una parte de los lanceros de Orizaba al mando del comandante Joaquín Jiménez, que habían salido del pueblo de Matlaluca para dar
inicio a una exploración rumbo a La Joya.

A las siete de la mañana del 30 de abril de 1863 el escuadrón de lanceros avanza hacia los legionarios que forman el cuadro y hacen la primera descarga. Los lanceros se repliegan y se dividen en dos grupos para buscar el flanco de los franceses "blandiendo sus sables al ritmo de grandes alaridos de carga". Nuevas descargas. El ataque se frustra pero las mulas se escapan, siendo capturadas por los jinetes mexicanos, quedándose los legionarios sin provisiones ni municiones extras. Los legionarios han tenido una sola baja. El capitán Campos se dirige a informar al general Francisco de Paula Milán.

Danjou ordena desplazarse a paso ligero hacia la hacienda de la Trinidad. No consiguen llegar sin tener que repeler otro ataque de la caballería, que produce nuevas bajas entre los legionarios. Eran las nueve horas del 30 de abril de 1863. Dentro de la hacienda los legionarios se parapetaron y abrieron aspilleras en las paredes para hacer fuego.

Milán cuenta: "Nuestra caballería cercó la casa y, entre tanto, hice venir violentamente a las fuerzas de infantería que había dejado en el campamento". Danjou ordena al sargento Morziki subir al techo para observar al enemigo. El sargento le comunica que están rodeados de "miles" de enemigos.

Poco después se acerca un jinete con una sábana blanca como bandera; es el teniente Ramón Layné o Lainé, mexicano hijo de francés, alumno del Colegio Militar de la Ciudad de México, que se acerca a diez metros de la hacienda y pide la rendición. "Le expuso que si ofrecían rendirse, se les respetaría la vida, nadie al parecer buscaba hacer una carnicería". El capitán legionario, por medio de un sargento, le contesta: "Ni hablar de rendirse, tenemos cartuchos". Danjou esperaba que la guarnición del capitán Saussier desde Paso del Macho escuchara los disparos y acudiera en su ayuda.

Minutos más tarde, a las nueve, la caballería mexicana realiza una carga sobre la hacienda, pero los legionarios los hacen retirarse. Mientras cruzaba el patio de la hacienda, Danjou es herido por una bala que le traspasa la espalda perforándole un pulmón. Muere en brazos de sus dos oficiales. El mando es asumido por el teniente Jean Vilain, de 27 años.

Ataque tras ataque los mexicanos van ganando terreno y ocupan los muros externos y los establos, replegándose los legionarios hacia los muros del patio central de la hacienda. Pero, según Milán, "los enemigos se hallaban bien guarnecidos, y carecíamos de artillería para abrir brecha y útiles de zapa para hacer horadaciones".

Milán les ofrece nuevamente la rendición. Los legionarios contestan por medio del sargento Morzyrcki con un "váyase a la mierda, usted, sus mexicanos y su coronel".

Alrededor de las 12:30 los legionarios escucharon el toque de corneta, de a degüello; no habría cuartel para los franceses. Los mexicanos inician el ataque por todos los flancos. A las dos de la tarde el teniente Vilain es abatido por francotiradores mientras atravesaba el patio. El subteniente Maudet asume el mando. En esos momentos llega el resto de la infantería de Milán. Campos cuenta que los mexicanos se acercaban a las casas y metían el fusil por la aspillera. Para las cinco de la tarde los mexicanos incendian los techos de la hacienda, el humo llenó el patio y los mexicanos avanzaron mejorando sus posiciones. Maudet, para entonces, ya sólo cuenta 16 hombres en total.

El fuego de los defensores se fue opacando, escuchándose cada vez menos disparos provenientes del caserón. Esto permitió que el teniente coronel Cambas, con hombres del batallón Córdoba, entrara al interior para luchar cuerpo a cuerpo.

Al cabo de 11 horas de combate, sólo tres hombres se encuentran todavía dispuestos a resistir: los cabos Maine y Berg, y el soldado polaco Wensel; todos los demás están heridos de gravedad o muertos. Milán atribuye la enconada resistencia de los franceses "por un valor infundido en la creencia de que éramos guerrillas y no les perdonaríamos la vida". Las narraciones francesas y norteamericanas ponen en boca de Milán la frase: "Pero si no son hombres, son demonios". No citan el origen de su fuente.

Los milicianos mexicanos titubean si acabarlos o perdonarles la vida. El coronel Ángel Lucio Cambas, también de origen galo, luego de apaciguar a sus hombres, se dirigió a sus enemigos en francés: "Ahora sí supongo que se rendirán".

A las seis de la tarde los soldados de la Legión han sido aniquilados, 33 han muerto y 31 son hechos prisioneros, casi todos heridos; 19 de estos, graves, morirán en las próximas semanas.

Milán reportará sus bajas: "El teniente coronel José Ayala, jefe de mi Estado Mayor, fue muerto al principio del combate; han sido heridos tres tenientes y tres capitanes y nuestras pérdidas en la clase de tropa han sido 16 muertos y 18 heridos". Sólo eso, que contrasta con las versiones francesas de la eficacia combatiente de la Legión. Muy lejos de los 300 muertos y heridos de los que hablan las crónicas imperiales, que incluso valoran la extraordinaria puntería de los legionarios que, con 60 cartuchos por cabeza, "es decir un total de 3 720, [lograron] un enemigo fuera de combate por cada 12 cartuchos". El mito se extiende hasta *Noticias del imperio,* de Fernando del Paso ("Y digo que había muchos muertos entre nosotros los mexicanos porque los legionarios, de cada 12 balas que disparaban, una la ponían en un mexicano, así de buenos tiradores eran").

Al término de la batalla, Milán ordenó que se enterraran los muertos de ambos bandos en una fosa común y dio la orden al médico Talavera de curar a los heridos franceses. Nada que ver con la calumnia reproducida en varias fuentes de que "en una fosa común sólo [estaban] los cadáveres desnudos de los legionarios caídos en combate, devorados muchos durante la noche por los coyotes".

Informado por unos vecinos que encontraron herido al tambor de la compañía, Casimiro Lai, al día siguiente el coronel Jeanningros llegó a la zona al frente de una columna de rescate sólo para descubrir que Camarón era nuevamente un pueblo fantasma.

Lamentablemente el coronel Milán no alcanzó el convoy, que había pasado muy cerca.

NOTAS

1) Pocas cosas en la guerra contra el imperio se han contado de una manera tan distorsionada como esta. Me he guiado por el original de Héctor Adolfo Quintanar Pérez: *La batalla de Camarón*. Además: Marcos Pablo Moloeznick: "Insurgencia y contraguerrilla durante la guerra de intervención francesa en México (enseñanzas para la doctrina de guerra mexicana)". Leonardo Pasquel: *La generación liberal veracruzana*. Miguel Domínguez: *Veracruz, textos para su historia*. Auguste-Jean Boyer d'Agen, Eugène Lanusse: *Les héros de Camaron*. James W. Ryan: *Camerone: The French Foreign Legion's Greatest Battle*. Sebastián I. Campos: *Recuerdos históricos de la ciudad de Veracruz y costa de Sotavento, durante las campañas de Tres Años, Guerra de Intervención y el Imperio*. M. Penette y J. Castaingt: *La Legión Extranjera en la intervención francesa*. Jean Avenel: *La campagne du Mexique, 1862-1867*. Jean-Joseph Julaud: *Camarón*. Alexis Hubert de La Hayrie: *Combat de Camarón. 30 avril 1863*. Colin Richards: *The Hand of Captain Danjou: Camerone and the French Foreign Legion in Mexico, 30 April 1863*. Pierre Sergent: *Camerone*. Los partes de Milán a Comonfort y a Juárez. Heinz von Westernhagen: *El Combate de Camerone*. Émile de Kératry: *La contraguerrilla francesa en México, 1864*. Fernando del Paso: *Noticias del imperio*.

2) Entre los restos de la batalla el coronel Jeanningros encontró la mano de madera del capitán Danjou, que desde entonces se veneró como una reliquia en el cuartel general de la Legión Extranjera francesa en Sidi Bel Abbes, en Argelia. Al paso de los años la Legión Francesa financió un monumento a los caídos en la localidad de Camarón del tamaño de una cancha de futbol. Durante los gobiernos de Javier Duarte de Ochoa y cada 30 de abril (en un acto de supremo malinchismo), una comitiva de la Legión Francesa llega invitada a Veracruz para hacer un desfile y cantar la Marsellesa. Tan sólo un pequeño obelisco se alza en las calles centrales del pueblo para recordar a los mexicanos que murieron en el combate. Al coronel Milán sólo le ha tocado el honor de que una escuela local lleve su nombre y tenga un pequeño busto.

3) Las cosas que hay que oír: M. Penette y J. Castaingt: "miles de hombres duros y altivos se enternecen a la evocación de ese nombre, Camarón". "Si en el pasado Camarón fue campo de una cruda batalla, ahora es motivo de coincidencia para propiciar un mayor entendimiento entre Francia y México, y concretamente con Veracruz" (Javier Duarte en el 148 aniversario). Todavía en el 2006 la embajada de Francia en México hablaba de los "65 héroes" de Camarón en una publicación de difusión general. Camarón tiene su canción, compuesta por Jean Pax Méfret.

101

CASI DOS MESES YA

Entre las muchas alternativas que se movían en su cabeza, en una danza interminable y contradictoria, González Ortega ahora pensaba que si podía sacar 20 mil hombres del cerco y marchar hacia México en tres columnas podría sumarse a la fuerte guarnición que había allí, agregar a las tropas de Comonfort y confrontar a los franceses. Cuando se lo sugiere a Juárez, el gabinete está en contra de la operación.

El 2 de mayo González Ortega informaba a Comonfort en Ocotlán, previendo los próximos movimientos del ejército francés: "Esta noche probablemente dejará concluida su primera paralela para atacar el citado fuerte de Santa Anita [...]. Se han comenzado otras obras de zapa de no mucha importancia frente al fuerte de Guadalupe, pero fuera del tiro de cañón. Los fuegos han sido bastos por una y otra parte ayer y hoy. Pocos muertos y heridos hemos tenido".

Un día más tarde Forey registra: "El ejército de Comonfort se nos acercó. Las señales que cambiaba con Puebla, los partes de nuestros reconocimientos, no dejaban duda de que el enemigo intentaba introducir a la plaza un convoy de víveres. Vigilé cuidadosamente los movimientos de nuestros contrarios, aguardando una ocasión favorable para batir y dispersar su ejército auxiliar". No hay duda de que cuenta con un servicio de información bastante eficiente por parte de los traidores e incluso que tiene espías dentro de la ciudad. "El general Douay, previendo un recio ataque a sus tropas, dejó la penitenciaría y vino a tomar el mando directo de su división".

Durante los dos siguientes días las obras de trincheras que se van aproximando al cerco aumentan y llegan al frente de los fuertes Hidalgo e Ingenieros. La artillería francesa sigue disparando sobre la ciudad. González Ortega piensa que "el enemigo quedó plenamente convencido de su impotencia para tomar la plaza a viva fuerza, y lo quedó también de que cualquiera otro asalto que diera, importaba la destrucción de su ejército, porque la moral de este había disminuido notablemente, a proporción que había subido la del nuestro".

Si Forey no parece decidir dónde lanzará el próximo ataque, en el campo republicano son peores las dudas. El 4 de mayo Juárez visita el campo de Comonfort y presiona para que se lleven provisiones y municiones a Puebla. Juárez ha estado recibiendo repetidas quejas de la conducción del Ejército del Centro, entre ellas una carta de su compadre Francisco Mejía: "La mala dirección en las operaciones con estas tropas, la falta de tino [...] la imprevisión, el abandono sin precauciones muy necesarias en la guerra y, por último, la poca consideración que se tiene al soldado, haciéndolo desvelarse y ayunar inútilmente unas veces, mientras en otras se le deja dormir como ha sucedido últimamente, permitiéndose el despilfarro y desigualdad en el reparto de provisiones; no siendo menos lamentable ver que ningunas providencias se toman para impedir la entrada y salida de espías o exploradores en nuestro campo, así como la deserción que sufre este ejército, pues que a nadie se pide pasaporte, a nadie se pregunta su procedencia, ni a ninguna autoridad se le conmina con penas para evitar esa deserción, mientras que por otra parte se dejan en las haciendas inmediatas al enemigo los mantenimientos para que después venga a llevarlos de nuestra vista, aunque el soldado se quede sin comer como ha sucedido muchas veces".

Mientras tanto, González Ortega le propone al general francés un canje de prisioneros, "grado por grado, y hombre por hombre", incluyendo a los heridos. Son sujetos del canje tres capitanes, dos tenientes, tres subtenientes y 160 soldados, comprendidos 57 heridos franceses y 92 mexicanos. La operación se realiza el 5 de mayo en la esquina de la calle del Gato y de la del Mal Natural. Generosamente González Ortega aclara: "Veintiséis zuavos sobrantes se le remitieran al general Forey, sin exigir por ellos cambio alguno".

Ese mismo día todos los cañones mexicanos de Puebla lanzan una salva general en memoria de la batalla del año anterior. González Ortega reporta en su parte: "Se me dio aviso [...] que aunque no podían distinguirse por la calina que cubría la atmósfera las señas telegráficas [...] se notaba fuego de fusilería hacia el pueblo de San Pablo del Monte. Mandé en el acto que se alistara toda la plaza [...] y le previne al general Negrete que saliera en el acto por el pie del cerro de Loreto, con una fuerte columna de las tres armas, hasta colocarse en la llanura [...] y que en aquel punto esperara las órdenes del cuartel general, sosteniendo entretanto el fuego que se le hiciera de la línea enemiga". Forey reaccionó de inmediato y el general Douay desplegó su división en el norte del cerco; y según su parte militar, esto "vigorosamente impidió" la "salida" de los sitiados. Sin saber que los disparos que había oído se debían a una escaramuza entre tropas de Comonfort y la división de Leonardo Márquez, González Ortega se mantuvo a la espera.

Durante la tarde llovió y sopló un huracán en el norte. Al caer el sol, el general en jefe mexicano ordenó a Negrete que se replegara al interior de la plaza.

Forey le envió al día siguiente 21 prisioneros tomados a Comonfort a cambio de los zuavos que González Ortega había entregado el día anterior. Los parlamentos no estaban exentos de confrontaciones. González Ortega cuenta: "Ayer, cuando en la línea de ataque se tocó parlamento [para devolver las camillas], dos soldados mexicanos salieron de los parapetos de San Agustín, y fueron muertos por las fuerzas de la línea francesa avanzada [...] se hizo fuego también de las manzanas de donde salieron dichos soldados, resultando de ello, que un soldado francés que había salido con una bandera blanca en la mano fuese casualmente herido".

El día 6 de mayo los cercados volvieron a escuchar fuegos de cañón y fusilería al norte, probablemente en la misma zona que el día anterior. González Ortega ordena el mismo despliegue: "Cuando llegué al cerro de Loreto, mandé que las piezas de grueso calibre con que se hallaba artillado aquel fuerte hicieran algunos disparos sobre las fuerzas avanzadas en la línea enemiga, para anunciarle de este modo al cuerpo de Ejército del Centro, que la plaza estaba lista para proteger cualquiera de sus movimientos. A ese tiempo, la columna mandada por el general Negrete salía por el pie del mismo cerro entre los fuegos del enemigo. Quedó aquella tendida sobre la llanura y fuera de las murallas, sosteniendo durante la tarde un recio y nutrido fuego de cañón y alguno de fusilería, logrando rechazar una columna de infantería y caballería de los sitiadores que se desprendió del pie del cerro del Conde", mandada por el general L'Heriller. Nuevamente los mexicanos se repliegan al caer la noche.

Los víveres se están agotando y se ordena que el ejército reciba media ración. Nuevas patrullas recorren la ciudad intentando encontrar alimentos. González Ortega contará: "Nos proporcionó de un modo escasísimo y miserable la manutención de nuestras tropas por otros días más. Cuarenta o 50 mil habitantes de la ciudad, que habían quedado dentro de sus muros al comenzar el sitio, se encontraban en un estado […] violento y desesperado por la escasez de alimentos. Millares de personas de todas condiciones, sexos y edades, entre las que se encontraban multitud de familias delicadas, respetables y decentes, se colocaban a recibir la muerte en las calles enfiladas por los fuegos enemigos, con sólo el objeto de conseguir que se les vendiera una pieza de pan, en dos o tres panaderías situadas en aquellos puntos: millares también de mujeres y niños se me presentaban en todas partes, pero muy especialmente en la calle de Mesones, donde estaban situados mis criados y las personas encargadas de mi asistencia. Ahí veía el cuadro más triste y desgarrador que he presenciado en mi vida. Unas mujeres llorando me presentaban a sus niños; otras me pedían pan; estas que les diera un pasaporte para salir de la ciudad; aquellas, que les proporcionara un socorro; y muchas, que les diera una boleta para que se les vendiera a cualquier precio una pieza de pan, en tal o cual establecimiento en los que se trabajaba aquel alimento para nuestros soldados".

El día 7 Forey le envía una carta a González Ortega en la que se confiesa admirado por la defensa que está haciendo de Puebla y le explica "que en Europa se acostumbra, según la práctica establecida en los sitios modernos, tan luego como se rompe la línea exterior de la plaza, entrar los defensores de ella en pláticas con los sitiadores, y arreglar una capitulación honrosa", anunciándole además que tomará la plaza "aunque tenga que estarme al frente de sus muros por un tiempo indefinido, porque la Francia es tenaz y constante en sus empresas". González Ortega dice que no hay lugar a parlamentar.

Mientras tanto, bajo un fuego lento pero continuo, proseguía la aproximación de las trincheras francesas. El mando mexicano había ordenado en la línea que mandaban Llave, Berriozábal, Díaz y Auza que mineros de Zacatecas y Guanajuato hicieran "galerías subterráneas para hacer volar por medio de minas los edificios ocupados por el enemigo", pero no se efectuaron las explosiones por falta de pólvora, que se estaba destinando a la artillería.

Porfirio Díaz cuenta: "En la noche del día 7 de mayo, al hacer mi vigilancia de la línea del enemigo desde las alturas de San Agustín, noté algún movimiento en sus tropas que me hizo sospechar que volvería yo a ser atacado en esa misma noche [...] comprendí que se trataba o de un relevo de las tropas que cubrían la línea o de organizar columnas para un asalto, pues el ruido de armas, rumor de voces humanas y toses que se repiten tanto cuando se mueve la tropa a las horas en que duerme, lo demostraba muy claramente. Di aviso en el acto al Cuartel General y a los jefes de las líneas vecinas a mi derecha y a mi izquierda, y puse a mis tropas en actitud de resistir un ataque. Momentos después, el látigo de los trenistas, el rumor de la rodada y de la marcha de los soldados, me hicieron comprender claramente que de las tropas del enemigo abrigadas detrás del edificio de San Javier estaba saliendo una columna que se dirigía, sin duda, a los campamentos del Ejército del Centro [...]. Puse este hecho en conocimiento del Cuartel General, quien mandó oficiales de su Estado Mayor y del cuartelmaestre para ratificar mis noticias".

Puebla se sostenía. Parecía una quimérica aventura. Dos meses casi ya y los franceses, a pesar de haber logrado horadar las primeras defensas, no lograban romper la resistencia y se veían obligados a gastar tropas y días para ganar cuando mucho unos metros. El Ejército de Oriente lograba un milagro. Un ejército que en dos meses no había cobrado salarios, que no comía rancho completo desde que se inició el sitio y que tenía que contar las municiones antes de hacer los disparos.

NOTA

1) "Parte general que da al supremo gobierno de la nación respecto de la defensa de Puebla el ciudadano general Jesús González Ortega". Gustave Niox: *Expedition du Mexique, 1861-1867; récit politique et militaire.* Francisco P. Troncoso: *Diario de las operaciones militares del sitio de Puebla de 1863.* Juan de Dios Peza: *Epopeyas de mi patria: Benito Juárez.* Élie Frédéric Forey: *The French in Mexico. The Siege of Puebla-Gen. Forey's Official Report of the Capture of Fort San Xavier.* "El sitio de Puebla en 1863 según los archivos de D. Ignacio Comonfort y de D. Juan Antonio de la Fuente". Porfirio Díaz: *Memorias.* Gastón García Cantú: *El pensamiento de la reacción mexicana: historia documental.* María Elena Stefanón López: "¿Héroes o víctimas? Los poblanos durante el sitio de 1863". Tirso Rafael Córdoba: *El sitio de Puebla: apuntes para la historia de México, sacados de documentos oficiales y relaciones de testigos fidedignos* (sacerdote tardío, al enviudar, muy reaccionario, muy dolido porque los defensores dinamitaban los templos en los repliegues, habla del "instinto barrenador de los juaristas").

102

EL DESASTRE DE SAN LORENZO

El 5 de mayo, mientras la artillería republicana en Puebla hacía sonar sus cañones en júbilo y memoria de la batalla y el triunfo del año anterior, Comonfort avanzó el Ejército del Centro hacia San Pablo del Monte, 35 kilómetros al norte de la ciudad, a través de pésimos caminos afectados por las lluvias. En su vanguardia para despejar el camino marchaba la división de caballería de Tomás O'Horán, sostenida por infantería y artillería, que llegó al pueblo en la mañana del mismo día y lo ocupó durante dos horas, esperando encontrar algún mensaje de González Ortega. En su lugar, la enfrentó una fuerza francesa compuesta por cazadores de África, compañías del 99º de línea y una batería de artillería, rechazándola. En la acción, los franceses perdieron al comandante Foucault, muerto a causa de un lanzazo. O'Horán exageró en su parte diciendo que había enfrentado a "más de 2 mil hombres" y le reportó a Comonfort "una pérdida de más de 50 hombres entre muertos y heridos, no habiendo sido menor la que sufrieron los franceses, quienes dejaron a sus muertos en el campo, contra su habitual costumbre".

Al día siguiente O'Horán le escribía a Comonfort a las tres y media de la tarde: "Acabo de retirarme de la loma del Conde, después de haber cumplido la orden que vd. se sirvió darme. En este momento los fuegos de la plaza son muy vivos: las granadas de su artillería las estoy viendo estallar sobre las lomas del Conde: se oyen ya algunos tiros de fusil, todo lo cual manifiesta que el valiente Ejército de Oriente ha hecho una vigorosa salida que reclama nuestro auxilio. Suspendo mi marcha y espero órdenes de vd. El fuego es más vivo y más cercano; el enemigo desciende sobre el flanco derecho de la loma del Conde, a donde continúan estallando con más frecuencia las granadas: la fusilería es más nutrida y más próxima".

Mientras se combatía en San Pablo, Comonfort hizo avanzar a la 1ª división del general Miguel María Echeagaray, que tenía algo más de 2 mil hombres, por el camino de Tlaxcala y ocupó el pueblo de San Lorenzo el 6 de mayo, situado en la orilla derecha del río Atoyac. En frente, apoyado en el cerro de la Cruz, estaba la división de Leonardo Márquez. Si se podía forzar el paso, el Ejército del Centro estaría a pocos kilómetros del reducto de El Demócrata y por ahí podría entrar a la ciudad el convoy de suministros.

No sólo el parte de O'Horán falseaba los hechos; el propio Forey dio una visión distorsionada de lo que estaba sucediendo: "El 6 por la mañana el ejército de Comonfort, con fuerza de 8 a 9 mil hombres [Ollivier: 5 mil apoyados por 13 cañones], bajó de las alturas de San Lorenzo e hizo replegar las avanzadas del general Márquez. Este volvió a tomar la ofensiva. El enemigo, viendo llegar al general Douay con refuerzos, se retiró y la cosa no pasó de un fuego recio de cañón".

La realidad es que la presión sobre Márquez la había ejercido la caballería de Aureliano Rivera y sólo eran 300. Si se hubieran enviado fuerzas mayores, se habría podido dominar la posición. El día 7 Comonfort desplegó con gran lentitud sus tres divisiones en San Lorenzo, Panzacola y Tenejaque. Un espía le haría llegar a los franceses la disposición de los republicanos. Forey cuenta: "El día 7 acabó el enemigo de concentrarse en las alturas de San Lorenzo y comenzó a fortificarse *fuertemente* allí. El momento me pareció favorable para atacarle; encomendé tal operación al general Bazaine, poniendo a sus órdenes cuatro batallones, cuatro escuadrones (de caballería) y ocho piezas".

Bazaine y el propio Forey estudiaron el pueblo a la distancia con binoculares y adivinaron la cercanía de los republicanos observando una enorme columna de polvo. Comonfort no era ajeno a estos reconocimientos y el 7 de mayo le escribió al presidente Juárez: "Nos hemos podido convencer de que el enemigo, perfectamente advertido de nuestro proyecto, ha adoptado todas las medidas necesarias para frustrarlo". Y curándose en salud le advirtió: "La introducción de los víveres a la plaza de Puebla a viva fuerza, por el punto por donde se ha pensado hacer, es empresa que sólo podría realizarse si se obtuviera un resultado contrario al que indican las probabilidades. Creo que más debemos esperar del empleo de la astucia que del de la fuerza".

Pensaba que González Ortega aún contaba con "subsistencias para la tropa por un mes, siendo las familias las que comienzan a sufrir escasez", e incluso si "la existencia de víveres no fuera más que para 15 días, antes de ese término creo que habrá logrado hacerse una introducción a la plaza, por medio de un nuevo plan". Sin embargo, no sugería cuál podría ser ese plan y en qué podía consistir la mentada "astucia".

Sóstenes Rocha, al mando de un batallón de zapadores republicanos, anotaría más tarde: "Presidía la más supina ignorancia militar en todos los planes estratégicos y tácticos del general mexicano". Y criticaba el escalonamiento por divisiones a gran distancia unas de otras: "La segunda división formaba una masa desordenada como a unos mil metros a retaguardia, embutida en una especie de barranca, en una fábrica que se llamaba de Panzacola [...]. La división de caballería formaba un tercer escalón en aquel extraño orden de combate, ocupando, a 3 mil metros a retaguardia de la segunda división, las ásperas faldas de la cordillera de la Malinche".

Otro reporte señalaba: "En la madrugada del 7 [...] hemos ido el coronel Guiccione, Enrique Mejía, otros y yo a reconocer el campo enemigo hasta muy cerca del cerro de la Cruz o Tenancingo, donde se hallaba, y no hemos encontrado en una extensión o radio de diez millas más que ocho hombres de avanzada nuestros, bien descuidados y soñolientos".

En la noche del 7 al 8 marcharon hacia el nuevo frente las tropas de Bazaine. Du Barail, comandante de cazadores, cuenta: "A la una de la mañana nuestra pequeña columna partió en el más absoluto silencio tras el general Bazaine, que marchaba con la caballería de extrema vanguardia. A sus órdenes, el excelente general barón Neigre comanda los cuatro batallones de infantería".

Juan Antonio Mateos exagerará al decir que los franceses eran 14 mil hombres. Las tropas de Bazaine (incluso sumando la brigada de Márquez) no debían llegar a los 5 mil). Avanzando a una velocidad sorprendente (lo que los cronistas galos atribuyen a la habilidad de Bazaine para las marchas nocturnas), a las cuatro y media de la mañana los franceses estaban a dos kilómetros de los cerros de San Lorenzo, a 28 kilómetros al norte de Puebla, y desplegaron las tropas en guerrilla, cruzaron la barranca y, cuando las escasas avanzadas contrarias les dieron el quién vive, contestaron en español, desconcertando a los republicanos. Aunque las versiones mexicanas atribuyen a los traidores de Márquez la frase, Du Barail asegura que fue el propio Bazaine, que había vivido en España, el que la pronunció.

Las crónicas hablan de cómo sobre la primera división de Echeagaray cayó un fuerte bombardeo, pero poco debe haber sido con tan sólo las ocho piezas que traía Bazaine. Más cercano a la realidad es que los republicanos fueron sorprendidos y arrollados casi sin combatir en menos de 40 minutos, pues apenas se tuvo tiempo de disparar cuatro tiros de cañón. Cuando despertaron, ya surgía de la niebla el enemigo a 20 metros de las trincheras; no tenían con ellos a sus oficiales y cundió el pánico ante el avance de las tres columnas de los zuavos, tiradores argelinos, cazadores de África e infantería de línea, apoyados por los jinetes de Márquez. Tras un combate que duró menos de una hora, a las cinco de la mañana la primera división huía en desorden. El general José María Echegaray quedó herido en la cabeza por un casco de metralla.

La 2ª división del Ejército del Centro, a las órdenes del general Frías, que estaba acampada en las afueras de San Lorenzo, al otro lado del río, intentó reaccionar, pero se enfrentó a la desbandada que le venía de frente, formada por soldados que habían arrojado sus armas, por mujeres, y con la caballería enemiga lanceando a los que huían, mientras una parte de la infantería los flanqueaba por la izquierda y derecha.

Comonfort, que dormía en la fábrica El Valor, se despertó a causa de las primeras explosiones de las granadas francesas y únicamente tuvo tiempo para levantarse, salir y ordenar que se alejara el convoy de víveres. Cuando comenzaba a subir la loma de San Lorenzo, a kilómetro y medio de la fábrica, enfrentó la fuga masiva y ordenó el repliegue de la segunda división, que se encontraba seriamente comprometida.

Manuel Balbontín cuenta que "los soldados que permanecieron a pie firme en San Lorenzo fueron masacrados. Murieron allí, entre otros, el coronel Miguel López, el comandante de zapadores Rivero y otros muchos jefes y oficiales. La mayoría de los oficiales de artillería fueron tomados prisioneros". Comonfort logró reunir a su Estado Mayor. El combate llevaba ya hora y media, los mexicanos no podían hacer uso de la artillería por lo mezcladas que se encontraban las tropas. La brigada de Márquez descendió del cerro de la Cruz para apoyar a Bazaine.

Sobre el río Atoyac Comonfort intenta crear una contención, pero es tan grande el caos que sus esfuerzos son inútiles. Varias crónicas registran que en un acto de desesperación hizo retirar a sus acompañantes para después, enloquecido, arremeter él solo contra un batallón de zuavos que había tomado posiciones al otro lado del puente, buscando quizá la muerte. Esas mismas crónicas señalan que, montando un caballo tordillo que chorreaba sangre por tres o cinco heridas, iba sable en mano arengando a la tropa. Con gran dificultad, sus ayudantes lograron contenerlo y salvarle la vida.

Aunque algunas fuentes mexicanas han puesto en duda el comportamiento del batallón de zapadores que dirigía el coronel Sóstenes Rocha, otras, incluida la información originada en fuentes francesas, cuentan que el joven guanajuatense, para detener la vanguardia enemiga que avanzaba en línea de tiradores, se juramentó con dos oficiales y se quedaron atrás del ejército en desbandada. Uno de sus amigos, el capitán Rivera, se envolvió en la bandera, que luego retirarían de su pecho, ya cadáver. Se atrincheraron en el camposanto del convento de San Lorenzo usando las tapias del cementerio. Frenaron a los franceses durante una hora, hasta ser superados diez a uno. Abandonaron el cementerio y se refugiaron en la iglesia; ahí continuaron combatiendo hasta que se acabaron las municiones. Terminarían siendo capturados, más de la mitad de sus hombres habían muerto, de los restantes casi todos estaban heridos.

La segunda división formaba una masa desordenada como a unos mil metros de retaguardia de la primera, embutida en una especie de barraca en la fábrica de Panzacola, y al ser flanqueada inició el repliegue con fuertes bajas.

Bazaine ahora avanza sobre los derrotados y apenas será frenado por las caballerías de O'Horán, Carvajal y Rivera, donde se encuentra el coronel Vicente Riva Palacio, que será mencionado varias veces por el valor de sus jinetes al frenar a los franceses e impedir la masacre de la segunda división. Tomás O'Horán más tarde le reportará a Juárez: "A esta división le cabe el orgullo de haber evitado que el Ejército del Centro se hubiera desbandado completamente en la jornada del día 8; yo mismo, a la cabeza de la 1ª y 2ª brigada sostuve la retirada de este conteniendo al enemigo, y los señores Carvajal y coronel Riva Palacio contuvieron la dispersión […] organizaron los dispersos, dando por resultado que fue ya una retirada contenida por nosotros y no una fuga lo que emprendió el Ejército del Centro".

A las diez de la mañana, desde la Venta del Capulín, Ignacio Comonfort envía su primer parte al ministro de la Guerra: "La posición de San Lorenzo, que estaba defendida por la 1ª división, ha sido atacada a las cinco de la mañana de hoy, por una fuerza enemiga en número de 10 a 12 mil hombres. El combate se sostuvo durante hora y media, hasta que, abordada y envuelta la posición por el enemigo, fue abandonada por los restos de la división que pudieron salvarse". Pocas horas después le escribiría una carta personal al presidente Juárez desde Tlaxcala: "Tú que me conoces, calcularás la viva impresión que lo ocurrido ha causado en mí".

Manuel Balbontín medía el tamaño del desastre: "El Ejército del Centro había perdido todas las provisiones que intentaba meter a Puebla, y cerca de 2 mil hombres, entre muertos, heridos, prisioneros y dispersos. Un par de días más tarde el general Blanco, ministro de la Guerra, precisaba: "Nuestra pérdida ha consistido en cosa de 1 800 hombres [...] ocho piezas de artillería y cerca de 200 mulas cargadas con víveres que, por la torpeza, mala fe o cobardía de los arrieros, quedaron abandonadas o extraviadas". Particularmente indignante era la pérdida de tres banderas de regimientos y la captura de 56 oficiales republicanos. El general Bazaine, aclamado por sus tropas, se convertía en el gran favorito del ejército francés.

Pero lo más grave era que la derrota había destruido la organización y la moral del Ejército del Centro que, según seis de sus generales, "se encuentra reducido a la mitad de lo que aparece, así en lo moral como en lo material".

Los franceses usaron la división de Márquez para aumentar la presión sobre el ejército derrotado y el parte de Comonfort reflejaba el desconocimiento de las fuerzas que los estaban persiguiendo. A las cuatro de la tarde del día 9, "el enemigo, en número de 7 a 8 mil hombres, según los partes del señor general Garza, tomó posesión del pueblo de Ocotlán, Rioprieto y Xoxtla, haciendo retroceder a nuestras avanzadas de caballería, que tuvieron varios muertos y heridos. Media hora después el coronel Ramos, que cubría Huejotzingo, tuvo que replegarse a San Bartolo porque otra columna de 1 500 hombres se le echaba encima. A las cinco de la tarde recibí un parte del coronel Quezada, que se hallaba situado en Nativitas, que otra fuerza de consideración avanzaba sobre dicho punto.

"Comprendí desde luego que los franceses trataban de atacar vigorosamente al general Garza por el frente y a Texmelucan por el flanco izquierdo y derecho". No había tal, Bazaine, logrado ya su objetivo, había dejado una brigada de contención y retornaba a sumarse al sitio de Puebla. La paradoja es que el desquiciado Ejército del Centro contaba en esos momentos con cuatro veces más fuerzas que los imperiales.

Ese mismo 9 de mayo el vapuleado ejército se mueve hacia Tlaxcala. Ignacio Comonfort intenta reorganizarlo: "Dispuse que las infanterías todas marchasen a tomar la posición del puente de Texmelucan con la artillería y carros del parque. Después de haber desfilado las infanterías todas, hice que siguieran los carros cargados con víveres, ranchos y equipaje que había reunidos aquí y en seguida me dirigí a la hacienda de San Bartolo".

Durante los siguientes tres días el Ejército del Centro, disperso y desorganizado, esperaba un nuevo enfrentamiento con los franceses, que evaluaba erróneamente entre 8 o 10 mil hombres; todos los mandos estaban convencidos de que la derrota era inevitable. Los seis generales le informaban a Juárez: "Sólo dos divisiones del ejército se hallan intactas [...] la que manda el señor general Vega y otra del señor general Garza, formando ambas un efectivo de 4 mil y pico de hombres; las otras dos divisiones han quedado en cuadro y la mayor parte de la caballería es nula por el fatal estado que guarda la caballada [...] el ejército se compondrá de unos 7 mil hombres a lo sumo [...]. Hoy, por ejemplo, o mañana, a nuestro juicio, se va a librar una batalla sólo porque no se diga que el Ejército del Centro no hace nada y no porque se tenga la menor probabilidad del triunfo". Y lo sorprendente es que, con Bazaine replegado a Puebla, el Ejército del Centro tiene fuerzas más que sobradas para derrotar a Márquez y volver a intentar abrir un camino de auxilio hacia Puebla. Pero la fuerza no se mide en el número de hombres armados sino en su moral.

Las recriminaciones que llegaban hasta Juárez eran abundantes, desde "falta confianza mutua", hasta mencionar "la imprecisión y la mucha flojedad de nuestro general en jefe", pasando por el comentario del compadre del Presidente, Francisco Mejía: "El que manda en jefe no tuvo la previsión necesaria ni para escoger el terreno, ni para tomar las precauciones debidas y mucho menos para situar convenientemente sus divisiones". Y junto a las quejas comienzan a distribuirse las culpas ("ciertas personas que están acreditando su ineptitud, personas del antiguo ejército, del ejército de Santa Anna; hablamos de aquellas que han trabajado por la reacción y que no tienen otro patriotismo que el de obtener una colocación como ahora la han logrado entre los independientes"). Juárez anotó en una de las cartas recibidas: "Pronto se remediarán los males de que se queja". El 12 de mayo Juárez le escribe a Ignacio Comonfort: "No cesan los comentarios y aguardo con suma ansiedad tu parte oficial, que es el que debe poner en claro los hechos. Mucho he celebrado el que no hubieras tenido novedad en el combate. Mi familia, que estaba con mucho cuidado, te saluda y yo me repito tu amigo afectísimo".

Finalmente, el 16 de mayo de 1863, Miguel Blanco le informa a Ignacio Comonfort que "el ciudadano presidente constitucional se ha servido admitir la renuncia que usted hace en su oficio fecha 14 del presente [...], y en su reemplazo ha tenido a bien nombrar al ciudadano general Juan José de la Garza". En la misma carta reconoce el valor de Comonfort: "La felicitación [...] se refiere únicamente a sus actos de valor en el combate y a su empeño por ordenar, como logró hacerlo, la retirada de las tropas, sin que se pueda inferir de esto aprobación de los movimientos y de las operaciones anteriormente ejecutadas por usted".

NOTA

1) "El sitio de Puebla en 1863 según los archivos de D. Ignacio Comonfort y de D. Juan Antonio de la Fuente". Jesús Rodríguez Fraustro: *Sóstenes Rocha*. Juan Antonio Mateos: *El sol de mayo, memorias de la intervención, novela histórica*. Jack Autrey Dabbs: *El ejército francés en México. 1861-1867. Estudio del gobierno militar*. Pedro Salmerón Sanginés, Raúl González Lezama, Luis Arturo Salmerón: *La heroica defensa de Puebla, 1862-1863*. Paco Ignacio Taibo II: *La lejanía del tesoro*. Gustave Niox: *Expedition du Mexique, 1861-1867; récit politique et militaire*. Francisco Bulnes: *Juárez y las revoluciones de Ayutla y de Reforma*. François Charles du Barail: *Mes souvenirs*. Élie Frédéric Forey: *The French in Mexico. The Siege of Puebla-Gen. Forey's Official Report of the Capture of Fort San Xavier*. Miguel Galindo y Galindo: *La gran década nacional o Relación histórica de la Guerra de Reforma, intervención extranjera y gobiernos del archiduche Maximiliano, 1857-1867*. Benito Juárez: *Documentos, discursos y correspondencia*, tomo VII. Manuel Balbontín: *Memorias del coronel Manuel Balbontín* (narra con gran detalle la complejidad de la batalla de San Lorenzo viendo los movimientos de las diversas unidades y la pésima conducción militar del ejército del Centro).

103

HAMBRE Y FALTA DE MUNICIONES

El 8 de mayo, por la mañana, Porfirio Díaz, que estaba lanzando pequeños ataques para pulsar las líneas francesas, descubrió que los batallones de zuavos que solía tener ante él habían sido sustituidos. González Ortega en la misma mañana será informado de que se estaba produciendo "un fuerte y nutrido fuego por San Lorenzo", y ordenó que la división de Negrete que estaba en reserva se pusiera en alerta. Subió al fuerte de Loreto, pero "los fuegos habían cesado del todo, y con el auxilio de los lentes sólo pude observar algunas columnas que se hallaban tendidas sobre las cimas de las lomas de San Lorenzo, sin poder distinguir si aquellas columnas estaban formadas de nuestras tropas o de las invasoras. El general Comonfort no sólo no me había dicho, pero ni aun indicado, que tendría que hacer movimiento alguno por San Lorenzo. No hallaba, pues, cómo explicarme el fuego [...]. La incertidumbre continuaba por nuestra parte".

Para sumar a la inseguridad, el teniente coronel Troncoso haría notar que hacia las tres de la tarde se produjo un gran cañoneo sobre el fuerte de Ingenieros, y entre los proyectiles se descubrió que por su calibre y su manufactura norteamericana debían pertenecer al ejército de Comonfort. En las últimas horas de la tarde un parlamentario francés llevaba un mensaje de Forey al general González Ortega en el que le daba noticia de la derrota de Comonfort en San Lorenzo, "dejando en nuestro poder un millar de prisioneros, entre los cuales se encuentran 56 oficiales de todos grados […] independiente-mente de los mil prisioneros que hemos hecho, han sido muertos o heridos otros mil. Han caído también en nuestro poder ocho piezas de artillería, de las cuales cinco son rayadas, tres banderas, 11 banderolas de guías, 20 carros cargados, 400 mulas, carneros y armas. El enemigo ha sido perseguido por larga distancia, y derrotado completamente por la caballería". En la nota esta-ba la evidente intención del general francés de desmoralizar a los defensores.

Los prisioneros que remitió Forey confirmaron lo que había sucedido. González Ortega escribiría en su posterior parte: "Esta noticia, que ni podía ni quise ocultar a la plaza, no enfrió en lo más mínimo el ardor bélico de sus defensores, aunque sí me trajo nuevas dificultades". En la Ciudad de México las noticias de la batalla de San Lorenzo se derramaron como un balde de agua fría sobre la población. Con el Ejército del Centro destruido, el único punto de apoyo externo para la ciudad sitiada se había desmoronado.

Los cinco generales de división, Berriozábal, Negrete, Antillón, Alatorre y Llave, se reunieron en una casa particular en la noche del día 9 y a las tres de la madrugada enviaron una nota a González Ortega diciéndole que, "estando también yo convencido de que la plaza debía perderse, no comprendían por qué continuaba insistiendo en defenderla". Desde luego, de nuevo no propo-nían la rendición, sino la salida. González Ortega decidió "no contestarla en el acto, difiriendo hacerlo para el día siguiente". En la mañana del 10, entrevista-do por el general guerrerense Pinzón, González Ortega contestó "con toda vehemencia y calor: que la plaza no capitularía jamás, y que por mi parte, ni propondría ni admitiría algo que disminuyera, bajo algún aspecto, la honra y buen nombre de México. Lleno de indignación porque se vertían frases, sin razón y motivo alguno, para introducir la duda y el desaliento en los de-fensores de la plaza, me despedí violentamente del general a quien dirigía la palabra, y dando la vuelta me introduje a la habitación del cuartelmaestre, en la que reconvine fuertemente a los generales Berriozábal y Llave, por las espe-cies que se vertían en el público". Estos negaron que de ellos hubiera salido el rumor. El general en jefe escribió una nueva carta a Comonfort, cuya real situación desconocía. ¿Estaba totalmente derrotado? ¿Aún conservaba parte de su ejército en las cercanías de Puebla? En ella le decía que intentaría una salida el 14 y ordenó a su cuartelmaestre que formulara el plan.

Mientras tanto, Forey se rompía la cabeza tratando de encontrar la debi-lidad de las defensas de Puebla: "Debía investigar cuidadosamente las causas de no tener resultado nuestras operaciones y los medios de remediarlo. La mayoría fue de parecer que prescindiéramos de insistir en atacar a viva fuerza los islotes, en cuyas operaciones frecuentemente chocábamos con obstáculos enteramente imprevistos y que nos causaban graves pérdidas sin resultado provechoso [...]. La idea de operar por mina se presentaba naturalmente; pero en las operaciones practicadas se halló la roca a 50 centímetros bajo del suelo. Era necesario, pues, buscar otra combinación". Finalmente decide no progresar por la brecha de San Javier sino "atacar el fuerte Hidalgo, de modo que se pudiese marchar sobre el reducto de la ciudad por dos direcciones, dividiendo así la atención y fuerzas del enemigo [...]. Se objetó que antes debía ser atacado el fuerte de Ingenieros en el camino a Totimehuacán, que domina y flanquea al Hidalgo; que no pedía mucho esfuerzo ese fuerte sin reducto y que, en fin, posesionados de él, se hallarían rodeados por nuestras baterías y consiguientemente en una situación muy difícil".

El 10 y el 11 de mayo comenzó la ofensiva artillera. Durante la noche hubo contraataques mexicanos de las brigadas de Durango y Chihuahua del general Patoni, desde el fuerte de Ingenieros; los guerrerenses de Pinzón, desde Zaragoza, y los zacatecanos del coronel Joaquín Sánchez Román, que custodiaban el fuerte Hidalgo. Hubo bajas importantes. Forey reconocerá que "el 12 fueron mucho más nutridos y más rudos los ataques fuera de las murallas y durante la noche, que los días anteriores".

En la tarde del día 12 González Ortega, desde la torre de La Soledad, contempla cómo "multitud de familias, compuestas de mujeres y niños, presididas por un caballero envuelto en una capa romana y con un niño en los brazos, acosados por el hambre, prefirieron enfrentar la muerte a permanecer en la ciudad atacada.

"Colocada en grupos diseminados aquella gran caravana, por toda la arquería que hay del Hidalgo a Ingenieros, intentó pasar el cerco enemigo con la protección de algunas banderas blancas [...]. El ejército francés, que conocía la escasez de municiones de boca y guerra que había en la plaza, quiso, como era natural, hacer más violenta la situación [...] tan luego como notó que intentaban salir del recinto fortificado las mujeres y niños de que me ocupo, rompió sus fuegos sobre ellos". El coronel Troncoso, que fue testigo de esa escena, supuso que el enemigo disparaba sólo pólvora para amedrentarlos. En dos horas realizaron tres intentos, siempre con el mismo resultado. Por fin a las cinco y media, decepcionados, se dieron por vencidos y volvieron a la ciudad recorriendo las calles, pidiendo con gritos y llantos algo que comer.

El 12 de mayo, al declinar el día, estaba zanjada la primera paralela. Forey reporta que el 13, "a las siete de la mañana, el enemigo hizo una salida del fuerte de Totimehuacán, cargando muy vigorosamente sobre nuestra paralela; recibido por un fuego de lo más nutrido, debió volver en desorden a la obra, dejando en el terreno gran número de muertos. Se completó la paralela". Y durante la mañana comienza el bombardeo de Ingenieros y luego sobre el Hidalgo. Patoni sugiere un contraataque y González Ortega previene a Negrete. El general en jefe reportará: "La salida se verificó en muy buen orden, y el ataque estuvo sangriento y reñido, habiendo quedado muertos jefes, oficiales y tropa de los valientes hijos de Durango y Chihuahua, sobre el glasis [sic] de las obras francesas. Uno de los soldados de las fuerzas que he mencionado, herido gravemente de las dos piernas, se liga las heridas con el auxilio de sus compañeros, y sosteniéndose del muro sigue haciendo fuego, sin permitir que lo quiten de su puesto. Otro cae herido […] en la llanura que se interponía entre el fuerte de Ingenieros y los parapetos levantados por los sitiadores, y arrastrándose recoge algunos cadáveres de sus compañeros, y formando con ellos una trinchera, después de haberles quitado las cartucheras, sigue haciendo fuego durante el día. Yo mismo estuve presenciando este sublime espectáculo, con el auxilio del lente, desde la cima del palacio".

Pero los fuertes atacados habían consumido las municiones y tuvieron que sacarse de otras zonas de la ciudad, con la agravante de que algunos calibres de artillería no tenían ya proyectiles. Y ni señales de Comonfort.

González Ortega, que ha estado posponiendo "intencionalmente" su respuesta a la última carta de Forey, le escribe más para fijar los principios que buscando una salida: "Consultando sólo de una manera fría y glacial la verdad, y haciendo a un lado las afecciones, los sentimientos y el amor propio que tengo como mexicano, que la nación toda, en cuyo suelo nací, pasará […] absolutamente por todo, y sostendrá la guerra de una manera indefinida, ya sea de un modo regular o irregular, menos por perder su independencia o mancillar su honor, y esto último es nada menos lo que importa, el que México admitiera la intervención de una nación extranjera en los negocios de su política interior".

A las seis de la mañana del día 14 todas las baterías francesas actuaron sobre el fuerte de Ingenieros, aunque el combate se suspendió brevemente por un armisticio para levantar los cadáveres de ambos bandos sobre la llanura. Y los defensores no cesan de combatir. Durante la noche un batallón de zacatecanos ataca el Molino del Carmen con éxito y logran hacerse con unos sacos de harina. González Ortega distribuye: "Aquel trigo, que se componía de menos de mil cargas, se consumiera de este modo: que se vendieran 600 para los habitantes de Puebla, y que se dejara el resto para que pudiera vivir dos o tres días más, el cuerpo de Ejército de Oriente".

Desesperado por la falta de noticias y la falta de municiones de artillería y alimentos, le escribió al inexistente Comonfort (que para esos momentos ya ni siquiera era el jefe del Ejército del Centro) proponiéndole que "debía de llamar la atención de los franceses por el rumbo de Ocotlán", y esa noche él trataría de romper el cerco.

NOTA

1) Francisco P. Troncoso: *Diario de las operaciones militares del sitio de Puebla de 1863*. Miguel Galindo y Galindo: *La gran década nacional o Relación histórica de la Guerra de Re-*

forma, intervención extranjera y gobiernos del archiduche Maximiliano, 1857-1867. "Parte
general que da al supremo gobierno de la nación respecto de la defensa de Puebla el
ciudadano general Jesús González Ortega". Porfirio Díaz: *Memorias.* Élie Frédéric Forey: *The French in Mexico. The Siege of Puebla-Gen. Forey's Official Report of the Capture of
Fort San Xavier.* Manuel Balbontín: *Memorias del coronel Manuel Balbontín.* Tirso Rafael
Córdoba: *El sitio de Puebla: apuntes para la historia de México, sacados de documentos
oficiales y relaciones de testigos fidedignos.* Niceto de Zamacois: *Historia de México.*

104

LA RENDICIÓN

El 15 de mayo transcurrió entre ataques y contraataques en torno al Molino del Carmen y duelos artilleros en torno al fuerte de Ingenieros. Dentro de la plaza los cartuchos para tiros de cañón estaban terminándose y la
pólvora con que se construían se había acabado.

En la noche el alto mando de Puebla se reúne en consejo de guerra. Asisten los generales González de Mendoza, Paz, Berriozábal, Miguel Negrete,
Antillón, Alatorre, Ignacio de la Llave y Tomás Mejía. Sólo tenemos la versión
de González Ortega, que les informa de la ausencia de comunicaciones con el
Ejército del Centro y propone rendir la plaza negociando la salida del ejército;
"este proyecto lo realizaría, si contaba, como creía contar, con generales y
soldados patriotas y subordinados". ¿Así? ¿Sin haber discutido la posibilidad
de intentar hacer una salida desesperada? Sin duda la derrota de Comonfort
en San Lorenzo ha sido también la derrota moral del Ejército de Oriente. Supuestamente se logra la aprobación de los presentes. ¿Sin un furioso debate?

El 16, después del mediodía González de Mendoza se entrevista en el
campo francés formalmente con Forey. Lleva la proposición de rendir la plaza si se le permitía al Ejército de Oriente "salir […] con armas y bagajes,
una parte de su artillería de campaña, los honores de la guerra y permiso de
retirarse a México". Forey cuenta: "Yo rehusé tales pretensiones y respondí
que las únicas condiciones admisibles serían que la guarnición saliese con
los honores de la guerra, desfilar ante el ejército francés, deponer sus armas
y darse por prisioneros de guerra".

En la versión que González de Mendoza le da a González Ortega de las
palabras de Forey: "Todo concederé al general Ortega, menos que queden
en actitud las tropas que manda, de continuar la guerra contra la Francia;
porque esto no importará otra cosa, que cambiar de posiciones los ejércitos
beligerantes, pues estoy muy seguro [de] que antes de diez días tendría de
nuevo en batalla contra las huestes francesas, al ejército que tanta guerra me

ha dado defendiendo los muros de esta ciudad". A lo largo de la conversación, el general francés desliza la propuesta de que el Ejército de Oriente acepte la intervención y sus oficiales adopten una posición de neutralidad en la guerra. Más tarde añadirá: "Yo no había dejado ignorar al parlamentario que si la guarnición esperaba el asalto general según las leyes de la guerra, ella sería pasada a cuchillo".

González Ortega cita a una nueva reunión de los generales, a la que se suman al menos Porfirio Díaz y Pedro Hinojosa. "Pregunté en presencia de ellos al comandante general de artillería el estado que guardaban nuestras municiones de guerra, y me contestó: que en los ataques que se sostuvieron ese día, se consumieron aun los cartuchos que contenían una triple carga, y que por disposición mía habían estado preparados para romper nuestras piezas; pero que si se recogían las municiones de esta arma que había en todos los fuertes, reconcentrándolas a los de Ingenieros y el Hidalgo, estos podrían sostener todavía un fuego de dos o tres horas, y que pasando este tiempo, nuestras municiones de guerra habrían concluido absolutamente". Queda, pues, la opción de "romper el cerco saliendo de la plaza", pero contra esto argumenta que "faltaban caminos para emprender la salida; porque nuestra artillería movible carecía de la potencia necesaria para abrir brechas en los parapetos levantados por el enemigo; porque ya no había las municiones suficientes para romper el sitio y sostener una o dos batallas […] y porque no contábamos fuera de la plaza con auxiliar alguno que se ocupara, aunque fuera simplemente, de llamar la atención del enemigo, pues que ignoraba hasta esa hora el paradero del cuerpo de Ejército del Centro". Aun así, está dispuesto a aceptar la proposición si la mayoría está a favor de ella. Algunos de los asistentes como Berriozábal, Hinojosa y Díaz parecen apoyarla, pero se cuadran ante la opinión mayoritaria. Negrete mantiene una tercera opinión: aceptar la rendición y las condiciones de Forey de permanecer neutrales entre los franceses y el gobierno, y luego, "una vez colocado nuestro cuerpo de ejército fuera de Puebla, falte a los compromisos que se contraiga, haciendo la guerra al ejército francés, así como este faltó de una manera escandalosa a los convenios celebrados en La Soledad".

La reunión terminó pasada la una de la madrugada y González Ortega dictó la orden siguiente a los defensores de Puebla: "No pudiendo seguir defendiéndose la guarnición de esta plaza por la falta absoluta de víveres y por haber concluido las existencias de municiones que tenía, al extremo de no poder sostener hoy los ataques que probablemente le dará el enemigo a las primeras luces del día", dispone que se rompa el armamento, se destruya la artillería, se disuelva el ejército sin que esto los excluya de "seguir prestando sus servicios al suelo en que nacieron". Y que a las cinco y media de la mañana se tocará parlamento y se izará una bandera blanca en cada uno de los fuertes. Y a Forey le informa que los generales, jefes y oficiales se concentrarán ante el Palacio de Gobierno y se entregarán como prisioneros de guerra.

Al menos dos batallones violaron la orden de González Ortega y trataron infructuosamente de hacer una salida: el batallón de zapadores de San Luis Potosí, que mandaba Von Gagern, y el 26, que mandaba Luigi Ghilardi. Negrete le pidió al general en jefe que le permitiera esconder una parte del armamento de su división, pero González Ortega se lo prohibió. Hacia las tres de mañana, cuado la orden de rendición estaba circulando, llegó una carta del general José M. Yáñez, que había quedado al mando de los restos del Ejército del Centro sustituyendo a Comonfort, en que le informaba de la imposibilidad de acudir al auxilio de la ciudad porque "las tropas de este cuerpo de ejército, aunque forman todavía un grueso respetable, se hallan desmoralizadas en términos que no es posible sacarlas al combate todavía".

González Ortega recordará: "A la hora prefijada nuestros valientes, con el mayor orden, rompían sus armas sobre los parapetos, reductos y murallas, y al frente de sus enemigos. Otros batallones, en formación regular, marchaban hasta la plaza de armas y frente de palacio, y ahí hacían astillas los rifles y fusiles que les habían servido para presentarse invencibles, ante el más acreditado de los ejércitos europeos, diseminándose en seguida y con el mayor orden, por los arrabales de la ciudad. Por todos nuestros fuertes, calles y líneas avanzadas, se escuchaba la imponente detonación de la artillería [...]. Unos polvorines con algunos restos de municiones que había en San Agustín y otros puntos volaron con los edificios que los contenían. Las primeras luces de la mañana del día 17 vinieron a alumbrar aquel cuadro". Las banderas de los batallones fueron destruidas o escondidas.

González Ortega redacta su última nota dirigida al ministro de la Guerra: "No puedo, señor general, seguir defendiéndome por más tiempo; si pudiera, no dude que lo haría".

A pesar de las órdenes, fuera por la escasez de pólvora, el poco tiempo con el que contaron o por la mala gana con que los artilleros cumplieron con la orden que se les encomendó, sólo pudieron ser destruidas 89 piezas de artillería (Zamacois dirá que 30), salvándose total o parcialmente 83.

Forey anotará en su parte: "El enemigo ha dicho, para explicar la rendición de la ciudad, que no tenía ya ni víveres ni municiones. Esto no es exacto. La ciudad ofrece todavía recursos importantes y una gran cantidad de municiones. No son estos [...] los verdaderos motivos que han hecho cesar la resistencia. Es menester buscarlos en otra parte". Fuera cierto o no, el caso es que se hallaron muchos proyectiles de cañón, pero nada de pólvora. Sara Yorke registró que la "opinión franca de muchos" oficiales franceses era que Puebla había caído por la hambruna. Un oficial francés habría de decir: "En la ciudad ya no hay nada que comer y sólo el hambre ha obligado al lobo a salir de su guarida". Y el coronel Troncoso añade: "Bien sabido es que el día que concluyó la defensa no había víveres para un día más, si se exceptúan las flacas mulas de artillería y los caballos: pero no se encontraba maíz o harina ni aun para los enfermos".

En la mañana del 17 el coronel Máneque, segundo jefe del Estado Mayor de Forey, entró a la ciudad con el primer batallón de cazadores de a pie, y a las nueve soldados de infantería formaron guardia en el cuartel general, mientras una sección de cazadores de África hacía lo mismo en la plaza de armas. A las diez, por la calle de Capuchinas, aparecieron jefes y oficiales de la división Márquez; en la esquina del Obispado, los mandos de la república, que aunque conservaban sus espadas y armas de fuego de uso personal, hicieron uso del único recurso "que les era legítimo emplear", su propia voz. Al tenerlos al alcance, los cubrieron de insultos e incluso alguno consiguió arrojarles piedras, hasta que intervino una patrulla de cazadores de África.

Mientras los oficiales eran detenidos, repicaron las campanas de varios templos, provocando su enfurecimiento. Irineo Paz contará años más tarde: "Algunos heridos que pudieron se levantaron y salieron corriendo a la calle, otros buscaban sus pistolas para suicidarse, no encontrándolas a mano, porque se había tenido cuidado de escondérselas". El capitán Loizillón registrará: "Sobre nuestras líneas de circunvalación se dirigieron masas de hombres en desorden que salían de la plaza [...]. Esos desgraciados llegaron a nuestro campamento en número de 12 mil, muriendo de hambre, desnudos y gritando como bestias feroces", muchos estaban sin uniforme, vestidos sólo con calzoncillo.

Si en la imaginación nacional la palabra Puebla está asociada a la batalla del 5 de mayo, los 62 días de combate del sitio poblano merecían un más profundo recuerdo colectivo. Muy pocas veces en la historia de este país se derrochó tanto valor, entrega, enloquecido patriotismo. La palabra heroico está desgastada por el abuso del lenguaje y la retórica del vacío, pero si algo merece el adjetivo, son esos 62 días (16 de marzo a 17 de mayo) que duró la batalla.

Oficialmente las bajas francesas fueron de 1 303 hombres entre muertos y heridos, aunque es muy probable que la cifra haya sido maquillada; según el *New York Herald,* fue mucho mayor, llegando hasta 4 mil. Las cifras de muertos y heridos mexicanos nunca fueron calculadas, pero si al inicio del combate el Ejército de Oriente contaba con cerca de 24 mil hombres, si 3 mil de ellos salieron con las brigadas de caballería y si al final 12 mil se entregaron prisioneros, la cifra de muertos, desertores y desaparecidos debe de ser cercana a los 9 mil.

NOTAS

1)   Francisco P. Troncoso: *Diario de las operaciones militares del sitio de Puebla de 1863.* Miguel Galindo y Galindo: *La gran década nacional o Relación histórica de la Guerra de Reforma, intervención extranjera y gobiernos del archiduche Maximiliano, 1857-1867.* "Parte general que da al supremo gobierno de la nación respecto de la defensa de Puebla el ciudadano general Jesús González Ortega". Porfirio Díaz: *Memorias.* Élie Frédéric Forey: *The French in Mexico. The Siege of Puebla-Gen. Forey's Official Report of the Capture*

of Fort San Xavier. Manuel Balbontín: *Memorias del coronel Manuel Balbontín*. Tirso Rafael Córdoba: *El sitio de Puebla: apuntes para la historia de México, sacados de documentos oficiales y relaciones de testigos fidedignos*. Niceto de Zamacois: *Historia de México*. Sara Yorke Stevenson: *The Mexican Affair*. Ireneo Paz: *Maximiliano*. Paco Ignacio Taibo II: *La lejanía del tesoro*. A. Belenki: *Intervención francesa en México, 1861-1867*.

2)   Ecos. El ministro Blanco a González Ortega, 22 de mayo hablando a nombre de Juárez: "Está, pues, satisfecho el ciudadano presidente de la conducta de usted y de la de los generales, jefes y oficiales y tropa que compusieron el inmortal Ejército de Oriente y así me ordena que se lo manifieste". Maximiliano a Napoleón a raíz de la caída de Puebla, 12 junio, fechada en Miramar: "Esta victoria da al mundo una prueba de lo que pueden la firmeza y el alto espíritu del emperador, a pesar de la enérgica resistencia". El 14 de junio en San Luis Potosí, Benito Juárez, crea "un distintivo honorífico" a que tendrán derecho todos los ciudadanos generales, jefes, oficiales e individuos de tropa que cooperaron a la defensa de Puebla. Estamos solos. "México […] con nadie tiene que dividir su gloria". Salvador Alvarado escribirá años después: "¿Quién ignora que el invasor francés entró a Puebla pisando flores arrojadas por los frailes, después de pasar por encima de los cadáveres de los soldados mexicanos, caídos en la defensa de su patria? ¿Se ha olvidado, acaso que ese mismo clero tapizó con nuestra bandera nacional el suelo que debían pisar los invasores en el trayecto de su Cuartel General a la Catedral de Puebla, donde se cantó un Te Deum por la gloria conquistada por el ejército francés, que acababa de matar a los mexicanos que defendían heroicamente a su patria?".

105

LOS FUGADOS Y LOS EXILIADOS

El general Forey cuenta: "Han caído en nuestro poder 26 generales, 225 oficiales superiores, 800 oficiales subalternos, 11 mil prisioneros, 150 cañones en buen estado, armas y municiones en mucho número". Más allá de lo de los 150 cañones, que a todas luces es falso, y de la supuesta abundancia de municiones, el número de prisioneros es exacto.

A los generales mexicanos les tocó por prisión la casa del general Mendoza, en la calle de Herreros. González Ortega cuenta: "El 18 de mayo Forey se presentó con un acta redactada por él en francés con la pretensión de que la firmaran los generales, jefes y oficiales del ejército, en la que se intentaba comprometernos, bajo nuestra palabra de honor, a permanecer neutrales en los lugares que se nos designaran hasta el fin de la guerra. Muy pocos entre los subalternos firmaron esa acta", y en cambio los 26 redactaron y firmaron: "Los generales prisioneros que suscriben, pertenecientes al Ejército mexicano de

Oriente, no firman el documento [...] porque las leyes de su país les prohíben contraer compromiso alguno que menoscabe la dignidad del honor militar", Jesús González Ortega, Francisco Paz, Felipe Berriozábal, Lorenzo Antillón, Francisco Alatorre, Ignacio de la Llave, Alejandro García, Epitacio Huerta, Ignacio Mejía, José María Mora, Pedro Hinojosa, José María Patoni, Joaquín Colombres, Domingo Gayosso, Antonio Osorio, Eutimio Pinzón, Francisco de Lamadrid, Porfirio Díaz, Luciano Prieto, J. B. Camacho, Mariano Escobedo, Manuel Sánchez, Pedro Rioseco, Manuel G. Cosío, Miguel Auza y Jesús Loera.

Las fugas empezaron de inmediato. El coronel Carlos Salazar se evadió en el momento de la rendición entrando a una casa que resultó propiedad de un intervencionista, que intentó denunciarlo. Salazar lo sometió, esperó la llegada de la noche y emprendió la fuga hasta el Distrito Federal a campo traviesa.

El 19 la entrada de Forey en Puebla se produjo cruzando el mutismo de las calles, cortando un silencio espeso; ni una mujer en las ventanas, ni curiosos rondando las esquinas, ni una autoridad para oficializar la entrega de la ciudad, ni un portón abierto. Sólo desentonó el malhabido clero poblano, lanzando al vuelo las campanas y celebrando un tedeum en la catedral, en honor de los soldados invasores. La bandera francesa fue izada en una de las torres de la catedral y la mexicana en la otra. Después de la ceremonia, desfilaron las tropas invasoras en la plaza frente a su general. En Veracruz, que llevaba ocupada dos años, se cerraron los comercios y las mujeres se vistieron de luto, bajo la hosca mirada de los franceses.

Forey cuenta: "Los prisioneros han sido desde luego un embarazo muy considerable por cuanto a su alimentación. Dos o 3 mil han sido incorporados ya al ejército aliado. Los oficiales eran aún más molestos". Saligny quería que como criminales fueran deportados a Cayena o Martinica. Según Du Barail, Almonte y el general Woll proponían una medida sumaria, que fueran fusilados, "pura y simplemente". Forey decide: "He dispuesto que sean remitidos a Francia e inmediatamente los he mandado conducir hacia Veracruz".

El 21 de mayo Forey quitó a los generales las espadas y pistolas que hasta entonces les había permitido portar, y les comunicó que al otro día saldrían desterrados para Francia. Esa noche Porfirio Díaz deja el uniforme y vestido de mujer sale caminando, mezclado entre los civiles que los visitaban; llega por casualidad a la casa donde se ha refugiado Felipe Berriozábal, que usó su amistad con un oficial imperial. Salieron a caballo de Puebla y en Apam dieron con una patrulla de caballería republicana que los escoltó hasta la capital con Ignacio R. Alatorre. Fueron de los primeros en reportarse. Porfirio integrará la brigada que actuará en el sur con sinaloenses y oaxaqueños y la brigada de Quiroga de caballería. Berriozábal será nombrado ministro de la Guerra. El mismo 21 huyen Florencio Antillón, Miguel Negrete y Juan Caamaño.

El 22 salen los generales rumbo a Veracruz en carruajes. González Ortega registra: "Al salir de la ciudad iban con el mayor júbilo entonando el Himno

Nacional de México. Su frente […] la levantaban ante el mundo como quien cumple […] un deber que le impone la patria y acepta […] gustoso su destino".

El capitán primero Rafael Platón Sánchez se fuga con varios oficiales en las Cumbres de Acultzingo, al igual que el coronel Manuel Santibáñez, quien después de haber atravesado el Mezcala y pasado muchísimos trabajos durante algunos meses se presentó con una corta tropa a Porfirio Díaz en Oaxaca.

En el camino a Orizaba el general Mariano Escobedo, en una noche de fogatas, se escapa, llega caminando hasta Coscomatepec, consigue un guía, roba unos caballos y toma el camino recto a Jalapa; rompe el récord de las reincoporaciones. En sólo 48 horas, burlando mil y un retenes y vigilancias de los imperiales, está en la Ciudad de México, donde el gobierno lo comisiona a cargo de la caballería en la división del general Juan José de la Garza.

Al llegar a Orizaba, el 25, los prisioneros ven cómo los franceses rematan a un soldado prisionero que no puede seguir marchando. Corre el rumor de que los franceses fusilaron a un coronel chiapaneco y seis oficiales murieron de hambre. Los altos mandos son amenazados de muerte en caso de intentar la fuga, pero continúan las deserciones. Se impide que los nativos les den agua o comida. Sin embargo, hay recepciones de las familias de Orizaba, Córdoba y Veracruz, donde hasta puros les regalan. En Orizaba son encarcelados en el ex convento de San José de Gracia. González Ortega da la orden de que los que puedan escapar lo hagan para proseguir la lucha; él mismo sale disfrazado por la puerta principal del cuartel a la vista de los soldados franceses, "que no se habían fijado en sus personas y menos en las facciones de su rostro". Huye el coronel Sóstenes Rocha, prisionero en San Lorenzo, que va hacia San Luis Potosí a reunirse con Juárez. Se fugan Alejandro García; Pedro Hinojosa; el general guerrerense jefe de los pintos, Eutimio Pinzón; los coroneles Pedro Martínez, Manuel González y Joaquín Sánchez Román; Luis Ghilardi; el general Patoni, que llega a pie a la Ciudad de México; el coronel Francisco Naranjo; el liberal de liberales y general veracruzano Ignacio de la Llave. El coronel zacatecano Miguel Auza, uno de los héroes de la batalla de Puebla que estaba herido, tras su evasión volvió a la Ciudad de México y en agosto del 63 fue recapturado y condenado a expatriación; y cuando iba a ser embarcado en Veracruz, Bazaine le dio un salvoconducto para permanecer bajo custodia en Zacatecas.

Al llegar a Veracruz, de los 1 508 oficiales originalmente detenidos en Puebla sólo pasaron lista 532; casi dos tercios de los capturados se habían escapado. Saligny puso el grito en el cielo y culpó a los generales franceses. Decía que Forey estaba contento de la fuga de González Ortega, al que admiraba mucho.

Esta es la historia de los oficiales cuyos nombres y biografías conocemos. ¿Pero qué sucedió con los 11 mil hombres de infantería? Forey ordenó que se distribuyeran: 5 mil soldados ingresaron en el cuerpo de Leonardo Márquez (muchos deben de haber desertado, pues Márquez tenía antes 1 500 hombres y en septiembre tenía sólo 3 500, o sea que 3 mil de los que se incorporaron habían desertado), 3 mil se emplearon en la destrucción de las barricadas y atrincheramientos de la ciudad y 4 mil en trabajos de la línea férrea de Veracruz.

Tan tarde como el 10 de octubre de 1863, Bazaine le enviaba una nota al coronel López en que opinaba que los prisioneros no debían ser incorporados en el Regimiento de la Guardia Imperial porque, "como ha sucedido ya varias veces, distintos prisioneros incorporados hayan aprovechado de su libertad para desertar".

Si se sigue en detalle la historia de las guerrillas veracruzanas, la futura chinaca michoacana, los rebeldes de la sierra de Puebla y las Huastecas, la chinaca de Tamaulipas, los irregulares de Fragoso en los alrededores de la capital, las tropas de Porfirio en Oaxaca, los sinaloenses de Corona, siempre habrá entre ellos uno o varios de los ex combatientes de Puebla. Ellos serán el corazón de la resistencia.

Los altos mandos que aún estaban detenidos fueron embarcados a Francia como prisioneros en el vapor *Darien* y la fragata *Ceres*. En Francia desembarcaron en L'Orient (o Brest), y los generales y altos mandos fueron destinados a Évreux, Tours, Blois, Bourget, Clermont-Ferrand y Moulins.

Entre los que llegaron a Francia se encontraban el eterno guerrillero Epitacio Huerta; el exótico cuartelmaestre José González de Mendoza; Francisco Paz, jefe de la artillería de Puebla; Ignacio Mejía (el ex ministro de la Guerra con Zaragoza); el coronel Joaquín Colombres, el hombre que fortificó Puebla; el coronel José Mariano Rojo, y el garibaldino teniente coronel Saviotti. El 15 de octubre de 1863 se les presentó a firma un documento en el que, si aceptaban a Maximiliano como emperador y el Tratado de Miramar, podían quedar libres y aceptar asilo político en Francia o repatriarse para servir al imperio. De los 532 desterrados, 350 se quebraron, pero 180 se negaron a firmar, el general Epitacio Huerta acaudillaba a los rebeldes.

Poco después, a 9 119 kilómetros de México, como recuerda Jorge Carretero, se les presentó un nuevo documento según el cual se comprometían bajo palabra de honor a "no combatir jamás, por ningún medio, cualquiera que sea, la Intervención francesa en México, y a permanecer extraño a toda tentativa política opuesta al gobierno establecido en aquel país".

Los que firmaron uno u otro de los documentos fueron liberados y enviados a México con el transporte pagado en un buque francés. Entre ellos, los generales Colombres y José María González de Mendoza, que tenía dinero (pese a que tras la derrota sus bienes habían sido confiscados) y se quedó un tiempo en París; en noviembre del 65 regresaría a México y se plegaría al imperio; gracias a eso sería nombrado prefecto del departamento del Valle de México.

Los 180 irreductibles vivían con un apoyo de 20 pesos mensuales en condiciones lamentables; podían mal alimentarse, pero no alcanzaba para el vestido, bajo el invierno francés. En febrero del 64 recibieron 24 mil pesos que les envió Juárez, cantidad corta pero notable, dada la situación del Presidente en Saltillo. Los que permanecieron detenidos recibieron varias veces la oferta pero continuaron negándose a firmarla. Hacia el final del 65 un centenar de ellos fueron expulsados a España, donde trabajaron partiendo piedra en una cantera cerca de San Sebastián.

Varios se escaparon. Ignacio Mejía se fugó en julio de 1864 y regresó a México para, en octubre de 1865, reincorporarse a las fuerzas liberales en Paso del Norte. Epitacio Huerta, después de haberse embarcado en San Sebastián, desembarcó en Nueva York y se presentó a Matías Romero en septiembre del 65. El general de artillería Paz se reportó con el gobierno juarista en junio del 66, siendo enviado a apoyar a la División del Norte de Escobedo. Von Gagern regresó a México en 1865 pasando por Estados Unidos y se reincorporó al ejército liberal: "Mi patria está donde impera la voluntad".

NOTAS

1) González Ortega: parte. Francisco Bulnes: *Juárez y las revoluciones de Ayutla y de Reforma*. François Charles du Barail: *Mes souvenirs*. Óscar Flores Tapia: *Mariano Escobedo, la lealtad republicana*. Rubén Velázquez Martínez: *La raíz del sol*. Luis Rodrigo Álvarez: *Historia general del estado de Oaxaca*. Paco Ignacio Taibo II: *La lejanía del tesoro y El general orejón ese*. Porfirio Díaz: *Memorias*. Donald W. Miles: *Cinco de Mayo: What is Everybody Celebrating?*. José Emilio Pacheco: "La victoria de la derrota (Puebla, hace 150 años)". Manuel Santibáñez: *Reseña histórica del cuerpo del Ejército de Oriente*, vol. 2. Agustín Rivera: *Anales mexicanos. La Reforma y el Segundo Imperio*. Clara Guadalupe García: *El general Corona. Una aproximación novelada*. Juan de Dios Arias: *Reseña histórica del Ejército del Norte durante la intervención francesa, sitio de Querétaro y noticias oficiales sobre la captura de Maximiliano, su proceso íntegro y su muerte*. M. Penette y J. Castaingt: *La Legión Extranjera en la intervención francesa*. Pedro Salmerón Sanginés, Raúl González Lezama y Luis Arturo Salmerón: *La heroica defensa de Puebla, 1862-1863*. Hilarión Díaz: *Juárez glorificado y la intervención y el imperio ante la verdad histórica*. Miguel Galindo y Galindo: *La gran década nacional o Relación histórica de la Guerra de Reforma, intervención extranjera y gobiernos del archiduche Maximiliano, 1857-1867*. "General Miguel Auza, 97 aniversario luctuoso". François-Achille Bazaine: *La intervención francesa en México según el archivo del Mariscal Bazaine*. Las penurias de los detenidos en Francia están narradas en Epitacio Huerta: *Apuntes para servir a la historia de los defensores de Puebla, que fueron conducidos prisioneros a Francia*, y en Jorge Carretero: *Prisionero de guerra del imperio francés*.

2) Francisco es ofensivo, dice que de los 14 144 defensores de Puebla "12 mil se hubieran ido con gusto a su casa", pero los hechos lo desmienten; en la aproximación podrían haber desertado; en los combates, rendido, y en la derrota, permanecido presos o firmado un compromiso con los invasores; no hubo tal, todo lo contrario. Los defensores de Puebla serían la columna vertebral de la resistencia republicana contra los franceses.

3) Las cifras de los fugados son imprecisas, según otro recuento estaban presos sola-

mente 13 de los 22 generales, 110 de 303 oficiales de alta graduación y 407 de los 1 179 oficiales subalternos que detenidos en Puebla pasaron lista en Veracruz.

4) Francisco de Lamadrid. En la enciclopedia de Zacatecas no aparece ni la fecha de su muerte. N. 1806. Hay registro de un escrito posterior de Toledo Fando: *Francisco de Lamadrid: Instrucción para la infantería en la esgrima a la bayoneta*. Tiene su nombre una población de Coahuila. Hay una foto, la única que he visto en la nueva edición de *Revistas históricas sobre la intervención francesa en México* de José María Iglesias donde lo muestra como un ranchero elegante con todo y reata en la mano, rubio, pelo partido a la mitad, corta barba florida, se atribuye a la colección de Conde Zambrano. Lamadrid operaba en las cercanías de Toluca en mayo del 64 según el archivo de Bazaine.

106

LOS CAMPANEROS

Alguna vez el narrador escribió, y no había podido encontrar el texto y mucho menos las referencias de dónde había sacado la información, la insólita historia de la reunión que se produce en Palacio Nacional tras la caída de Puebla y previa al abandono del gobierno de la Ciudad de México. Incluso estuvo buscando en Palacio el salón donde pudo haber sucedido, porque tenía un vago recuerdo de algo llamado "el salón azul", claro, sin encontrarlo. ¿Será por el fondo azul de la pared de la sala de billar?

Finalmente apareció una marca en un libro de Juan Antonio Mateos que señalaba la siguiente historia: "Sí, la ciudad era un caos, Palacio Nacional era un volcán. A media mañana, Guillermo Prieto, secretario de Hacienda del gobierno republicano, cuyo último corte de caja había reportado la magnífica suma de 20 pesos con 50 centavos, se abría paso entre la nube de militares, soldaderas, chamacos, mulas, burócratas, viudas, mutilados de guerra y pícaros que pululaban en la puerta Mariana. Varios de estas gentes lo increpaban para que pagara deudas y pensiones atrasadas. Prieto hizo como que no oía y se dirigió con ansiedad hacia la oficina del presidente. Al llegar a la entrada del despacho presidencial, el coronel de guardia lo reconoció y saludó y le señaló una puerta medio oculta.

"Prieto entró en el despacho presidencial. El presidente tenía puesta la levita de los domingos. Prieto sabía que el Benemérito sólo tenía dos levitas, la de la semana y la que usaba los domingos para ir a misa en catedral. Lo rodeaban militares. Enfrente del escritorio del presidente había grupo de civiles vestidos humildemente.

"—¿Quiénes son esos? —preguntó Prieto a un ayudante.

"—Son los campaneros de Puebla.

"—Señor presidente —dijo el más viejo—, venimos nada más a entregarle estas reatas.

"Los hombres depositaron varias cuerdas largas encima del escritorio presidencial.

"—Y bien, señores, ¿en razón de qué vinieron caminando desde Puebla para traerme estas reatas?

"—Son las cuerdas de las campanas de las iglesias de Puebla, señor presidente. El arzobispo nos había ordenado que cuando entraran los gabachos tocáramos las campanas con júbilo. Pero nosotros no somos traidores, señor presidente. Se las trajimos para que atestigüe usted que no, no doblaron esas campanas.

"Por un instante el Benemérito se conmovió. Sostuvo con las manos crispadas las reatas.

"—Gracias, señores —dijo finalmente Juárez—. Mientras la República tenga hijos como ustedes, el enemigo no nos podrá vencer, jamás. Estas reatas las conservaré en recuerdo de su patriotismo.

"Luego Juárez dirigió su mirada hacia donde estaba Prieto.

"Prieto asintió:

"—Señores, vengan conmigo, por favor.

"Si había 20 pesos en caja, tal vez podría darles diez para que se ayudaran en los gastos del viaje, pensó Prieto. Afortunadamente los campaneros rehusaron toda recompensa, cosa que causó alivio al secretario de Hacienda".

NOTAS

1) Juan Antonio Mateos: *El sol de mayo, memorias de la intervención, novela histórica*. La historia tiene un inconveniente, en ese momento Guillermo Prieto no era ministro de Hacienda. Yo la narré en Puebla en 2006 y la recogió *La Jornada de Oriente* (13 de octubre de 2006), luego se reprodujo en otras páginas de la red.

2) Juárez vivía en el ala norte de Palacio Nacional, entrando por el número 1 de la calle de Moneda. Se había negado a habitar la esquina suroeste de Palacio Nacional, más suntuosa; ocupó el espacio que usaría más tarde el intendente del palacio imperial.

107

CON LA BANDERA DOBLADA EN LA MANO

El coronel Briancourt fue nombrado gobernador político-militar de Puebla, encargado de la reorganización de la administración local. Se creó un periódico titulado *Boletín de los actos oficiales de la Intervención*. Se embargaron por decreto del 21 de mayo los bienes de los que habían combatido contra Francia. Y se prohibió la exportación de moneda acuñada. Pero los decretos fueron muy pronto anulados. El 21 de mayo, con la brigada de Márquez por delante, rumbo a San Martín Texmelucan, para amenazar a la Ciudad de México, el general Berthier salió de Puebla hacia el Distrito Federal con toda lentitud.

Tanto Bulnes como Balbontín sostenían que la Ciudad de México debió haberse defendido. Con una estimación basada en la capacidad de resistencia de la artillería, las 167 piezas, algunas de grueso calibre, y en lo que quedaba del Ejército del Centro y las milicias chilangas, Roeder decía que Juárez dudó si debería intentar la conservación del Distrito Federal. No faltaron argumentos militares para abandonar la ciudad. Iglesias argüía que ni se contaba con fortificaciones (cierto), ni artillería (falso), ni víveres (falso), ni ejército disponible de la calidad necesaria (cierto, quedaban brigadas muy desmoralizadas y muchas sin experiencia de combate); y que por lo tanto la defensa significaría jugarse el porvenir de la república a una sola carta y al instante, una locura. Otros hablaban de que la resistencia popular era posible y que con los restos del ejército y los voluntarios se podría poner en pie de lucha una ciudad entera, repleta de coraje y rabia. Tenían muy cerca los humos de las balas del 47 y los recuerdos de la heroica gesta popular. Y los había que hablaban del "Meritorio sacrificio de perder nuestra mayor ciudad", signifícase eso lo que signifícase.

Pero meritorios los sacrificios cuando son certeros. Con la salida de la Ciudad de México se abandonaba el poder económico y simbólico de la capital, pero se mantenía la resistencia, a diferencia del otro gran choque con los otros imperialistas, los gringos del 47.

Juárez, como siempre, no apostaba a una carta ni a otra, sino a los devastadores efectos de dos sabias fuerzas que conocía como aliadas: la terquedad y el paso del tiempo. El Congreso tuvo una sesión de clausura el 31 de mayo a mediodía. Los discursos se leían como testamentos. Juárez intervino allí, y en su seca voz apareció un involuntario tono de melodrama: "La adversidad no desalienta más que a los pueblos despreciables". Habló además de ejemplos en Puebla que no eran estériles, aunque sin mencionar la decisión de abandonar la capital para no provocar una oleada de pánico. El Congreso le concedió facultades extraordinarias y se disolvió en mansedumbre.

Una multitud silenciosa autoconvocada se reunió en el Zócalo. El Presidente esperó hasta la puesta del sol para ordenar arriar la bandera. Sonaron los cañones en salvas. La multitud esperó. Juárez, acompañado de su gabinete, contemplaba la ceremonia en la plaza mayor desde el ventanal central de Palacio. ¿Cómo son las tragedias? ¿Cómo se viven? Juan García Brito, que lo presenció, dice que Juárez traía la cabeza descubierta y a su lado estaba el general Juan José de la Garza; Juárez agarró la bandera que le entregaba un soldado, la tomó en las manos, la besó y se limitó a gritar un parco "¡Viva México!", que fue coreado por unas 10 mil personas. Se produjo una salva de fusilería.

Al anochecer Juárez abandonó la ciudad en una diligencia con sus ministros y Guillermo Prieto; otro carruaje destartalado con su familia, tres o cuatro ayudantes; una escolta minúscula (dos piquetes de tropas de Guanajuato y los carabineros montados). No era dado a más Juárez. Hombre de gestos, quería que quedara claro que la suya no era huida sino traslado "de la honra". En la comitiva del Presidente viajaba el Archivo General de la Nación. Antes de salir, convocó al gobierno a reunirse en San Luis Potosí, donde se instalaría la capital de la República. Llevaba en la mano la bandera doblada.

Mientras su casa en la calle de la Cerbatana era saqueada, Ignacio Ramírez, El Nigromante (que había sido el presidente en septiembre del 61 del Ayuntamiento de la Ciudad de México), salió caminando, apoyado en un bastón. Un amigo suyo le regaló un caballo cuando lo alcanzó por el rumbo de Tacubaya. Siguió hacia Toluca. Altamirano viajó hacia el sur, buscando sus orígenes.

Durante las últimas horas de la tarde no se veía en la capital más que preparativos de viaje, carros y mulas con baúles y colchones, personas a caballo, coches llenándose de bultos, pericos que se caían de las jaulas; vasos de anisado apurados al vuelo para dejar las botellas vacías tras de sí. Los rumores hacían a los franceses ya en Río Frío, los más miedosos los situaban en Ayotla. El ejército también abandonó la ciudad, una marcha cansina, en tres columnas, por los llanos de Tacubaya, por el norte y por Balbuena. Rodaban los armones con la artillería y las carretas de bastimentos.

Vicente Riva Palacio y su escuadrón de caballería estaban perdidos, probablemente entre la ciudad y los franceses, con los restos del ejército del general Garza, que supuestamente habrían de contener las avanzadillas de Márquez, y que se desbandó en contadas horas. El general Plácido Vega, de la tercera división de Comonfort, que no resultó dañada en San Lorenzo y sus hombres, constituían la retaguardia y los últimos soldados en abandonar el Distrito Federal a las 2:30 de la mañana del día 2 de junio.

Una parte del ejército se retirará por Toluca, encabezado por una brigada que dirige el reincorporado Porfirio Díaz, quien ordena el fusilamiento de desertores. Ghilardi, otro de los que han huido de Orizaba para seguir la guerra, trata de impedirlo argumentando que son guardias nacionales recién incorporados. El general Butrón chaquetea en ese momento; tratando de ganarse el favor de los invasores, hostiga a la retaguardia de la columna. Mariano Escobedo, uno más de los veteranos de Puebla, protegiendo la retirada del ejército a Toluca lo derrota en el camino al monte de las Cruces. De poco le servirá a Butrón su traición: será fusilado un mes más tarde por los mismos franceses con los que trató de congraciarse.

Diez días de caminos polvorientos. Recepciones y cohetones. Juárez domina como nadie la ilustración de la paciencia. Juárez conoce de las virtudes de la espera. Y Juárez aprecia el valor de los símbolos y se nutre de esta savia de calor populachero. En los pueblos comienza a cantarse una versión de una canción enormemente popular, "La Paloma", pero esta vez readaptada: "Cuando salí / del congreso, / válgame Dios, / nadie me ha visto salir / si no fui yo, y unos pocos diputados de oposición / que han seguido tras de mí, / que sí, señor. Si a tus estados llega un hijo pródigo / trátalo con cariño que ese es el código. Cuéntale mis pesares, bien de mi vida, / corónalo de azahares, / que es cosa mía".

El 1º de junio la vanguardia francesa vivaqueó en Ayotla, a 25 kilómetros de la capital. El 2 de junio los cónsules de España, Prusia y Estados Unidos se presentaron ante Forey, rogándole ocupar la ciudad sin las tropas de Márquez en la vanguardia. Los traidores se apresuran y es elegida una comisión que se presentó ante Forey el 4 de junio para anunciarle el pronunciamiento llevado a cabo en la capital. El mismo día un batallón de cazadores estaba a las puertas de la Ciudad de México. El conde Émile de Kératry registra: "El entusiasmo fue ficticio. Juárez no había sido expulsado por la población de la capital".

Guillermo Prieto terminaba un artículo a mediados de marzo del 63 con un par de frases: "Fe en el porvenir: los pueblos son invencibles". En ese mismo artículo decía: "Si se toma un fuerte, quedarán los otros fuertes. Después quedan las torres de las iglesias, los patios, los cementerios, los claustros, las celdas. En cada pieza se hace un castillo, en cada puerta una muralla. Después todas las aldeas. Si esto se perdiera, las cavernas, las montañas. Y cuando todo se haya perdido tendremos todavía por patria las tumbas y por sudario nuestra divina bandera hecha jirones".

NOTAS

1) Antonio García Pérez: *Estudio político militar de la Campaña de Méjico, 1861-1867*. Manuel Balbontín: *Memorias del coronel Manuel Balbontín*. Vicente Quirarte: "El primer día de la ciudad imperial". Emilio Arellano: *Ignacio Ramírez, El Nigromante: Memorias prohibidas*. Paco Ignacio Taibo II: *La lejanía del tesoro*. Antonio Lerma Garay: *El general traicionado. Vida y obra de Plácido Vega Daza*. "Hoja de servicios del C. General de División Mariano Escobedo, su edad cincuenta y siete años, natural de Galeana del Estado de Nuevo León, su estado casado, sus servicios, y circunstancias los que a continuación se expresan". Leonardo Viramontes: *Benito Juárez*.

2) Manuel Balbontín dice que Juárez llevaba "los fondos del tesoro". Konrad Ratz (*Querétaro: fin del segundo imperio mexicano*) usa una variante: "Juárez deja el Distrito Federal llevándose los fondos del erario". No hay tal. El inexistente tesoro me dio la coartada para escribir *La lejanía del tesoro*.

3) "La Paloma", una habanera, había sido compuesta por el español Sebastián Iradier, profesor de música de la emperatriz Eugenia, que viajó en un *tour* a América con las estrellas de la opera Marietta Alboni y Adelina Patti entre 1850 y 1860, y probablemente la compuso entonces; en 1820 fue readaptada. La interpretación de Oscar Chávez de esa versión es la mejor. (José Carmen Soto: *Juárez y la canción durante la intervención francesa. Adiós a Mamá Carlota. About the Mexican Protest Song of 1866*).

108

DUPIN EN VERACRUZ

Febrero del 63 a febrero del 64

Retrocedamos. Cuando Forey inició su avance hacia Puebla no podía dejar atrás las muchas partidas de guerrilleros. De Kératry reflexionaría: "Se hizo evidente que una guerra de guerrillas organizada por los juaristas en tierra caliente iba a proseguir al lado de la guerra regular, lo que exigiría de nuestra parte el empleo de medios excepcionales […]. La tierra caliente, a lo largo del recorrido seguido por el ejército francés, estaba cubierta de bosques y maleza favorables para tender emboscadas. Los fuertes calores de un clima abrasador y desconocido para nuestros soldados diezmaban las escoltas de infantería y de caballería encargadas de proteger los convoyes, atascados frecuentemente en los caminos intransitables".

Entre junio y septiembre de 1862, las tropas francesas contaban con pocos elementos para cuidar su línea de comunicaciones. En el puerto el capitán de navío Roze tenía a su mando sólo 600 hombres, y el general conservador Gálvez mantenía la vigilancia de la estación de ferrocarril en Tejería, con un reducido destacamento. Se creó entonces una "contraguerrilla" que fue encomendada a un ingeniero suizo que había previamente servido a la república y que al inicio de la Intervención traicionó ofreciendo sus servicios al general Prim y posteriormente a los franceses. Este personaje, que fue conocido bajo los nombres de Stoecklin, Staiklen o Staeklin, formó un grupo de 50 voluntarios que actuaban con relativa independencia fijando su campamento en Medellín.

Su primera misión fue expulsar a las guerrillas al otro lado del Papaloapan, ayudado por la cañonera francesa *Sainte Barbe,* el 11 de diciembre de 1862, pero fue rechazado con saldo de siete muertos y 18 heridos. Posteriormente las tropas del suizo tomaron Tlacotalpan y hubo continuas escaramuzas y tiroteos contra las guerrillas.

El conde Émile de Kératry, que formaría parte de la contraguerrilla y que tenía en esos momentos 32 años, diría que el suizo estaba "dotado de gran valor personal, adiestraba fácilmente a sus hombres en los bosques de Veracruz y sus primeras incursiones alcanzaron éxito; pero cuando su tropa creció en número, sus facultades militares no estuvieron ya a la altura del mando recibido. Algunas operaciones importantes en las que demostró una bravura incomparable resultaron desafortunadas y comprometieron seriamente su autoridad. El poco aprecio por las órdenes de los oficiales franceses de quienes dependía le dio el golpe final. Presentó su renuncia, que fue aceptada; pero, al mismo tiempo, recibió la cruz de la Legión de Honor".

Hará entonces aparición en escena un singular personaje, salido de Cherburgo, Francia, a fines de agosto del 62, al que el ministro de la Guerra francés comisiona como "encargado de la organización del ejército imperial"; Forey lo estaciona en Veracruz.

El 14 de febrero de 1863 se celebraba una fiesta en los salones de la casa de Saligny en Orizaba (o en la casa del agiotista José Maria Bringas). Forey, que tenía que resolver el problema de las incursiones de la guerrilla y desconfiaba de las tropas de Márquez o Mejía por el alto número de deserciones que tenían, se acercó al coronel Charles Louis Desiré Dupin (cambiaría su nombre por el más aristocrático Du Pin en 1864-1865) y le trazó el panorama ofreciéndole la dirección de una contraguerrilla que actuaría en la zona caliente, mientras él iniciaba su ofensiva contra Puebla. De nuevo Kératry escribiría: "El baile continuaba entretanto: al compás de las lánguidas notas de una habanera, las parejas se cruzaban sin cesar; entre las bellas mexicanas que se entregaban a la embriaguez del baile, muchas hubieran palidecido si la orden que había dado el general hubiese llegado a sus oídos. En efecto, una contraguerrilla francesa acababa de ser decretada; y muy probablemente, en los salones del representante de Francia, había algunos jefes guerrilleros disfrazados de apuestos caballeros, cuyos rostros, sonrientes esa noche de fiesta, más tarde, colgados de un árbol, se agitarían con muecas de dolor".

Dupin tenía en esos momentos una biografía, que podría calificarse como exuberante. Nacido bajo los Pirineos, en el poblado de Lasgraisses, el 29 de diciembre de 1814, hijo de un rentista, resultó un niño problemático de inteligencia aguda. Obtiene un bachillerato en literatura a los 17 años. Adolescente terrible en la universidad, expulsado de varias escuelas. Viaja a París para ingresar en el Polytechnique y será el 63º de 136 alumnos. Se alista en el ejército, pasa por la escuela de Estado Mayor. Se incorpora al 66 regimiento de infantería; luego, en el 17º de línea es nombrado teniente en 1839, capitán en 1842, es enviado al año siguiente a Argelia y se comienza a distinguir.

Participa en la captura del campamento de Abd el-Kader el 16 de mayo de 1843, donde salva la vida del coronel Morris. Se dice que se le ve en el cuadro de Horace Vernet *El asalto a la smolah de Abd el-Kader*. Jean Meyer sostiene que está a caballo en la extrema izquierda disparando su pistola. Por más que el narrador lo busca en el lienzo panorámico con todo y lupa, no lo halla.

El mismo Meyer registra con exceso de generosidad: "Tenía todos los vicios menos la borrachera. Por lo demás, un valiente soldado y un jefe ilustrado". Citado, condecorado, se vuelve a su regreso a Francia ayudante de campo del general Marey-Monge, luego jefe de escuadrón en 1851.

Su atribulada vida emocional lo traiciona porque se enamora de la conocida actriz Claire Mayer y fracasa, lo que lo lleva a un intento de suicidio, aunque voces autorizadas dirán que dicho intento se debió a que vivía estrangulado económicamente por deudas de juego.

En 1853 regresa a Argelia y toma parte en la expedición de los zuavos del general Randon. Participa en la represión de los rebeldes argelinos, tiene fama de abusador de mujeres. Está en boca de muchos y se dicen de él las peores cosas: que violaba argelinas en el 57, cuando la conquista francesa de la Kábila. Que nunca se bañó durante la época en que cruzaba el desierto sobre un camello, al que luego gustaba contranatura. Vio y participó en los asesinatos de civiles quemados vivos en cuevas, el incendio de los pueblos y las cosechas. Escribió un manuscrito que nunca publicó: "Mis amores y la guerra de Argelia".

Estará en Crimea y será citado por su valor el 19 de septiembre de 1855. Se dirá que mató a un adolescente en la guerra italiana del 59, guerra de batallas coloreadas: Magenta, Solferino, cuando hermanados con los piamonteses, los soldados de Napoleón III combatían al que hoy sería su aliado austriaco. Tras la campaña de Italia en 1859, servirá como jefe de Estado Mayor de una división de caballería.

Teniente coronel a los 40 años, su talento como topógrafo hace que lo nombren jefe del servicio que acompaña a la expedición a China en 1859. Conquista los galones de coronel en la toma de los fuertes de Peï-Ho. En octubre del 60 participa en el saqueo del Palacio de Invierno Imperial chino, el Yuan Ming Yuan, en el suburbio occidental de Pekín; ve arder las llamas que destruyen la biblioteca más grande del mundo, y participa en el saqueo del Palacio de Verano del emperador chino.

El general Charles Guillaume Cousin-Montauban no sólo permite el saqueo, sino que participa de él. Dupin será el que haga el inventario y se lleve 20 cajas de obras de arte, las cuales le permitirán hacer un museo particular en París, que a su vez terminará vendiendo públicamente con todo y anuncios en la prensa, porque necesita cubrir deudas del juego de naipes. Se produce el escándalo: está haciendo pasar vergüenzas al ejército, que permite saqueadores de guerra, pero no comerciantes de botines, que malbaraten libros chinos, joyas, porcelanas, cuadros y escritos, a mitad de los bulevares.

Lo salva de la cárcel el que el ejército interceda por él a causa de la buena hoja de servicios, pero suma siete citaciones por delitos dentro de la milicia y queda cesante disponible bajo el Ministerio de la Guerra. Dupin no pasa demasiado tiempo en casa. Acepta une misión en Japón. Pasará tres años en Asia.

Cuando el ministro de la Guerra francés hurga en el arcón de los indeseables para traerlos a poblar las playas de Veracruz, encuentra primero al defenestrado personaje, lector de Maquiavelo, escritor, pintor, erudito, mundano y campeón de tiro.

Miguel Domínguez Loyo lo describe: "Un hombre bajo de estatura, de amplias espaldas, rechoncho, pelo escaso y entrecano, ojos azules y penetrantes, nariz roja por el exceso de alcohol que ingería, lo que siempre comprobaba con la inseparable garrafa con ajenjo al pendiente de una correa terciada al tórax, de voz ronca e inseparable puro en la boca. Su indumentaria era extravagante, tocado con amplio sombrero charro galoneado o de palma con toquilla de piel de zorro; blusa amarrada a la cintura, pantalón bombacho de montar, botas de tosca piel amarilla, enormes espuelas de Amozoc, pistola, sable y puñal al cinto; cuando vestía de gala usaba un dolmán de coronel del ejército francés, rojo o negro, cubierto el pecho de condecoraciones".

Y Juan de Dios Peza abunda: "A Dupin lo recuerdo apenas [...] ancho sombrero bordado en oro con flores de gran relieve debajo del ala, gruesa toquilla y chapetas figurando dos caras de león, holgada blusa de lienzo rojo, con alamares y cordones de oro y adornando el pecho con más de diez cruces, medallas y placas, pantalón bombacho de dril crudo, botas fuertes amarillas estilo mosquetero, con acicates dorados, capote de coronel, revólver y sable a la cintura".

El 20 de febrero del 63, el coronel Dupin llegó a Medellín para tomar posesión de su nuevo mando, heredando las tropas de la contraguerrilla; un centenar que lo recibieron formados en un corral. Kératry registra: "Franceses, griegos, españoles, mexicanos, norteamericanos, sudamericanos, ingleses, piamonteses, napolitanos, holandeses y suizos se entremezclaban. Allí estaba el marinero desilusionado del mar, el negrero de La Habana arruinado por el tifo destructor de su cargamento, el viejo pirata compañero del filibustero Walker, el buscador de oro en Hermosillo que escapó a las balas que habían abatido a Raousset de Boulbon, el cazador de bisontes venido de los grandes lagos, el fabricante de la Luisiana arruinado por los yanquis. Esta banda de aventureros ignoraba la disciplina: oficiales y soldados se embriagaban en la misma tienda de campaña; los disparos de revólver frecuentemente hacían las veces de toque de diana. Por lo que se refiere a su indumentaria, si esta tropa hubiera desfilado [...] por las calles de París, se hubiera creído presenciar el paso de una vieja banda de truhanes exhumados del fondo de la ciudad".

Las misiones que les fueron encomendadas al principio consistían esencialmente en escoltar los convoyes con dinero, armas y provisiones, y perseguir guerrillas. El conde de Kératry, que combatió con ellos, cuenta: "El cuartel, situado en lo bajo del río, circundado por una cerca de madera dura a través de la cual una carreta de mulas fácilmente hubiera podido abrirse paso, era una cloaca inmunda en donde aquellos hombres no podían encontrar refugio ni siquiera en tiempo de lluvias. En pocos días se repartieron a los soldados carabinas rayadas, pistolas, sables y enseres de campaña". Los salarios no eran malos, un soldado de caballería ganaba 40 pesos al mes, más que un teniente del ejército regular. El problema es que no había caballos ni dinero para comprarlos, de tal manera que Dupin exigió al alcalde de Medellín que lo entregara bajo amenaza de mandarlo a San Juan de Ulúa.

Durante la noche la contraguerrilla era hostigada "por guerrilleros que se ocultaban tras los matorrales para poder disparar", posiblemente miembros de la chinaca de Jamapa, que la contra liquidó a mitad de marzo.

La primera ofensiva fue contra el poblado de Tlalixcoyan, uno de los centros de la resistencia liberal. "A la entrada de los invasores, como por encanto, todas las luces se apagaron y las puertas se cerraron". Ante la amenaza de prenderle fuego a la villa, los vecinos aparecen. Los franceses detienen a una parte de los notables como rehenes. "La amenaza de fusilar a quienes no obedecieran prontamente tuvo como primer resultado el envío casi inmediato de grandes cantidades de maíz y forrajes; las tortillas, el pan y la carne bien cocida llegaron a continuación". Los víveres que sobraron fueron echados al río. A las siete de la noche el cura de Tlalixcoyan fue llamado e invitado a señalar las casas de los simpatizantes de la guerrilla. Unas 40 chozas fueron entregadas a las llamas.

Un historiador francés comentaría: "Los métodos de Du Pin son expeditivos: multiplica los golpes de mano, ejecuta a los prisioneros, quema las villas supuestas de convivencia con los juaristas, elimina a los civiles sospechosos. No daba cuartel y los actos de crueldad no lo detienen".

El 22 de marzo estaban de regreso en Medellín, donde Dupin decide esperar. Tras sortear un motín de tres españoles que querían ajusticiar a los oficiales franceses y hacerse con la caja de la contraguerrilla, Dupin se vio obligado a volver a entrar en operaciones. El 6 de abril el campamento ferrocarrilero de la Loma fue asaltado y destruido por la guerrilla de Honorato Domínguez. Los talleres quedaron completamente devastados. El 8 Dupin toma el pueblo de Jamapa y luego llega al campamento ferroviario de Tejería; después asalta el rancho de Mata María, donde se roba 38 caballos.

El 1º de mayo la contraguerrilla hace cuartel en La Soledad, y una semana más tarde es destinada a proteger el gran convoy con cañones y municiones que sube de Veracruz a Puebla. En esas semanas crece reclutando a soldados franceses desmovilizados y atraídos por los 30 pesos que la contraguerrilla paga. Son además dotados de carabinas rayadas y uniforme: "Un sombrero de palma con alas anchas, capote de paño rojo, listones negros y botones de cobre, cinturón rojo, pantalones de lino, botas altas de montar para los jinetes y zapatos y polainas para los infantes".

Entre mayo y junio de 1863 saca de la zona a las guerrillas que participaron en los combates de Camarón y el 14 de julio logra liberar algunos de los legionarios presos. Su fama en el ejército francés crece, lo llaman el Vengador de Camarón. En junio persiguen sin éxito a la guerrilla del coronel Gómez, que trata de salvar a los mexicanos presos en Puebla que son conducidos a Francia.

A la caída de la Ciudad de México, Dupin se estaciona con su tropa en Córdoba, donde descansan hasta el 25 de junio. Luego planea operaciones contra dos pueblos juaristas: Coscometepec y Huatusco. Toman el primero sin combate, el segundo caerá el 29. Enfrentan pequeñas partidas armadas tan sólo con lanzas. Toma y pierde Huatusco ante los guerrilleros de Camacho y sus banderas rojas. Hacia mediados de septiembre los comisionan para proteger los talleres del ferocarril en construcción.

A petición de Bazaine, el teniente coronel A. de Briche escribió un informe sobre Dupin y la contraguerrilla en octubre de 1863. Dupin se negó a recibirlo y le contestó con una nota: "Muchas gentes están predispuestas contra mis soldados, y en particular varios oficiales de la Legión; por tanto, no puedo, yo que amo y estimo a mis soldados, darle yo mismo los informes que de mí solicita, porque ignoro, porque no sé en qué pudieran serle útiles". Interrogando a militares y paisanos, De Briche informó que los 500 supuestos hombres de la contraguerrilla no llegaban a 330 y sus mandos eran muy deficientes: "El capitán que manda la caballería, Sudri, es un ex cabo o subteniente de Cazadores de a pie; se le tiene por muy ignorante e incapaz de mandar; todo el mundo reconoce, por lo menos, que tiene valor. Gineston, teniente de marina, manda la infantería con el grado de capitán. Se habla poco de los otros oficiales, con excepción del teniente de infantería, que es un ex subteniente de zuavos y que, se dice, rehusó una vez marchar contra el enemigo si no se le aumentaban diez pesos de sueldo". Si bien están bien armados, "todo el mundo está de acuerdo en atribuir a esta tropa costumbres de pillaje, que no se ha tratado de reprimir. He oído decir con frecuencia que si esta tropa se encontrase a cuatro kilómetros del enemigo y a ocho de una manada de bueyes y de caballos, no vacilaría en escoger a estos últimos. Siempre de acuerdo con los decires: Cotaxtla y Tlalixcoyan no habrían tomado las armas sino después de una visita de la contraguerrilla y una multa de cien pesos impuesta a un tal Rojas". Y concluía: "Sería de desear que la composición activa de la tropa se moralice, se discipline; esto, creo, es una tarea, si no imposible, por lo menos muy difícil a causa de los hábitos contraídos".

La mención de Cotaxtla tenía que ver con la detención de un tal Molina, un rico hacendado de más de 50 años y pelo blanco que había montado una guerrilla con sus hijos o compraba en su tienda los botines de la guerrilla (de lo saqueado, debían entregarse dos quintas partes al ejército regular más cercano, dos quintas para el mantenimiento de la tropa y un quinto para el jefe). Denunciado por un traidor, fue capturado por Dupin. En la revisión de sus efectos personales aparecieron cartas que lo vinculaban a la chinaca y Dupin ordenó su fusilamiento junto a uno de sus parientes. Kératry registra: "Cuando el coronel Dupin montaba a caballo, la mujer de Molina altivamente le cortó el paso y con la mano levantada, le gritó: *Antes de ocho días, coronel, tú morirás*. Después, desapareció estallando en sollozos".

Poco después el coronel regresaba de Veracruz con el sueldo de la contraguerrilla hacia La Soledad, y suponiendo que estarían buscándolo, había procurado anunciar el día anterior, en voz alta, su salida en el tren de las dos de la madrugada. Al saberlo los guerrilleros, en medio de los bosques de la Pulga el tren fue emboscado. La locomotora se volcó. Desde lo alto de las dos orillas de la vía del ferrocarril, los guerrilleros mexicanos disparaban sobre los vagones y los pasajeros. La caballería enemiga desembocó por los dos costados de la vía férrea. El jefe de batallón, Ligier, comandante superior de La Soledad, cayó muerto; egipcios y franceses resistieron dejando muchos heridos y muertos. Los lesionados que habían sido recogidos esa noche contaban que por los guerrilleros registraban los cadáveres buscando el inexistente cuerpo de Dupin, que no había tomado el tren.

Del mismo Dupin se decía en esos momentos que había superado "a los chacales por su crueldad y a los bandidos por su infamia". Kératry lo justifica: "A todo el que sospechábamos de tener relaciones con el enemigo lo matábamos; los guerrilleros hacían otro tanto por su parte, de suerte que los pobres diablos que vivían por allí no tenían más perspectiva en la vida que la cuerda". Dupin fue acusado de haberse enriquecido con los saqueos, pero si tal cosa fue cierta, nunca se le juzgó dentro del ejército francés.

A fines de febrero del 64, Bazaine reemplazó la guarnición de Tampico con la contraguerrilla y nombró a Dupin comandante y gobernador de Tamaulipas. Una foto de la época lo hace parecer como un gnomo: completamente calvo, barba enorme blanca y mirada aviesa, con unos terribles bombachos y una guerrera que le queda grande y que daba lugar a su apodo, el Carnicero Rojo, por el dolmán rojo y abierto que usaba como una capa. Parecía hacer buena la frase de Joseph Conrad: "La creencia en una fuente sobrenatural del mal no es necesaria; el hombre por sí mismo es muy capaz de cualquier maldad".

NOTAS

1) Émile de Kératry: *La contraguerrilla francesa en México, 1864*. Hilarión Díaz: *Juárez glorificado y la intervención y el imperio ante la verdad histórica*. M. Penette y J. Castaingt: *La Legión Extranjera en la intervención francesa*. Antonio García Pérez: *Estudio político militar de la Campaña de Méjico, 1861-1867*. Gérard Mignard: *Le lieutenant-colonel Du Pin pendant la campagne de Chine* y *L'Expédition au Mexique: le colonel Charles-Louis Du Pin, 1814-1868, un intellectuel baroudeur*. José Arturo Saavedra: "La guerra de guerrillas en México durante la intervención francesa: el caso específico del estado de Veracruz, 1862- 1867". Marcos Pablo Moloeznick: "Insurgencia y contraguerrilla durante la guerra de intervención francesa en México (enseñanzas para la doctrina de guerra mexicana)". Phillippe Guyot: *La contraguerille du colonel Du Pin a Mexique*. Arturo Aguilar Ochoa: *La fotografía durante el Imperio de Maximiliano*. Sebastián I. Campos: *Recuerdos históricos de la ciudad de Veracruz y costa de Sotavento, durante las campañas de Tres Años, Guerra de Intervención y el Imperio*. Héctor Adolfo Quintanar Pérez: *La batalla de Camarón*. Paco Ignacio Taibo II: *La lejanía del tesoro*. Jean Meyer: *¿Quiénes son esos hombres?* y *Yo, el francés. Crónicas de la intervención francesa en México, 1862-1867*. Juan de Dios Peza: *Epopeyas de mi patria: Benito Juárez*. El original de la foto de Dupin en el libro de Dabbs se encuentra en la fototeca del Tecnológico de Monterrey.

2) Émile de Kératry fue recluta voluntario en el 1ᵉʳ regimiento de cazadores de África desde 1852; campaña de Crimea, subteniente en 1859, campaña de México; capitán, comandante en el 2º escuadrón de la contraguerrilla de Dupin, probablemente con un seudónimo; oficial de ordenanzas de Bazaine; renuncia al ejército en 1865. Escribió: *Elevación y caída del Emperador Maximiliano: intervención francesa en México, 1861-1867* y *La contraguerrilla francesa en México, 1864*.

3) El suizo Stoeklin murió en un combate en Jáltipan el 17 de agosto de 1865. Iba persiguiendo a una guerrilla con 25 hombres de caballería. Cuando descubrieron el cuerpo tenía roto el brazo izquierdo, el hombro y atravesado el corazón.

109

LOS CONSPIRADORES ENTREGAN LA CORONA

Mientras se definía la intervención militar francesa a lo largo de 1862 y 1863, según Francisco de Paula de Arrangoiz: "Se dedicó el archiduque Maximiliano a captarse las voluntades de los mexicanos que estaban en Europa; llamó a varios a su palacio de Miramar, y [...] a los señores arzobispos de México y Michoacán y obispo de Oaxaca. A cada uno le hablaba según sus ideas: a los jefes de la Iglesia mexicana de religión, haciéndoles las promesas que más podían halagar a sus principios políticos y religiosos; a un particular muy piadoso le enseñaba un altarcito con la Virgen de Guadalupe, que tenía en su dormitorio [el pobre viejo Gutiérrez de Estrada]; a otro muy afecto a España [Hidalgo] le hablaba de las glorias de esta nación y de las corridas de toros".

En este contexto, Francisco de Paula comienza a visitar Miramar y a recibir encargos de Maximiliano. Es el quinto rey de la baraja de los conspiradores. Veracruzano hijo de familia realista española, fue cónsul en Nueva Orleans en el 45 y en el 54, cuando se dedicó a perseguir a los exilados mexicanos (Ocampo, Juárez, Mata), acusándolos de filibusterismo. En el 49 fue ministro de Hacienda y se vio envuelto en un negocio turbio cuando, haciendo un arreglo para el pago de la deuda exterior, deposita fondos de la nación en la banca de Nueva York y estos acaban en manos de prestamistas como los Escandón y los Martínez del Río. Bajo la última dictadura de Santa Anna es el negociador del cobro de 7 millones de pesos que restaban de los 10 millones en que se vendió La Mesilla y se queda con 68 mil pesos, "como compensación por las negociaciones que efectuó", argumentando que se había desempeñado no como cónsul sino como particular y alegando que "la cuota del 1% es módica, puesto que la acostumbrada para este tipo de operaciones es del 2%". Hasta Santa Anna se vio obligado a despedirlo ante el escándalo en la prensa.

En el *impasse* que crea la definición militar en México brotan las contradicciones entre los conspiradores. Gutiérrez de Estrada ha enviudado, vive con sus hijos, deja el palacio italiano de Marescotti y compra un castillo en Seine-et-Oise, se pelea con Pepe Hidalgo, con Almonte, al que tilda de ambicioso (curiosamente cuando Almonte, en octubre de 1840, era ministro de la Guerra, lo había perseguido); desconfía de Miramón, que está en las sombras. Piensa en (¿y contacta a?) Santa Anna. Aprovecha su relación en Francia con Drouyn de Lhuys, recién nombrado ministro de Negocios Extranjeros. Vuelve a París. Al inicio del 63 Maximiliano lo invita a Miramar y le dice que se quede en Roma (¿para alejarlo de unos y acercarlo al papa?).

Los obispos mexicanos exilados asisten a una cita en París con el ministro de Asuntos Extranjeros. Labastida solicitaba que los franceses no se inmiscuyeran en los arreglos que haría la Iglesia con los compradores de sus bienes. Finalmente llamados por Maximiliano, Labastida, Munguía y el obispo Covarrubias se reúnen con él en Miramar. Por allí pasa, a iniciativa de Gutiérrez de Estrada, Francisco de Paula de Arrangoiz. Maximiliano "me manifestó que, por encargo del emperador Napoleón, me iba a dar comisión de ir inmediatamente a Londres a ver en qué sentido se manifestaba el gabinete inglés".

Y ahí va Arrangoiz asumiendo el mexicanísimo papel de correveidile: "Me encargó S. A. [ir] a recibir instrucciones del señor Drouyn de Lhuys, y me dio una carta la archiduquesa para el rey Leopoldo, en que esta señora [Carlota] le rogaba que recibiera al enviado y le diera carta para Palmerston. Fui a París; el señor Drouyn de Lhuys me dio una de recomendación para lord Clarendon. El rey Leopoldo [de Bélgica, padre de Carlota] no quiso recibirme, ni darme más carta que una insignificante […] para el ministro de Bélgica en Londres… Quería aparecer indiferente en el asunto [del imperio de Maximiliano] a los ojos del gobierno británico y de la reina Amalia, su suegra, cuya señora desde el principio llevó muy a mal que su nieto político aceptara una corona que, según creía S. M., le había sido ofrecida por Napoleón y no por mexicanos".

El 11 de septiembre el enviado se entrevista con Henry Temple, vizconde de Palmerston y primer ministro inglés. No es una entrevista amable, Palmerston pregunta si habría libertad de cultos bajo el nuevo imperio y Arrangoiz lo niega. Palmerston replica que "sin libertad de cultos no habría inmigración ni comercio; nada, en una palabra", y Arrangoiz soberbiamente dice que le contestó: "Los súbditos de Su Majestad Británica no van a rezar a México, sino, en general, a hacer fortuna en el menos tiempo que les es posible, lícitamente unos, otros saqueando al país con contrabandos y negocios escandalosos". Terminó la conferencia, manifestando Palmerston que su opinión particular era que el gobierno británico reconocería a la Regencia si esta era avalada por la mayoría del país. La conferencia resulta un medio fracaso.

Y continúan los movimientos. Llega a Francia una comisión que había salido de Veracruz para ofrecerle la corona de México a Maximiliano. A ellos se les unen en París Gutiérrez de Estrada, Hidalgo, Murphy y Escandón; tratan de entrevistarse con Napoleón III, que se encuentra en Biarritz, pero el emperador francés los manda directamente a Miramar, donde se les debe unir Arrangoiz. Tomemos nota de que en esos momentos la Ciudad de México está tomada por los franceses y que Almonte preside una regencia a la espera de que Maximiliano acepte el cargo.

El 1º de octubre se reúnen los comisionados en el hotel de Ville de Trieste. Desfile de carruajes y chambelanes. Aunque las diferentes versiones establecen el número entre nueve y 12 personajes, parece claro que se trata de 11.

El 3 de octubre del 63 suben hasta el Castillo de Miramar, poseídos por el júbilo, una delegación de "ilustres mexicanos". Ahí están, claro, José María Gutiérrez de Estrada, José Manuel Hidalgo y Esnaurrízar, pero se han sumado:

Francisco Javier Miranda, el padre Miranda de todas las conspiraciones poblanas, ex ministro de Miramón y periodista, al que Zamacois describe así: "[de] cutis color de pimienta, cabello crespo, cabeza erguida, mirar arrogante y genio serio y audaz (que mostraban al hombre de la raza negra)".

El ingeniero Joaquín Velázquez de León, que se decía descendiente de Hernán Cortés y había sido en el último gobierno de Santa Anna ministro de Fomento.

El general santanista de 68 años Adrián Woll, francés de nacimiento, mexicano por naturalización. Varias veces traidor.

Tomás Murphy y Alegría, veracruzano, hijo de diplomático español, el mismo que cuando fue embajador en Londres participaba de la conspiración monárquica y fue acusado de haberse robado 800 libras y "abuso de orden".

Antonio Escandón, de familia orizabeña y española de origen, titular de la compañía del Ferrocarril de Veracruz a México (con su hermano Manuel poseía la línea de diligencias que unía la capital con el puerto, además de inmensas haciendas).

Antonio Suárez de Peredo Hurtado de Mendoza y Paredes, un riquísimo hacendado; según él, aunque la república no reconocía los títulos nobiliarios, conde del Valle de Orizaba.

José Landa (del que el narrador tiene que reconocer que no ha logrado identificar. ¿Se trata de José María, esposo de una hija de Escandón?).

Ignacio Aguilar y Marocho, abogado michoacano, ex ministro de Santa Anna, y periodista conservador, director de *El Pájaro Verde*, preso en el 57 por indicios de conspiración. Al que Niceto de Zamacois, preocupado por las distinciones raciales, describe así: "Era criollo, pero su cutis trigueño, cabello lacio, barba escasa, perpetua sonrisa y dulzura de carácter, nada tenían de españoles, y un filósofo y observador echaba de ver luego que el elemento fisiológico dominante en aquella organización y el carácter del individuo era el indígena".

Ángel Iglesias Domínguez, médico sobresaliente, muy conservador, de 34 años; actuaba como secretario.

La lista oficial, y por lo tanto la más divulgada, excluye al coronel José Joaquín Rodríguez, que sin duda estaba presente.

Destaca la ausencia de Juan Nepomuceno Almonte, que se encuentra en México dirigiendo la Regencia, y de Arrangoiz, que no tardará en llegar. Y no habría estado nada mal que tras una cortinilla hubieran asistido como testigos Jecker y Dubois de Saligny, cosa que lamentablemente no sucedió.

¿A quién representan? Desde luego no al país. Eran una triste colección de ex diplomáticos aristocratizantes, agiotistas, militares reaccionarios, representantes del clero ultramontano. Una parte de la historiografía contemporánea suele tratarlos con displicencia; la otra, no nos mordemos la lengua para calificarlos como un interesante grupo de traidores, que ofrecen el gobierno de México a un príncipe europeo mientras 47 667 soldados franceses han invadido el país y combaten en una docena de frentes a los chinacos.

El archiduque Maximiliano escuchó el discurso de Gutiérrez Estrada: "Acoged [...] los votos de un pueblo que invoca vuestro auxilio", y contesta que acepta la pesada carga del trono, añadiendo que era indispensable la unión de los mexicanos y por tanto la condición de que su mandato sea producto de una manifestación nacional. No deben de haberle resultado muy placenteras las reiteradas alusiones al clero y el talante teocrático que le proponía la comisión mexicana, y optó por ignorarlas, como haría frecuentemente.

Los lleva al salón inmediato, donde el protagonismo le pertenece a la archiduquesa Carlota. Zamacois cuenta que "a cada uno de ellos le dirigió la palabra en correcto castellano [...] tocándole los puntos que más pudieran halagarle. A don Joaquín Velázquez de León [...] le habló de los adelantos del Colegio de Minería; a don Ignacio Aguilar y Marocho, del dictamen [en pro de la monarquía que había dado en la Asamblea de Notables] y de los elogios que en su ausencia hicieron de él los señores arzobispos de México y Michoacán; a don Antonio Escandón, del camino de hierro que se estaba haciendo de Veracruz a la capital; al doctor don Francisco J. Miranda, de los varones ilustres que la Iglesia ha tenido en México; a don Ángel Iglesias y Domínguez, de la esposa del corregidor de Querétaro ... y así a los demás; pero todo con un tacto, delicadeza y talento, que revelaban su vasta capacidad".

Los gastos de la comisión que llegó a Miramar a ofrecerle el trono a Maximiliano ascendieron 104 900 pesos (medio millón de francos). Ellos no los pagaron.

NOTAS

1) Miguel Galindo y Galindo: *La gran década nacional o Relación histórica de la Guerra de Reforma, intervención extranjera y gobiernos del archiduche Maximiliano, 1857-1867.* José C. Valadés: *Maximiliano y Carlota en México: historia del segundo imperio* y "José María Gutiérrez de Estrada". Francisco de Paula Arrangoiz: *México desde 1808 hasta*

1867. Egon Caesar Conte Corti: *Maximiliano y Carlota*. José Manuel Hidalgo: *Apuntes para escribir la historia de los proyectos de monarquía en México, desde el reinado de Carlos III hasta la instalación del emperador Maximiliano*. Silvestre Villegas Revueltas: *La Reforma y el Segundo Imperio, 1853-1867*. Ángel Pola: *Los reportajes históricos*. Víctor Villavicencio Navarro: *Un mexicano en París: José Manuel Hidalgo y la intervención francesa en México*. Christian Schefer: *Los orígenes de la intervención francesa en México, 1858-1862*. Konrad Ratz: *Tras las huellas de un desconocido: nuevos datos y aspectos de Maximiliano de Habsburgo*. José María Gutiérrez de Estrada: "Noticia Biográfica" del príncipe Maximiliano, *El Pájaro Verde*, 1º de enero de 1864. Francisco Bulnes: *Juárez y las revoluciones de Ayutla y de Reforma*. Manuel Payno: *Cuentas, gastos, acreedores y otros asuntos del tiempo de la intervención francesa y del imperio de 1861 a 1867*. Norberto Nava Bonilla: *Relatos de un monarquista mexicano desde el castillo de Maximiliano*. Niceto de Zamacois: *Historia de México*, tomo XVIII. Edwin Alcántara Machuca: "Francisco de Paula Arrangoiz". Raúl Figueroa Esquer: "Francisco de Paula Arrangoiz, intervencionista mexicano". Chantal López y Omar Cortés (compiladores): *Historia de una infamia. Documentos referentes a la junta de notables de 1863*.

2) El número de los miembros de la comisión cambia cuando se excluye a Francisco de Arrangoiz (llegará de Londres poco después) y al secretario Domínguez. Existe una pintura de Cesare Dell'Acqua en Miramar en la que aparecen con Maximiliano sólo diez de los comisionados y una foto en la que aparecen también diez (está ausente Tomás Murphy).

3) Maximiliano nombrará a José Hidalgo como su embajador en la corte de Napoleón III. Muere en París exiliado en 1897. Más allá de que haya sido estigmatizado como traidor, alguien lo debe de querer porque Hidalgo y Esnaurrízar tiene una calle en el fraccionamiento Lomas Verdes, y se vende una casa con *jacuzzi* y todo. José María Gutiérrez de Estrada no regresará a México.

110

JUÁREZ EN SAN LUIS POTOSÍ

El 1º de junio, aprovechando el vacío político creado por la salida del gobierno, las tentaciones de la traición crecen y el general Bruno Aguilar se pronuncia a favor de la Intervención francesa. Una comisión viaja a Puebla a entrevistarse con Forey.

Zamacois cuenta: "Los sacerdotes se presentaron, desde el instante mismo, vestidos con sus trajes eclesiásticos, las monjas volvieron a sus conventos desde el segundo día, 2 de junio, las iglesias cerradas volvieron a abrirse al culto católico y al salir en la noche del 4 de junio el sagrado viático públicamente, la gente se le iba uniendo a su tránsito, saliendo de las casas con velas de cera para acompañarle; las mulas que llevaban el coche fueron desuncidas por los que aún querían dar pruebas más patentes de su religiosidad, y el carruaje fue arrastrado por hombres de clase bien educada, siendo poco después inmenso el número de señoras y caballeros, así como de todas las clases de la sociedad, que con vela en mano acompañaban al Divinísimo".

Ignacio Ramírez sentenciará: "La clase dominadora se despoja de su inteligencia como de un arma prohibida".

El 7 de junio, tomándose su tiempo, la vanguardia del ejército francés llegó a la Ciudad de México encabezada por el general Achille Bazaine. Al día siguiente, en las afueras, Forey, que era muy dado a las proclamas y los discursos sonoros, habló en la hacienda de Buenavista: "Nuestras águilas victoriosas van a entrar en la capital del antiguo imperio de Moctezuma y Guatimotzin; pero en vez de destruir como Hernán Cortés, vais a edificar; en lugar de reducir a un pueblo a la esclavitud, vais a libertarle. No venís del mundo antiguo atraídos por el cebo del oro para subyugar a este pueblo inofensivo". Al narrador, 150 años más tarde, este doble lenguaje le parece insultante (lo que demuestra que a pesar de todas las versiones científicas existe tal cosa como el "encabronamiento histórico").

La solemne entrada se produce 24 horas después. Abrían el desfile Leonardo Márquez y los generales Miguel Andrade y Agustín Zires; seguía la división francesa con Forey. A su lado derecho, Almonte, y al izquierdo, Saligny. Los tres fueron recibidos bajo palio por el cabildo metropolitano en el atrio de la catedral; siguió el tedeum, y luego al Palacio Nacional. Peza cuenta: "Las clases acomodadas regaron flores, coronas, versos al paso del ejército invasor".

"Después del desfile", escribe Forey, "he recibido en el palacio del gobierno a las autoridades que han venido a cumplimentarme. Esta población está ávida de orden, de justicia y de verdadera libertad. En las contestaciones que he dado a sus representantes, he prometido todo eso en nombre del Emperador. En la primera oportunidad, tendré el honor de enviaros más detalles acerca de esta recepción sin igual en la historia, consecuencia de un suceso político cuya resonancia será inmensa".

La ceremonia costó 80 mil francos pagados por las cajas del ejército francés. Siguieron procesiones (la de Corpus) y misas, por más que ni Forey ni Saligny eran conocidos por su religiosidad. Pero el 12 de junio, en un manifiesto, aseguraba: "Los propietarios de los bienes nacionales que hubiesen sido adquiridos regularmente y conforme a la ley [de Reforma] no serían de ninguna manera inquietados y quedarían en posesión de sus bienes, siendo únicamente las ventas fraudulentas las que serían objeto de revisión". Y añadía que la religión católica sería protegida y los obispos serían puestos de nuevo en sus diócesis, pero agregando: "Creo poder añadir que el emperador vería con placer, si fuera posible al gobierno, proclamar la libertad de cultos". La alianza de los mochos con los imperiales hacía sus primeras aguas.

Mientras tanto, el 13 de junio se congregaba el Congreso mexicano de diputados en San Luis Potosí, mermado por las dificultades para reunirse, traiciones y deserciones, presidido por Francisco Zarco. Ese día Juárez organizó su gobierno: Relaciones: Juan Antonio de la Fuente. Justicia: Sebastián Lerdo de Tejada. Hacienda: José María Iglesias. Guerra: Comonfort (una no muy sabia decisión tras lo que había sucedido en San Lorenzo). El Presidente, con su habitual sobriedad, repite lo dicho anteriormente: "La adversidad no desalienta más que a los pueblos despreciables". Victoriano Salado dice: "Nadie puede imaginarse la inmensa agitación que reinó en San Luis Potosí durante los días en que se instaló allí el gobierno constitucional. Se había extendido la idea basada en la lucubración de algún político de que la intervención no extendería su dominio a más de 85 kilómetros de la Ciudad de México".

Había ahora que poner los cinco sentidos en la continuación de la guerra porque el gobierno era claramente consciente de que los franceses pronto pasarían a la ofensiva. La primera idea era crear una línea de contención en Guanajuato con las tropas de Doblado, el lento flujo hacia San Luis de los capturados y fugados en la batalla de Puebla y lo que quedaba del Ejército del Centro. La propuesta enfrentaba un problema: la baja moral y las deserciones.

Rumbo a San Luis, el 7 de junio González Ortega, De la Llave y Patoni pasaron por Pachuca. Al entrar a la ciudad los barreteros de las minas, quitando las mulas del carruaje, tiraron de él dando vivas al defensor de Puebla, pero una semana más tarde González Ortega, que transportaba 500 onzas de oro sacadas de Puebla, le entregó algunas a De la Llave para que lo ayudase y algunas cayeron al suelo a la vista de los 12 escoltas que les había proporcionado Manuel Doblado. Cerca de la hacienda de la Quemada, cuando De la Llave marchaba detrás de sus compañeros, algunos de los miembros de la escolta le dispararon a quemarropa sus rifles por la espalda y una bala le destrozó la columna vertebral. Los agresores intentaron matar a González Ortega y Patoni, pero los gritos del herido y los tiros los alertaron y lograron huir a uña de caballo. De la Llave quedó en el suelo sin sentido mientras los soldados se apoderaron de las onzas y la documentación de González Ortega sobre la reciente batalla de Puebla, y huyeron. Recogido por sus compañeros, De la Llave fue conducido en camilla a Jaral, en donde murió a los dos días, el 23 de junio. Su cadáver fue conducido a San Luis Potosí.

De la Llave no era una figura menor. Había sido ministro de Gobernación y luego de Guerra durante la Reforma, gobernador de Veracruz a la muerte de Gutiérrez Zamora, herido durante la acción naval de Antón Lizardo. Al producirse la intervención sería herido de nuevo, esta vez grave, en el combate del cerro del Borrego; lo que no le impidió que participara heroicamente en la segunda batalla de Puebla. Su grave pérdida se iría a sumar a muchas más en las próximas semanas. Dos meses más tarde, en circunstancias muy similares, sería asesinado el joven coronel de 27 años José María Montenegro.

En la Ciudad de México, el 15 junio, se levanta la prohibición de informar a la prensa pero se mantiene la censura, a petición de Dubois de Saligny. Forey integró rápidamente el gobierno siguiendo la lista que le había proporcionado Saligny, designando 35 "notables" que habrían de elegir al triunvirato encargado de la Regencia hasta la llegada del emperador. Tiene razón Bulnes cuando apunta que dar "a Saligny la facultad de designar la Junta de donde debía emanar la forma de gobierno, era [...] marcar la intervención como agencia de negocios sucios, de reclamaciones inicuas, de procedimientos fraudulentos: equivalía a nombrar regente a De Morny [el medio hermano de Napoleón y trapichero, presidente del cuerpo legislativo y valedor de los bonos Jecker], asociándolo al clero"; tiene razón pero no era preciso, no estaban tan sólo los transas: estaba la flor del conservadurismo mexicano. Entre los elegidos se encontraban los religiosos Francisco Javier Miranda, el provincial de la Compañía de Jesús Basilio José Arrillaga, José María de Jesús Díez de Sollano, cura del sagrario de la metropolitana; estaban los eternos conservadores Teodosio Lares, Joaquín Velázquez de León y José Ignacio Pavón, presidente de la Suprema Corte de Justicia; pero también estaban tres de los ex ministros de Santa Anna, Cipriano del Castillo, Manuel Díez de Bonilla y el periodista Ignacio Aguilar y Marocho. A ellos se añadían dos generales, Adrián Woll y Santiago Blanco, y varios representantes del gran dinero, como Alejandro Arango y Escandón. Estaban excluidos los liberales, incluso los más cercanos al conservadurismo y los Macabeos. Ni Miramón, ni Mejía, ni Leonardo Márquez, ni Vicario, ni Gálvez, ni Liceaga estaban allí. El mensaje era claro: exclusión o subordinación absoluta de los militares traidores mexicanos a los franceses.

Cuatro días más tarde, el 25 de junio, se instaló la Regencia, que tendría la dirección civil del país hasta la llegada de Maximiliano: Juan Nepomuceno Almonte, el arzobispo Pelagio de Labastida (cuyo puesto hasta su regreso a México sería cubierto por Juan B. Ormaechea, obispo de Tulancingo) y el general José Mariano Salas, que en su día había sido propuesto por Santa Anna para sucederlo. Los comentarios más cáusticos vinieron de la prensa liberal, donde todavía podía publicarse, y también del ejército francés. El mayor Loizillon apuntó: "Almonte es un reaccionario de poco mérito y el viejo general Salas una momia desenterrada en virtud de las circunstancias". El acontecimiento fue celebrado el 29 de junio con un baile en el Teatro Nacional, que parecía un duelo de momias por la edad de los bailarines. Zamacois, dado a registrar todos los acontecimientos sociales, cuenta: "El baile dio principio con el rigodón llamado *de honor*, que ejecutaron el general en jefe Forey, con la señora Gargollo de Collado; el ministro de Francia, señor Saligny, con la señora Leño de Martínez del Río; don Juan Nepomuceno Almonte con la señora Moya de Arroyo; el general don José Mariano Salas con la señora Espada de Bonilla; los generales Bazaine, Douay y Márquez, con la señora Corral de Tornel y señoritas Márquez y del Castillo".

Mientras tanto, en San Luis Potosí, el 22 junio, el Congreso produce uno de los más emotivos manifiestos de la historia de México, sin duda debido a la pluma de Zarco: "Ultrajada la nación en todos sus derechos, burlados y escarnecidos los más sanos principios de la razón, de la moral y de la justicia, a la sombra de la efímera fuerza de algunos soldados extranjeros que no supieron vencer ni pudieron humillar a los heroicos republicanos que defendían los muros de la ciudad de Zaragoza; una facción de traidores y cobardes, mil veces vencidos en las luchas intestinas; de fanáticos crueles que, lejos del peligro, decretan la proscripción y la muerte de los más leales patriotas; una facción de egoístas miserables que todo lo posponen al interés del oro; de famélicos degradados que en la guerra civil han fluctuado como la escoria de todos los partidos, pretende ya despojar a la nación, y para siempre, de sus títulos más gloriosos".

Con toda la calma del mundo y a la espera de instrucciones, que habrían de llegar de Francia, Forey consolida un territorio en torno al Distrito Federal. A mediados de junio se produce la ocupación de Tulancingo por el general Aymard y el 5 de julio cae Toluca ante el general Berthier; luego seguirá Cuernavaca.

El 10 de julio, a las 12 de la mañana, la Asamblea de Notables vota unánimemente que la futura forma de gobierno de México sea la monarquía, "la institución maravillosa que en su concepto encierra todo un porvenir indeficiente [vaya usted a saber lo que querían decir] de gloria, honor y prosperidad para México". Matizan diciendo que la monarquía será "moderada, hereditaria, con un príncipe católico", que "el soberano tomará el título de *Emperador de México*", y que hay que buscar candidato fuera de "los hijos del país", porque "los reyes no se improvisan". Por tanto le ofrecen el imperio al príncipe Fernando Maximiliano, archiduque de Austria, y que "en el caso de que por circunstancias imposibles de prever el archiduque Fernando Maximiliano no llegase a tomar posesión del trono que se le ofrece, la nación mexicana se remite a la benevolencia de SM Napoleón III, emperador de los franceses, para que le indique otro príncipe católico". Es un tremendo documento repleto de confesiones de los que lo producen; quizá la más potente, la servidumbre a las bayonetas francesas.

En San Luis, Benito escribe carta tras carta. Sus secretarios no descansan. Anota con rasgos rápidos unas minúsculas noticias en el borde del sobre, ordena, envía correos, dispone libranzas, recupera centavos perdidos en todo el territorio nacional, interviene en compras de algodón y en la fábrica de municiones que Patoni ha creado en Durango; trata de hacerse con los haberes de las aduanas de Tampico, de Mazatlán, Piedras Negras y Matamoros, y los impuestos del tabaco. Bulnes dirá que recupera cuatro y medio millones de pesos. Dados los futuros acontecimientos, la cifra parece enormemente exagerada. Anima a guerrilleros irregulares aquí y allá, rescata oficiales perdidos y, dándoles destino, los moviliza. Escribe. Levanta ánimas del panteón. Como si con el rasgueo incesante de sus plumas pudiera detenerse el maremoto. Mantiene la ficción de la solidez estatal y la realidad de la legalidad republicana. Juárez ajusta su gabinete; salen De la Fuente e Iglesias y entran Doblado y José Higinio Núñez. Permanecen Lerdo de Tejada y Comonfort. Bajo la idea, diría el Presidente, de "presentar al partido liberal unido y compacto".

Quedaban en pie los guardias nacionales de Guanajuato que controla Doblado, unos 1 200 hombres más algunas guerrillas, las fuerzas dispersas del norte, cuyo valor aún no podía estimarse, los 1 500 hombres que Negrete tiene en las cercanías de Puebla, el pequeño contingente de Aguascalientes, y el ejército de Michoacán que el fatuo general López Uraga estaba organizando. Juárez escribirá sobre él un 17 de junio de 1863: "El señor López Uraga ha dicho terminantemente que no quiere servir de cuartelmaestre. Este señor, lo mismo que los de su categoría, no se prestan a servir si no es que sea en primer término". Quedan las reservas zacatecanas, a donde ha marchado González Ortega para reasumir el gobierno del estado, porque Juárez, erróneamente, no le da mando militar. Eso sin contar a la legión de oficiales dispersos, de los ejércitos derrotados en Puebla y San Lorenzo, que iban llegando lentamente y por sus medios, goteando, a San Luis Potosí a pedir comisión del supremo gobierno. Felipe Berriozábal había organizado al cuarta División de Reserva con 1 800 infantes del Estado de México, una brigada de caballería de 580 en Pachuca y 12 cañones. El resumen no es tan malo como podría parecer a primera vista, pero se trata de hombres que han sufrido una tremenda derrota y que están enormemente dispersos.

Los franceses se lo toman con calma. Forey, que el 30 de julio recibió el nombramiento de mariscal por la ocupación de Puebla, el grado y título más alto en el ejército francés, le escribe el 6 de agosto al emperador: "Que el archiduque llegue lo más pronto posible, me exonerará de una misión más difícil que la toma de Puebla y que consiste en sostener al partido que nuestras armas han puesto en el poder". Habla mal de Almonte, al que califica de reaccionario y débil, y remata: "Es penoso verme obligado diariamente a vigilar al gobierno que hemos establecido como vigilaría al partido enemigo".

A sus quejas, y basándose en informes del joven Gallifet y del general Douay, Napoleón responderá librándose de él, cobrándole el enorme costo de la batalla de Puebla y sus inhabilidades políticas. Utiliza un argumento bastante pueril en una carta al general Bazaine: "El mariscal Forey es llamado a Francia con la idea de que quien había dirigido las operaciones militares hasta aquí no debía presidir la reorganización del país. He investido a usted de la doble autoridad militar y diplomática [...]. Mis instrucciones consisten en atraer a los hombres honrados de todos los partidos; establecer un gobierno provisional que consultará a la Nación sobre la forma de un gobierno definitiva; proteger el establecimiento de una monarquía, si esto está de acuerdo con el voto de la mayoría; organizar militarmente el país, lo mismo que en lo que respecta a su estado financiero y administrativo; no ejercer la reacción; no volver a tratar de la venta de los bienes del clero; en fin, procurar pacificar el país, empleando, sobre todo, tropas mexicanas para este objeto […]. Temo que el triunvirato nombrado en México sea demasiado reaccionario".

En la tercera semana de agosto no todo es sencillo para los franceses. El día 21 es asesinado un zuavo en Tlalpan y Forey responde violentamente destituyendo el Ayuntamiento, imponiendo multas, deteniendo vecinos y amenazando: "Si los asesinatos continúan, los rehenes responderán de ellos con su cabeza. Si esto no bastare, la villa será destruida". El general Briancourt, que gobierna Puebla y Tlaxcala, se queja: "Hay gavillas de guerrilleros que se esconden cuando los mando perseguir; invaden los pueblos indefensos y asaltan los convoyes de comercio tan pronto como saben los franceses a lo lejos. Las autoridades son compuestas de hombres enérgicos que roban o de hombres honrados que no tienen voluntad. La justicia se vende, la protección se compra. Por todos lados se escuchan hermosas promesas, en ninguna parte se cumplen. Las poblaciones piden armas y parque para defenderse y cuando el enemigo se asoma, huyen. Los distritos piden siempre dinero y no lo producen; los recolectores de impuestos cobran y no entregan nada al gobierno. El comercio vive sólo del contrabando, la industria es casi nula, la agricultura arruinada, las carreteras destrozadas, los puentes se caen de viejos, las tuberías de agua no sirven, comen a las yuntas de bueyes y los caballos se mueren de hambre".

Forey parece que no quiere irse y Bazaine le escribe al ministro de la Guerra: "El señor Mariscal Forey conservará el mando hasta el fin del presente mes, por no querer atravesar las tierras calientes en septiembre. Esta determinación despierta alguna incertidumbre en los espíritus y parece extraña al Ejército, que está acostumbrado a obedecer inmediatamente […]. Hago todo lo que puedo para borrar esta mala impresión". Bazaine contaba el 27 de septiembre: "Forey finalmente debe entregarme el mando el 1º de octubre, y saldrá el día 4, con el 18 batallón de cazadores y el Escuadrón de Húsares, que deben escoltarlo hasta La Soledad para dirigirse en pequeñas jornadas a Veracruz. A donde llegará aproximadamente el día 18, a fin de embarcarse en la fragata *La Panamá*". No es ajeno a esta situación el comportamiento de Dubois de Saligny, que también llamado a Francia, "hace un gran ruido […] y da el grito de alarma".

Si la política de Napoleón es restarle al liberalismo su centro y su ala derecha y aislar políticamente a Juárez, la de Saligny es culminar su obra reuniendo en un haz ejército francés, clero, agiotistas mexicanos y extranjeros, conservadores, y acabar con las Leyes de Reforma. ¿No es ese el pacto original?

Bazaine, sin el poder real, intenta darle forma a la nueva política: "En cuanto a los bienes del clero, el general Almonte desea esperar la llegada de monseñor Labastida antes de tomar una determinación definitiva, persuadido, como está, de que este Prelado debe estar provisto de instrucciones de nuestro Santo Padre y del Archiduque Maximiliano". Respecto a Saligny: "Estoy en excelentes relaciones con él; pero me parece que su papel está terminado y que hace obrar demasiado a sus amigos para continuar permaneciendo en México. Me ha dicho que su intención era quedar aquí con licencia, porque tiene un matrimonio en perspectiva [...]. Me es necesaria la resignación árabe para soportar semejante estado de cosas". Y termina su carta: "Lentitud y prudencia en política; rapidez y energía fulminante en la guerra". Pero si bien abunda lo primero, la temporada de lluvias y la desorganización en el cuerpo expedicionario no le permiten lo segundo. No irá más allá de una acción combinada sobre el pequeño ejército de Negrete que se encontraba en la zona de Necaxa, que lo único que produjo es que este se replegara hacia San Luis Potosí a reunirse con Juárez. La percepción de Bazaine era que "el enemigo no emprende nada serio; pero se organiza para defender, o aparentarlo bien, los estados del interior".

Napoleón III siguió mandando a Bazaine instrucciones a lo largo de septiembre, a pesar de que Forey aún no había entregado el mando: o bien promoviendo un referéndum a favor de Maximiliano: "Hacer ratificar la elección del archiduque Maximiliano por el mayor número posible de mexicanos, porque el nombramiento festinado que se ha hecho ha tenido el gran defecto de no parecer en Europa la expresión legítima de los votos del país". O bien recomendando al "señor Arrangoiz, hombre muy honrado [por lo visto no conocía el papel de Arrangoiz en la venta de La Mesilla], dos veces ministro de Hacienda en México, actualmente cerca del Archiduque" para que se hiciera cargo de gestionar un préstamo europeo a la Regencia. O bien proponiendo que la Legión Extranjera que se quedaría diez años en México se fortaleciera con oficiales franceses que decidieran quedarse en el país y se completara "con los mejores soldados indios, que se vestirían inmediatamente y se adaptarían a nuestra disciplina. Estos regimientos podrían elevarse a un efectivo de 4 o 5 mil hombres".

Bazaine explicaba, tanto a Napoleón como al ministro de la Guerra francés, mientras se decidía a actuar: "En todos los lugares ocupados por nosotros, reina la paz, las poblaciones se deciden por la intervención y la monarquía; fuera de estos puntos, no existe sino la guerra y el mutismo más desconsoladores. Este estado de cosas durará mientras exista el gobierno de Juárez en San Luis, con gobernadores en las capitales de los estados del interior y grandes recursos por los puertos del Pacífico y por las fronteras del Norte [...]. Es pues, indispensable hacerle retroceder o dejar que se agote donde está, lo que sucedería indudablemente si el gobierno de México fuese [...] más conciliador respecto al partido liberal moderado".

El México servil no llevó mal el imperio: desde las ciudades dominadas a las clases pudientes les resultaba atractivo el orden imperial, les gustaba. Les gustaba su fasto y sus plumajes, sus carrozas cubiertas de paño de oro y sus vestidos de tules y sedas. Juan de Dios Peza cuenta respecto al Distrito Federal: "Todos los letreros del comercio estaban en francés; las peluquerías, las dulcerías, las fondas y las tabernas se ataviaron con nuevos y raros adornos […] las pulquerías estaban atestadas de soldados franceses que en su expedición ya se habían acostumbrado […] a libar lo que hoy se llama licor mal comprendido". En el Teatro Iturbide se instaló una compañía de *vaudevilles*. Había corridas de toros, ascensos del globo de Cantolla. Forey, en los conciertos en la Alameda, repartía cartuchos de dulces a los niños, mientras el parque se llenaba de señoras vestidas a la moda francesa y las bandas del 99 de línea tocaban polkas y mazurcas: "Los imperiales", "Los recuerdos de París", "Las azucenas" y sobre todo "El beso", un vals.

En el "otro país", Juárez no pudo mantener mucho tiempo el "gabinete de unidad" y el 11 de septiembre, tras enviar a José Antonio de la Fuente como embajador a Estados Unidos, enfrentó el conflicto entre Francisco Zarco y Manuel Doblado (o dicho de otra manera, entre el centro y la izquierda liberal). El caudillo guanajuatense, diciendo "No me agrada que nadie me bulla la mesa", le exigió a Juárez que desterrara a Matamoros a Zarco y a Zamacona. Juárez anota lacónicamente: "Vista la insistencia de este señor, acordé que se le admitiera la renuncia". Y Doblado, el 11 de septiembre del 63, renunció por segunda vez y se fue de San Luis Potosí sin despedirse del Presidente para recuperar el gobierno de Guanajuato y combatir a Mejía en la Sierra Gorda. Juárez nombró a Sebastián Lerdo de Tejada ministro de Relaciones y a Iglesias ministro de Justicia, Instrucción Pública y Fomento; Núñez y Comonfort permanecieron en el cargo.

Entre tanto, Guillermo Prieto comienza, a partir del 16 de agosto, a editar un periódico sarcástico: *El Monarca*, quizá porque entiende que la única manera de enfrentar la naciente monarquía es la sátira. Tenía por colaboradores en la empresa al coronel y periodista Juan de Dios Arias y al poeta y coronel Vicente Riva Palacio, porque, coincidente con la presentación pública del primer número de *El Monarca*, Vicente hizo su aparición en San Luis Potosí. Viajaba solo. ¿Qué había sido de sus guerrilleros? Juárez le ofreció dirigir el periódico oficial. Riva declinó diciendo que quería seguir en el ejército; le ofrecieron nombramiento de general y declinó, sólo podría admitirlo por méritos de guerra. Juárez entonces lo envió a montar la fuerza resistente en el primer distrito del Estado de México, con el nombramiento de gobernador; salió con dos hombres y 125 pesos, cien que le había dado la Tesorería y 25 de su propia bolsa.

El Monarca duró hasta el 25 de octubre del 63.

NOTAS

1) François-Achille Bazaine: *La intervención francesa en México según el archivo del Mariscal Bazaine*. Niceto de Zamacois: *Historia de México*, tomo XVII. Agustín Rivera: *Anales*

mexicanos. La Reforma y el Segundo Imperio. José Ortiz Monasterio: *Historia y ficción. Los dramas y novelas de Vicente Riva Palacio.* Emmanuel Masseras: *Ensayo de una Intervención Francesa en México.* Francisco Sosa: *Biografías de mexicanos distinguidos.* Miguel Ángel Granados Chapa: "Francisco Zarco. La libertad de expresión". Victoriano Salado Álvarez: *La emigración.* Francisco Bulnes: *El verdadero Juárez y la verdad sobre la intervención y el imperio.* Leonardo Pasquel: *La generación liberal veracruzana.* José P. Rivera: "Ignacio de la Llave". Jesús de León Toral: *Historia militar: la intervención francesa en México.* Manuel Santibáñez: *Reseña histórica del cuerpo del Ejército de Oriente.* Émile Ollivier: *L'Empire libéral.* Antonio García Pérez: *Estudio político militar de la Campaña de Méjico, 1861-1867.* Benito Juárez: *Documentos, discursos y correspondencia.* Clementina Díaz y de Ovando: *La vida mexicana al filo de la sátira. La intervención francesa y el segundo imperio.*

2) Junio, mediados. Proyecto de un periódico financiado por los españoles residentes en el Distrito Federal que sería dirigido por Niceto de Zamacois (llegado a México el 28 de febrero del 60), titulado *La España*, que no fue permitido por Saligny. En el folleto introductorio se decía: "Nosotros, colocados a dos mil leguas de distancia, sin aspiraciones de mando, sin ambición de destinos, no seremos más que lo que debemos ser, lo que son todos nuestros compatriotas que se encuentran lejos del país en que rodaron sus cunas, españoles amantes de su reina y de su patria, españoles y sólo españoles" .

111

BAZAINE

México, 1863. "Desde el 1° de octubre ejerzo el mando del Cuerpo de Ejército", se dirá a sí mismo François Achille Bazaine. "Comencé a funcionar el 9 de octubre", mientras Forey viajaba escoltado hacia Veracruz.

Tendremos sobre él la información que proporciona un voluminoso bagaje de su correspondencia, pero se trata de documentos oficiales, que muestran u ocultan lo que piensa; sabremos algo sobre su vida privada, en particular sobre su no muy compleja y algo pueril vida amorosa, pero no podremos profundizar más en un protagonista mucho más interesante de lo que parece, mucho más sutil, mucho más brillante, cauto y arriesgado; político zalamero y cruel ejecutor, servil y autoritario, siempre conspirador. Pero, ¿no es esa la gracia de los enigmas?

Sara Yonke, que lo conoció, dirá que "era un hombre de apariencia sencilla, bajo y fornido, en cuyos rasgos plebeyos era en vano buscar alguna chispa de genio o rayo de imaginación"; se equivocaba. Masseras escribirá: "Al lado de cualidades militares indiscutibles [...] tenía en él un fondo de titubeo, de indecisión, una predisposición a la indolencia que lo llevaron más de una vez a la expectativa"; cierto y falso a la vez.

Bazaine, nacido en 1811 en Versalles de familia burguesa, que instantáneamente dejará de serlo, porque su padre, matemático y arquitecto creador de canales, que construyó varios puentes en San Petersburgo al servicio del zar Alexander I, abandona a su madre poco antes de su nacimiento, dejando a la familia sin recursos. Achille falla al intentar ingresar en la Escuela Politécnica de París. Ni siquiera intentará entrar en la escuela para la formación de oficiales de Saint Cyr. A los 20 años se enlista en el ejército francés como soldado raso. Será uno más de los hijos de las guerras coloniales del imperio.

En 1833 forma parte de la Legión Extranjera en Argelia como subteniente; asciende rápido en las batallas africanas; teniente en el 35, es herido de un tiro en la muñeca en la batalla de Macta combatiendo junto a legionarios polacos e italianos a bereberes. Afiliado a la francmasonería. Capitán en el 37. Sin embargo, esto no es lo bastante rápido para él y se enrola en la Legión Francesa apoyando al gobierno de Isabel en España durante las guerras carlistas, obteniendo el grado de comandante; recibe la cruz de caballero de la Legión de Honor y un balazo lo hiere en la pierna derecha en la batalla de Barbastro.

Retornará a Argelia con el ejército francés en 1839 y actuará en expediciones y combates en Milianah, Tremecén, Marruecos y el Sahara, todo el norte de África. Se le dan créditos por lograr la rendición de Abd el-Kader. En 1844 asciende a mayor y a teniente coronel en el 48. Dirigirá la oficina franco-árabe, sede de la inteligencia militar, y será gobernador de la provincia de Tremecén. En 1850 llegará a coronel y será el jefe del primer regimiento de la Legión.

Han pasado 12 años "africanos". En junio de 1852, en Versalles, se casa con María Juana de la Soledad, a la que conoció adolescente, casi niña huérfana en Argelia.

Es promovido a general de brigada en camino a Crimea y conduce una brigada de la Legión Extranjera francesa contra los rusos. Combate en Alma, en el sitio de Sebastopol, una nueva herida en la cadera izquierda causada por un fragmento de granada. Los británicos le dan la Orden del Baño. El 22 de septiembre de 1855 será ascendido a general de división y designado gobernador de Sebastopol. A los 44 años esto lo hacía el general más joven del ejército francés. Toma la fortaleza de Kiburn en un asalto naval.

Una breve pausa de dos años y regresará a Francia en 1857 y será nombrado inspector general del ejército. En el 59 dirige una división en Lombardía contra los austriacos. Nuevamente herido en la cabeza por una astilla el 8 de junio en la batalla de Melegnano. Se recobra a tiempo para participar en la batalla de Solferino, donde lo hieren de nuevo en la parte superior del muslo, matando a su caballo.

El retrato que en México le hace Jean-Adolphe Beaucé lo muestra con sólo una condecoración, un cañón asoma del lado izquierdo; uniforme bien planchado, pero lejos de la ostentación, más bien parece un oficinista militar que un general herido cuatro veces en combate. No está tan gordo.

Uno de sus contemporáneos dirá que carecía de la fuerza vital y las apariencias esperadas para un miembro destacado de la clase social de los oficiales, y era absolutamente cierto, había ascendido a general de ejército desde el nivel de un soldado de infantería en 30 años.

NOTAS

1) Sara Yorke Stevenson: *The Mexican Affair*. Emmanuel Masseras: *Ensayo de una Intervención Francesa en México*. Jean Meyer: *¿Quiénes son esos hombres?* Jack Autrey Dabs: "El ejército francés en México. 1861-1867". François-Achille Bazaine: *La intervención francesa en México según el archivo del Mariscal Bazaine*. Robert Burnand: *Figures et Episodes. Bazaine*. Maurice Baumont: *Bazaine, les secrets d'un maréchal, 1811-1888. El Liberal*, Madrid, 12 de enero de 1887. Alfonso Milán: "El mariscal Bazaine". Manuel Payno: *Cuentas, gastos, acreedores y otros asuntos del tiempo de la intervención francesa y del imperio de 1861 a 1867. Maximilien*, libreto de R. S. Hoffman, adaptado de la obra de Franz Werfel el papel de Bazaine lo canta un barítono.

2) Bazaine pide al gobierno francés que le manden a México al pintor Jean Adolphe Beaucé que llegó comisionado por el museo histórico de Versalles. Beaucé en el 63 tenía 45 años, pintor bélico e imperial que lo mismo ilustraba a *Los tres mosqueteros* de Dumas que pintaba batallas napoleónicas de Napoleón I, que las campañas argelinas del III. Beaucé le hizo a Bazaine un retrato de cuerpo entero al aire libre con todo y una nopalera al flanco para mexicanizar la escena. Beaucé también hizo retratos de Maximiliano, Leonardo Márquez (al que le sobran mangas) y dos dedicados a las glorias de Mejía en la defensa de Morelia y San Luis Potosí. Pintó: *Recepción de los salvajes por SS. MM.*, *Campamento de Zuavos y Campamento de Cazadores de África*. El retrato de Max a caballo contemplando el horizonte y como bien cuenta Salvador Rueda ("Escobedo y Maximiliano") con tres humildes mexicanos al pie observándolo con veneración. El retrato de Escobedo en el castillo de Chapultepec, también con caballo blanco es molestamente parecido, sobre todo por el caballo que el retratista mexicano debe de haber copiado, blanco de excesiva cabeza, muestra a un Escobedo pasivo montado arriba de Cabrito.

112

OCTUBRE DEL 63

Junto con su nombramiento oficial como general en jefe del ejército de ocupación, Bazaine recibirá de Eduardo Drouyn de Lhuys, ministro de Negocios Extranjeros de Francia, unas instrucciones que reiteran la orden de Napoleón III para que Maximiliano obtenga un reconocimiento popular más allá del que le otorga la Asamblea de Notables: "de manera que no pueda quedar duda alguna sobre la expresión de la voluntad del país. Bien que las municipalidades sean llamadas a pronunciarse en las distintas provincias, a medida que hayan reconquistado su libertad de acción (población ocupada por las armas francesas) y que bajo su dirección se abran listas para recoger los votos".

Bazaine tiene, según Niox, a sus órdenes 47 667 hombres. Según las cifras oficiales, habían perdido 3 738 (con certeza muchos más). Comienzan a funcionar en el Distrito Federal la fábrica de armas que produce cien fusiles al mes y la de artillería, que en dos meses pondrá en operaciones siete obuses, pólvora y explosivos. Se reactivan los trabajos del ferrocarril delante de La Soledad. Bazaine informa: "He dado orden para que el telégrafo quede establecido inmediatamente desde Veracruz hasta La Soledad, después, desde este punto hasta Orizaba; y en fin, desde esta ciudad hasta Puebla".

Diseña su primera ofensiva y le da cuenta de ella a Napoleón III. "Tomo mis disposiciones para unir las tropas esparcidas y arreglar las destinadas a operar sobre Querétaro, y después sobre Guanajuato [...]. Tengo intención de operar con dos columnas francesas" hacia Querétaro, una mandada por él mismo y otra por Douay (flanqueado por Mejía con 1 400 hombres y Márquez con 3 500) que iría primero hacia Toluca. Parte de las tropas de Márquez cubren la retaguardia en Perote y Jalapa. Bazaine encargará la guarnición de la Ciudad de México al general De Neigre con 3 500 hombres.

Estima las fuerzas republicanas en 12 mil hombres de Guanajuato a San Juan del Río, y una brigada de caballería avanzada en Arroyozarco. "Por lo que hace a guerrillas, existen en todas partes; pero estos moscones son poco temibles". Quizá lo fueran en el sentido de que no podían constituir una fuerza militar capaz de enfrentar a las divisiones francesas, pero el 2 de octubre las guerrillas veracruzanas saliendo de Jalapa atacan el convoy del ferrocarril entre Veracruz y Tejería. En el enfrentamiento muere el jefe de la Legión Extranjera, De Ligier, que viajaba como pasajero. A fines de octubre no sólo las guerrillas veracruzanas afectan los planes de Bazaine, también los ataques en las cercanías de la Ciudad de México por las guerrillas de Mena y Figueroa, como el asalto a Tlalpan del 28 de octubre y la toma del Ajusco al inicio de noviembre. Bazaine responde brutalmente a las muestras de simpatía de la población con los guerrilleros: "Di orden de desterrar o de destruir el pueblo, exceptuando sólo la iglesia".

La realidad era peor para los republicanos de lo que pensaban los franceses. Bajo el mando de Comonfort se producía un lentísimo proceso de reorganización tratando de formar cinco divisiones: una mandada por Manuel Doblado, más apto para las intrigas de gabinete que para la campaña, de 3 mil hombres, dividida en dos, una parte bajo la dirección de Antillón y situada en Querétaro y otra bajo el mando de Echegaray en San Juan del Río. Una segunda dirigida por el general José López Uraga, con una fama no muy merecida de militar de valor y de vastos conocimientos, al sur de Morelia con 3 mil hombres aproximadamente. Una tercera reorganizándose dirigida por Jesús González Ortega; una de reserva con los restos de las tropas que se habían retirado de la Ciudad de México dirigida por Felipe Berriozábal, y una quinta mandada por el general Porfirio Díaz al que envían a partir del inicio de octubre al sur (para actuar en Oaxaca-Guerrero) de la que formaban parte Mariano Escobedo y las caballerías del norte.

Los franceses aspiraban en la primera ofensiva militar no sólo a desbaratar las concentraciones militares republicanas entre Querétaro y San Luis Potosí, sino también a lograr la deserción de los generales que consideraban políticamente más blandos. Ya en septiembre la prensa francesa había anunciado en París la sumisión al imperio de Doblado y Comonfort; Bazaine le escribía al ministro de la Guerra francés: "sería posible, porque el primero está enojado con Juárez, y el segundo sigue muy comúnmente la política del primero. Ambos han sondeado el terreno varias veces, y no me admirará que vengan a nosotros, principalmente si andamos una parte del camino, yendo a Querétaro y amenazando Guanajuato". ¿Existían realmente estos sondeos? De nuevo el 8 de octubre, esta vez escribiendo al ministro de Asuntos Extranjeros francés, contaba: "Desde hace algún tiempo se me asegura que Doblado dejaba descubrir la idea de que no está lejos de declararse por la Intervención. He tratado, pues, de conocer entre sus amigos lo que había de cierto en estas expansiones, hechas intencionalmente, sin duda, pero de las que debía aprovecharme para levantar el velo político; y ha resultado la siguiente declaración comunicada a un confidente: *Volver al punto de partida, reconociendo francamente […] las leyes llamadas de Reforma; anular a la Regencia y sus actos […] consultar desde luego la opinión pública por medio de un sufragio universal, a fin de llegar a saber qué forma de gobierno desea el país; y en fin, el establecimiento de un gobierno provisional, al frente del cual se colocaría, si él lo deseaba, el Comandante del ejército francés, quien se encargaría de organizar todos los servicios de la administración pública y preparar el sufragio universal, suspendiendo toda hostilidad y movimiento armado*". Y Bazaine calificaba estas como "las ideas del hombre más capaz del partido liberal, pero también el más tramposo". Nuevamente a fines de octubre el general francés volvió sobre el tema, añadiendo esta vez a José López Uraga: "Estos tres personajes hacen decir siempre, por medio de sus amigos de México, que tienen el mayor deseo de entrar en negociaciones con la Intervención; respondo imperturbablemente que no hay tratados que hacer, que el gobierno juarista no existe ya, y que aceptaré las adhesiones de todos los que vengan francamente a nosotros para trabajar por la pacificación del país". Con la demora obligada por la lentitud de los correos transatlánticos, el emperador Napoleón III desde el Palacio de Compiègne le contestaría al general: "Yo insistiría sobre un punto esencial, que recomiendo. Haga todo lo que de usted dependa, a fin de decidir a los generales Doblado y Comonfort a unirse a nuestra causa. Esto sería, como usted lo comprenderá, uno de los medios mejores para obtener pronto una solución definitiva". Bazaine pensaba además que "Juárez, con sus partidarios, que se reducen diariamente, está listo para emigrar a Texas".

En el caso de Doblado, no podemos saber si sus amigos liberales moderados en la Ciudad de México actuaban con o sin su permiso; si bien no existe ningún documento que involucre a Comonfort en estas supuestas negociaciones más allá de la opinión del general francés, Juárez en los primeros días de octubre amonestó a López Uraga por sus continuas debilidades y divergencias con el gobierno.

El 11 de octubre regresó a México e hizo su entrada el arzobispo Pelagio de Labastida, que volvía tras siete años de destierro para tomar su lugar en el consejo de la Regencia. Lo acompañaban los obispos Munguía y Covarrubias. Bazaine registra: "Ayer vi al Arzobispo Labastida; es un hombre ilustrado y está perfectamente al tanto de las intenciones y voluntad del Emperador. Ha visto al Archiduque Maximiliano, quien no vendrá a este país sino hasta que esté pacificado y después de un nuevo voto de la nación".

Una semana más tarde se incorporaba al gobierno con Almonte y Salas. El conde de Kératry recuerda en sus memorias que la primera preocupación de Labastida "había sido preguntar si durante la guerra se habían respetado los olivares de su casa episcopal de Tacubaya". Zamacois entra en su defensa argumentando que "los olivares de la casa episcopal, eran en muy escaso número y no producían renta ninguna, pues el poco aceite que de ellos se sacaba no se vendía, sino que se destinaba al culto"; pero el hecho es que Bazaine registra que la ocupación le devolvió a Labastida el pabellón, ayudó a "reconstruir su gran seminario, reparar su casa de campo en Tacubaya, donde desgraciadamente él encontrará todos sus olivos cortados, lo que le ha hecho decir: *Pobrecitos, eran tan buena renta para el Arzobispado*".

La llegada de Labastida y los primeros encontronazos con Bazaine fueron casi inmediatos. El primer tema de conflicto fue que el general, por orden de Napoleón, había solicitado a la Regencia que todos los tribunales admitieran como válidos los pagarés procedentes de la nacionalización de bienes eclesiásticos, que afectaban también a ciudadanos franceses y que Forey en inicio había bloqueado al igual que decretado el secuestro de los bienes raíces y muebles de los que se opusieron a la Intervención. Bazaine amenazó que si no se dejaban tranquilos los bienes expropiados al clero, en manos hoy de particulares, disolvería la Regencia.

El 15 de octubre, Bazaine escribía: "El Arzobispo de México ha llegado aquí; desgraciadamente sus ideas son las del clero romano, que son casi las del clero español del tiempo de Felipe II, excepción hecha de la Inquisición; no hay que contar, por tanto, con su intervención para llegar a una solución mediante la conciliación". Diez días después el general explicaba a Napoleón: "Cuál no ha sido mi contrariedad cuando le oí exponer sus ideas para reconstituir el dominio del clero [...]. Le expresé que mis intenciones se oponían a que se volviese sobre la venta de los bienes del clero [...]. El Prelado no ha quedado satisfecho de mi respuesta; me ha asegurado que había expuesto sus ideas a SM, quien había parecido aprobarlas, y que su conciencia y su dignidad se oponían a toda solución a este respecto, antes de haber recibido la autorización del Santo Padre".

Labastida citó a la Regencia a una reunión a la que asistieron Bazaine y Budin (el comisario de la Intervención) y el obispo insistió en su posición: si el papa no aprobaba las medidas, él estaría en contra. Dirigiéndose a Bazaine exclamó: "Si vuestro Ejército ha sido bien recibido a su llegada a esta capital, es por la influencia del clero; y si usted no sostiene este, si usted no marcha con él, haga venir 15 mil hombres más, porque sus amigos de hoy...". Y añadía: "Hubieran podido ahorrarse al erario francés los millones invertidos en la guerra, a la nación francesa las vidas preciosas de sus ilustres hijos; a los mexicanos honrados los golpes sensibles que la facción despechada descargó sobre ellos; a los fieles el indeleble tormento de ver burladas sus esperanzas, y a los pastores la pena y el vilipendio de volver de su destierro, bajo la salvaguardia de este nuevo orden de cosas, a presenciar la legitimación del despojo de sus iglesias y la sanción de los principios revolucionarios".

Napoleón III, particularmente irritado por un recorte que Douay le había enviado a una amiga común (que daba noticia de un bando del prefecto de Policía de la Ciudad de México que prohibía trabajar los domingos y otro que ordenaba arrodillarse cuando se tropieza con el sacramento y quedar en esta postura hasta que haya desaparecido y que ya no se escuche el ruido de la campanilla que lo acompaña), le apretaba el dogal a Almonte: "No he estado muy satisfecho de la marcha de los negocios en México, y prefería que no llegara a usted directamente la noticia de mi disgusto. Ciertamente, mientras mi ejército esté en México, no permitiré que se establezca una reacción ciega, que comprometería el porvenir de ese bello país y que deshonraría nuestra bandera a los ojos de Europa".

El 23 de octubre Almonte y Salas, sin tomar en cuenta a Labastida, expidieron una circular según la cual las ventas de los bienes de la Iglesia "hechas conforme a la ley quedarán sancionadas, y únicamente sujetos a revisión los contratos fraudulentos". Labastida hizo pública una pastoral declarándose en contra de la medida. Bazaine se equivocaba cuando pensaba que había anulado al obispo, Labastida iba a darle todavía mucha lata. El 10 de noviembre escribe a los otros dos regentes. "Se ha dictado a nombre de la Regencia una orden que la Regencia no ha acordado, pues yo soy miembro de la Regencia y no he concurrido ni sido citado a tal acuerdo... Protesto de nulidad, en toda forma contra tal orden". Bazaine escribe a sus superiores: "Si se le dejase obrar, tendríamos dentro de poco una Roma del Nuevo Mundo. Es un hombre convencido, que parece leal; pero que no tiene la sangre fría necesaria cuando se trata de los intereses de la Iglesia, y nosotros lo contendremos en un justo medio". Tiene razón Tafolla cuando analiza: "Los conservadores habían sido cogidos en sus propias redes; caían postrador bajo el golpe que asestaban a sus enemigos".

El 9 de noviembre Bazaine escribía al ministro de Negocios Extranjeros francés: "El Arzobispo me repite sin cesar que haremos muy mal en no apoyar a la Iglesia de las homilías interminables, a las cuales respondo imperturbablemente: *Monseñor, no soy más que el centinela encargada de hacer ejecutar una consigna, y es preciso que esta sea respetada*".

Mientras tanto, Bazaine enviaba espías hacia la zona donde se había establecido el primer escalón de defensa mexicano y hacia Michoacán. El general George Louis de Berthier había tomado Toluca y seguían los preparativos para el despliegue de las dos columnas hacia el norte. ¿Por qué esa extremada lentitud? Bazaine explica: "Las aguas, que han vuelto a restablecerse después de algunos días, inundan de nuevo los caminos; dejaremos tiempo a estos para secarse antes de emprender nuestra marcha". A mediados del mes de octubre anunciaba la toma de Tepeji del Río y volvía a posponer la salida de las dos divisiones hasta los primeros días de noviembre. Esperaba, según le cuenta en una carta a Napoleón III, que sería suficiente avanzar hasta Guanajuato y San Luis Potosí para obtener la "huida de Juárez, dispersión o retirada a lo lejos del ejército enemigo". El 10 de noviembre anunciaba el avance hacia Querétaro y Morelia, la necesaria reorganización de la Legión Extranjera para proteger la retaguardia veracruzana y sus "esfuerzos para pacificar por medio de la conciliación, y tengo oferta de hombres influyentes del partido liberal moderado de que, cuando me encuentre en el interior, su partido se decidirá, pero que al presente ellos nada pueden hacer: puesto que la Regencia es un obstáculo para todo arreglo". ¿De qué partido liberal estaba hablando? Hasta esos momentos el liberalismo estaba agrupado bajo el gobierno de Juárez y en armas. Sus disidencias que podrían expresarse en voces aisladas de los llamados moderados, sobre todo en la Ciudad de México, no constituían partido alguno.

La única victoria significativa de la república se producirá en el sur. Poco después de la batalla de Puebla, en julio del 63, una columna francesa y las tropas conservadoras de Vicario se apoderaron de Cuernavaca, Iguala, Taxco, Teloloapan y Chilapa. Juan Vicario, en uno de los retratos fotográficos de la época, aparece como un personaje cadavérico, muy blanco, sin duda de origen español, chupado, de pelo muy fino, de unos 60 años, con una casaca repleta de espigas de oro. Conservador clerical, se amotinó con el grito de "Religión y fueros" contra la Constitución del 57. Promovido a coronel por Miramón, siempre actuando en Guerrero, era uno de los militares condenados a muerte tras los asesinatos de Ocampo, Santos Degollado y Valle. Se había sumado a la Intervención en diciembre del 61.

Bazaine, teniendo como objetivo la ofensiva hacia el norte, le ordena a Vicario, cuando desde el sur la brigada de Porfirio comienza a hostigar su zona: "Extender nuestra línea, ya tan alargada por la necesidad de guardar nuestra base de operaciones, sería una falta militar. No podemos tener nuestra derecha en Veracruz y nuestra izquierda en el Pacífico. Tenemos delante de nosotros hacia el norte del Imperio, concentraciones de tropas [...] reservándonos volver después sobre las bandas que infectan las diversas comarcas del país [...] ocúpese de guardar Cuernavaca, Matamoros e Iguala y no piense en extenderse". Pero el 23 de octubre Vicario informa que los republicanos hostigan la plaza de Taxco. Exagerando las fuerzas de estos teme que su victoria pueda significar una ofensiva que llegue hasta Cuernavaca, donde él se encuentra. Porfirio Díaz, que había descendido por el Estado de México, Puebla, Oaxaca y Guerrero, a las siete de la mañana del 30 de octubre ataca Taxco, mientras los norteños de Escobedo avanzan sobre Iguala, para evitar que viniera algún auxilio. Al día siguiente la guarnición imperial de Taxco ha caído dejando en manos de los republicanos 271 prisioneros y bastantes municiones.

NOTAS

1) François-Achille Bazaine: *La intervención francesa en México según el archivo del Mariscal Bazaine*. Manuel Doblado: *Testimonios de un patriota*. Jesús de León Toral: *Historia militar: la intervención francesa en México*. Gustave Niox: *Expedition du Mexique, 1861-1867; récit politique et militaire*. Miguel Galindo y Galindo: *La gran década nacional o Relación histórica de la Guerra de Reforma, intervención extranjera y gobiernos del archiduche Maximiliano, 1857-1867*. Iglesias: "Revistas". En *Los traidores pintados por sí mismos. Libro secreto de Maximiliano en que aparece la idea que tenía de sus servidores*, la segunda parte de la biografía de Labastida fue enviada a Eloin por el jefe de policía Maury; el texto termina ofreciendo información sobre su vida privada "si el emperador la necesita". Judith Licea de Arenas: *Imágenes del segundo imperio mexicano, 1864-1867*. Conde E. de Kératry: *Elevación y Caída del emperador Maximiliano. Intervención francesa en México, 1861-1867*. Niceto de Zamacois: *Historia de México*. Paul Gaulot: *La Verite sur l'Expedition du Mexique*. Francisco Bulnes: *El verdadero Juárez y la verdad sobre la intervención y el imperio*. Rafael Tafolla: *El imperio y la república*.

2) Según cifras oficiales, del 7 de enero de 1862 al 1° de octubre de 1863, los franceses perdieron 3 738 hombres, de los cuales 1 965 de marina y 139 oficiales. La enfermedad mató a 3 200 soldados y 98 oficiales. Gustave Niox da cifras detalladas hasta el 25 de marzo de 1863. En 1864 el regimiento de infantería de marina estaba diezmado. Las cifras son evidentemente falsas. Si se restan los muertos por enfermedad de las bajas sólo habrían muerto en combate en toda la campaña desde la primera batalla de Puebla, 538. En la correspondencia de los soldados del cuerpo expedicionario se registra: "21 de junio de 1864: Las demandas de las bajas por enfermedad crecen a todo tren".

3) Un semiapócrifo de Guillermo Prieto en mi libro *La lejanía del tesoro*: "Son de agradecer las virtudes del moderno arte del daguerrotipo que con sus artesanías químicas inmoviliza y fija esos rostros perdidos en la ensoñación de las lujurias del poder, un poco abobalicados, mostrando en el rictus, la mano tiesa, la mirada perdida, su baja calaña indeleble, por más artículos encomiásticos que les dedicara la prensa servil de los invasores. Ahí estaba también el arzobispo Antonio Pelagio de Labastida. Ángeles y querubines dicen santo, santo, santo. Ojeroso, joven todavía, aunque regordito y dotado de cara rubicunda bordada de triple papada y una barriguita creciente, como en estado de embarazo. Inquisidor, testarudo y armado de esa supuesta sabiduría que da la mezcla de la iluminación de cirio y la intransigencia junto al sermonario del siglo XVII; la creencia de que se vive en la posesión de un librito que sólo conoce de la verdad. Hombres peligrosos los del cavernario fanatismo, que no creen en el valor de la duda, en las virtudes del desconcierto, en la pesadumbre del error propio repetido. Malos hombres para la patria aquellos que no tropiezan contra los cantos de las mesas, nunca derraman el vino en la pechera e inventan palabras para barnizar de pulcra la conversación, como llamar a los huevos *blanquillos*, a los chorizos *unos tras otros*, a los pechos femeninos *pantallas*, a la bacinica *arete*, a la morcilla *amor en su silla* y así por el estilo".

113

LA MUERTE DE COMONFORT

Juárez había dado a Ignacio Comonfort la tarea de reorganizar el Ejército del Centro y construir una línea de contención en Querétaro. Abrumado por sus pasados pecados, comenzó a moverse en octubre, como si estuviere enfebrecido, coordinando aquí y allá y viajando entre San Luis y Querétaro.

En uno de estos viajes, posiblemente en camino a entrevistarse con Doblado en Guanajuato para arreglar personalmente algunos temas del Ministerio de la Guerra, salió de San Miguel Allende con una escolta de cien hombres, cuando le avisaron que merodeaba por ahí una gavilla llamada de Los Troncoso, una mezcla de cangrejos y bandoleros, que estaban a las órdenes del mocho Tomás Mejía. En Celaya un batallón del ejército republicano se tropezó con él y le ofreció escolta, el 14 de noviembre, pero los envió hacia San Luis Potosí y siguió camino pensando que el puñado de hombres que le acompañaban serían suficientes para enfrentar a los bandidos, que eran pocos y estaban mal armados.

Hacia las dos de la tarde, después de comer, salió de nuevo en una carretela descubierta. Para su desgracia envió un mensajero al general Echegaray avisando su llegada, que fue interceptado. En las goteras de Celaya, cerca de

Chamacuero, en un lugar llamado Molino de Soria, la partida de Sebastián
González Aguirre, que contaba con 200 hombres, le tendió una emboscada.

Comonfort montó a caballo, ordenó que se buscara a la infantería que venía tras ellos y mandó cargar a su escolta. Eran muchos los enemigos y se les
hizo fácil envolver a los hombres de Comonfort, provocando muchas bajas.

Aunque varias versiones insisten en que Comonfort murió en la primera
descarga, una explicación con mayor poder literario cuenta que el general
Ignacio Comonfort "en el primer choque había recibido un machetazo en la
cara, que bajaba desde el ojo cortándole el carrillo. Conservaba una pistola
inútil y descargada cuando se le presentó delante el capitán Aguirre, quien
se detuvo caracoleando el caballo ante él.

"—Amigo, no me mate usted y le ofrezco hacerle una buena fortuna —le
dijo Comonfort.

"—No vengo a robar sino a cumplir las órdenes de mi general —y le partió el pecho de una lanzada.

"Después saquearon a conciencia la carretela, y eso que no venían a robar".

Guillermo Prieto dirá que Comonfort "trataba dignamente de expiar sus
faltas". Los infantes que venían a retaguardia, al oír los disparos, en lugar de
acelerar el paso dieron media vuelta y salieron huyendo hacia Chamacuero.
Viajaba con él su sobrino y también los coroneles Manuel González y Martín
Rul, que lograron escapar. La muerte del ministro de la Guerra colaboró en la
desorganización del Ejército del Centro, fragmentado en tres divisiones, múl-
tiples brigadas sueltas y guerrillas. Y poco pudo hacer su sucesor González
Ortega, que regresó de Zacatecas hacia San Luis Potosí para recomponerlo.

Mientras tanto, en la Ciudad de México Bazaine le escribía a Napoleón:
"Monseñor Labastida se abstiene en todos los asuntos que pueden lastimar
los antiguos derechos del clero, o que él clasifica como casos de conciencia
impuestos a los prelados; estos casos son numerosos y un tanto elásticos, de
manera que los negocios sufren y no reciben el impulso que necesitan [...]
está siempre en oposición con el gobierno provisional y protesta contra todo
lo que se decide sin su participación [...]. Como Monseñor se abstiene de
concurrir a las sesiones del gobierno, se le ha prevenido renuncie a sus funciones gubernativas, que él, por otra parte, declara son incompatibles con su
carácter episcopal".

Bazaine presionaba a Almonte y a Salas para sacar a Labastida del triunvirato gobernante. Finalmente se produce el microgolpe de Estado, y el 17
de noviembre le comunicaron por escrito al arzobispo que, con acuerdo de
Bazaine, habían decidido que dejara de formar parte de la Regencia. Labastida pasó al contraataque y le escribió a Almonte y Salas: "No puedo encon-
trarme en oposición con la Regencia, cuando yo soy parte de ella [...]. No
considero a vuestras excelencias ni al general Bazaine con derecho ninguno
para destituirme del cargo de regente del Imperio, en la medida en que la

única instancia que podía hacerlo era la Asamblea de los Notables […]. Concluyo, pues, protestando de nulidad contra el atentado de la destitución y dejando a salvo todos los demás recursos que a mi derecho corresponden como Regente y como mexicano". Y de inmediato escribió al jefe de la guarnición francesa en la Ciudad de México, el general Neigre: "Nosotros [los Obispos] declaramos categóricamente que la Iglesia sufre hoy los mismos ataques contra sus inmunidades y sus derechos que en tiempo del gobierno de Juárez, y jamás se ha visto perseguida con tanto encarnizamiento y que la guerra que se nos hace es peor que la de aquel tiempo".

Bazaine no sólo había impulsado la medida, también pensaba que "este desacuerdo no influye nada sobre el espíritu de la población, sino, al contrario, atrae al gobierno a algunos liberales moderados". Envió una circular a los comandantes franceses de las ciudades ocupadas para que se vigilara a los curas y "llegado el caso, tomar, sin vacilación, medidas rigurosas contra cualquier miembro del clero o cualquier individuo que no se sujete a las disposiciones del gobierno provisional, o que trate de sembrar la intranquilidad en los espíritus". Diez días más tarde Bazaine le escribía a Almonte que Labastida, "cuando se vea solo, le vendrá la reflexión y se mostrará quizá más conciliador y de todos modos menos entero y menos absoluto". Todos los magistrados de la Suprema Corte de Justicia y todos los jueces de letras de la capital se negaron a obedecer la circular sobre pagarés, por lo que todos fueron destituidos por Almonte y Salas a petición de Bazaine.

Al gobierno republicano se le había acabado el respiro potosino. Iniciándose noviembre las columnas de los invasores, 14 mil franceses y 7 mil mexicanos, tras haberlo dudado hasta el hastío, avanzaron a tímido trote de tortuga, pero trote sin duda, hacia el norte del país. El 17 de noviembre la esperada ofensiva imperialista progresaba. Tomás Mejía en la punta de lanza de la división de Douay tomó Querétaro, el 18 Bazaine dejó la Ciudad de México para sumarse a la columna de Castagny y Márquez. Ante ellos sólo se producían prudentes retiradas, y como diría Bulnes, avanzaban "sin disparar un tiro sobre las fuerzas regulares republicanas, que no maniobraban, huían y se consumían velozmente por la fatiga y la deserción".

Así caería el 30 de noviembre Morelia ante la columna de De Berthier y Márquez y Guanajuato sin disparar un tiro el 8 de diciembre ante un ejército de Doblado que se replegaba hacia el norte. Bazaine escribe: "han entrado sin quemar un cartucho, en medio de las aclamaciones de la población, principalmente del pueblo indio". Se trata ahora de avanzar hacia León para de ahí amenazar San Luis Potosí y Guadalajara. Bazaine prevé un contraataque de la división de Negrete que está en San Luis Potosí, de la de López Uraga que se encuentra en Jalisco o de la del propio Doblado que se repliega a toda velocidad hacia Aguascalientes. Nunca se va a realizar. El 14 de diciembre los franceses ocupan León y el 15 su vanguardia entra en Lagos de Moreno.

Mientras tanto, dos liberales moderados se seguían ofreciendo para mediar en un diálogo entre el ejército francés y la república, bien fuera con el gobierno o directamente con Doblado. El periodista y diputado del 57 J. Napoleón Saborio se ofrecía a Lerdo de Tejada como representante de Bazaine y Lerdo (posiblemente a espaldas de Juárez) le escribía: "Lejos de oponer dificultad, tendré siempre gusto en entenderme con usted, con tal que se expliquen claramente las intenciones del Gral. Bazaine, precisando los puntos a que se refieran, a fin de que podamos comprender si hay la voluntad de respetar absolutamente la independencia de la República y su libertad de regirse por el gobierno de su elección, de modo que los arreglos se limitasen a puntos que relativamente puedan considerarse secundarios". ¿Había perdido Lerdo su habitual sentido político? ¿Ante una potente ofensiva militar esperaba algún tipo de conciliación? Bazaine contestó a través de un intermediario: "La independencia y la libertad de México no podrán comprometerse por la acción de la Intervención, que, muy al contrario, quiere fundar la verdadera independencia y la libertad del país". Y simultáneamente mandaba a través de Roque Muñoz un nuevo mensaje a Doblado, diciendo que lo único que trataría con él era la manera en que se sometería al imperio.

NOTAS

1) Miguel Galindo y Galindo: *La gran década nacional o Relación histórica de la Guerra de Reforma, intervención extranjera y gobiernos del archiduche Maximiliano, 1857-1867.* Francisco Bulnes: *El verdadero Juárez y la verdad sobre la intervención y el imperio.* Paco Ignacio Taibo II: *La lejanía del tesoro.* José C. Valadés: *El presidente Ignacio Comonfort: estudio biográfico.* Niceto de Zamacois: *Historia de México.* Guillermo Prieto: *Lecciones de Historia Patria.* Manuel Payno: "Comonfort" en *El libro rojo.* Francisco Zarco: "Noticia sobre la muerte de Comonfort", *Obras completas,* tomo XX. François-Achille Bazaine: *La intervención francesa en México según el archivo del Mariscal Bazaine.*

2) En julio del 64 Bazaine al gral. de Castagny. "El cura de esta población pretendía exhumar los cadáveres (de Comonfort), considerándolos como indignos de permanecer en lugar sagrado. Esta atrocidad ha sido felizmente impedida hasta hoy; pero las familias no han podido obtener, ni del cura, ni del Obispo, el permiso para poner una lápida sobre la tumba de estos oficiales [...]. Tratará U., en fin, de obtener del Obispo de Querétaro la autorización para las familias interesadas en hacer colocar una lápida sepulcral sobre la tumba de los oficiales enterrados en Chamacuero". Su cadáver fue sepultado en el cementerio de San Miguel de Allende. (Agustín Rivera: *Anales mexicanos. La Reforma y el Segundo Imperio*).

3) Las cifras de Francisco Bulnes de 31 700 hombres en el ejército mexicano en esos momentos no son válidas, están muy engordadas y para valorar su capacidad de combate no ve su inexistente armamento en muchos casos ni su dispersión. Bulnes señala: López Uraga (con lo que atacará Morelia el 17 de diciembre de 1863), 10 mil hombres;

al mando de José María Arteaga, en Guadalajara, 2 mil (estaban sumadas a las tropas de López Uraga); División Doblado en Guanajuato, 4 mil (muchísimos menos, quizá un tercio, que están actuando como escolta de Juárez y el gobierno hacia el norte); Brigada Patoni, 900 (está incluida con las tropas de Doblado); Brigada del general Pedro Hinojosa (el ex ministro de guerra), 2 mil (es mítica); los norteños de Vidaurri (con los que por razones de confianza no se puede contar); fuerzas de Garza, Méndez y Pavón en Tamaulipas, 2 mil (la mayoría milicias armadas con lanzas y machetes); División Negrete, 2 500; Brigada Rojas y demás fuerzas de Jalisco, 3 mil (era una turba de no combatientes que incluía soldaderas y paisanos que acompañaban a menos de 500 soldados); Brigada Pesqueira en Sonora, 2 mil que realmente son menos de la mitad y absolutamente aislados, lo mismo se podía decir de García Morales en Sinaloa y sus supuestos 1 500 hombres y de Álvarez, en Guerrero y sus 1 800. Curiosamente ignora a la Brigada de Porfirio Díaz en Oaxaca. La realidad es que el gobierno para frenar la ofensiva francesa hacia el norte no podía contar más que con la división de López Uraga en Michoacán y sus 10 mil hombres y los 4 mil de la División de Negrete.

4) Miguel Blanco Múzquiz, general de norteños en la Guerra de Reforma, ministro de la Guerra el 5 de mayo, no confundir con su homónimo general e ingeniero Miguel Blanco de Estrada, "quien fuera traidor, vendiéndose al Imperio" (carta de Flora Elsa Blanco Maytorena, descendiente de Blanco Múzquiz, en las conmemoraciones del 5 de mayo).

114

MORELIA Y SAN LUIS POTOSÍ

Mientras Mejía presiona hacia San Luis Potosí, donde se encuentra Juárez con Negrete y su división como única cobertura, Morelia es abandonada por los republicanos a fines de noviembre y ocupada por Berthier y Leonardo Márquez. Berthier sale en persecución de los liberales y el 17 de diciembre el general José López Uraga, con el ejército más importante con que cuenta la república (entre 10 y 12 mil hombres y 36 cañones), se presenta ante Morelia, defendida por el Tigre de Tacubaya, al que acompañan algunos de los generales conservadores más conocidos, como Zires y Oronoz, y dos coroneles que serán importantes en la futura estructura del ejército imperialista, el artillero Ramírez de Arellano y Ramón Méndez, indio tarasco de Ario con fama de valiente.

Los republicanos cuentan con algunos de los generales veteranos de las batallas de la Guerra de Reforma y Puebla: Berriozábal, el general Caamaño con la división de Toluca, el español Régules con los "Defensores de la Constitución" y las brigadas de lanceros chinacos michoacanos de Crescencio Morales, las caballerías de O'Horán, el coronel norteño Carlos Salazar.

Al amanecer del 18 se produce el asalto general con cinco columnas, que se enfrentan a las trincheras improvisadas de los imperiales entrando por diferentes puntos de la ciudad. Durante tres horas se combate manzana a manzana. Testigos hablan de que se dispararon 8 mil balas por minuto y las calles están cubiertas de cadáveres. Las líneas de Márquez parecen rebasadas, se combate cerca de la plaza central. En ese momento inexplicablemente López Uraga llama a la retirada ante la resistencia de Tapia y Salazar e incluso de un intento de amotinamiento de los chinacos de Crescencio Morales.

Cuando se estaba produciendo la retirada, Márquez, que estaba trepado en una azotea, recibió un tiro en la cara y cayó ensangrentado. Lo opera, según Alberto Hans, "el hábil cirujano Nelaton [que] no ha podido cerrar sino imperfectamente" la herida en la mejilla. Márquez cuenta: "En los momentos en que entraban a la plaza los prisioneros, los médicos me operaban para extraer la bala".

Los conservadores han perdido 45 muertos y 88 heridos, pero aunque las crónicas liberales hablan de que la retirada se produjo en orden, además de cerca de 500 muertos los atacantes se dice que pierden cerca de 600 soldados hechos prisioneros, tres cañones y 300 rifles. Los números, como en tantas otras crónicas, son variantes e inexactos. ¿Seiscientos muertos que pierden sólo 300 rifles?

Al día siguiente Márquez, siguiendo su costumbre, ordenó el fusilamiento de los oficiales prisioneros republicanos, que serán enterrados en establos. Márquez posteriormente se justificará mintiendo: "Los republicanos tenían resuelto entonces fusilar a todos los generales, jefes y oficiales que defendíamos la plaza. Sin embargo, cuando en lugar de que fuésemos vencidos, quedamos vencedores, recibimos con los brazos abiertos a los mismos que nos habrían dado la muerte si hubieran alcanzado la victoria. Sus heridos fueron levantados del campo por mis soldados y conducidos al hospital, donde vencidos y vencedores estaban como hermanos [...]. Me apresuré a dar mis órdenes más terminantes para que no se les hiciese el menor daño; que a los heridos se les curase y se les atendiese desde luego lo mejor posible y con preferencia a los nuestros; que los oficiales fuesen alojados convenientemente, y que los individuos de tropa se incorporasen a mi división conservando sus armas y sus clases".

Bazaine ha enviado a la división de Douay sobre La Piedad y después sobre Zamora para cortar la retirada de los republicanos hacia Guadalajara. El 20 de diciembre la vanguardia del general Douay, mandada por el coronel Margueritte, entraba en La Piedad, y el 22 tres escuadrones de caballería francesas tomaban Zamora, derrotando a la guarnición y obligando a que los liberales en la huida hagan arder parte de la reserva de López Uraga de armas y de pólvora. Bazaine escribe: "Ahora Uraga se encamina hacia el sur de Michoacán, y perderá con seguridad mucha gente por la deserción que sigue siempre a las derrotas en el ejército mexicano", y dos días más tarde registra en una carta a Almonte: "En todas partes encontré huellas recientes del paso de las tropas enemigas, que se retiran hacia el norte del imperio".

Una parte de los restos de la división de López Uraga se estableció en Uruapan, donde fue alcanzada por el general Felix Douay. Los Lanceros de la Libertad del coronel Ronda hostigaron a los franceses permitiendo que las tropas de Berriozábal se escurrieran saliendo hacia el oeste. Uruapan cayó en manos de los franceses el 1º de enero de 1864.

Juárez le escribía a Matías Romero en diciembre: "Por falta de armamento no podemos de pronto presentar un ejército que pueda batirse con buen éxito en campo raso, y nos limitaremos por ahora a hostilizar al enemigo y batirlo en detalle mientras tengamos armas y organicemos un ejército que pueda emprender la campaña de una manera vigorosa y decisiva. Tal vez antes logremos, a fuerza de hostilidad y del incesante fuego de nuestras guerrillas, obligar al enemigo a reconcentrarse y a estarse a la defensiva".

La correspondencia con Santacilia, que acompañó desde fines de noviembre a Margarita Maza y a la familia del Presidente hacia Saltillo, es quizá el más fiel registro de lo que pensaba Juárez. El 3 de diciembre le escribe: "Me temo que allí [Monterrey] no ha de haber la misma buena disposición que en el Saltillo respecto de nosotros porque don Santiago Vidaurri no ve con buen ojo al gobierno general ni al personal de este. No importa, porque la generalidad del pueblo piensa de otra manera", y en otra carta, más familiar: "Mucho celebro que mi querido Pepe siga bien con ese clima. Así se robustecerá y se desarrollarán mejor sus potencias intelectuales por aquello de mens sana in corpore sano. Le encargo a usted cuide mucho de que ni él, ni sus hermanas, se impregnen de las preocupaciones que producen las prácticas supersticiosas de esas pobres gentes. Me alegro de que las muchachas bailen, lo que les hará más provecho que rezar y darse golpes de pecho".

A las tres y media del día 23 el gobierno abandonaba San Luis Potosí hacia Saltillo en medio de una valla de honor. Juárez ha rechazado una invitación de González Ortega de refugiarse en Zacatecas y ha optado por Saltillo. Lo escoltaban fuerzas de Manuel Doblado. El carruaje del Presidente, que funcionaba como oficina, llegaría el 25 a Moctezuma, el 26 a Laguna Seca, el 27 al Venado y el 28 a Matehuala, donde pasaría el año nuevo y permanecería hasta el día 5 de enero. Finalmente arribaría a Saltillo.

Mientras tanto, Miguel Negrete, que quedaba con su división como una fuerza de contención, sabe que la división de Castagny desde Aguascalientes avanza hacia San Luis, para darse la mano con la división de Mejía, que será el que ocupe la ciudad desde el 25 de diciembre con 2 500 hombres. Negrete tiene información falsa sobre lo que tiene enfrente. Ha abandonado San Luis sin combate y se retira hacia la hacienda de Bocas. Finalmente el general poblano (con Luis Ghilardi), que cuenta con unos 4 mil hombres y nueve cañones, se anima. A las cinco de la mañana del día 27, en lo que algunos llamarían "un ataque desesperado" y en el que sólo utiliza a un millar de sus combatientes, entran a San Luis tres columnas y en los primeros momentos arrollan las líneas contrarias. Un batallón de zapadores republicanos llega hasta la plaza principal y entra a palacio. Las otras columnas no progresan. Mejía concentra sobre los zapadores su artillería y una carga de la caballería los arrolla. Los liberales se repliegan en gran desorden, perdiendo 850 soldados, la artillería y el parque. La división Mejía sólo tuvo 50 muertos y 65 heridos.

Curiosamente las dos victorias claves del momento se las dan a los franceses las dos divisiones mexicanas de los mochos, Márquez y Mejía. En los dos combates, la indecisión de los mandos republicanos ha producido la derrota. La moral del ejército está por los suelos.

Bazaine, el 27 de diciembre, desde Lagos de Moreno le escribe al emperador Napoleón III: "Voy a dirigirme sobre Guadalajara, en donde nos esperan numerosos partidarios, que organizaré tan luego como llegue [...] en el momento en que tengo la honra de escribir a su majestad mis tropas ocupan las siguientes posiciones: Mejía en San Luis; Castagny marcha sobre Aguascalientes, para cuidar Zacatecas y prestar apoyo a Mejía, si fuere preciso, con el cual estará en relaciones por medio de la caballería auxiliar [...]; Márquez en Morelia; Douay opera en los alrededores de Zamora, bien para vigilar Michoacán, bien para unirse a mí hacia el Puente de Calderón, si el enemigo tiene realmente intención de defender los alrededores de Guadalajara". Reporta además los intentos que ha hecho para atraer a Doblado: "Pero quería tener una entrevista del género de la de La Soledad, y he preferido perseguirlo. Actualmente está en la Sierra de Nochistlán buscando, según aseguran, un puerto del Pacífico para embarcarse y salvar la caja, que contendrá un millón de pesos". La información es falsa, Doblado va escoltando a Juárez en retirada a Saltillo.

Tres días después Bazaine recibe la noticia de que los generales republicanos Parrodi y Ampudia se han sometido al imperio en San Luis Potosí. "Creo que será de buena política acogerlos en el ejército mexicano, tan luego como hayan hecho acta de adhesión, y darles [...] la paga de disponibilidad, en espera de que se pueda arreglar de una manera definitiva su posición". Juárez se burla en una carta diciendo que el erario se ahorra así mil pesos al mes.

La Regencia del imperio, por obra y gracia de la habilidad de Almonte y con dinero francés, emitió una ley en enero de 1864 donde reconocía grado y empleo a todos los oficiales republicanos que se sometieran en un mes. Francisco Bulnes, como siempre exagerando y rayando la calumnia, diría: "El llamamiento de Almonte, tan generoso como corruptor, no quedó desairado. Los jefes y oficiales del ejército republicano se desbandaban de sus filas para presentarse por pelotones, por batallones, por brigadas, a recibir el pan caliente de la Intervención. Los principios se refugiaban ávidamente en los repliegues intestinales [...]. Con excepción del grupo republicano heroico, que jamás dejó de combatir al Imperio, no obstante la tremenda miseria y persecución que lo acosaba, *todos* los militares reconocieron al Imperio [...] y se adhirieron a un sistema que les era desconocido: comer todos los días a hora fija, hacer la paz con los cobradores de inquilinato y vestir decente e higiénicamente".

NOTA

1) José Herrera Peña: *La resistencia republicana en Michoacán*. Antonio García Pérez: *Estudio político militar de la Campaña de Méjico, 1861-1867*. Jesús de León Toral: *Historia militar: la intervención francesa en México*. Jesús Romero Flores: *Historia de Michoacán*. Eduardo Ruiz: *Historia de la guerra de intervención en Michoacán*. François-Achille Bazaine: *La intervención francesa en México según el archivo del Mariscal Bazaine*. Mark Moreno: *World at War: Mexican Identities, Insurgents, and The French Occupation, 1862-1867*. *El Pájaro Verde*, 15 de enero de 1864. Raquel Sosa: *Juárez, Ocampo, Santacilia: de la amistad en la guerra*. Centro de Investigación Científica Jorge L. Tamayo: *Pedro Santacilia, el hombre y su obra*. Benito Juárez: *Documentos, discursos y correspondencia*, tomo VIII. Lucas Martínez Sánchez: *El Ejército del Norte. Coahuila durante la guerra de Reforma, 1858-1860*. Jorge L. Tamayo: *Epistolario de Benito Juárez*. José María Iglesias: *Revistas históricas sobre la intervención francesa en México*. Alberto Hans: *Querétaro: memorias de un oficial del emperador Maximiliano*. Federico Berrueto Ramón: *Juárez y Coahuila*. Francisco Bulnes: *Juárez y las revoluciones de Ayutla y de Reforma*.

115

ADIÓS A SALIGNY

Bazaine lidia con la incómoda presencia de Dubois de Saligny. Desde el 27 de septiembre de 1863 le escribe al ministro de Guerra francés: "Dudo de que el señor De Saligny parta con él [Forey], a pesar de la orden formal del Emperador; y yo estoy enteramente decidido a quitarle toda injerencia en la dirección política de los negocios. Él es, por decirlo así, el principal obstáculo para la combinación de la fusión de los partidos; y el gobierno mexicano, si es que existe gobierno serio al presente, opone resistencia de medios para no hacer lo que prescriben las instrucciones de SM, porque se siente apoyado por el señor De Saligny, quien declara constantemente que *en París no son conocidos ni los hombres ni la situación de este país, que se acabará por hacer lo que él quiera*".

Por más que desde París las presiones siguen para que Saligny abandone la embajada ("el ministro de Francia no podía, como tampoco el mariscal Forey, conservar duda alguna sobre el deseo del Emperador de ver al uno y al otro regresar inmediatamente a Francia"), el embajador se resiste. El comandante

Loizillon explica los motivos de su reticencia: "Desde nuestra vuelta a México, parece que Saligny trabajaba en una escala más grande que nunca. Prometía hacer pagar tal crédito por tal suma, exigiendo se le adelantase parte de esa suma […]. Así es que desde hace 20 días, cuando se supo su destitución, los individuos que le han dado anticipos se los reclaman […]. Él no quiere devolver nada y repite […] que son sus enemigos los que han propalado ese rumor, pero que está mejor que nunca en el concepto del emperador Napoleón III. A pesar de estas seguridades, los demandantes no se muestran convencidos, puesto que entre canallas, la regla es desconfiar los unos de los otros… Es cierto que es necesario perdonar a los mexicanos la mala opinión que tienen de nosotros, pues sólo han conocido hasta ahora peluqueros y ministros plenipotenciarios casi todos más ladrones que los ministros mexicanos".

Al inicio de octubre del 63 Bazaine reporta: "El señor De Saligny ha solicitado de mí quedarse para el arreglo de negocios particulares; he creído deber acceder a su petición".

El 1° de noviembre del 63 Napoleón le escribe a Bazaine: "Ordene a Saligny que vuelva a Francia, de grado o por fuerza, aun cuando haya presentado su dimisión. Cuento con usted para llevar a buen fin los negocios de México, aunque comprendo toda la dificultad de esa tarea, sobre todo después de las faltas que se han cometido". El 4 de diciembre Bazaine responde: "Acabo de intimar de nuevo al Sr. De Saligny las órdenes de SM, y he dado órdenes imperiosas para que salga, de grado o por fuerza, por el próximo vapor", y comisiona al general Neigre para que lo embarque "a más tardar el 2 de enero, a bordo del paquete inglés". De pasada pide que se vigile al periodista francés De Barres por "los antiguos artículos elogiadores dirigidos al señor De Saligny".

El 24 de diciembre Saligny se casa en el Distrito Federal con una ciudadana mexicana y deja la ciudad el 25. Bazaine escribe a Budin, el comisario del ejército: "Lo que me dice del señor De Saligny no me admira. Esperaba yo ciertamente alguna escena violenta de su parte, en el momento de la indicación, un poco dura sin duda, de la orden de partida que le fue intimada; pero ¿por qué se ha puesto en esta situación? No debía quejarse sino de sí mismo de los disgustos que le afligen y de las medidas rigurosas prescritas a su respecto. Ha hecho usted bien al entenderse con el general Almonte para ponerlo en situación de dejar a México dando satisfacción a sus acreedores".

A fines de diciembre el nuevo embajador francés, el marqués de Montholón, desembarca en Veracruz y Dubois de Saligny parte el 2 de enero del 64. Finalmente.

NOTAS

1) François-Achille Bazaine: *La intervención francesa en México según el archivo del Mariscal Bazaine*. Pierre Henri Loizillon: *Lettres sur l'expédition du Mexique*.

2) Tras salir de México, Dubois de Saligny comenzó a hacerse llamar Conde de Saint
Empire. Poseía una importante fortuna producto de sus "negocios mexicanos" y
compró un castillo llamado Le Prieure en la villa de St. Martin du Vieux Belleme, en
el departamento del Orne. No volvió al servicio diplomático aunque consiguió un
trabajo como alto funcionario en la compañía marítima Transatlántica, una empresa
privada que se hizo cargo de muchos de los transportes para el ejército francés y
durante años reclamó al gobierno supuestos adeudos, la rehabilitación y que lo rein-
tegraran al servicio exterior. Según los vecinos era un hombre vicioso que golpeaba a
su mujer, la mexicana con la que se había casado en su último año en México. Tuvo
un hijo (Jean Joseph Emmanuel) que lo odiaba y al que obligó a entrar al ejército
muy joven. Saligny murió en 1883. Enterrado en el centro de la ciudad de St. Martin
des Vieux, cuando se movió el cementerio a las afueras, su tumba desapareció y la leyenda dice que de ahí el placer de los jóvenes de danzar en la plaza durante las fiestas
de la localidad sobre la tumba del viejo "conde". (C. F. Eckhardt: *L'Affaire d'Hog*).

116

LAS VIRTUDES DE LA TERQUEDAD

La doble ofensiva de Bazaine, que parecía conocer el mapa de México y
sus insufribles caminos mejor que un cartógrafo de la Royal Navy británica, tenía en una de sus puntas más exitosas al general Felix Charles Douay,
nacido en 1816, elegante, canoso, masón, al igual que su hermano también
general del ejército napoleónico, veterano de Crimea y Argelia, con fama
entre sus compañeros de intrigante y celoso del mando de Bazaine, pero no
por eso menos eficiente.

A fines del 63, persiguiendo al ejército de López Uraga alcanzó a uno de
sus convoyes y lo despojó de materiales de guerra y de 143 mulas cargadas
de armas y municiones. Y el 3 de enero del 64 lo siguió a la Sierra y lo forzó
a abandonar el resto de su parque y sus piezas de artillería. Bazaine resumía:
"El enemigo no tiene ya recursos de este lado y se ha dispersado en la Sierra
en tanto que Arteaga y sus bandas huyen hacia Colima".

El 5 de enero cayó Guadalajara sin combate. Bazaine escribe al ministro de la Guerra francés: "El enemigo no ha defendido las dos posiciones
de Puente Calderón y Puente Grande, y han bastado algunos tiros de fusil,
disparados por nuestros auxiliares, para poner en fuga una gran guardia de
caballería, que le anunció nuestra aproximación a las tropas juaristas que per-
manecían en la plaza, las que la evacuaron inmediatamente. La población
parece animada de buenos sentimientos, entre los cuales la curiosidad ocupa
probablemente el primer rango". Zamacois amplía la información narrando

la acogida que el propio Bazaine recibe dos días más tarde: cuando lo reciben "centenares de caballeros y señoras de lo más respetable de la sociedad, así como un inmenso pueblo".

Bazaine le escribe a Luis Napoleón: "La campaña que acabamos de hacer, aunque no haya sido peligrosa para nuestros soldados, no por eso ha sido menos penosa y fatigosa", y pide la Cruz de la Legión de Honor para Douay y De Berthier y el ascenso a general de división para los generales Neigre y De Castagny.

En la península de Yucatán el general Navarrete había hecho suya la causa del imperio y marchó sobre Campeche, que se rindió el 22 de enero de 1864 al comandante del *Brandon* de la marina francesa. Resistía Tabasco y el sur de Veracruz. El 27 de febrero en San Juan Bautista, defendido por 200 imperiales y por la cañonera *La Tormenta* (que, expuesta al fuego de dos piezas de 24, había quedado casi desamparada por la pérdida de cuatro muertos y 19 heridos), estaba a punto de caer en manos de los liberales. Bazaine ordenó la evacuación de la ciudad y un mes después la de Minatitlán, que estaba rodeada por más de 3 mil liberales, interceptadas sus comunicaciones, diezmada por las enfermedades y sin esperanza de socorro. Embarcado en la campaña hacia el norte, posponía las operaciones en el sur.

Mientras Bazaine desconocía el paradero de Juárez ("En cuanto a Juárez, se ignora lo que ha sido de él después de su fuga precipitada de San Luis") y preparaba su regreso a la Ciudad de México, el Presidente se encontraba en Saltillo y el 9 de enero se entrevistaba con una comisión de enviados de Manuel Doblado y Jesús González Ortega, que en versión de Zamacois y Prieto le pidieron que "abdicase la Presidencia, como medio de negociar con la intervención un arreglo que pusiese término a esta". El Presidente, apelando a su habitual frialdad, los escuchó, "pero se negó resueltamente a la pretensión, diciendo que no era su persona la atacada por la intervención y los conservadores, sino la forma republicana". Eran portadores de una carta de Doblado en la que reconocía que había hablado del tema con González Ortega y, elegantemente, el eterno conspirador remataba: "En otras circunstancias me habría abstenido de manifestar a usted mi sentir en punto tan delicado; pero son tan graves y tan trascendentales las consecuencias que van a venir, si continuamos en el statu quo presente, que juzgo obligación sagrada la exposición franca de mi modo de pensar, cualquiera que sea la resolución que usted adopte".

Pocos días más tarde una comisión enviada por Santiago Vidaurri, el gobernador de Nuevo León y Coahuila, insistía en esos mismos términos y recibiría la misma respuesta. Juárez con toda la calma del mundo, en medio de una situación militar desesperada, se tomó su tiempo para contestar directamente. ¿Qué le bullía en la cabeza? ¿Estaban Doblado, González Ortega y Vidaurri en contacto con los franceses? ¿Qué otros gobernadores o generales habían discutido la alternativa de su renuncia? ¿Podía seguir contando con ellos?

El 20 de enero le escribió al gobernador de Aguascalientes José María Chávez: "Mi honor y mi deber no me permiten abandonar voluntariamente el puesto que el voto nacional me ha confiado". Ese mismo día volvió a mojar la pluma en el tintero y se dirigió a Doblado: "Por más que he apurado mi pobre pensamiento [*entendimiento* en otras versiones], no alcanzo una razón bastante poderosa para que me convenza de la conveniencia de la medida que se desea. Por el contrario, la veo como un ensayo peligrosísimo, que nos pondría en ridículo, nos traería el desconcierto y la anarquía, y que a mí me cubriría de ignominia porque traicionaba a mi honor y a mi deber, abandonando voluntariamente y en los días más aciagos para la patria, el puesto que la nación me ha encomendado… Nosotros mismos habríamos dado un triunfo al enemigo, que alegaría nuestro desconcierto como un argumento poderoso en apoyo de su intervención". Y remataba señalando el "deber de continuar en este puesto, hasta que el voto nacional, por los conductos legítimos expresados, me retire su confianza, librándome de la obligación que hoy pesa sobre mí, o hasta que la fuerza de la intervención o de los traidores sus aliados me lance de él". En ese mismo sentido le respondió a González Ortega.

Poco antes Juárez le había escrito a Matías Romero: "Los anteriores sucesos han exaltado más el espíritu público lejos de desalentarlo". ¿Tenía razón el Presidente? La Invasión francesa sólo admitía una posibilidad: la derrota militar liberal y la posterior imposición de un imperio cuyo cetro ya había sido prometido a Maximiliano de Habsburgo. La dimisión del Presidente, de alguna manera, centro de la resistencia y la legalidad republicana, habría sido una catástrofe. La terquedad era una virtud.

Y seguían los golpes. Tras la muerte de Comonfort y haber estado en la derrota de San Luis Potosí, el general Luis Ghilardi había sido enviado a formar una brigada en el cantón de Lagos de Moreno en julio de 1863. No siendo un hombre de la guerra de guerrillas, había decidido abandonar el mando y regresar a Europa. El 17 de enero de 1864 en Colotlán, Jalisco, el comandante Lepage, persiguiendo a fuerzas liberales con el 20º batallón, alcanzó "la retaguardia del enemigo, le hizo experimentar pérdidas considerables, tomando prisioneros, y entre estos al italiano y garibaldino general Ghilardi, y dos piezas de montaña".

Ghilardi fue llevado a Aguascalientes, donde un consejo de guerra presidido por el general L'Heriller lo sentenció a muerte. El 3 de marzo Bazaine ordenó: "Los hechos formulados contra el general Ghilardi son de los que exigen que se le lleve ante la corte marcial […] informándome, sin retardo, y por vía rápida, de la sentencia que se haya pronunciado en su contra. En el caso de que el señor Ghilardi sea condenado a muerte, le hará ejecutar sin comunicarme nada más". ¿Por qué la premura, el rigor y la urgencia? ¿Qué precedente se quería establecer? Castagny, que estaba al mando de la zona, dudaba. ¿Iban a fusilar a un general republicano? Y le escribía a Bazaine "diciéndome que aplazaba la ejecución hasta que yo decidiese. Envié al general De Castagny, en dos ocasiones diferentes, la orden de hacer ejecutar la sentencia de la Corte Marcial". Ghilardi se lo tomó con "serenidad" y dijo que se trataba de una injusta venganza. Dos meses después de su captura, el 16 de marzo, floreando las diez de la mañana fue llevado a la Plaza de Los Burros. No les bastó el fusilamiento sino que quisieron amedrentarlo y que se desmoronara ante ellos, y le pusieron al lado el ataúd en que iban a enterrarlo. El garibaldino mexicano murió sin aspavientos, sereno. Bazaine envió la última carta de Ghilardi a su viuda en Lima a través de los departamentos consulares. México se había vuelto terreno de excepción, las supuestas leyes de la guerra no aplicaban.

Y seguían las bajas, el 27 de enero moría el general Silvestre Aramberri en el valle del Río Blanco. Había acompañado a Juárez en su peregrinaje al norte, llegando hasta Matehuala. Gravemente enfermo, siguió hasta la hacienda del Canelo, en el municipio de Doctor Arroyo. Según versiones populares, fue envenenado por Viadaurri, aunque oficialmente ya estaba enfermo y murió de una infección gastrointestinal.

El 21 de enero Bazaine le escribía a Mejía: "Doblado ha abierto negociaciones y solicita una suspensión de armas. No es la primera vez que Doblado procura hacer creer que desea entrar en arreglos; pero no podría intentarse tratar con él en estos términos. Que el general Doblado haga su sumisión pura y simple al gobierno actualmente establecido en México, sea como Gobernador de Estado, sea como comandante de división". Y una semana más tarde al general Douay: "Envío a usted una carta destinada al general Doblado, que le ruego le haga llegar del modo más seguro que le sea posible. Me ha sido entregada esta mañana por uno de sus amigos, quien, sin ser un agente acreditado, parece disfrutar mucho de su confianza".

Bazaine todavía en marzo seguía esperando la defección de Doblado: "Ha hecho que se me presenten nuevas proposiciones; pero como tiene siempre la apariencia de entrar en arreglos conforme a bases inadmisibles, tales como que aceptará la Convención de Londres y bajo la protección de las tres potencias establecerá un gobierno estable, basado sobre la independencia nacional, etc., he hecho contestarle que hoy no le quedaba ya más que un solo paso: el reconocimiento de la Intervención leal de Francia y la elección del Emperador Maximiliano", y poco después escribiría: "La familia de Doblado ha vuelto a Guanajuato. ¿Es esto un indicio de la próxima vuelta de este hombre de estado? Lo ignoro; él no se decidirá sino cuando no pueda hacer otra cosa, e intentará antes distintas combinaciones, entre otras, la de deponer a Juárez, reemplazarlo con Ortega, porque cree que el ex presidente es el principal obstáculo para una inteligencia con el gobierno del Emperador; se dice que está inspirado y sostenido a este respecto por partidarios de la política inglesa y española, en su mayor parte extraños a este país".

Bazaine hacía un resumen: "Los resultados de esta campaña son la ocupación de las ciudades más importantes de México […] la dispersión y desmoralización del ejército juarista, con una pérdida 3 mil hombres (entre heridos, muertos y prisioneros), gran número de desertores y 23 cañones (de los cuales son 15 rayados); en fin, la fuga de Juárez y la caída de su gobierno establecido en San Luis". El resumen de Juárez era más lacónico a pesar de la pérdida de Parrodi, Ampudia, Aramberri, Ghilardi y los ejércitos de Negrete y López Uraga: apostar a las virtudes de la terquedad y la paciencia.

NOTA

1) François-Achille Bazaine: *La intervención francesa en México según el archivo del Mariscal Bazaine*. Mark Moreno: *World at War: Mexican Identities, Insurgents, and The French Occupation, 1862-1867*. Antonio García Pérez: *Estudio político militar de la Campaña de Méjico, 1861-1867*. Niceto de Zamacois: *Historia de México*, tomo XVII. Iván Gómez César: *La batalla de Juárez*. Benito Juárez: *Documentos, discursos y correspondencia*, tomo VIII. Antonio Peconi: *General Luis Ghilardi, republicano italiano, héroe mexicano*. Héctor Treviño Herrera: "Ghilardi, el Che Guevara del Siglo XIX". José C. Valadés: *Maximiliano y Carlota en México: historia del segundo imperio*.

117

LOZADA

Juan Antonio Mateos decía que "tenía el rostro encapotado" y Victoriano Salado Álvarez, con mayor precisión o peor intención, dirá que "como feo, es feo el tal Lozada; es de cuerpo regular, más bien alto que bajo, tiene el color moreno, la nariz ancha, los pómulos salientes y el cabello alborotado, usa por barba unos cuantos pelos y tiene tuerto un ojo, que perdió pescando con cohetes en un río, usa traje medio indio, medio catrín". Manuel Lozada es "medio indio, medio negro, medio mulato de hábitos más bien indios", y según Juan Panadero nació en el pueblo de San Luis y quedó huérfano a los cinco años, adoptó el nombre del tío que lo crió y lo mantuvo. Elisa Ramírez asegura: "Se inició como bandido por razones de honra, como cuadra a las buenas novelas, más que a los mitos". Enamorado de la hija del patrón de Las Mojarras, en el municipio de Santa María del Oro, la rapta y se ocultan en una cueva al pie del Cerro Tezontle, con coras, huicholes y tepehuanes. El administrador para encontrarlo interroga a su madre y la azota. Lozada va a dar a la cárcel de Tepic.

Se convierte en bandolero y más tarde se alía con los Barrón y Forbes en la disputa que tienen contra el gobierno liberal. El 20 de septiembre de

1857, Manuel Lozada, que comienza a ser llamado el Tigre de Álica, junto a un grupo de indígenas coras asalta la hacienda de Las Mojarras y despeña al hacendado que había azotado a su madre.

Va formando un pequeño ejército que, desconociendo la Constitución de 1857 y al gobierno de Jalisco, derrota a las tropas del teniente coronel José María Sánchez Román. Apoyado por el clero y levantando las demandas de las comunidades contra los hacendados, en un año es capaz de tomar por asalto la ciudad de Tepic (5 de noviembre de 1858) tras siete días de lucha, donde hiere gravemente en una pierna al general Esteban Coronado, que provoca la amputación y luego la muerte. Su ejército, fundamentalmente formado por indígenas campesinos, sale a los caminos de lo que era entonces el 7° cantón del sur de Jalisco, demandando la tierra.

Otro de los que serían futuros personajes de esta historia, el empleado de las minas de San José de Motaje, cerca de Acaponeta, Ramón Corona, forma un pequeño ejército para combatirlo llamado los Libres de Ixtlán y se lanza tras el insurrecto.

Elisa Ramírez Castañeda entrevistará muchos años después a Toño y María Valentín: "Y entonces acá, ahí va un camino pa' la costa. Allí está bueno, está parada así la subida. Y allí arriba puso un cerro, armó piedras allí. Todo allí llenó de gentes, sus compañeros de ellos, pues. Era mucha la gente que anduvo con él. Entonces el gobierno viene allá, los guachos, aventó las piedras: ahí van todas las piedras ¡tras! cayéndose, allí van, ¡vámonos! Los guachos regresaron para atrás. Los van a apachurrar con rifles, con todo. Y ya, por allí quedaron. Todo el gobierno casi está allí, eran muchos, se dejaron allá. Pero ni sabía pues, esos señores, no sabían nada de ese señor que le decían Lozada. Manuel Lozada, se llamaba. Entonces ya muy noche: *vamos compañeros*. Nomás con su machete él, no cargaba ni pistola, ni rifle, nada, nada. Nomás con su machete. Con su sable, le decían sable; antes decían sable. Ya llegando allí donde están los que están cuidando, ¡bien dormidos!, sentado o parado con su rifle ende así, roncando. ¡Vámonos! Zas, y el otro zas, el otro. Un machetazo, los pasó a todos acá. Ya. Los mató a todos".

En 1860 Lozada se separa de los conservadores, para muy poco después volverse a alzar contra la república. Los principales subalternos de Lozada eran Fernando García de la Cadena (nativo de Compostela, primo hermano del deán de la catedral de Guadalajara y del arzobispo Espinosa), Carlos Rivas (nativo de Tepic y perteneciente a una de las principales familias de la misma ciudad) y Amado Antonio Guadarrama (nativo y vecino de Teocuicatlán), que poco después habría de pasarse a las filas gubernamentales y sería un excelente general de caballería.

Para el final de 1861 la insurrección de Lozada era uno de los mayores retos para el gobierno juarista. Para dar una idea de la magnitud del alzamiento, en noviembre el gobierno entró de nuevo en campaña y se movilizaron cerca de 4 mil soldados entre los que estaban en Tepic, los refuerzos de Guadalajara y brigadas de Zacatecas para que les cerraran el paso de la sierra por Colotlán. El 30 de noviembre en la hacienda de San Cayetano, cuartel general de Lozada cerca de Tepic, los lozadista fueron derrotados y Manuel huyó hacia la sierra de Alica. Ramón Corona prosiguió la campaña con los batallones Rifleros, Morelos, Hidalgo, Degollado y Pueblos Unidos, que avanzaron por Santiago hasta el Paso de Golondrinas.

Pero la insurrección de Lozada no era simplemente uno más de los actos de bandidismo de los mochos que asoleaban a la república; tras ella había un profundo conflicto social. Al producirse el desembarco extranjero en Veracruz, el gobernador de Jalisco, Ogazón, celebró con Lozada los tratados de Pochotitlán entre el 24 de enero y el 1º de febrero de 1862, según los cuales se disolvían las fuerzas de Lozada y el gobierno asumiría la defensa de los derechos indígenas; además, se amnistiaba a Manuel Lozada para que combatiera la Invasión francesa.

Pero Lozada volvió a levantarse en armas y para julio de 1863, cuando se iniciaba la ofensiva francesa hacia el norte, tenía un ejército de regular tamaño e imponía en su territorio pena de muerte a ladrones y asesinos y por extensión a las fuerzas liberales; "hasta el hurto simple es una cosa que vale un centavo, hasta el asalto escandaloso en despoblado, mediando muertes, violaciones e incendios; y desde el capitán de bandoleros que manda la cuadrilla, hasta el simple conocido de este, que le da hospitalidad en su casa con conocimiento o sin él, no tienen más que una sola pena, la de muerte sin ulterior recurso, y esta, pronunciada en un juicio sumario que no debe tener una duración mayor de 24 horas, y por jueces que lo serán el comandante militar del punto y dos capitanes".

A fines del 63 (26-27 diciembre) estaba absolutamente coordinado con los invasores. Bazaine le escribía: "Me hallo en Lagos con una porción de fuerzas francesas y algunas mexicanas [...]. Dentro de pocos días me marcharé sobre la capital de Jalisco, y entre tanto verifique este movimiento, le encargo aproxime fuertes avanzadas de esa ciudad, con el objeto de hostilizar la guarnición liberal, cortando sus comunicaciones y su retirada sobre Zacatecas, en donde creo que se van a reunir las fuerzas de Doblado. Cuando me acerque de Guadalajara, tendré la honra de avisar a usted y entonces entraremos en esa capital".

El 14 de enero de 1864 Lozada firmó un documento en donde reconoció al gobierno monárquico de Maximiliano. Recibió una invitación para ir a la capital y le enviaron una espada con el águila bicéfala de los Habsburgo labrada en el pomo, la orden de la Legión de Honor y la de Guadalupe (grado 575, según Meyer), y un retrato con marco de diamantes. Lozada alegó que su estado de salud le impedía el viaje, y envió un certificado donde se informaba que padecía infección pulmonar crónica y añadía "tuberculosis en último grado terminal" (sin embargo, murió ocho años después y en combate). Según Margarita Blanco, el enviado imperial, Irribarren, regresó a la capital muy disgustado sin poder entregar la espada. Otras versiones cuentan que al buscar al general los emisarios imperiales preguntaron a un campesino con su yunta y calzón de manta dónde podrían encontrarlo. "Aquí está su servidor", contestó Lozada. Para mejorar la situación, Maximiliano le mandó un uniforme de general de división y creó la provincia de San José de Nayarit separándola de Jalisco. Napoleón III lo nombró legionario.

Todos estos halagos no impidieron que Manuel Lozada mantuviera su relativa independencia, porque el general Douay le escribiría a Bazaine que "el general Lozada no está bastante sometido a mi acción, para estar cierto de que mis órdenes serán cumplidas". Pero sin duda sirvieron para garantizar la colaboración de su ejército, que en noviembre del 64 tomó Mazatlán y se enfrentó a Ramón Corona.

NOTAS

1) Juan Antonio Mateos: *El Cerro de las Campanas: memorias de un guerrillero, novela histórica*. Ireneo Paz: *El tigre de Alica*. Mario Alfonso Aldana Rendón: *La rebelión agraria de Manuel Lozada, 1873*. Elisa Ramírez Castañeda: "Collage o modelo para armar alrededor del Tigre de Álica". Jean Meyer: "El reino de Lozada en Tepic, 1856-1873". Mario Aldama: "Aparece Manuel Lozada" en Patricia Galeana (coordinadora): *Encuentro de liberalismos*. Agustín Rivera: *Anales mexicanos. La Reforma y el Segundo Imperio*. Daniel Muñoz y Pérez: *Don Pedro Ogazón, batallador liberal de Jalisco*.

2) En 1866 Lozada abandona al imperio y se declara neutral. Corona pide permiso para atacarlo, pero está en marcha la ofensiva sobre Querétaro. Tras la derrota de los imperiales Lozada solicita clemencia para Maximiliano, Miramón y Mejía, el 29 de mayo de 1867: "Le parecerá a usted extraño que yo le escriba [es] la primera vez que me resuelvo a solicitar algo a mis enemigos personales". "De ninguna manera me ha parecido extraño que usted me escriba a nombre de todas las tribus del Nayarit", contesta Corona. En 1875 será capturado herido tras la batalla de la Mojonera y luego ejecutado.

3) Sierra de Alica o Álica indistintamente, compartida entre Jalisco, Nayarit y Zacatecas. Un altiplano de 2 000 a 2 500 metros de altura con cerros de 200 a 300 metros. Poblada fundamentalmente por coras y huicholes.

4) Queda fuera de esta narración el estudio del indigenismo del imperio de Maximiliano que Luis González y González definiría como algo que "sólo produjo castillos en el aire" (en "El indigenismo de Maximiliano" en Arnaiz y Freg y Bataillón: *La intervención francesa y el imperio de Maximiliano cien años después*). Sobre el tema los trabajos de Miguel León Portilla y Jean François Lecaillon en Patricia Galeana (coordinadora): *Encuentro de liberalismos*. El estudio más sólido es el de Mark Moreno sobre Oaxaca donde los liberales no entraron en contradicción con las comunidades indígenas.

118

EL INCÓMODO MIRAMÓN

Casi dos años antes, el 15 de febrero del 62, Miramón salió de La Habana para Cádiz en el *Isla de Cuba*. Poco después, a fines de abril del 62, dejó Sevilla para ir a Francia; allí conocerá la derrota francesa en la batalla de Puebla. La noticia le producirá sentimientos encontrados.

Los Miramón viajan a Berlín, usando la que parece inagotable fortuna personal, luego él se irá en solitario a San Petersburgo. En agosto de 1862 se disponen a salir hacia Nueva York. En El Havre se encuentra con Gutiérrez Estrada y le afirma que cuenta con que Márquez, Mejía, Zuloaga y Vicario se pongan a sus órdenes. ¿Está pensando en construir una tercera opción militar? Si es así, no tiene prisa, porque la familia hará turismo en Montreal, Quebec y nuevamente La Habana, donde se separan. Concha y los niños regresan a México.

En mayo de 1863 se produce la segunda batalla por Puebla. La noticia de la derrota mexicana "me costó una indisposición [...] no puedo prescindir del sentimiento patrio. Ortega y el Ejército de Oriente han dejado bien puesto el honor de las armas nacionales". ¿Qué sigue? ¿Ponerse a disposición del gobierno? ¿Sumarse a los invasores?

Se acerca a México por Brownsville. "Juárez y sus compañeros son unos bandidos [...] los franceses son intolerables y mucho me temo que la intervención se vuelva dominación [...]. Aún no he resuelto nada sobre el partido que he de tomar". Fuentes Mares piensa que tiene un plan para capturar a Juárez en San Luis Potosí, que nunca pasa de sueños. Además, se había enemistado con los franceses al rechazar el ofrecimiento del duque De Morny de internarse bajo su protección a México.

Finalmente Miramón, siguiendo los consejos del arzobispo de Puebla, Pelagio de Labastida, regresa de incógnito a México por Tampico y llega a la Ciudad de México, ocupada por los franceses, el 28 de julio de 1863.

El coronel Reyes dio aviso a la Regencia del arribo de los Miramón y el general Federico Forey, comandante en jefe del Ejército expedicionario francés acompañado de Saligny, se presentó en la casa de la familia Miramón (el 7 de septiembre) para ofrecerle el mando de una división. En versión de Concha, y manteniendo todas las reservas, contra el parecer de ella, "a él le atrajo la idea de poder formar una división militar que constituiría la base de un ejército nacional que reprimiría los abusos de la fuerza de ocupación francesa". Fuese eso, o la simple idea de que no habría un gran destino militar para él al margen del ejército francés, Miramón aceptó, y después de despedir a sus visitas le dijo a Concha: "Si los regentes me llaman les diré que puedo formar un buen ejército de mexicanos". Concha escribirá más tarde que "puesto a escoger entre una Intervención francesa que por fuerza tendría que ser provisional, y una injerencia norteamericana que por razones de vecindad sería seguramente definitiva, escogió la primera".

En octubre de 1863 el general Forey le encargó formalmente a Miramón crear la mentada división y el ex presidente le respondió en una carta sus "convicciones respecto de la intervención notable y generosa de Francia, que ha querido auxiliar a mi verdadera patria para que, libre de la coacción de los partidos, elija la forma de gobierno que estime más conveniente".

El 25 de octubre Bazaine le daba a Napoleón III noticias sobre el asunto: "Haremos lo posible para aumentar las tropas mexicanas y organizar una nueva División, que marchará sobre Guadalajara [y que] podría darse al general Miramón, que ha sido bien acogido por el mariscal Forey y la Regencia, aun cuando me inspire poca confianza para lo porvenir, porque estoy casi convencido de que él es muy ambicioso, que no nos quiere y que trabaja por su cuenta; sería preciso, pues, poder servirse de él el tiempo necesario".

En Guadalajara, según sus cartas, tras varios meses de ocio, falta de armamento y poca disposición de los franceses de utilizarlo, recibió la orden de que tendría que ponerse bajo las órdenes del jefe de una brigada francesa. El 16 de enero del 64 solicitó ser relevado de su cargo "por razones de dignidad".

El 20 de enero Bazaine le escribía al general Douay: "Han herido la susceptibilidad del general Miramón, a quien llamo a México, en donde le pondré en disponibilidad". Y el 7 de febrero insistía: "Recomiendo igualmente que vigile lo que ha sido hecho por el general Miramón en la organización de su División [...]. El general Miramón es un hombre de dinero, un hombre de partido ante todo, y es preciso vigilarle".

Sin embargo, la situación no era clara, porque cuatro días más tarde Bazaine le escribía a Almonte: "Hago dar orden al general Miramón para que vuelva a México con una parte de sus cuadros de oficiales, no dejando en Guadalajara sino los necesarios para las tropas actualmente organizadas. No estoy satisfecho de la actitud del general Miramón, cuyo carácter ambicioso tiene necesidad de ser vigilado. Tengo también graves reproches que hacerle, con motivo de las sumas de dinero que se ha hecho entregar en Celaya primeramente y en Guadalajara después, por medio de requisiciones muy poco legales y muy poco justificables". Y el 6 de marzo Bazaine remataba el asunto: "Repetidas veces he dado orden al Gral. Miramón de volver a México con todos sus cuadros de oficiales [...]. Sírvase repetirle esta orden de una manera imperativa y ponerlo en camino sin retardo. Pienso colocar las tropas ya organizadas bajo las órdenes del general Tovar". Y tres días más tarde Bazaine iba más allá: "Es necesario, además, vigilar muy de cerca al general Miramón, porque es un ambicioso y vanidoso que tiene siempre necesidad de dinero y porque nos es poco favorable, y en la primera ocasión le enviaré a Europa". La vigilancia se realizó según Concha Lombardo, y este tuvo suerte de que los agentes franceses no le interceptaran una correspondencia de Doblado, a través de intermediarios, que Miramón rechazó sin dejar de coquetear con el general liberal.

La última puñalada habría de asestarla Bazaine el 24 de abril, cuando le negaba el permiso para ir a recibir a Maximiliano y Carlota en Veracruz. Seguirá a sueldo, pero sin comisión bélica. Aunque Maximiliano lo invite a visitarlo en Palacio junto a Concha, en mitad de la segunda ofensiva francesa hacia el norte, él será tan sólo un triste observador.

NOTAS

1) Patricia Galeana: "Los conservadores en el poder: Miramón". Ute Seydel: "*Memorias* de Concepción Lombardo de Miramón. Una reflexión sobre el proyecto político fallido de Maximiliano de Habsburgo, Napoleón III y el partido conservador mexicano". Carlos Sánchez-Navarro: *Miramón, el caudillo conservador*. José Ramón Malo: *Diario de sucesos notables, 1854-1864*. José Fuentes Mares: *Miramón, el hombre*. François-Achille Bazaine: *La intervención francesa en México según el archivo del Mariscal Bazaine*. Concepción Lombardo de Miramón: *Memorias*.

2) Sobre la tercera posición: José María Cobos. Era un español originariamente comerciante de Puebla y la plebe le había saqueado su tienda por reaccionario, contrabandista y salteador de caminos. Favorito de Miramón y Márquez. Infatigable y sencillo, cuidaba y daba el pienso a su caballo siendo general. Al final de la Guerra de Reforma había salido México al exilio con Félix María Zuloaga. Y regresó para apoyar al imperio, pero Almonte lo expulsó de Veracruz. Luego se pronunció a favor de la república. Muere en noviembre del 63 fusilado por Cortina después de haber entrado por Matamoros para "combatir al imperio" y de pasada destituir a Juárez.

119

EL ORO DE SONORA

El embajador francés Gabriac en 1860 había alzado la que sería permanente liebre: la nación que explotara las riquezas mineras de Sonora "sería dueño del curso monetario de Europa". Jecker también había jugado sus cartas; cuando en el 61 le quitaron los derechos deslindadores de Sonora cobrables con un tercio del territorio, Jecker demandó una indemnización al gobierno mexicano por la cancelación de los contratos e intentó vender en Francia los derechos para el deslinde de las tierras de Sonora por 10 millones de francos. También se dice que para esa operación contactó al duque De Morny.

Shirley J. Black atribuye la causa del interés a una severa necesidad de plata causada por la crisis bimetálica en Francia (1853-1865) por la presencia en el mercado mundial del oro de California, Australia y los Urales. Se creía entonces que la riqueza de Sonora en oro, plata y piedras preciosas era superior a la de California, cuya fiebre del oro se había desencadenado en 1949. Así, la palabra Sonora flotaba en el imaginario francés.

El 12 de septiembre de 1863 Napoleón III le daba a Bazaine una de sus instrucciones políticas: "Informarse confidencialmente sobre las minas de Sonora y rendir informe sobre si más tarde sería fácil su ocupación". Bazaine respondía al emperador el 26 de octubre basándose en un informe del ingeniero Laur: "En cuanto a la ocupación de dicho estado, la creo posible; pero se tendría ciertamente que luchar largo tiempo con los indígenas salvajes que merodean por el nordeste del estado, apenas poblado hoy a consecuencia del terror que inspiran sus incursiones continuas (cuya cifra de guerreros puede elevarse a 15 o 20 mil armados de rifles y flechas). El itinerario por tierra, para el Ejército, sería por Guadalajara, San Blas, costear el Pacífico por el estado de Sinaloa, hasta Guaymas, manteniéndose en comunicación con la flota del Pacífico. Una vez en Guaymas, crearía yo una sólida línea de operaciones, recibiendo los abastecimientos de California; llegar a Ures y Hermosillo; llamar a los emigrantes y ponerse inmediatamente a colonizar. Esta obra me parece gloriosa, realizable, y, sobre todo, provechosa a la preponderancia, así como a los intereses políticos y comerciales de la Francia".

Del interés que Napoleón III tenía en el asunto, su rápida respuesta del 16 de diciembre de 1863: "He leído el informe del ingeniero Laur sobre las minas de Sonora. Se ha constituido aquí una compañía que daría grandes ventajas al gobierno francés y aun al gobierno mexicano, porque se encargaría de formar un pequeño cuerpo de tropas y de hacer todos los trabajos por su cuenta, prometiendo dar al gobierno francés una parte de los productos, sobre los que el gobierno mexicano cobraría un impuesto. Se trata, pues, de obtener del gobierno provisional mexicano la concesión [...] de todas las minas inexplotadas de Sonora o, más bien, como se dice en español, no denunciadas todavía. Se arreglaría después qué cantidades se descontarían de la indemnización por gastos de guerra, como compensación de esta concesión. Trate usted de obtener esto lo más pronto posible".

Un mes y medio más tarde Bazaine respondía: "Voy a ocuparme inmediatamente de la concesión de las minas no denunciadas en Sonora; pero he oído decir hace ya algún tiempo que Juárez había dado concesiones a compañías americanas, y se ha notado en estos últimos días la llegada de mineros o aventureros a Guaymas. Dentro de poco será tal vez urgente apoderarse de este puerto, lo que se me facilitará bastante haciendo descender un regimiento sobre San Blas y embarcándolo en nuestros cruceros".

Y el 25 de febrero de 1864 Bazaine aumentaba: "He puesto al gobierno mexicano en el caso de conceder al gobierno francés la explotación de todas las minas no denunciadas de Sonora. Esta concesión está inscrita en la convención relativa al reconocimiento de la deuda de 210 millones, importe de los gastos de guerra hechos por Francia durante los años de 62 y 63, y será una de las garantías del pago de esta deuda". Irineo Paz comentaba: "La Regencia estuvo conforme en abandonar completamente Sonora a Napoleón", lo que significaba que le concedía "el derecho de sostener tropas en el estado de Sonora para la custodia de las minas".

El asunto siguió avanzando porque Pepe Hidalgo le informaba al gobierno de Maximiliano desde París el 30 de abril que el ex senador "Gwin de California solicitó una audiencia del emperador Napoleón para presentar a su majestad un proyecto de colonización de la Sonora; que SM dio ese proyecto a Drouyn de Lhuys y que este último me lo entregaba a mí, manifestándome repetidas veces que no lo hacía para recomendármelo, sino únicamente para que México tuviese conocimiento de ello y supiese a qué atenerse". Durante el encuentro Hidalgo supo que "había, además, otro proyecto de colonización, debido a la iniciativa del joven miembro católico del parlamento inglés, Mr. Hennessey". Y abundaba en la fabricación del mito: "La Europa entera contempla codiciosa esa hermosísima provincia de Sonora, que encierra tantas o más riquezas que California".

Mientras tanto, Bazaine tenía en sus manos el informe del capitán Claverán, que conocía bien Sonora y había desertado del ejército republicano para sumarse a la Intervención, que hablaba de la inmensidad del territorio, los 132 mil habitantes que lo poblaban (Hermosillo sólo 11 mil) y las características de la población indígena, ocho tribus, a las que dividía en "Indios semicivilizados", que se llaman de razón y viven de la agricultura (yaquis, mayos, pimas y ópatas), indios mansos y nómadas (seris, yumas y pápagos) y los "sanguinarios y bárbaros" apaches (gileños, tontos, apaches de la Sierra Blanca y mescaleros). Claverán recorre la historia de golpes, invasiones mercenarias, insurrecciones y levantamientos indígenas en Sonora desde 1838 y las pugnas entre Manuel María Gándara e Ignacio Pesqueira y el triunfo de este último. Por último habla de las riquezas reales: Sonora desde la época colonial cuenta con "más de 150 minas de plata en explotación, dos de oro y diferentes placeres del mismo metal. Sus inmensos criaderos de ganado proveían de una manera tan extraordinaria, que la res no alcanzaba entonces más valor que aquel en que se estimaba su cuero; y cada año tenían los rancheros que desviejar el ganado, por si la falta de agua lo atormentaba. El mejor caballo no se estimaba en más de diez o 12 pesos, y hasta hoy el ganado menor y de cerda alcanza un precio ínfimo", y añade las posibilidades del cultivo de algodón y las perlas del mar de Cortés, más el ingreso de la aduana de Guaymas.

El 22 de octubre del 64 Bazaine contó con un nuevo informe, ahora de E. de Fleury: "Que la Francia posea un día a Sonora y Baja California, que conduzca allí su exceso de agricultores e industriales y en pocos años esta posesión será para la metrópoli lo que la Alta California es para los Estados Unidos".

A partir de marzo de 1865, cuando comienza la intervención militar francesa en Sonora, Napoleón le indica a Bazaine que promueva cerca de Maximiliano el proyecto del doctor Gwyn (vinculado al ejército confederado) de colonización de Sonora. Interceptadas estas cartas, provocaron la intervención diplomática norteamericana en París, señalando que de producirse esto sería interpretado como "un peligro inminente para los Estados Unidos". Los franceses contestaron la nota con un tono duro. Pero parecía evidente que la voluntad de una colonización directa francesa había sido abandonada. Finalmente, en mayo del 65, Maximiliano hizo la concesión a Bernard Cornfield en perjuicio de Gwyn, pero esta se quedó en el papel.

Sin embargo, tan tarde como el 10 de octubre de 1865, Jesús Terán, el diplomático juarista establecido en Londres, le escribía a Benito Juárez: "Después de las entrevistas que tuve [...] con varias personas bien informadas, he llegado a entender que el emperador Napoleón no ha prescindido de la mira, que desde un principio le supusimos, de quedarse en definitiva con Sonora, sea como prenda por la deuda que Maximiliano le tiene reconocida, en pago de ella o con cualquiera otro título". Esto explicaba el "empeño que ha habido en la ocupación de aquel estado, con preferencia a otros centrales o de mejores condiciones estratégicas".

NOTA

1) Alfred Jackson Hanna y Kathryn Abbey: *Napoleon III and Mexico: American Triumph over Monarchy*. Zulema Trejo Contreras: *Franceses en Sonora: el decreto de expulsión de 1865* e "Imperialistas y gobierno imperial en Sonora". Benito Juárez: *Documentos, discursos y correspondencia*, tomo X. Shirley J. Black: *Napoleon III and Mexican Silver*. Antonio García Pérez: *Estudio político militar de la Campaña de Méjico, 1861-1867*. Ireneo Paz: *Maximiliano*. François-Achille Bazaine: *La intervención francesa en México según el archivo del Mariscal Bazaine*. Para ver más sobre Gwin: Kevin Waite: "A California Rebel in Napoleon's Court".

120

VIDAURRI

Juárez le había escrito a Santacilia: "A Vidaurri hay que atraérselo o eliminarlo. Estoy por el primer extremo". Y la sentencia cobraba actualidad porque Juárez en el repliegue se había internado en territorio del cacique de Coahuila y Nuevo León. En el equipo del Presidente no se tenía a Vidaurri en mucha estima. Victoriano Salado escribirá más tarde recogiendo esta percepción: "Es un tinterillo, un huizachero, un coyote y nada más. Comenzó siendo secretario de todos los gobernadores de Nuevo León y como es listísimo en alilayas y picardías, se hizo indispensable [...]. No le importan liberales, ni mochos, ni franceses, ni intervencionistas".

El 20 de enero del 64 el ministro de Hacienda, Iglesias, escribió al gobernador de Nuevo León: "Los graves acontecimientos ocurridos últimamente, han acabado de destruir las ya escasas fuentes con que contaba el supremo gobierno [...] y por tanto el presidente Benito Juárez ha tenido a bien disponer, que tanto los productos de la aduana de Piedras Negras, como todos los demás que deben colectarse en el estado de Nuevo León y Coahuila, pertenecientes al erario federal, quedan desde luego a disposición de este". Vidaurri trató de rehuir la responsabilidad como si la guerra no fuese cosa suya.

Actuando como gobernador y distanciándose del gobierno republicano bloqueó los ingresos de la aduana de Piedras Negras. "Veo con sentimiento que sin oírseme, [...], sin cerciorarse si esas rentas bastan o no para llenar sus más imperiosas necesidades, sin considerar que estas nacieron de los sacrificios que hizo Nuevo León y Coahuila para cooperar a la conquista de la libertad".

El 3 de febrero el gobierno envió un ultimátum al gobernador: "Conteste categóricamente, si obedece o no dichas órdenes". E informó que se trasladaría a Monterrey el siguiente martes 9. Juárez había decidido tomar el toro por los cuernos y entrar en Monterrey para hacerla capital provisional de la república, por ser más importante, nudo de comunicaciones y capaz de proveer al gobierno de más sustanciales recursos de lo que Saltillo hacía. Pero el ingreso del gobierno debería producirse con la mesa limpia y en condiciones dignas, y no llevar, al aposentarse allí, un avispero en las manos que podía dificultar la tarea de organizar la resistencia nacional.

Con un día de retraso Juárez salió acompañado de Sebastián Lerdo de Tejada, Prieto, Iglesias y otros miembros del gobierno. Prieto apuntaría: "por vía de exploración de terreno".

El Presidente viaja más que modesta, casi pobremente. Almuerzan en San Gregorio, posta de la diligencia. Pasan por la Cuesta de los Muertos, un barrancón desastrado, hundido en los cerros. Victoriano Salado cuenta: "Caminaron todo aquel friísimo e insoportable día 10 de febrero en medio de la nieve y las ventiscas que de todas partes los atacaban con una saña inaudita [...] al anochecer en medio de una lluviecita que se metía en los huesos llegaron a Santa Catarina, a 15 kilómetros de Monterrey".

Juárez mandó a Doblado por delante con la división de Guanajuato. Vidaurri quiso frenarlo, movilizó a sus soldados... La situación se crispaba. Guillermo Prieto le escribe a El Nigromante: "Al principio se dijo que recibirían al señor Juárez haciéndole los honores debidos, se dijo también que teníamos preparada la casa de gobierno y otras lindezas".

El 12 de febrero de 1864 Juárez le escribe a Margarita: "A las diez de hoy hago mi entrada a la ciudad. No lo hice ayer porque este señor gobernador, que es aficionadísimo a llevarse de los chismes, ha estado creyendo que lo veníamos a atacar".

No será a las diez, sino al mediodía, cuando entren en la ciudad. Juárez recibe una acogida presidencial aunque con malos augurios, flores en el suelo, salvas de artillería. Todo ello en medio de un gentío curioso y mudo que los vio pasar como una comitiva fúnebre.

Prieto, el cronista permanente de la fuga hacia el norte del gobierno, cuenta que hambreados y vapuleados por la tierra y los senderos, Monterrey les parecía la gloria: teatros, comidas, hoteles… Hace una descripción de Vidaurri como temeroso, creyente en brujerías y augurios, protector del obispo Madrid. "Si la sal se derrama en la mesa, tiene el día por aciago, no camina los martes y tiene una invencible aversión al número 13 […]. Vidaurri era apegado a las creencias antiguas como oidor del virreinato, fanático como una vieja y supersticioso como un comanche. Un canónigo le domina y no se hará si no su voluntad contra estos puros intrusos que somos; lo de la arremetida liberal contra los privilegios del clero lo desorienta materialmente. Esta es una población que tiene mucho de levítica […]. Vidaurri cree en el canto siniestro del búho. La conseja popular dice que su esposa lo maneja, o al menos a este hombre de labios gruesos y repeinado le influye profundamente en sus decisiones".

Lo que es peor, muchos de los miembros del gabinete piensan que Vidaurri ha estado negociando en secreto con Almonte y los franceses. Doblado y Lerdo agotaron los recursos de su ingenio diplomático para suavizar los roces ente el gobernador y la república, pero todo fue en vano; entrantes y salientes, medianeros y componedores, todos quedaron en ambigüedades y respuestas sin responder. Durante dos días, la ciudad se mantuvo en tensión.

Guillermo Prieto narra: "Vidaurri, con acompañamiento tumultuoso, fue al lugar en que el señor Juárez estaba en el pueblo de Santa Catarina. La entrevista fue fría y llena de majestad por parte de Juárez". Doblado, que había confiado en el norteño ciegamente, daba toda clase de seguridades de su comportamiento. Vidaurri decía que su único interés era el control de las rentas de las aduanas. Doblado trató de mediar y le garantizó que la división de Guanajuato no intervendría. Vidaurri remató diciendo que tenía que consultar con su mujer. Si lo hizo o no, nunca lo sabremos, pero retiró las fuerzas de Nuevo León a la ciudadela, un kilómetro al occidente del centro, llevándose incluso a los empleados públicos.

Juárez decidió volver a Saltillo para no permitir que el gobierno saliera humillado de las negociaciones y ordenó que se replegara la división de Doblado. Salado contará: "Cerca de las tres había una enorme aglomeración de gentes por el palacio que habitaba Juárez. Al principiar la calle aparecieron 20 montados y el pánico se extendió en un momento […] silbidos de la muchedumbre y los tiros que empezaron a disparar los de a caballo [...] aparecieron los de Quiroga e hicieron fuego sin ton ni son".

El Presidente quedó inmóvil en medio de la sala inundada por el gentío. Prieto cuenta: "Durante un momento se abrieron las hordas y se presentó Vidaurri al frente de Juárez. Venía con los cabellos escasos que mal cubren su calvicie, en bastante desorden; los ojos pequeños y vivaces, pero azorados, la piel enjuta, rugosa y morena, la boca abierta y como estribando sus labios en dos solitarios colmillos, derribando la levita de prunela de los hombros, caído el extremo del pantalón sobre el zapatón tapetado, todo huesos, altivo y distraído. Vidaurri tendió la mano a Juárez quien la retiró y le vio de frente con noble dignidad. Después se sentaron a la orilla de un sofá que estaba al fondo de la sala. La multitud armada guardaba silencio. Pocas palabras mediaron entre Vidaurri y Juárez, todas breves, decisivas, terminantes. Juárez hizo un movimiento para retirarse. Lerdo se apresuró a guiarlo y entraron en el coche con Iglesias y Suárez Navarro".

Un hijo de Vidaurri, sacando su pistola, inició el motín. La gente concentrada ante la puerta siguió al coche, haciendo disparos. El coronel Pedro Emilio Guccione, con unos cuantos y "haciendo prodigios de valor", detuvo a la multitud enfurecida. Doblado tenía fuerza bastante para reprimir el atentado; pero la victoria habría costado mucha sangre.

El 14 de febrero llega Juárez a Saltillo; el Presidente, que habitualmente no pierde la calma, se encuentra gravemente enfermo de fiebre. Se dice que sufre un ataque "bilioso" (los rumores de esta enfermedad llegan hasta Bazaine un mes después: "se dice que está enfermo en el Saltillo y muy dispuesto a pasar a la ribera izquierda del Río Grande"). Urgido de consolidar el frente interno, el Presidente ordena que se movilicen para someter a Vidaurri al general Cortina, comandante de Matamoros, a Patoni, gobernador de Durango, a González Ortega del estado de Zacatecas, y a López Uraga, que estaba en Jalisco.

El 16 Vidaurri emite un decreto: "Para evitar que se altere la paz y orden públicos de que hasta hoy disfruta el estado, el ciudadano gobernador ha tenido a bien disponer se prevenga a todas la autoridades de los pueblos que lo componen: que no obedezcan ni obsequien orden alguna que no emane del gobierno del estado". Ese mismo día Juárez separa Nuevo León de Coahuila.

Un día antes Bazaine le escribía a Vidaurri una carta (que llegaría después de los acontecimientos): "Dentro de breves días se moverán mis tropas, el estado de Nuevo León será invadido, y entonces me será más difícil dar oído a la voz de la conciliación. Por consiguiente, hoy que aún es tiempo de evitar una lucha sin objeto, os ofrezco en una mano la paz y en la otra la guerra".

Vidaurri responde en los hechos el 2 de marzo enviando una circular a las poblaciones de Nuevo León y Coahuila, pidiendo que votasen la paz o la guerra a los franceses. El decreto lo dejó aislado de todos los republicanos, incluso algunos que veían con simpatía su defensa del estado contra la federación.

Óscar Flores Tapia registra el retorno a la vida cotidiana de Juárez en Saltillo: "Se ocupaba de los asuntos oficiales y recibía comisiones que venían a entrevistarle procedentes de todo el país. Al pardear el día, acompañado de Guillermo Prieto, Zarco y otros de sus compañeros, caminaba por las calles saltillenses, sencillamente, sin que su alta investidura le descompusiera el paso. Gustaba de llegarse hasta el merendero de Chonita [...] para comer pan de pulque con atole; sus amigos preferían un buen plato de enchiladas con pulque almendrado. A veces por las noches, tibias noches saltillenses, el patricio disfrutaba de las serenatas que a diario se efectuaban en los portales recién construidos al lado de la plaza Independencia. El pueblo vitoreaba al Presidente y en ocasiones obligaba a los señores Zarco, Prieto, Iglesias o cualquiera otro de los eminentes republicanos que le acompañaban, a dirigirle la palabra. En una de estas ocasiones [...] la respetable dama doña Petra del Bosque visiblemente emocionada, con palabras entrecortadas, sencillas pero elocuentes, puso en manos del Presidente Juárez y de su propio peculio, la entonces fabulosa suma de 40 mil pesos en oro, para ayuda de la defensa nacional".

Francisco Zarco, enfermo, pobre, arrastrando a su esposa y sus hijos, estaba viviendo en Saltillo en una casa desnuda de muebles y había comenzado a publicar el periódico *La Acción*, con el que Prieto polemiza de una manera bastante agresiva en *El Cura de Tamajón*, aunque por cosas muy banales.

El 21 de marzo se pone en marcha la expedición militar de Doblado y Patoni para recuperar Monterrey y luego retroceder para enfrentar a los franceses. Vidaurri, al saber que el Presidente ha logrado concentrar 7 mil hombres frente a los 2 mil con que él cuenta, envía una comisión de paz, que Juárez se niega a recibir. Conforme la columna avanza, el ejército de Vidaurri se desmorona, unos se pasan a las tropas republicanas y otras desertan. El gobernador neoleonense se fuga y se refugia en Texas, acompañado tan sólo de su hijo natural, el coronel Julián Quiroga. El gobierno hace su entrada solemne en Monterrey, con una tímida ovación de los republicanos locales. El ejército se dirige hacia el sur.

La teoría de que Juárez identificó a sus enemigos interiores cuando le pidieron la renuncia en enero del 64 y luego actuó contra ellos, el primero Vidaurri, resulta a todas luces insostenible. Juárez se sintió confirmado con la deserción de Vidaurri, que, como se dice habitualmente en México, había enseñado el cobre. Sabía bien de la inmensa fortuna que había hecho usando como tapadera a su hijo político y de sus oscuras relaciones con los estados esclavistas norteamericanos, políticas y comerciales.

Mientras Juárez y su gobierno lidiaban con el *affaire* Vidaurri, la ofensiva de Bazaine continuaba. El ejército francés, contando con dos columnas, la mandada por De Castagny más la división de Márquez con 7 mil hombres, y la mandada por Douay que además contaba con los 6 mil hombres de la división de Mejía, avanzó.

El 29 de enero Douay, en su camino hacia Aguascalientes y Zacatecas, atacó una concentración en Teocaltiche de 500 soldados liberales usando la caballería e infantería en mulas. En 30 minutos cae la población, los liberales pierden cien hombres y el resto son prisioneros. A fines de enero Mejía toma Matehuala y el 6 de febrero el cuerpo principal de la columna de Douay toma Zacatecas, evacuada por las tropas de González Ortega. El general De Castagny siguió al enemigo hasta Fresnillo, que fue evacuado igualmente poniendo en manos de los franceses una importante cantidad de plata que, enviada a la casa de moneda de Zacatecas, podría producir 5 o 6 millones de francos. Bazaine se frota las manos, "en este país no hay pacificación posible sino quitando al enemigo las capitales de estado, las líneas comerciales y las minas explotadas".

En Guadalajara el general López Uraga, con 5 mil hombres, intenta apoderarse de la plaza, defendida por el general imperialista Ortega con 2 mil, que le resiste varios días hasta la llegada del general Douay el 25 de febrero, que obliga a los liberales a levantar el cerco. El general francés establece allí el cuartel general de su división.

La ofensiva francesa ha funcionado, pero el desgaste que producen los malos caminos y las enormes distancias del inmenso territorio nacional la ha frenado.

En la Ciudad de México el virrey francés lidia con los problemas de gobernar el país de facto, más allá de la formal regencia. El 11 de febrero le aclara a Budin, comisario extraordinario de Hacienda: "En lo que concierne a los gastos (secretos) que se han hecho directamente por mí, no tengo que entregar ningún comprobante, pues no me propongo rendir cuentas al gobierno mexicano del empleo que hago de los fondos secretos de que dispongo". No son gran cosa, 2 055 pesos, que sin duda se fueron en espías y putas, pero sienta el precedente de establecer quién manda en México.

Seis días más tarde le reclama al general Liceaga por qué no ha actuado contra un pueblo en la región montañosa de Veracruz. "Estoy dispuesto a tomar medidas severas si llego a saber que mis órdenes no son mejor ejecutadas y mejor comprendidas […]. Al recibo de esta comunicación, enviará tropas que incendien el pueblo de Tlacolúlam y hagan, en las regiones ocupadas por los disidentes, una expedición, de la que me rendirá cuenta", y el 7 de marzo insiste: "Repito que es preciso destruir a Tlacolúlam […]. Si usted no quiere hacerlo, a pesar de mis órdenes, sabré hacerlo ejecutar por un puñado de mis soldados que enviaré en esa dirección".

Y otra pérdida más para la república. A fines de enero Manuel Díaz Mirón, ex gobernador de Veracruz en 1862-1863, se pasa al imperio. Bazaine le da todas las facilidades: "Si este jefe desea someterse y abandonar el territorio, es preciso que se presente al señor comandante superior de Veracruz, único que puede ser delegado por mí para arreglar estas cuestiones y extender, si hay lugar, el pasaporte solicitado".

El 25 de febrero Bazaine le escribe al emperador Napoleón III: "Las zonas del país que ocupamos se pacifican; renace la confianza, el comercio se restablece, y se ha enviado a Veracruz, en el curso del mes de enero, una primera conducta de dinero de 2 millones de pesos. De esta gran suma, solamente han sido embarcados, en el correo francés del 15 de febrero 643 835 pesos; y 200 mil en el vapor inglés *Le Salivas* [...]. Creo que nuestro comercio quedará encantado y estimulado con estas remisiones de metálico. Sucederá otro tanto por Tampico cuando se hayan restablecido las comunicaciones entre este puerto y San Luis".

Lo demás son piedras en los zapatos imperiales: "Estoy contento de los generales Márquez y Mejía. ¡Pero qué trabajo, qué paciencia para mantenerlos en una vía regular! Me he visto obligado a dar de baja en el ejército mexicano al Coronel Facio, jefe de Estado Mayor de Márquez, y al comisario de guerra, Pina, igualmente de su División, por malversación de efectos de equipo, de que tenían conocimiento [...]. Como no han aceptado su baja de los cuadros del Ejército sin un proceso, serán llevados ante el consejo de guerra, así como sus cómplices. Estoy decidido a obrar contra los militares mexicanos que roben al estado y a sus soldados; llegaré quizá a moralizarlos más por el temor de un castigo". No resulta tan moralizante para el pragmático general su propuesta hacia la banda de los Plateados. (Carl Khevenhüller contará más tarde: "Llamados Plateados debido a sus corchetes, hebillas de las sillas, estribos, etc. de plata maciza. Cuentan con monturas y armas extremadamente buenas, y por eso son difíciles de apresar. Mutilan a sus prisioneros de un modo horroroso y luego ahorcan a esos infelices. Causan pavor a los viajeros [...]. Hace poco volvieron a saquear la diligencia"). Bazaine le escribe a uno de sus capitanes: "De varios informes que me han llegado, resulta que ciertos jefes de la banda de los Plateados que opera en el sur de Chalco están muy dispuestos a someterse y unirse a la intervención". Y precisa que esas son "mis intenciones y las miras de la Intervención, la que trata de unir al gobierno a todas las bandas armadas".

Juárez, mientras tanto, al conocerse los pactos de Santiago Vidaurri con Bazaine, quien no está contento con su nuevo asociado ("La tergiversación y la poca franqueza del general Vidaurri en Nuevo León, han impedido el éxito que yo tenía derecho de esperar, en el norte del Imperio") lo, declara traidor el viernes 4 de marzo de 1864 y nombra gobernador de Coahuila a un hombre que le será enormemente útil a la república en los siguientes meses: el parralense teniente coronel de 36 años Andrés S. Viesca y Bagües, liberal de toda la vida, que combatió el golpe de Zuloaga, diputado local y militante armado desde la Guerra de Reforma.

Bazaine entretanto traza la nueva estrategia, mientras prevé que López Uraga tratará de unirse en el norte con el resto del ejército republicano; le informa a Tomás Mejía (11 de marzo) que habrá un "próximo acuerdo entre el gobierno de Nuevo León y la intervención. El general Vidaurri desea que las tropas aliadas no penetren todavía en su territorio. Accedo voluntariamente a su deseo", y le ordena que se acerque a Saltillo, "lo más cerca posible de Saltillo, pero no invada el territorio de Vidaurri". Ordena al coronel Aymard que avance. El mismo general que le reporta que los republicanos cuentan con 6 mil hombres pero de "calidad inferior".

En el avance de las columnas francesas no todo es victoria. El teniente coronel Loizillón escribe: "En todas partes me recibieron mal. Casi siempre tuve que emplear la fuerza para que me abrieran las casas y los conventos. Y así era la acogida en todo el camino. Los mexicanos son de una indiferencia ante nosotros que me lleva a la desesperación. No nos demuestran ni la más mínima simpatía". Y en medio del *impasse* una buena noticia para la república... el 20 de marzo el ministro de Asuntos Exteriores de Estados Unidos, Seward, declara a sus embajadores: "La política de los Estados Unidos les impide reconocer a los gobiernos revolucionarios; por lo tanto... no sostengáis relación alguna oficial con el representante en Madrid de cualquier gobierno revolucionario que se haya establecido o que se establezca contra la autoridad del gobierno de los Estados Unidos de México, con los cuales mantienen los Estados Unidos relaciones diplomáticas". Y reitera días más tarde al embajador norteamericano en París que el congreso reitera su negativa "al reconocimiento de una monarquía en México".

Mientras tanto, Juárez trata de coordinar los cuatro ejércitos con que cuenta la república en el centro-norte del país: convoca a González Ortega a concentrarse en Saltillo, pues no hay seguridad de que pueda dar con éxito un golpe sobre Zacatecas. De esta división los franceses saben que sólo cuenta con "2 mil hombres mal armados, mal equipados y casi desnudos". Doblado y Patoni no se ponen de acuerdo, porque el primero quiere intentar controlar Durango.

El 27 de marzo Bazaine le escribe a Napoleón III: "Es muy probable que antes de la estación de las lluvias, envíe yo simultáneamente tres columnas expedicionarias sobre Durango, Colima y Oaxaca [...]. Espero que esta última operación acabará de dispersar a los grupos enemigos, que, según los últimos informes, están ya muy quebrantados y muy disminuidos por las enfermedades y las deserciones [...]. Estas expediciones se avienen a nuestro carácter, y SM podría enviarnos al fin del mundo, pues con semejantes soldados iríamos con la confianza de un éxito seguro".

NOTAS

1) Benito Juárez: *Documentos, discursos y correspondencia*, tomo X. Victoriano Salado Álvarez: *La emigración*. Luis Medina Peña. *Los bárbaros del Norte. Guardia nacional y política en Nuevo León, siglo XIX*. José C. Valadés: *Maximiliano y Carlota en México: historia del segundo imperio*. "Correspondencia particular de Santiago Vidaurri".

Guillermo Prieto: *Lecciones de historia patria* y "Prieto al Nigromante", 17 de febrero de 1864. Óscar Flores Tapia: *Coahuila: la Reforma, la intervención y el imperio*. Paco Ignacio Taibo II: *La lejanía del tesoro*. Artemio Benavides Hinojosa: *Santiago Vidaurri, caudillo del noreste mexicano, 1855-1864*. Antonio García Pérez: *Estudio político militar de la Campaña de Méjico, 1861-1867*. José María Vigil: *La Reforma*. François-Achille Bazaine: *La intervención francesa en México según el archivo del Mariscal Bazaine*. Lucas Martínez Sánchez: *El Ejército del Norte. Coahuila durante la guerra de Reforma, 1858-1860*. Ignacio Ramírez López: *Cronología de Manuel Doblado*. Pierre Henri Loizillon: *Lettres sur l'expédition du Mexique*. Niceto de Zamacois: *Historia de México*.

2) De las peregrinaciones de Juárez da buena cuenta un grabado de Constantino Escalante en *La Orquesta* (1º de julio del 65): En torno a una carretera circular, 7 imágenes de Juárez, todas ellas en la misma posición, apoyado en un mojón de carretera en cuyos rótulos se lee: Querétaro, Guadalajara, San Luis Potosí, Oaxaca, Nuevo León, Monterrey. La última no puede leerse. El texto dice: "El S. Juárez, según la prensa *grande*, llega cada día a su último asentamiento".

121

BAZAINE Y EL CLERO

El 26 de diciembre del 63 Labastida, arzobispo de México, Clemente de Jesús Murguía, arzobispo de Michoacán, el arzobispo de Guadalajara y los obispos de San Luis Potosí y Oaxaca, en suma la alta jerarquía de la Iglesia católica mexicana, que regresó del destierro "por defender la fe católica", le exigen a los dos corregentes, Salas y Almonte, que la Iglesia recobre el poder económico y social previo a las Leyes de Reforma. Suman un escrito en el mismo sentido de los obispos de León, Tamaulipas y Tulancingo. Se quejan de que todos los problemas relativos a la Iglesia están igual que cuando los desterraron porque el gobierno imperial no ha cumplido sus compromisos.

El 3 de enero del 64 el comisario extraordinario de Hacienda Budin le escribe al general Bazaine: "Me fue remitida una copia del acta de excomunión. No he sabido que este documento haya circulado en la ciudad [...]. Era necesario bajar la cabeza y resignarse ante las maquinaciones de los prelados, o bien romper esta resistencia tan francamente declarada. Es este último partido el que he aconsejado y ha sido acogido con el mayor apresuramiento por la Regencia [...]. Ha habido unanimidad en el Consejo de Ministros [...]. He sabido esta mañana que el Arzobispo, asustado de este vigor, no había dormido en su palacio [...]. El Ayuntamiento, con excepción de cinco miembros, ha presentado su dimisión [...]. A pesar de estos acontecimientos, la ciudad está perfectamente tranquila".

El decreto que no dejaba dormir a Labastida era la destitución del Tribunal Supremo de México. Dos semanas más tarde el general Neigre, al que Bazaine ha dejado a cargo de la guarnición, le escribía a Labastida: "Un hecho de extremada gravedad acaba de serme puesto en conocimiento: escritos incendiarios […] han sido introducidos por debajo de las puertas de ciertas casas y repartidos clandestinamente al público. Los autores de este culpable manifiesto exaltan viles intereses materiales que repudia nuestra sagrada religión, y apela a las peores pasiones contra el ejército de S. M. que viene a arrancar del desorden a México. Quiero creer que Usía Ilustrísima ignora esos manejos criminales". Labastida respondía diciendo que nada había tenido que ver con los panfletos, pero que "todos nosotros hemos protestado contra esos individuos que tienen la pretensión de formar gobierno [los otros dos regentes]. La Iglesia sufre hoy los mismos ataques que en tiempo del gobierno de Juárez, en la plenitud de sus inmunidades y de sus derechos; que jamás se vio perseguida con tanto encarnizamiento".

Bazaine regresa a la Ciudad de México el 3 de febrero y deja la campaña en manos de sus subordinados para poner orden, "mi presencia se hace indispensable para sostener al gobierno", le escribirá a Napoleón III. Y luego al ministro de la Guerra francés: "El alto clero hace siempre una viva oposición […]. Toda esta algarabía de los prelados ha tenido poco eco hasta hoy y muy poca influencia sobre las masas; pero estoy enteramente decidido a ser muy firme con todos, si es necesario". Y remata: "He recomendado al gobierno provisional que haga poco caso de las amenazas episcopales y que continúe rodeando de consideraciones a los Obispos; pero que castigue enérgicamente a todos los que les sirvan de instrumentos para perturbar la paz pública, y cuidaré de ello".

Y el 8 de febrero le escribe directamente a Napoleón III: "Estamos resfriados aún con el alto clero que […] se conduce poco cuerdamente, porque remueve todo el arsenal de congregaciones y de obras piadosas, para crearnos obstáculos y originar el desafecto; pero dudo que tenga éxito". Tres días más tarde, en una carta a Budin, el comisario de Hacienda de la Intervención, fijará su política: "Es preciso evitar las cuestiones palpitantes, como la de los bienes nacionalizados, que no pueden arreglarse todavía y en las que hay muchos intereses comprometidos".

A Bazaine el clero mexicano, en el español que había aprendido durante las guerras carlistas, "le tocaba las pelotas", lo veía como uno de los grandes obstáculos para captar al liberalismo moderado y blandengue, aquel que aceptaba la Intervención o la veía como el gran hecho consumado que no podía evitarse ni enfrentarse. Percibía además que estaba dividido, por un lado el sector beligerante acaudillado por Labastida, por otro "el Arzobispo de Guadalajara y los Obispos de San Luis y Puebla parecen comprender nuestra política de conciliación y desear apoyar al gobierno en esta vía".

Un motivo menos de preocupación para Bazaine: tras haber sufrido una violenta enfermedad y retirado a Puebla para descansar, murió el día 7 de marzo Francisco Miranda, el cura de todas las conspiraciones, el activista número uno de los mochos, el más radical de los conservadores.

El 14 de marzo Bazaine le escribía Almonte, su hombre en la Regencia, la queja por lo sucedido en Morelia: "El clero había rehusado dar sepultura eclesiástica al señor Domingo López, bajo el pretexto de que había muerto impenitente. Y este hecho no era más que una consecuencia de la negativa del confesor para administrar los últimos sacramentos al moribundo, porque este no consentía en devolver a la Iglesia los bienes del clero, de que era adjudicatario. El superior eclesiástico de Morelia aprobó en esta ocasión la conducta del cura". Y remataba: "Aunque sin inmiscuirse en la cuestión espiritual, el Gobierno de la Regencia no podría tolerar la pretensión del clero, de impedir, según su gusto, la inhumación en los cementerios".

Por otro lado enfrentaba la demanda de devolver al clero los bienes expropiados en la Reforma juarista con el tesón que su liberalismo económico, inculcado por Napoleón y bien visto por Maximiliano, le había dado. El 20 de marzo de ese 64 le escribía el general Douay: "Se lo repito: nunca se ha tratado de devolver al clero lo que él llama sus bienes. Se devolverán a las mujeres el goce de los inmuebles necesarios para su existencia, mientras estos no sean adjudicados. Las casas de educación y beneficencia que estén en el mismo caso, serán también puestas a la disposición del clero cuando lo permita nuestra instalación, sin perjudicar a nuestros soldados ni dañar nuestros almacenes. De todas maneras, nunca restituiremos nada al clero, que no podría ser propietario, sino simplemente usufructuario de los establecimientos pertenecientes al Estado".

El conflicto parecía interminable. El 23 de marzo le escribía a todas las autoridades militares francesas en territorio mexicano: "Se aproxima el Sábado Santo y, según todas las probabilidades, la población se prepara ya para las diversiones acostumbradas en México y que consisten en colgar y quemar *manequíes* que representan, o retratos groseros de enemigos de la religión católica, o personajes que han desempeñado un papel político, y al recuerdo de los cuales se une el odio de los partidos [...]. He decidido, pues, que estas suspensiones y autos de fe de *manequíes* sean absolutamente prohibidas este año".

Juárez percibía bien las contradicciones en el bando imperial: "De México nos dicen con fecha 10 de este mes, que el emperador Napoleón ha aprobado todos los actos del gral. Bazaine contra el clero. ¿Qué hará el señor Labastida? Veremos".

No sólo Bazaine, que representa la política oficial de la Intervención; la mayoría de los generales con mando de plaza opinan en el mismo sentido. El general Du Barrail parece no tener gran simpatía por Labastida: "Él fue la gran piedra de choque para el obstáculo de nuestra intervención [...]. Era el hombre más impopular y más justamente impopular".

El 14 de mayo Bazaine le escribe a Labastida sobre lo sucedido el día anterior: "Se efectuó en una de las iglesias de México un hecho de los más lamentables, que debo poner en conocimiento de Vuestra Eminencia, apelando a su severidad, a su celo y a su espíritu de sabiduría, para impedir la repetición del mismo. En la parroquia de San José, el vicario, señor Pascual Robles, celebraba la santa misa. Una francesa, la señora De Rancy, casada con uno de los oficiales de nuestro Estado Mayor, que asistía [...] a las ceremonias del culto, vestida con el traje europeo que usa constantemente; fue obligada a salir de la iglesia, amenazada e insultada por el sacerdote que estaba en el altar, quien, olvidando la santidad de su carácter eclesiástico y perdiendo toda dignidad, se entregó a gesticulaciones y provocaciones incompatibles con el respeto del santo lugar y con el carácter sagrado de un ministro de Dios [...]. He tenido que hacer venir a mi casa al vicario que había sobrepasado de tal manera todos sus derechos y que se había olvidado hasta el punto de amenazar con el puño a una mujer honorable y digna de estima, y le he hecho comprender que en las circunstancias en que el sacerdote perdía su dignidad, la ley sabía alcanzar al hombre. Tengo la honra de suplicar a Vuestra Eminencia se sirva dar instrucciones a su diócesis para que no se reproduzcan tales escándalos y para que las mujeres francesas, lo mismo que las extranjeras que profesan la religión católica, puedan ser admitidas en las iglesias con la tenue y el traje que se usa en sus países".

El conflicto parecía no tener arreglo.

NOTA

1) Robert J. Knowlton: *Los bienes del clero y la Reforma mexicana, 1856-1910* ("Los franceses y la cuestión de la propiedad"). François-Achille Bazaine: *La intervención francesa en México según el archivo del Mariscal Bazaine*. François Charles du Barail: *Mes souvenirs*. Benito Juárez: *Documentos, discursos y correspondencia* (en particular: Juárez a Matías Romero, 20 de abril de 1864).

122

LOS CONSPIRADORES TIENEN EMPERADOR

Pocos meses antes de lo hasta ahora narrado, el 4 de octubre de 1863 en la noche, la mayor parte de los comisionados que le han ofrecido la corona a Maximiliano retornan a París. Se quedan durante una semana Gutiérrez de Estrada, Hidalgo, Aguilar y Marocho y Escandón. Pasarán los días en banquetes y dando su versión de cómo era y qué sucedía en México; Arrangoiz, que había llegado tarde a la oferta del trono, se quedó a petición de Maximiliano hasta noviembre.

El nombrado emperador, sin embargo, tiene mucho que cabildear. Primero tiene que darles tiempo a los franceses para que conquisten el país (la Ciudad de México ha sido tomada, se inicia la larga batalla por el altiplano) y por lo tanto negociar con Napoleón III; luego negociar su situación referente al trono del imperio austriaco con su hermano Francisco José; ver la disposición del monarca belga, padre de Carlota, y por último (y en esto insisten mucho su nuevos consejeros) ponerse a bien con el papa. Konrad Ratz dirá que el peso de tantas indecisiones le provocó una crisis nerviosa.

El 22 de octubre la comisión de monárquicos mexicanos le entrega a Napoleón III (Zamacois dirá que en "una larga caja oblonga de plata maciza y adornada con cintas de los colores nacionales de México") el "voto de gracias" de la Asamblea de Notables a nombre de la Regencia. A los pocos días serán recibidos por el papa en Roma.

El 17 de noviembre el general Juan Nepomuceno Almonte le escribe al general Bazaine para informarle que Maximiliano aceptará el cetro imperial mexicano si toda la nación, consultada, confirma el voto emitido por los Notables de la capital. Es el mismo personaje al que Guillermo Prieto en esos días dedica un poema en *El Cura de Tamajón* titulado "Almonte": "Mendigo de los reyes / te humillaste / como torpe culebra ante su planta / la muerte de tu patria pregonaste / estrechando un dogal a su garganta".

La maquinaria se pone en marcha. En las zonas controladas por el ejército francés la Regencia ordena que lleguen las adhesiones porque es urgente "remitir a Europa por el próximo paquete francés, el mayor número de actas de adhesión al Imperio", aunque los prefectos no deben esperar "a recoger la firma de los vecinos, sino que bastará que vengan subscritas por las autoridades políticas, por los ayuntamientos que directamente representan a los pueblos, por los tribunales y jueces, y por todos los empleados del gobierno".

El 6 de enero del 64 Arrangoiz vuelve a Miramar para acompañar a Maximiliano a Viena, luego a París, luego a Bruselas, donde se reúnen con Gutiérrez Estrada, el coronel Facio, Velásquez de León. En Viena, dice Arrangoiz, "el emperador Francisco José no vaciló un solo instante en consentir en el alejamiento, que veía con gusto, de Maximiliano, con quien estaba en perpetua desavenencia". No es de extrañar, Maximiliano se encontraba en una situación tan anómala y desairada en Austria, en donde era mal visto por su propia familia, a causa de sus supuestas ideas liberales.

Desde la capital del imperio austrohúngaro Maximiliano le escribe a Napoleón III el 19 de enero: "Las últimas noticias de México, tan favorables a la causa de la intervención y que anuncian que en esta empresa tan difícil vuestra majestad logra nuevos triunfos, hacen presagiar que los votos de la gran mayoría del país, tendientes a conferirme la corona, no tardarán en conocerse en Europa.

"Con esto, la primera condición, planteada en mi discurso a la delegación, se vería cumplida. Por su lado, mi hermano el emperador se ha apresurado a acceder a mis deseos y ya ha dado las órdenes necesarias para equipar la fragata que debe conducirme a Veracruz". Señala que sólo queda algo y no poco importante, la negociación de "un empréstito" y una convención militar. Y concluye que, si Napoleón responde afirmativamente, "estoy dispuesto a aceptar el trono en forma definitiva".

A fines de febrero de 1864 Maximiliano recibió en Bruselas varios cajones que contenían las actas levantadas en todas las poblaciones de México ocupadas por los franceses, en las que se le reconocía como emperador, siguiendo las instrucciones de Drouyn de Lhuys. Según Arrangoiz, un sirviente metió debajo de la cama en una posada de Bellevue uno de los baúles y este se extravió. Maximiliano, agitado y ansioso, no pudo descansar hasta que apareció el famoso cajón. Bazaine le escribió al ministro de la Guerra francés reportando la salida de las actas: "La cifra que representan no es el resultado del sufragio universal", pero está "convencido de que las actas de adhesión representan sinceramente la opinión de las gentes de razón de México sometidas a la Intervención". Esta sería la prueba que Maximiliano estaba esperando para terminar de decidirse a aceptar la corona.

Para amarrar estos pendientes, el 5 de marzo Maximiliano llega a París con Carlota. Sólo a un palaciego como Zamacois puede parecerle fundamental que ese día Napoleón III recibiera a Maximiliano y Carlota en las Tullerías y descendiera hasta "el sexto escalón de la escalera, donde se detuvo para abrazar al futuro emperador de México y estrechar afectuosamente la mano de la princesa Carlota, a quien ofreció el brazo para subir a la habitación de la emperatriz Eugenia". Allí se negociaron los elementos claves del apoyo francés.

Maximiliano se entrevistó en París con algunos de los conservadores monárquicos que le habían puesto enfrente la corona de México, pero el gobierno francés no tenía interés en que los exilados conservadores tuvieran excesiva influencia sobre el príncipe y los mantuvo aislados. El 14 de marzo los aspirantes al trono de México se entrevistaron en Claremont con la reina Amalia, abuela de Carlota.

Max y Carlota se entrevistan con el rey Leopoldo de Bélgica, padre de Carlota. ¿A la busca de futuros apoyos? Leopoldo ya ha había bendecido el proyecto en una carta señalando que "la empresa era grandiosa, y aunque tuviera mal éxito, sería honrosa siempre". Desde Bruselas, dos días más tarde, Max le escribe a Juárez a través de dos intermediarios, el barón Du Pont y Jesús Terán, para que le comuniquen que "lejos del pensamiento del archiduque está el querer imponerse a los mexicanos mediante una fuerza extranjera contraria a su voluntad", que ha recibido el apoyo del país y que la monarquía que intenta instituir reconoce a Benito Juárez ("que hasta el presente ha sido el jefe legítimo del país y de quien el archiduque no ha cesado de apreciar los sentimientos patrióticos") y lo invita a la colaboración. ¿Tan mal lo conocía?

Y finalmente, el 23 de marzo, llegaron a Viena, sólo para descubrir que su hermano, el emperador Francisco José, condicionaba su apoyo a la empresa a que Maximiliano renunciara a sus derechos a la corona de Austria. Pese al disgusto de Max y lo llantos de Carlota, el emperador no cedió.

El 28 de marzo Maximiliano recibe la confirmación de la condición de su hermano en Miramar: "Después de [...] concienzuda consideración de mis deberes de soberano, me veo en la necesidad de declarar a V. A., que sólo puedo dar mi consentimiento para este importante y trascendental acto de estado con la condición de que V. A. extienda y refrende [...] su renuncia y la de sus descendientes a la sucesión al trono y a los derechos hereditarios de Austria".

Maximiliano duda y posiblemente decide no aceptar la corona de México. Carlota le escribe a la emperatriz de los franceses, Eugenia, una carta que finalmente no envía: "El cielo, por un decreto impenetrable, nos priva de la felicidad de contribuir al cumplimiento de los generosos deseos de V. M. hacia un país por el que estábamos dispuestos a sacrificar todo lo que puede darse: a nosotros mismos", y dice que Max "con el corazón amargado se prepara a recibir mañana a la delegación mexicana y a decirle que la promesa [...] jamás podrá cumplirse". Ese mismo 28 de marzo Napoleón III le envía un telegrama a Maximiliano: "Conjuro a V. A. I. a no decidir nada contrario a nuestros compromisos antes de haber recibido mi carta".

La emperatriz Eugenia le escribe al ministro austriaco Matternich: "Ustedes tuvieron tiempo para considerar y reflexionar todo y no se viene después, en el momento en que el empréstito está concluido y los convenios firmados, con una cuestión familiar sin importancia en proporción al trastorno que ocasiona a todo el mundo [...]. Crea usted en mi bien fundado malhumor". Y Napoleón aprieta a Max: "No me incumbe discutir cuestiones familiares que pudieron ser tratadas entre vos y vuestro augusto hermano, pero debo hacer ver todo lo que la situación actual tiene de grave tanto para vos como para mí. Por el tratado que hemos concertado y que nos compromete [...], por las seguridades dadas a México y por el acuerdo realizado con los suscriptores al empréstito, vuestra alteza imperial ha contraído compromisos que ya no está en libertad de romper. ¿Qué pensarías de mí si una vez ya en México V. A. I., yo os dijese que no puedo cumplir las condiciones que he firmado? No, es imposible que renunciéis a ir a México y que digáis a la faz del mundo que intereses familiares os obligan a defraudar todas las esperanzas que Francia y México han puesto en vos [...]. Os pido perdón por este lenguaje un poco severo, pero las circunstancias son demasiado graves para que no os diga toda la verdad".

Maximiliano y Carlota llegan a Miramar, todo parece hundirse. Napoleón manda al general Frossard a entrevistarse con el archiduque y negocia con el embajador austriaco. El 8 de abril, mientras comienzan a llegar los monárquicos, Maximiliano medita durante ocho horas un minucioso documento (que se firmará al día siguiente) donde se doblega y renuncia a los derechos del trono austriaco.

En paralelo, en esta vorágine, el 10 de abril de 1864 se firma el documento clave de la intervención que Napoleón menciona, el famoso Tratado de Miramar. Curiosamente lo firman Joaquín Velásquez de León, ex ministro de Santa Anna y futuro ministro del gobierno de Maximiliano, gobierno que aún no se ha integrado, y Carlos Herbert, un personaje de segundo nivel en la diplomacia francesa ("ministro plenipotenciario de primera clase, consejero de Estado, director en el Ministerio de Negocios Extranjeros").

El tratado establece que la guerra se dirigirá de común acuerdo entre Maximiliano y el alto mando francés. Los comandantes franceses no intervendrán en la administración mexicana. Otras clásusulas ponían en orden los dineros: el nuevo imperio mexicano debería pagar al imperio francés 270 millones por los gastos de la intervención tenidos hasta el momento con un interés anual del 3%. El nuevo gobierno mexicano pagaría de inmediato 66 millones de francos (13 millones de pesos) por las famosas indemnizaciones de la "deuda extranjera", más otros 25 millones de francos (cinco de pesos) por concepto de varios intereses.

Si estos acuerdos se hicieron públicos, no lo fueron tres artículos adicionales que serían conocidos posteriormente como "secretos". Uno en el que vagamente Max reconocía la política francesa de no devolver los bienes de manos muertas expropiados por Juárez a la Iglesia. Un segundo, en el que se establecía la reducción del ejército francés de ocupación (38 mil hombres) en 10 mil hombres para el año 65, 3 mil más en el 66 y 5 mil más en el 67 (cuando quedarían 20 mil), y un tercero que matizaba el acuerdo de presencia en México de la Legión Extranjera Francesa según el cual su general y sus oficiales superiores seguirían siendo franceses.

En cuatro carruajes, a las diez de la mañana del 10 de abril sale de la casa consistorial de Trieste la comisión mexicana. En el gran salón azul del piso bajo se encuentra una diplomacia europea bastante menor que testificará el acto: el general Frossard y Herbert representando a Napoleón III; el conde de Gratz, ministro de Bélgica en Viena, la princesa de Metternich; y como dice Irineo Paz, "más de una docena de nobles europeos que andaban tronados y que también veían como una tabla de salvación al improvisado imperio mexicano".

A ellos se unen José María Gutiérrez de Estrada, que llevará la voz; Joaquín Velázquez de León, Ignacio Aguilar y Marocho, el general santanista Adrián Woll, el inevitable intrigante José Hidalgo, Antonio y Pedro Escandón, el fraudulento diplomático Francisco de Paula de Arrangoiz, Tomás Murphy, Andrés Negrete, antiguo encargado de negocios en Bélgica; Isidro

Díaz, antiguo ministro de Justicia y de Gobernación de Miramón; Pablo Martínez del Río; representando al clero Ignacio Montes de Oca y el preceptor y confesor Fray Tomás Gómez. Curiosamente hay un grupo de militares muy de segunda línea en el *ranking* de los mochos: los coroneles José Armero Ruiz, Francisco Facio y los comandantes de batallón Pedro Ontiveros y Joaquín Manuel Rodríguez.

Sabremos que Maximiliano viste uniforme de almirante austriaco y Carlota un traje de seda color de rosa con la cinta de la orden de Malta y lleva en la cabeza una diadema de brillantes adquiridos recientemente. Probablemente a causa de las tensiones de los últimos días, Maximiliano "estaba muy pálido". A su derecha se encuentra una mesa con tapiz rojo conteniendo las actas de adhesión al imperio.

En el doble lenguaje que habría de instaurarse en las relaciones entre el príncipe y los conservadores mexicanos, "Gutiérrez de Estrada pronunció una larga arenga, en la que recordó a Maximiliano, que el primer gobernante de México, el ínclito Hernán Cortés, había sido el defensor de la Iglesia".

Seis meses después de que se lo ofrecieron, Maximiliano acepta el trono mexicano en un discurso que está repleto de agradecimientos a Napoleón III ("la magnanimidad de su majestad el emperador de los franceses", "el reconocimiento que debe al monarca ilustre, cuyo amistoso auxilio ha hecho posible la regeneración de nuestro hermoso país") y declara que las actas que le han presentado "confirman la voluntad del pueblo de México", lo que le permitirá dedicarse a "asegurar las garantías necesarias para que el naciente imperio pudiese consagrarse con calma a la noble tarea de establecer sobre bases sólidas su independencia y bienestar". Si bien acepta bajo el palio que le han colocado los conservadores, no deja de mandarles un mensaje para ellos inquietante: "Me apresuraré a colocar la monarquía bajo la autoridad de leyes constitucionales, tan luego como la pacificación del país se haya conseguido completamente [...] una libertad bien entendida se concilia perfectamente con el imperio del orden".

Maximiliano jurará sobre una Biblia.

Los asistentes gritaban "¡Viva el emperador!", "¡Viva la emperatriz!", se izaba en Miramar la bandera mexicana y la saludaban 21 cañonazos. No faltó el banquete final, la iluminación del palacio con cazuelejas, los jardines con farolitos venecianos, fuegos artificiales y serenata.

¿Ha comprado Max la ilusión fraudulenta de la información que le transmiten los traidores monárquicos exiliados? Es difícil saberlo, el voluble personaje se mueve con demasiada frecuencia entre lo que cree, lo que quiere creer, lo que cree que cree, lo que dice, lo que desea. Un año y medio más tarde (8 de diciembre de 1865) le escribirá a su amigo el barón Du Pont: "Yo sabía que las ideas de los pobres desterrados, de la regencia embarazada, no eran más que fantasmagoría, nunca me hice ilusiones; pero me encontré con

que la situación no era, sin embargo, tan triste […] este país es mejor que su
reputación, y mejor precisamente en el sentido opuesto al de los desterrados.
Todo cuanto Gutiérrez y sus amigos han manifestado es falso y fundado en
errores irreparables de más de 25 años de ausencia involuntaria. El país no es
ni ultracatólico ni reaccionario; la influencia del clero es casi nula; la de las
antiguas ideas españolas, casi desbaratada; mas, por otra parte, el país no es
todavía liberal, en el buen sentido de la palabra". Pero eso le escribirá un año
más tarde.

Si todo gira en torno al poder, ¿qué está pasando? El poder nubla los
papeles, trono mata proyecto, oscuros intereses a nobles declaraciones. Los
mochos le entregan el reino a un liberal moderado. Napoleón III, ya embarcado en una aventura colonial, trata de encontrar relevo a mediano plazo y
en el camino ver si Francia se puede quedar con Sonora; su esposa (según el
diplomático paraguayo Benítez), la emperatriz Eugenia, habla de la intervención en México como "mi guerra"; el papa promueve el retorno de los bienes
de la Iglesia. ¿Y Maximiliano y Carlota?

El mismo día 10 de abril Max realizó una serie de nombramientos y repartió comisiones. Velázquez de León sería ministro de Estado; Almonte lo
representaría hasta su llegada a México. Designó embajadores a Murphy en
Austria, a Aguilar y Marocho en Roma, a Hidalgo en Francia y a Francisco
de Paula de Arrangoiz en Bélgica. Comisionó al comandante Joaquín Manuel
Rodríguez para que dentro de dos días saliese para México a fin de informar
lo sucedido.

Después de casi seis meses de espera todo se había resuelto en semanas.
Si se aprueban los gastos suntuosos de la comitiva, saldrá hacia México el
14 de abril.

NOTAS

1) Konrad Ratz: *Querétaro: fin del segundo imperio mexicano*. Francisco de Paula Arrangoiz: *México desde 1808 hasta 1867*. Guillermo Prieto: "Almonte" en *El Cura de Tamajón*, en *Obras completas*, tomo XXII. Agustín Rivera: *Anales mexicanos. La Reforma y
   el Segundo Imperio*. Ireneo Paz: *Maximiliano*. Francisco Bulnes: *El verdadero Juárez
   y la verdad sobre la intervención y el imperio*. Barón de Pont a Jesús Terán. Rafael
   Tafolla: *El imperio y la república*. En Internet puede encontrarse la totalidad de la correspondencia entre la realeza europea del 64 y la crisis. Para los interesados en este
   singular personaje, el fondo documental de Ignacio Aguilar y Marocho se encuentra
   en el archivo del Centro de Estudios Históricos Condumex.

2) Contradictorias: Agustín Rivera: "Es, pues, erróneo creer que naciera de Napoleón
   la iniciativa de ofrecer el trono de México a Maximiliano". Patricia Galeana: Napoleón III, "el empresario de este segundo imperio, fue el elector de Maximiliano", no
   los correveidiles mexicanos.

123

EL *AFFAIRE* SANTA ANNA

No hay nada más terrible en la narración de la historia que el tener que apelar al "mientras esto sucedía…".

Tras haber fracasado en atraerse a Leonardo Márquez y al coronel Carlos Miramón durante el inicio de la intervención "tratando de convencerles de que era muy difícil el sostenimiento de Maximiliano, porque México prefería un gobierno republicano", y ofreciendo regresar a México si "se le tuviera por jefe de partido", Antonio López de Santa Anna, incapaz de mantenerse al margen, lo reintentó al inicio del año 64.

El 9 de febrero de 1864 Bazaine recibía la noticia del cónsul general de Francia en La Habana de que el general Santa Anna, ex presidente de la República Mexicana, tenía intención de desembarcar en Veracruz, a fines del mes corriente (el 27 de febrero), por el paquete inglés. "Me he puesto de acuerdo con el general Almonte, presidente del gobierno provisional de México, y se ha convenido entre nosotros que se concederá el acceso al suelo de México al general Santa Anna, quien desea dirigirse a Jalapa, en donde tiene cuantiosos intereses que vigilar y […] su influencia puede ser útil al nuevo orden de cosas establecido". Sin embargo, Santa Anna había anunciado que una vez que desembarcara produciría un manifiesto sumándose a la intervención y al imperio y Bazaine decidió prohibírselo porque "no dejaría de producir un mal efecto".

En sus *Memorias*, Santa Anna, el rey del doble lenguaje, comenta: "En principios de febrero de 1864 emprendí viaje para México. Al anclar en el puerto de Veracruz el paquete inglés donde navegaba, un coronel francés, titulándose gobernador de la plaza, se presentó en cubierta; lo seguían un ayudante y su secretario.

"—General, ¿tendréis la bondad de hacerme conocer la mira de vuestro viaje a este país?

"—No hay inconveniente, regreso a mi patria en uso del derecho que el hombre tiene para vivir donde nace.

"—Bien, pero es necesario mostrar adhesión al imperio y al emperador.

"—¿De qué imperio y emperador se trata?

"—¡Cómo! ¿Ignoráis que el archiduque Maximiliano ha sido llamado y reconocido emperador por los mexicanos y que tres grandes potencias lo sostendrán?

"—Algo he oído y ya en el país quedaré mejor impuesto… Ahora me preocupa la situación de mi esposa, excesivamente mareada, y quiero desembarcar pronto. En cuanto a mi manejo, puedo asegurar que acataré siempre la voluntad de mi nación y las leyes que dictare.

"—Pues bien, asentad vuestro nombre en este libro —que su secretario presentaba—. Firmé".

Lo que no decía es que había firmado al igual que su hijo no "un libro" sino un acta incondicional de adhesión ("Declaro, por mi honor, dar mi adhesión a la Intervención francesa y reconocer como único gobierno legítimo la monarquía proclamada por la Asamblea de Notables, con el título de Imperio Mexicano y con el Príncipe Maximiliano como Emperador de México").

Dos días más tarde y mientras observaba el panorama intentado ver donde podía colarse en la convulsionada nación, ofrecía sus servicios militares a la Regencia.

Bazaine, que mantenía un ojo sobre él, le decía al general Liceaga el 7 de marzo que Santa Anna "se ha comprometido, por escrito y bajo su honor, a vivir en México como un simple ciudadano revestido con el grado de general de división, a no hacer ninguna demostración pública o política de viva voz o por escrito y a no dirigir manifiesto o proclama a sus amigos ni a la nación" y le ordenaba que lo vigilara. Pero dos días después el general francés se enteraba de que, contraviniendo el acuerdo, Santa Anna había redactado y circulado "un manifiesto [cuyo] objeto tendería a mantener la división de los partidos que tratamos de conciliar". Y por tanto "di orden de que sea reembarcado inmediatamente para ser conducido a La Habana" en un buque de vapor, la corbeta *Colbert*, el 12 de marzo.

Santa Anna explicaría poco después la razón del manifiesto: "En seguida fui a tierra, dispuse el viaje de mi esposa a la capital acompañada por algunos amigos míos, los que al marcharse quisieron conocer mi modo de pensar y tomaron copias manuscritas del manifiesto que ha visto la luz pública [...] y en el alcance del periódico *El Indicador* que se publica en Orizaba, apareció impreso; acto a que de ningún modo podía ser yo responsable cuando de él no había tenido conocimiento alguno".

Bazaine temía (y no se equivocaba) que Santa Anna podía crecer políticamente apoyándose en la influencia española y creara problemas a la íntima relación entre el ejército de ocupación y Maximiliano y su Regencia. Ni Almonte, ni Salas, ni Bonilla o Lares ni los demás viejos santanistas protestaron, decidiendo desconocer a su padre político. Bazaine le escribiría a Napoleón confirmando que "la salida del general Santa Anna no ha producido ninguna emoción en el país; sus amigos políticos han comprendido que es prudente callarse [...]. He sabido después que el general Santa Anna estaba de acuerdo con Monseñor el Arzobispo de México y algunos otros personajes altamente colocados, para intentar sustituir al general Almonte del gobierno provisional". El comandante francés en Orizaba lo reconfirmaba: "Su llegada fue vista por todas las clases de la población, sin excepción, con muy malos ojos, y su salida causó una profunda sensación de bienestar. Todo el mundo le acusa de ser la causa de las desgracias del país y no tiene partidarios en ninguna parte".

En La Habana, Antonio López de Santa Anna, disculpaba a Napoleón y atribuía a Bazaine su deportación publicando una denuncia en el *Diario de la Marina*, reproduciendo el manifiesto de Orizaba y envolviendo al consulado francés en La Habana. El debate se disolvió en la nada.

NOTAS

1) Antonio López de Santa Anna: *Mi historia militar y política, 1810-1874: memorias*. Agustín Rivera: *Anales mexicanos. La Reforma y el Segundo Imperio*. François-Achille Bazaine: *La intervención francesa en México según el archivo del Mariscal Bazaine*. Guillermo Prieto: "La proclama de don Antonio López de Santa Anna". Fernando Iglesias Calderón: *Rectificaciones históricas: la traición de Maximiliano y la capilla propiciatoria*. Víctor Darán: *El general Miguel Miramón; apuntes históricos*. Biografía de Agustín Zires, publicada por *El Tiempo* citada por Agustín Rivera. Leonardo Márquez: *Manifiestos (el Imperio y los imperiales). Por qué rompo el silencio*, rectificaciones de Ángel Pola. José María Vigil: *La Reforma*.

2) Todavía Santa Anna volvió a las andadas ahora intentando ponerse del lado de la república: en marzo del 65 le pedirá a su sobrino que contacte a Santiago Blanco ("Procura quemar mis cartas") desde Saint Thomas y habla de apoyar a la república. Y al principio de 1866 desembarcará en Nueva York; fijará su residencia en Elizabeth Port y empezará a poner en juego todas sus relaciones en Estados Unidos para que el gobierno de Juárez admitiera su solicitud de ponerse a la cabeza de un ejército y combatir al imperio. El 15 de mayo se produce una protesta del Club Mexicano en Nueva York contra el proyecto de Santa Anna. Niceto de Zamacois dice: "La aparición de Santa Anna en los Estados Unidos, y el verle empeñado en ganar el afecto de algunas personas norteamericanas de influencia en el gabinete de Washington, así como con los republicanos, alarmó a los mexicanos liberales que se hallaban en los Estados Unidos; pues temían que si se admitían sus servicios en el partido republicano, se convirtiera después en dictador". El Club Mexicano de Nueva York publicó una protesta contra Santa Anna firmada por Francisco Zarco, González Ortega, Epitacio Huerta, Juan José Baz y Felipe B. Berriozábal. Poco después Maximiliano, sabiendo las pretensiones de Santa Anna en Estados Unidos, hizo publicar en *El Diario del Imperio* las cartas que Santa Anna años atrás había escrito a Gutiérrez de Estrada y al mismo Maximiliano, en las que había echado pestes contra la reforma republicana y la Constitución de 57, y prodigado loores a la forma monárquica, ofreciendo con insistencia sus servicios al imperio y de pasada desterró a varios conocidos santanistas como el general Agustín Zires que fue deportado a Mérida. Santa Anna persistió y le hizo la prepuesta a Matías Romero el 21 de mayo. Cuatro días más tarde Romero contestó acusándolo de haber sido "el primero en solicitar el establecimiento de una monarquía europea en México, cuando ejercía el poder supremo de la nación". No cesó ahí el asunto y el 5 de junio Santa Anna publicó un manifiesto en el que dijo entre otras cosas: "Yo fui el primero que proclamé en México la República el 2 de

diciembre de 1822, anunciando como el apóstol al Areópago una divinidad desconocida [...]. Juárez es un buen patriota y Ortega un buen hijo de México [...]. Por mis precedentes, por mi posición en el partido conservador, y aun por mi larga ausencia del país, creo que soy el llamado a reconciliar los ánimos dando el ejemplo de la sumisión al gobierno Constitucional [...]. Busco para mi tumba un laurel nuevo que la cubra con apacible sombra". Y una tercera vez, el 15 de febrero del 67 Maximiliano le escribió al padre Fischer, sugiriéndole aceptar el ofrecimiento que hacía poco le había hecho Antonio López de Santa Anna. "Tendrá usted la bondad de contestar a Santa Anna con la próxima posta la carta que este señor nos envió amablemente; pero llevándolo a la larga por ahora, sin quitarle las esperanzas, y cuidará mucho la carta de Santa Anna, no devolviéndola a nadie bajo ningún pretexto, colocándola entre los papeles secretos en la caja de hierro y sacando de ella una copia legalizada para Europa". Y una cuarta, el 3 de junio de 1867, cuando ya Maximiliano había sido hecho prisionero en Querétaro y Márquez resistía en la Ciudad de México llegó Santa Anna a Veracruz en el vapor Virginia, con cuatro extraños asesores, "oficiales prusianos". Taboada lo recibe en Veracruz. El dictador jubilado decía que lo apoyaba el gobierno de Estados Unidos para establecer una república y ofreciendo venir "a libertar a los valientes sitiados de México, para lo cual contaba con la expedición organizada por él en los Estados Unidos y que, embarcada en otro buque, aun no llegaba a Veracruz". Santa Anna se establece en San Juan de Ulúa. Entre el 4 y el 7 de junio se negocia, los imperiales dicen que están de acuerdo en proclamar la república con él como jefe. Los cónsules de Estados Unidos e Inglaterra ordenaron a los comandantes del Jason y del Tacony que detuvieran al ex dictador y al día siguiente lo devolvieron al Virginia para que lo llevara de nuevo a Estados Unidos. Pero el capitán del barco que estaba sus órdenes lo llevó al puerto de Sisal en Yucatán donde Santa Anna se ofreció a mediar entre republicanos e imperiales. El general republicano Cepeda Peraza lo detuvo y lo puso en la cárcel a disposición del gobierno juarista, que lo desterró por enésima vez. Por lo menos se ha de reconocer su necedad.

124

JOSÉ MARÍA CHÁVEZ

Chávez era viejo, como se podía ser viejo a los 52 años en un país en que se moría mucho. Nacido en 1812 en la ranchería de Encarnación, Aguascalientes, sólo estudia la primaria, su familia se muda a la capital del estado durante y a causa de la Guerra de Independencia; aprende el oficio en un taller de carpintería, resulta ingenioso y va creando talleres de tintorería, estampado, cobre; en una de tantas asonadas soldados reaccionarios le destruyen su imprenta y es llevado en cuerda a la Ciudad de México. Diputado en el 55. "Hombre encorvado, sin ser viejo aún, de mirada tranquila, de andar mesurado, fanático por la industria, soñador de los progresos". Religioso pero muy liberal y siempre confrontado con los grandes terratenientes y con los conservadores. Gobernador juarista, se enfrenta en abril del 63 al coronel Valeriano Larrumbide y al jefe de bandidos Juan Chávez que lo obligan a refugiarse en el centro de la ciudad mientras le toman la plaza.

Era gobernador del pequeño estado de 87 mil habitantes cuando el ejército francés avanzó sobre Aguascalientes apoyado por caciques y comunidades conservadoras. Los invasores nombraron a Juan Chávez prefecto de la región.

José María Chávez, abandona la ciudad y crea un cuerpo de voluntarios, los lanceros de Aguascalientes, que hacen guerra de guerrillas en la frontera de Zacatecas. El 25 de marzo de 1864, un Viernes Santo, con 150 infantes y 80 de caballería (otros dirán que en total eran entre 400 y 500 hombres) toma la hacienda de Malpaso, sin un claro objetivo militar. Una parte de sus soldados se desmanda y hay saqueos. Las noticias imperiales le atribuyen la muerte de 22 personas y 12 heridos, entre ellos mujeres y niños.

Sigue hacia el norte para tratar de combinar sus fuerzas con las de González Ortega y ordena un descanso en la población de Jerez. Durante la noche el capitán Crainvilliers, enviado desde Zacatecas con un batallón de cazadores, lo toma por sorpresa y hacen tremenda matazón de la partida liberal; Chávez es herido de dos lanzazos, caen muertos un centenar de sus hombres, 62 son heridos y pierde dos cañones. De inmediato son fusilados cuatro de sus oficiales.

Bazaine, comentando el encuentro, escribe a sus mandos intermedios: "En lo futuro, será aplicada la ley marcial con todo su rigor a los jefes que manden bandas de esta especie, cualesquiera que sean los grados que hayan podido tener en el Ejército, cualquiera que sea la posición que hayan podido ocupar en la administración. Todo jefe cogido con las armas en la mano y cuya identidad pueda ser reconocida, sobre el lugar será fusilado".

José María Chávez fue juzgado por una corte marcial en Zacatecas y a pesar de las peticiones escritas por varios vecinos fue fusilado el 5 de abril junto con ocho de sus oficiales en la plaza de Malpaso. "Yo muero por haber intentado defender la independencia de mi patria", escribió. "No crean que he hecho algún mal. Si ese es el caso, por favor, Dios, perdóname, estoy en tus manos". Dejaba viuda y 13 hijos.

El comandante escribió: "Es necesario confesar que estas gentes mueren bien (los sentenciados a muerte mexicanos) cuando ven que les es imposible escapar a su suerte [...]. Es sorprendente ver las contradicciones que existen en el carácter y espíritu de estas gentes. Desprovistos hasta la cobardía de vigor para batirse, pues los mexicanos pueden disparar tiros de fusil a mil metros de distancia durante un día sin que resulte un solo hombre herido y reclamando la victoria de ambos lados, tienen un estoicismo soberbio en presencia de una muerte que saben no poder evitar".

Ese mismo día el comandante francés J. Martín justificó la acción: "La corte marcial, en el día de ayer, ha sentenciado a muerte a José María Chávez, no por haber estado de gobernador disidente del estado de Aguascalientes, ni tampoco por haber tomado las armas contra la Intervención francesa, sino porque el Viernes Santo asaltó traidoramente y con felonía la hacienda Malpaso y sus pacíficos labradores que antes ya había despojado injustamente de los recursos con que se mantenían y, después que la fuerza a sus órdenes hubo asesinado a mujeres y niños, mandó el mismo Chávez que cargase de nuevo contra la hacienda".

NOTA

1)   Francisco Sosa: *Las estatuas de la Reforma*. Ezequiel A. Chávez: "Don José Ma. Chávez" en *Liberales ilustres mexicanos de la Reforma y la Intervención*. Antonio García Pérez: *Estudio político militar de la Campaña de Méjico, 1861-1867*. Comandante militar de Zacatecas. J. Martín, parte, Zacatecas, abril 5 de 1864. Mark Moreno: *World at War: Mexican Identities, Insurgents, and The French Occupation, 1862-1867*. François-Achille Bazaine: *La intervención francesa en México según el archivo del Mariscal Bazaine* (en particular Bazaine a Napoleón III, México, 1° de abril de 1864 y Bazaine a los Comandantes Superiores, México, 10 de abril de 1864). Pierre Henri Loizillon: *Lettres sur l'expédition du Mexique*.

125

MATEHUALA, OTRA DERROTA

"Nuestra situación será mala, malísima, pero su solución está dentro de lo posible, lo que quiere la Intervención es imposible", decía un anónimo personaje citado por Guillermo Prieto. El mismo Prieto que el 24 de abril de 1864 escribía: "Nuestro deber principal es luchar, no vencer". ¿Había esa voluntad de resistencia nacional o eran tan sólo varios miles de empecinados las que la sostenían? Lo que sucedió en la Ciudad de México una decena de días más tarde parecía darle la razón. El 5 de mayo la calle que llevaba el nombre de Zaragoza al rayar el alba estaba llena de flores y guirnaldas. Aparecieron pintadas en las paredes, vivas a la independencia; mujeres de luto y con banda tricolor recorrían la ciudad. Amaneció la tumba de Ignacio cubierta de siemprevivas. En un campo cercano se celebró un baile hasta bien entrada la noche. A los franceses no les quedó otra que disimular.

¿Pero en quién puede la república depositar sus confianzas? ¿En los cuatro maltrechos ejércitos de Doblado, de López Uraga, de Negrete o de González Ortega? ¿En la tenacidad? ¿En las partidas guerrilleras que pululan por todos lados sin capacidad para enfrentar seriamente al ejército francés? Guerrillas formadas por fragmentos de unidades militares que cuentan con un oficial o dos o tres fogueados en estos años de eterna guerra y que como dice Bazaine enfrentan la "ley marcial a todo vigor".

Émile de Kératry con la mirada del combatiente francés registra respecto a Juárez: "En su retirada, él llevaba consigo el poder republicano pero no lo dejaba caer de sus manos. Estaba encorvado, pero no abdicaba". Juárez y el pequeño grupo de ministros y colaboradores que lo acompañaban trataban de mantener el resquebrajado edificio de la resistencia. En el México más próximo a nuestros días, la palabra desmadre, ha venido a definir el caos que reinaba, la descoordinación, el eterno conflicto con el caudillismo regional y los luchadores locales. Y Juárez buscaba dinero, manejaba la diplomacia, cambiaba a funcionarios y jefes de armas, sustituía desertores o muertos, nombraba tenientes coroneles, jefes de cantón, gobernadores de estados que ya no formaban parte de la república; unos desaparecían en la vorágine, otros los suplían, ¿de dónde salen los cuadros de relevo? Una nutrida correspondencia llegaba a sus manos, en muchos casos dirigida de la siguiente manera: "Señor don Benito Juárez. Donde se halle".

Toda línea cronológica es engañosa, las fechas de la correspondencia no indica más que cuando se escribieron, no cuando fueron leídas; lo que sucede en ciertas fechas, será conocido por parte de los actores de la historia con semanas y a veces meses de diferencia, a la espera de que el paquebote (conocido como el famoso "paquete inglés") llegue o que el azaroso portador del correo sea o no capturado y fusilado. Un telegrama tenía que ir de París a Londres, de ahí a Nueva York, de ahí a Nueva Orleans y en barco a Veracruz. Y si eso sucede en el bando imperial, la correspondencia de Juárez y para Juárez recorre caminos insospechados, muchas veces saliendo del país y pasando por ciudades norteamericanas. Las noticias de Oaxaca pueden tardar tres meses, con suerte, en llegar a sus manos. Sus mensajes a Michoacán pueden tomar dos meses, o no llegar.

José María Iglesias narra: "Juárez, el señor Lerdo y yo, hicimos vida de familia durante cerca de cuatro años, comiendo siempre a la misma mesa, durmiendo siempre bajo el mismo techo. Diariamente nos reuníamos los tres [...] para tratar en común de los negocios públicos [...]. Relaciones tan estrechas nos suministraron oportunidades de sobra para conocernos íntimamente. Aunque don Benito Juárez tenía notoria capacidad y no carecía de instrucción, ni su erudición, ni su inteligencia eran de primer orden. Su gran mérito, mérito verdaderamente excepcional, estribaba en las excelsas prendas de su carácter. La firmeza de sus principios era inquebrantable; por sostenerlos estaba siempre pronto a todo linaje de esfuerzos y sacrificios. La adversidad era impotente para domeñarle; la próspera fortuna no le hacía olvidar sus propósitos. Tan extraordinario era su valor pasivo, que para los observadores superficiales se confundía con la impasibilidad. Honrado a carta cabal, despreció cuantas ocasiones se le presentaron de enriquecerse en su larga dominación [...]. Prominentes cualidades concurrían en don Sebastián Lerdo: inteligencia privilegiada, elocuencia avasalladora, firme entereza para la ejecución de sus determinaciones, finos modales, habilidad para ganar amigos. Pero, vista la medalla por el reverso, esos grandes méritos contrastaban con graves defectos: pretensiones a la infalibilidad, carácter dominante, desprecio a las opiniones ajenas, teológica inclinación a las sutilezas, afición exagerada a las minuciosidades".

Y los franceses seguían avanzando: El 28 de abril el Coronel Du Preuil, del 12° de Cazadores, destruyó, en la Cañada de los Negros (unos 40 kilómetros al sur de León) "a una fuerte banda juarista que se rehacía en las espesuras de las montañas de Piedra Gorda", con la pérdida tan sólo de cinco cazadores heridos.

El general francés preveía que "las operaciones militares en el norte de San Luis, pueden llegar a ser muy importantes de un día a otro, con motivo de la reorganización de las fuerzas juaristas en Nuevo León con los recursos dejados por Vidaurri y los que se han sacado del norte y de la Alta California, a pesar del bloqueo del Pacífico, que no es bastante efectivo. Se habla también, desde hace algunos días, de una marcha ofensiva de 4 mil hombres sobre Matehuala y el mineral de Catorce, para arrojar de allí al general Mejía, aunque está apoyado por una columna francesa". Y posponía las operaciones sobre Monterrey, "lo que podré intentar luego que la llegada del soberano me haya devuelto mi libertad de acción". Resumía en su comunicado a Napoleón III: "la situación militar es muy buena".

Quizá uno de los factores que más lo alegraban era la posibilidad de haber neutralizado al Ejército del Centro que dirigía López Uraga al que había arrinconado (en "su agujero de Colima, a donde no iré a buscarlo en la estación actual; dejaré obrar las enfermedades, que lo diezmarán dentro de poco") y que seguía llamando a la rendición. El 10 de mayo Bazaine reportaba: "La carta adjunta del general Uraga puede hacer suponer que hay en él una especie de vacilación. Quizá quiera jugar un doble juego y poner a salvo su situación contemporizando con dos partidos". A fines de mayo López Uraga le escribía a Artega: "Los soldados ya no nos sufren, las pasturas como las existencias se agotan. Es una continua queja la que tengo". Y cinco día después el vacilante general republicano recibía una carta de "cinco notables de Guadalajara" en que le decían: "Usted no puede llevar a la muerte esos soldados, ni prolongar los sufrimientos de las poblaciones, teniendo, como debe tener, la evidencia de la absoluta inutilidad de tales sacrificios [...]. La Intervención francesa ha salido garante de que se conservarán las conquistas de la revolución. El nuevo emperador ha jurado sostener la Independencia, y ha ofrecido dotar a la nación de instituciones sabiamente liberales [...]. La conclusión [...] es que deponga toda actitud hostil por parte del ejército de su digno mando, y que cese la resistencia en Jalisco".

A lo largo de mayo dos batallas considerarán el dominio francés. Douay empezó a operar contra una concentración republicana que, mandada por Jesús Mejía, había fortificado Nochistlán, 120 kilómetros al norte de Guadalajara y al oeste de Zacatecas y Aguascalientes, y envió una columna al mando del coronel Potier con dos compañías del 18° batallón de cazadores de a pie, cuatro compañías del 81° de línea, un escuadrón de caballería, dos piezas de montaña y algunos dragones mexicanos. Salieron para apoyarla pequeñas columnas de Lagos, Aguascalientes, Jerez y Malpaso.

El 13 mayo los franceses recibieron información de que Jesús Mejía contaba con 400 hombres y cuatro piezas de artillería, cercaron el pueblo con la caballería y a las cinco y media con la llegada de la infantería y la artillería comenzó el ataque. Las informaciones republicanas son absolutamente diferentes. Mejía había dado descanso a buena parte de sus tropas y sólo había 75 defensores que fueron tomados por sorpresa cuando los franceses en tres columnas se lanzaron sobre las trincheras que formaban un reducto en el centro de la población. En las crónicas locales se registran actos de valor durante la hora que duró el combate como el de Leocadio González "que resiste en la torre de la parroquia por casi media hora a los franceses" o el de "Santos Oropeza, que pie a tierra, contuvo el avance de la caballería enemiga para que pudiera salvarse en su retirada hombres de la caballería republicana pagando con su vida este acto de arrojo". Jesús Mejía murió en la iglesia donde se había replegado.

En el parte del capitán Charles Warnet se registran sólo "un soldado muerto y 24 heridos, entre estos, dos oficiales"; y en cambio habla de que "el comandante de la plaza, Jesús Mejía y casi todos sus oficiales han sido muertos, lo mismo que 230 de sus soldados, defendiéndose hasta el último instante" y registra que hicieron 200 prisioneros, recogiendo 200 fusiles de infantería, más de 30 mil cartuchos y multitud de caballos. Pero algo suena a falso: habiendo muerto o quedando prisioneros 430 mexicanos, ¿sólo recuperaron 200 fusiles? La realidad es que tras saquear la población los franceses fusilaron a 104 vecinos.

Un día después, el 14 de mayo, la columna del otro Mejía, Tomás, el general imperialista aliado con el ejército invasor, se aproximaba y tomaba Matehuala (San Luis Potosí), que había sido sede del gobierno tres meses antes, seguida de cerca por el coronel Aymard que contaba con ocho compañías del 62 de línea, tres secciones de artillería y un escuadrón del 1° de cazadores de África.

El 17 Manuel Doblado secundado por Antillón y Antonio Carvajal, que había salido de Saltillo, se situaba en la llanura frente de la villa con su división que penosamente había logrado reorganizar y cuya fuerza real es imposible estimar porque las diferentes crónicas dan cifras que van de los 2 mil a los 6 mil hombres y 18 cañones. Sin saber que la columna francesa de Aymard había ya entrado en la ciudad, Doblado pensaba que sólo enfrentaría a la división de Mejía, que se formó en las afueras de la población tras una cerca de piedra.

Tomás Mejía cuenta: "A las diez de la mañana aproximó el enemigo su fuerza por el oriente de la plaza, al propio tiempo que hacían su entrada en ella las tropas francesas, puestas en marcha a las dos de la mañana desde la hacienda de La Presa. Por mi parte, organicé mis cuerpos en orden de batalla, dando el frente al camino del valle de Purísima, ocupado por el enemigo".

El combate dio principio con un vivo fuego de cañón, bastante más eficaz el republicano que el imperial. De nuevo Mejía: "Algunos minutos después el coronel Aymard corría personalmente toda mi línea para avisarme que dispuesta ya en columna se disponía a conducirla sin demora sobre el flanco izquierdo de Doblado". Dirigida por el jefe de batallón Billot la columna avanzó chocando con las tropas de Carvajal, "que aun cuando este intentó contener mediante una vigorosa carga y el fuego concentrado de cuatro baterías, sus intentos resultaron frustrados; la caballería liberal huyó precipitadamente, y las piezas cayeron en poder de la columna de ataque. Con estas mismas piezas los franceses ametrallaron a los fugitivos, con lo cual se aumentó la confusión y se hizo más desordenada la retirada".

Aymard y Mejía reunieron su caballería y la lanzaron sobre los republicanos que habían roto el frente y prolongaron la persecución hasta el rancho de San Antonio. "Doblado no debió su salvación sino al vigor de su caballo".

Las pérdidas de los imperiales fueron 35 muertos y 181 heridos, entre estos, dos oficiales franceses. Los republicanos dejaron en el campo ocho oficiales y 24 soldados muertos (cifras muy inferiores a las de su enemigo), pero había 39 oficiales y 1 200 soldados prisioneros, una bandera, sus 18 piezas de artillería, todos sus trenes, más de 200 mil cartuchos y 800 fusiles (de nuevo la inconsistencia entre el número de bajas y el número de fusiles capturados hace dudar en la cifra que proporcionan los partes de Mejía y las cartas de Bazaine).

Para Bazaine esta victoria era mucho más importante que cualquier otra. Doblado era un personaje en las filas republicanas y el general francés había estado siguiendo de cerca las dudas y ofertas de colaboradores cercanos a él. "Se cuenta que Doblado había dicho a sus amigos que no tenía más remedio que hacerse derrotar para retirarse honrosamente de los negocios, a los ojos de su partido [...]. Este maula nos ha hecho correr de tal manera detrás de él y los suyos, que estoy encantado de la lección que acaba de recibir y de la jugada que le he hecho [...] en fin, que Mejía estaba bastante fuerte para resistir cualquier ataque de los juaristas" y pensaba que "el combate de Matehuala [...] en el cual el general Doblado perdió todas sus fuerzas y la artillería organizada con gran trabajo en el norte, tendrá un efecto inmediato sobre el gobierno de Monterrey, que, perdiendo todo crédito, aún en América, a consecuencia de sus continuas derrotas, va a verse obligado, dentro de poco, a pasar a la ribera izquierda del Río Bravo".

La derrota tuvo proporciones de desastre, Benito Juárez le escribiría a Matías Romero: "Perdimos en Matehuala la única fuerza que teníamos disponible".

NOTAS

1) Conde E. de Kératry: *Elevación y Caída del emperador Maximiliano. Intervención francesa en México, 1861-1867*. Emile Ollivier: *La intervención francesa y el imperio de Maximiliano en México*. José María Iglesias: *Revistas históricas sobre la intervención francesa en México*. Guillermo Prieto: "El partido intervencionista juzgado por Bazaine". François-Achille Bazaine: *La intervención francesa en México según el archivo del Mariscal Bazaine*. José Ramón Malo: *Diario de sucesos notables, 1854-1864*. Los partes de Mejía, Aymard y otros materiales sobre la batalla de Matehuala se presentan en el tomo IX de Benito Juárez: *Documentos, discursos y correspondencia*. Niceto de Zamacois: *Historia de México*. Gustave Niox: *Expedition du Mexique, 1861-1867; récit politique et militaire*. Hilarión Díaz: *Juárez glorificado y la intervención y el imperio ante la verdad histórica*. José María Vigil: *La Reforma*. Parte de Tomás Mejía en Manuel Doblado: *Testimonios de un patriota*. Antonio García Pérez: *Estudio político militar de la Campaña de Méjico, 1861-1867*. Miguel Galindo y Galindo: *La gran década nacional o Relación histórica de la Guerra de Reforma, intervención extranjera y gobiernos del archiduche Maximiliano, 1857-1867*. Capitán Ch. Warnet: "Parte de varias acciones que culminan con el combate de Matehuala". Manuel González: "Nochistlán de Mejía, Ciudad Heroica". *El Sol de Zacatecas*, 12 de mayo de 2015.

2) Tras la batalla de Matehuala, Bazaine pidió para el coronel Aymard el ascenso a general de brigada. Maximiliano condecorará como comendador de la Orden de Guadalupe a Tomás Mejía; la prensa conservadora lo celebrará y le creará el anagrama: "Jamás Temió".

126

EL LARGO VIAJE DE MAXIMILIANO Y CARLOTA

El 11 de abril, adelantándose a la comitiva imperial, salieron Gutiérrez de Estrada y Aguilar y Marocho para Roma, encargados de informar al papa que la pareja imperial pasaría a verlo en camino a México y que se devolverían los bienes incautados por la Reforma a la Iglesia. Si era su misión, Max estaba estrenándose en el cinismo imperialista porque el convenio de Miramar decía lo opuesto. El hecho es que, según las crónicas, los obispos exilados recibieron la noticia con júbilo.

Tres días más tarde sale para Civitavecchia la comitiva imperial a bordo de la *Seiner Majestät Schiff Novara*, construida en Venecia y rebautizada por los austriacos, era una fragata de vela con 42 cañones, tres mástiles y seis cubiertas perteneciente a la marina de guerra austro-húngara que había dado la vuelta al mundo de 1857 al 59.

Cinco días les toma arribar a Maximiliano y Carlota a Roma, en donde los hospedó Gutiérrez de Estrada en su Palacio de Marescotti. Rápidamente aparece el secretario y hombre de confianza del papa Pío IX, el cardenal Antonelli. Entre el 18 de abril y el 19 se suceden los actos protocolarios, banquetes, sonrisas. El papa les da la comunión en una misa en la Capilla Sixtina, desayuno en la Biblioteca Vaticana, y la conversación siempre gira en torno a la devolución de los bienes del clero expropiados. Según Zamacois: "Maximiliano manifestó al Papa, como había manifestado anteriormente al arzobispo don Pelagio Antonio de Labastida, así como a los demás prelados mexicanos [...] su resolución de reparar los daños hechos a la Iglesia y dar al clero toda la respetabilidad que le era debida".

Para dar una idea de la importancia que el papa daba a la recuperación de los bienes terrenales del clero mexicano, a las 12 del último día, acompañado por Antonelli, Pío IX montó en su carroza dorada, tirada por seis caballos frisones negros, fue a visitar a Maximiliano y Carlota al Palacio de Marescotti, donde al pie de la escalera, lo esperaban de rodillas el emperador y la emperatriz.

El 21 de abril salieron hacia México. Guillermo Prieto escribe desde la distancia: "A bordo de la *Novara* / viene una colonia entera / capellanes, consejeros / bufones, recamareras, músicos y papagayos / dos pintores y un poeta / ayudantes y lacayos / todos de rica librea". Fuera del papagayo, que se debe probablemente a la fértil imaginación de Guillermo Prieto, la sátira no es excesiva. Valadés habla de un séquito de cien personas.

Entre ellos habría que destacar a un oscuro ingeniero de minas belga y protestante llamado Félix Eloin, que había sido colocado a la diestra de Maximiliano por el rey Leopoldo I, su suegro, como el mejor consejero. Emmanuel Masseras lo desprecia: "su manera de cantar cancioncillas y algún talento de sociedad le valieron ser bien visto como un gran señor" e Irineo Paz lo descalifica rudamente: "Eloin era un personaje repugnante para todos, menos para el archiduque, al cual tenía sugestionado, sobre todo cuando estaba cerca: esto es, Maximiliano tampoco lo amaba, pero lo oía con gusto porque era un adulador insinuante que conocía las flaquezas del príncipe y las halagaba con habilidad".

A bordo de la *Novara* el 22 de abril Maximiliano escribe otra sorprendente carta a Benito Juárez, en la que se califica como "elegido del pueblo" y lo invita a aceptar el imperio. Jorge Luis Borges en el prólogo a la obra de Franz Werfel registra esta extraña deferencia: "Maximiliano siente un afecto inexplicable por

Juárez". Pero Carlota le escribirá a Max más tarde: "Los principios opuestos no se avienen y Juárez y compañía serán siempre más demócratas que tú y además nacieron aquí". ¿Cómo llega la carta al gobierno republicano?

Un mes más tarde desde Monterrey en su calidad de "hombre cortés y político" y "sin una redacción meditada", Juárez responde: "Me dice usted que, abandonando la sucesión a un trono de Europa, abandonando su familia, sus amigos, sus bienes y lo más caro para el hombre, su patria, se han venido usted y su esposa doña Carlota a tierras lejanas y desconocidas sólo por corresponder al llamamiento espontáneo que le hace un pueblo, que cifra en usted la felicidad de su porvenir. Admiro positivamente por una parte toda su generosidad, y por otra parte ha sido verdaderamente grande mi sorpresa al encontrar en su carta la frase: *llamamiento espontáneo*, porque yo ya había visto antes, que cuando los traidores de mi patria se presentaron en comisión por sí mismos en Miramar, ofreciendo a usted la corona de México, con varias cartas de nueve o diez poblaciones de la nación, usted no vio en todo eso más que una farsa ridícula, indigna de ser considerada seriamente por un hombre honrado y decente".

Después de desechar la invitación (Max le propuso una escolta a cargo de Leonardo Márquez y con garantías de los franceses, lo que a Juárez no le provoca ni una sonrisa, aunque sí el ceño fruncido) el presidente republicano remata: "La Historia contemporánea registra el nombre de grandes traidores que han violado sus juramentos y sus promesas; que han faltado a su propio partido, a sus antecedentes y a todo lo que hay de sagrado para el hombre honrado; que en estas traiciones, el traidor ha sido guiado por una torpe ambición de mando y un vil deseo de satisfacer sus propias pasiones y aun sus mismos vicios; pero el encargado actualmente de la Presidencia de la República, salido de las masas obscuras del pueblo, sucumbirá (si en los juicios de la Providencia está determinado que sucumba), cumpliendo con su juramento, correspondiendo a las esperanzas de la nación que preside, y satisfaciendo las inspiraciones de su conciencia [...]. Hay una cosa que está fuera del alcance de la perversidad, y es el fallo tremendo de la Historia. Ella nos juzgará". Y no puede evitar despedirse con la cortés fórmula, al fin y al cabo la educación ante todo: "Soy de usted seguro servidor. Benito Juárez".

Mientras tanto, en la Ciudad de México se prepara la transición, desaparece la Regencia y Almonte asume su cargo extraoficial de representante del nuevo emperador. Bazaine prepara la recepción: "Mil rumores venidos de Europa y de América sobre el retardo de la aceptación oficial del Archiduque Maximiliano, y naturalmente todos los partidos los explotan en su favor. Hago todo lo que me es posible para destruirlos y reanimar la confianza".

El 28 de mayo llegarán Maximiliano y Carlota con su comitiva a Veracruz a bordo de la *Novara* y escoltados por el buque francés *Themis*. Suenan 101 cañonazos en el fuerte de San Juan de Ulúa. La delegación que salió del Distrito Federal no llega a tiempo para recibirlos. Tarde aparece Almonte. A las seis de la mañana bajan a tierra. Según el protocolo dictado por Max, todas las autoridades vestían frac negro, con el calor terrible que hacía. Más tarde Maximiliano calificaría la llegada en una carta al barón Du Pont: "Hace dos años, nos recibió Veracruz con una frialdad glacial, como debía esperarse de una ciudad inteligente". Se dice que Carlota llora ante el poco calor de la recepción del liberal pueblo jarocho. Ni siquiera abundaban los mirones, cosa rara en tierras veracruzanas. Una de sus damas de compañía, la condesa Paula Kolonitz, que terminaría casada con Eloin, registra que Veracruz es uno de los lugares "más maléficos y malsanos del mundo".

Al día siguiente, por la mañana temprano, la pareja imperial atravesó en coche con recato la ciudad silenciosa y altiva, que no quería hacerle zalemas a los impostores. Llegaron a la estación del ferrocarril sin recepción oficial y en medio de la apatía militante de la gente. En Tejería, subieron en varias diligencias y camino a Córdoba maldijeron las ruindades de la tierra mexicana, porque les cayó encima una recia tormenta tropical, y para postres se les rompió una rueda. Maximiliano se ve obligado a montar en otra que trae al costado el lema "Diligencia de la República"; no le falta sentido del humor al austriaco, que se ríe.

Valadés comenta: "Para la emperatriz [...] todo fue de sorpresa en sorpresa, que luego idealizó tratando de ocultar un gusto falso: "El pueblo es sumamente inteligente [...]. Casi todos los indios saben leer y escribir". Maximiliano había dicho antes de desembarcar: "Quiero que en adelante no haya distinción entre los indios y los que no lo son". Han perdido el sentido común: ¿no sabían que muchos de los que los habían llevado al poder eran una colección de impenitentes racistas?

Al paso por Orizaba, jugándose la vida, anónimos mexicanos repartieron en la noche pedacitos de papel, en los que estaba escrito: "Viva la República. Viva la Independencia. Muera el Emperador y los viles borregos". El 4 de junio se detienen en Acultzingo, almuerzan mole de guajolote, tortillas con chile y pulque, lo que provocó las bromas de Guillermo Prieto desde el periódico satírico que publicaba en San Luis Potosí: "Dicen que eres mexicano, porque comes enchiladas".

Con una monumental escolta de dos escuadrones de caballería comandados por el general Neigre, la comitiva va avanzando hasta el día 11 de junio donde, cerca de las dos, llegó el emperador a Guadalupe, a seis kilómetros de México. Una gran manifestación con 200 carruajes de la aristocracia recién renacida con cocheros de librea, "los jóvenes de la oligarquía a caballo por los llanos de Aragón", los recibe y los acompaña hasta entrar en la Ciudad de México.

El 12 de junio se produce la entrada solemne de Maximiliano y Carlota en la capital. Recorrerán las calles en carruaje descubierto. Los balcones de las calles de Plateros, Vergara y San Andrés fueron alquilados a precios fabulosos, llegando a valer, por sólo ese instante, desde cien hasta 500 pesos cada uno.

"Qué pueblo tan dócil, tan galante y tan agradecido", dicen que dijo Maximiliano en el balcón de Palacio. Ahí estaban los curas, encabezados por el arzobispo Labastida, los traidores Tomás Mejía, Leonardo Márquez, Almonte, Robles Pezuela, Salas, los franceses con Forey y Bazaine. La crónica de aquel adolescente de 12 años que era Juan de Dios Peza cubren páginas y páginas: arcos gigantescos, indígenas de las cercanías impulsados por sus curas que les habían prometido no ir al infierno, niñas que leían versos. Contrastaba con la fría recepción de Veracruz.

Irineo Paz narra: "A las nueve y media la Emperatriz dio la señal de que empezaran los fuegos artificiales, despidiendo desde el balcón principal de Palacio un cohete corredizo hasta el centro de uno de los aparatos pirotécnicos, lo cual tuvo mucha gracia [...]. Como la pólvora se mojó con la tormenta, el Castillo de Miramar, el *Novara* y todo lo demás que iba a representarse en los fuegos quedó muy deslucido, por lo que el público dio una buena silbada al cohetero, pero lanzó ¡vivas! a los monarcas".

Prieto comentará: "Sólo faltan las pesetas". ¿Sólo falta contarlas? Los gastos de viaje alcanzan 104 902.32 pesos. Los muebles y objetos comprados en el Palmar y Orizaba, otros 15 210.50. La recepción de Veracruz a México, otros 115 348.41, y los festejos en el Distrito Federal, 142 378 pesos.

La nación ha pagado 377 839.23 pesos, más de millón y medio de francos.

"La ciudad de los palacios se adormecía al contacto imperial", dirá Altamirano. Maximiliano tiene 32 años. Carlota ha cumplido 24 años en Puebla el 7 de junio.

NOTAS

1)   Agustín Rivera: *Anales mexicanos. La Reforma y el Segundo Imperio*. Niceto de Zamacois: *Historia de México*. Francisco de Paula Arrangoiz: *México desde 1808 hasta 1867*. José C. Valadés: *Maximiliano y Carlota en México: historia del segundo imperio*. Emmanuel Masseras: *Ensayo de una Intervención Francesa en México*. Ireneo Paz: *Maximiliano*. Jorge Luis Borges: prólogo a Franz Werfel: *Juárez y Maximiliano: historia dramática en tres actos y trece cuadros*. Patricia Galeana: prólogo a Konrad Ratz: *Correspondencia inédita entre Maximiliano y Carlota*. François-Achille Bazaine: *La intervención francesa en México según el archivo del Mariscal Bazaine*. Daniel Moreno: *Los hombres de la Reforma*. Anselmo de la Portilla: *De Miramar a México*. Orlando Ortiz: *Diré adiós a los señores: vida cotidiana en la época de Maximiliano y Carlota*. Bertita Harding: *Phantom crown: The Story of Maximilian and Carlota of Mexico*. Mia Kerckvoorde: *Charlotte, la passion et la fatalité*. José María Vigil: *La Reforma*. Paula Kolonitz: *Un viaje a México en 1864*. Mario Aldama: *Jalisco y la intervención francesa*. Guillermo Prieto: "Primer romance al austriaco" y *Lecciones de historia patria*. Altamirano: discurso del 16 de septiembre de

1867. Juan de Dios Peza: *Epopeyas de mi patria: Benito Juárez*. Manuel Payno: *Cuentas, gastos, acreedores y otros asuntos del tiempo de la intervención francesa y del imperio de 1861 a 1867*. Guillermo Prieto: *El Cura de Tamajón*, en *Obras completas*, tomo XXII.

2) Sólo un país donde abundan en incómoda minoría lectores malinchistas mandilones puede explicar el que en los últimos años se hayan editado y reeditado casi un centenar de libros sobre María Carlota Amalia Augusta Victoria Clementina Leopoldina de Sajonia Coburgo y Orléans Borbón Dos Sicilias y de Habsburgo Lorena, traducciones y producciones nacionales, y que no haya una sola buena biografía de Leandro Valle o González Ortega. Entre los mencionados en este libro: Egon Caesar Conte Corti: *Maximiliano y Carlota*. Miguel de Grecia. *La emperatriz del adiós*. José Iturriaga: *Escritos mexicanos de Carlota de Bélgica*. Armando Praviel: *La vida trágica de la emperatriz Carlota*. Joan Haslip: *The Crown of Mexico: Maximilian and His Empress Carlota*. F. Ibarra de Anda: *Carlota, la emperatriz que gobernó*. Konrad Ratz: *Correspondencia inédita entre Maximiliano y Carlota*. Martha Robles: *Carlota, el fulgor de los cetros*. Norbert Frýd: *La emperatriz Carlota de México*. Héléne de Reinach Foussemagne: *Carlota de Bélgica, emperatriz de México*, prólogo de Pierre de la Gorce. Susanne Igler: *Carlota de México*. M. M. McAllen: *Maximilian and Carlota: Europe's Last Empire in Mexico*. Dominique Paoli: *L'impératrice Charlotte: le soleil noir de la mélancolie*. Resulta sorprendente la excelente aproximación literaria, pero cautiva del síndrome de Estocolmo, de Fernando del Paso en *Noticias del imperio*, donde su eje narrativo es la trágica locura de la emperatriz y su mejor descripción de un combate es la participación de la Legión Extranjera en la batalla de Camarón.

3) Legitimar la aventura imperial de Max a partir de sus bondades personales, su liberalismo, su inocencia, su bobería o el hecho de que "lo embaucaron" no sólo es demencial sino que es políticamente muy peligroso, al perderse el panorama. Dos observaciones que hago mías: Vicente Quirarte: "Maximiliano es un personaje de siquiatría, digno del estudio de un alienista". Émile de Kératry: "Siendo príncipe por derecho divino, había pretendido gobernar con el sufragio popular".

127

RAMÍREZ Y LOS FRANCESES

Al salir de la Ciudad de México Ignacio Ramírez, El Nigromante, partió rumbo a Sinaloa, donde vivía un hermano suyo; huyendo de allí vestido de jornalero llegó a Ures en Sonora, donde publicó el periódico *La Insurrección*, regresando más tarde a Mazatlán. El puerto sinaloense era una pieza clave en el diseño de Bazaine para controlar el litoral mexicano del océano Pacífico y entre el 28 y el 31 de mayo del 64 la fragata francesa *La Cordeliére* bombardeó Mazatlán, en un ataque que duraría seis horas. Los republicanos, entre los que se encontraba Ramírez, en un combate a cañonazos, sostenido con una sola pieza de artillería colocada en la playa, dañaron tanto al barco francés que bajó su gallardete de guerra y se retiró.

Tres semanas antes, víctima del ardor patrio y harto de que hubieran sumido al país en la desdicha y a él personalmente lo persiguieran, Ignacio Ramírez en un discurso en la plaza del pueblo, conmemorando el 5 de mayo, se soltó la más sorprendente diatriba contra Francia y sus ciudadanos.

Tenía 47 años entonces y abría fuego de la siguiente manera: "Henos aquí franceses y mexicanos ante el tribunal de las naciones [...]. ¿Quiénes son nuestros enemigos? ¿Quiénes nosotros?". Y a partir de ahí atribuía las perversiones de Napoleón III y de los franceses a la tierra que los había visto nacer y que era descrita como: "Esta abundancia de terrenos planos, felizmente regados por la naturaleza, obliga al francés a vivir en las grandes ciudades y le hace imposible la vida de los campos". Una vez establecido el pecado original, aprovechaba para mencionar, de pasada, que los franceses no tenían idea de lo que era el vino, porque "el francés en tiempo de los romanos no sabía cultivar la viña".

No calmado por ese insulto terrible, lo hacía extenso a su pericia minera porque como "tienen sus minas abandonadas [...] vienen a *civilizarnos* y a explotar las nuestras".

Francia, descrita en su apasionada diatriba como: "País de parias, ilotas, vasallos y proletarios [...] necesita de un sistema teocrático en lo moral y aristocrático en lo político para contenerlos [...] esto produce en lo religioso la superstición y en lo político el envilecimiento. Influencias detestables del clima".

Y el clero, bueno, de ese mejor no hablar, porque "ahora mismo que los franceses vienen a *civilizarnos*, el obispo de Grenoble vende, a cinco francos la botella, un agua que la virgen le bendijo y acaban de exhibirse ante nuestra señora de París algunas falsas reliquias".

Y tras dejar claro que los jesuitas son franceses, que la inquisición es francesa y que el peor autoritarismo tiene un origen histórico francés, le quedaba establecido de manera diáfana que "a la civilización que nos conducen es a la edad media".

Y ya desatado, el buen Nigromante acusaba a los franceses de que se entregan "al matrimonio para convertirlo en adulterio", que imitan todo y no inventan nada, que invaden México "para tener colonias como los ingleses", y en resumen que los defensores de la monarquía son "animales degenerados, son franceses".

Afortunadamente la Comuna de París vendría a matizar años más tarde su pensamiento.

NOTA

1) François-Achille Bazaine: *La intervención francesa en México según el archivo del Mariscal Bazaine*. Ignacio Ramírez: *México en pos de la libertad* (en particular el discurso

de Mazatlán del 5 de mayo de 1864). Paco Ignacio Taibo II: *Los libres no reconocen rivales*. Emilio Arellano: *Ignacio Ramírez, El Nigromante: Memorias prohibidas*. David R. Maciel: *Ignacio Ramírez, ideólogo del liberalismo social en México*. Altamirano a Ramírez, Colima, 20 de febrero de 1864.

128

PORFIRIO EN OAXACA

El joven general Porfirio Díaz se reunió en San Luis Potosí y recibió la comisión de llevar la primera división a Oaxaca para operar en su tierra, sobre todo el sur-sureste del país; contaba con unos 2 800 hombres, los cuales incluían, además de los oaxaqueños originales, a la brigada sinaloense y a los norteños de Escobedo (como jefe de la caballería) y el coronel Naranjo.

La idea debe de haberle resultado muy apetecible a Porfirio, que no se encontraba a gusto con el derrotado ejército republicano del Centro, y no tanto a Escobedo, Naranjo y sus hombres, que eran enviados a combatir en un territorio que ignoraban totalmente. En los últimos meses del 63, desde Toluca, la división logró hacer una curva que los llevó al estado de Guerrero luchando contra las tropas del imperial coronel Valdés, pero no faltaron dificultades: malos caminos, desconocimiento del terrero y las poblaciones aliadas.

El 30 de octubre de 1863 atacan la ciudad de Taxco, urgidos de alimentos y dinero para mantener la división.

Aunque las cifras conservadoras le atribuyen al grupo 6 mil hombres, deben de haber sido muchos menos. Los defensores se replegaron en el convento. Los tiros cruzados provocaron el incendio de las casas aledañas. La prensa reaccionaria de la Ciudad de México le atribuía a Díaz una frase cuando estaba atacando la Iglesia: "Si Dios está por Taxco, que fulmine a mis soldados". Pero parece que no estaba porque los conservadores fueron derrotados dejando 271 prisioneros. En la versión de Santibáñez, la primera división no era un ejército, sino una "turba de patriotas" que se dedicaron al saqueo. Uno de los objetivos era la casa del suizo Jecker, que fue destruida totalmente.

A la busca de las tropas republicanas de los generales Jiménez y Pinzón, Porfirio se encuentra con fuerzas imperiales superiores dirigidas por Juan Vicario. El 5 de noviembre lo ataca en Iguala, pero Vicario se fortalece dentro de la plaza y Díaz, tras cuatro horas de reposo y sintiéndose en inferioridad, decide pasar de largo.

La división está sufriendo muchas deserciones y hay versiones que coinciden en señalar que Díaz ordenó fusilar a varios de sus hombres. En el camino a Oaxaca recibe el nombramiento de general de División; en Huajuapan se incorpora la brigada Santibáñez, y llega a la capital el 12 de diciembre de 1863, donde asume la gubernatura sustituyendo por mandato de Juárez al gobernador Cajiga (que mantenía un pacto informal de no agresión con los imperiales). Se encuentra dirigiendo un estado que entonces contaba con 530 mil habitantes, el 90% de ellos indígenas.

Bazaine piensa que las acciones de Porfirio tienen el objetivo de "llamar mi atención hacia el Sur y distraer nuestras operaciones en el interior". Y obviamente decide no distraerse de su ofensiva fundamental hacia el norte del país. Durante varios meses los franceses dejarán tranquilo al general Díaz, que aprovecha para ejercer presión sobre la guarnición de marinos franceses en San Juan Bautista, Tabasco, que terminan evacuando la posición.

Hacia fines de marzo del 64, Bazaine le escribe al ministro de la Guerra de Francia señalando que está pensando en organizar una "expedición que será necesario emprender sobre Oaxaca, donde Porfirio Díaz ha reunido 5 o 6 mil hombres, que trata de organizar e instruir".

Al principio de agosto del 64 se inicia la campaña francesa. Estará a cargo el general Agustín Enrique Brincourt que arranca de Huajapam el 1º de agosto y otras tres columnas van cerrando los caminos del sur incluida la brigada Vicario y las tropas del coronel Giraud, procedentes de Orizaba. Díaz confronta a los destacamentos de avanzada en Ayutla y en San Antonio Nanahuatipan donde sufre la deserción de mil hombres.

Cuando Brincourt se acerca a Oaxaca, donde Porfirio ha fortificado y tiene 2 mil hombres, Bazaine le da orden de replegarse porque teme que en caso de una derrota no pueda apoyarlo.

Díaz ha sobrevivido a su segundo año.

NOTA

1) *Memorias* de Porfirio Díaz, posiblemente escritas por Matías Romero supuestamente a partir de conversaciones con el general y anotadas por Díaz, editadas por Quevedo y Zubieta, que hay que leer con prevenciones. Ver al final de su libro como apéndice las *Rectificaciones y aclaraciones a las Memorias del general Porfirio Díaz* de Francisco Bulnes. Antonio García Pérez: *Estudio político militar de la Campaña de Méjico, 1861-1867.* Manuel Santibáñez: *Reseña histórica del cuerpo del Ejército de Oriente.* François-Achille Bazaine: *La intervención francesa en México según el archivo del Mariscal Bazaine.* Mark Moreno: *World at War: Mexican Identities, Insurgents, and The French Occupation, 1862-1867.* Rosaura Hernández Rodríguez: "Las campañas de Porfirio Díaz en el estado de Guerrero". Luis Rodrigo Álvarez: *Historia general del estado de Oaxaca.* Carlos Tello Díaz: *Porfirio Díaz, su vida y su tiempo. La guerra, 1830-1867.*

129

LA CORTE
(AL MODO DE GUILLERMO PRIETO)

Habrá corte a la francesa, con sus nobles *comme il faut*. Vaya legión de pillastres, tomaditos de la mano: Mathieu de Fossey, Bonhomme, Zermeño, Tovar, Taboada, Márquez y Miramón. Juntos en la misma foto cortesana: el sastre de lujo, el poetastro de alcurnia, el carnicero de Tacubaya y el ladrón de los fondos de la Legación inglesa. Todos condecorados con águilas sacadas del arcén roñoso de Iturbide, previa lavada con abundante jabón de lavanda de las cintillas bicolores que sostienen el bronce. Será la modista Hortensia, y las hijas de Gallardo, y las hijas de Escandón, sin duda damas de honor; disputándose para alzar la cola del vestido, encender el candelabro, sostener la cuchara y esas labores que usualmente se dejan hacer por sus sirvientas. Se irán al diablo las escuelas Velázquez y más de un sabio matemático dejará de dar lección, por no saber francés. La ñoña aristocracia mexica dejará de leer al padre Ripalda y leerán cual gente de pro los libros entretenidos del frívolo Paul de Kock. Por supuesto que tendremos una brillante legión de austriacos ya decididos a dar supremas pruebas de valor, casándose con las viejas que se quiebran las manos aplaudiendo la intervención en los desfiles, porque sólo intervenidas por un milagro de Dios hallarán las tales momias quienes les hablen de amor. Vendrán de París las modas y los libros; los pasteles de Hungría, la ilustración de Viena; peluqueros a bandadas, cocineros en montón. Se ordenará que los chicos se olviden del español y que las beatas recen en la lengua de Voltaire, pero sólo la lengua, no la lectura, porque esa seguirá siendo perniciosa. Quizá lo más importante es que las chinas aprenderán el fascinador cancán.

Almonte será ministro y Lozada desde luego, incluso el buen Miramón, al que no le pesará ser segundo de un emperador después de haber sido presidente republicano de la turbia reacción. ¿No ha sido la momia Salas triunviro de la Regente espera? Pretenderá el obispo Labastida que haya procesión diaria y disputará los días con el chambelán de palacio, que preferirá las fiestas laicas y profanas a las religiosas. Tendrá el imperio sus impresores, Cumplido y García Torres; ya tienen a Rafael de Castro como escritor de bolsillo, por eso de lo que cobra por cada lisonja; y poetas de tercera como Segura, que abusará hasta hartarlos del indigesto estilo de emborronador que siente con el estómago.

Habrá que ver tanta impudicia. Habrá que anotarla para de algunos vergüenza y de otros risa. Cuánto agradezco a las bondades del destino el que nos haya dado a los mexicanos de verdad, en estos momentos difíciles, un presidente feo, al que le quedan mal los fracs, que no luce bigote, al que la barba no le acaba de salir del todo, que no sabe montar bien a caballo y a duras penas en mula y al que el chocolate le gusta sopeado. Esta es la patria que me agrada y por la que suspiro.

NOTA

1) Paco Ignacio Taibo II: *La lejanía del tesoro*. El texto está escrito a partir de dos docenas de frases del propio Guillermo Prieto reunidas e hilvanadas arbitrariamente.

130

LA OFENSIVA FRANCESA HACIA MONTERREY

En mayo del 64 Guillermo Prieto, que no perdía oportunidad de usar el verbo para zarandear a los franceses, los imperiales y los traidores y que iba haciendo periódicos dondequiera que el gobierno errante de Juárez lo llevaba, publica en Monterrey *El Cura de Tamajón*, una revista satírica, "periódico dominguero", a la que daba nombre un cura que había combatido en España años antes durante la invasión de Napoleón el otro. Allí aparece un soneto titulado "Encargos a Maximiliano", cuyos dos últimos versos resultan premonitorios: "no traigas tu mujer… que en un momento / pudiera enternecer a tu verdugo".

Victoriano Salado Álvarez, hombre módico y respetuoso, se escandalizó ante los excesos de *El Cura de Tamajón* y dirá que era "la sarta más grande de insultos, groserías, murmuraciones, picardías, falsos testimonios y tonterías reconocidas que hayan salido en aquella época de lucha". Pero la realidad es que la prosa desparpajada y virulenta de Prieto, repleta de información y chismes a dosis compartidas, jugaba el enorme papel de construir una conciencia antiimperialista popular. Entre las joyas de *El Cura* está un poema de Guillermo dedicado a la señora Gutiérrez de Estrada y la señorita Rosario Cervantes, que se negaron a ser criadas y damas de la emperatriz diciendo "Que no conocí más reyes que los de las comedias" y la segunda que "ella mandaba en su casa y a nadie quería servir".

Pero los tiempos de Monterrey se estaban terminando.En junio, cuando terminaba la estación de las lluvias, Bazaine diseñó la campaña hacia el norte posponiendo las operaciones sobre Oaxaca y dándole un lugar secundario a la toma de Acapulco. Contaba en esos momentos con una fuerza militar nada despreciable, dos divisiones con más de 10 mil hombres cada una, una brigada de reserva, la Legión Extranjera operando en Veracruz contra la guerrilla y asegurando los caminos; 2 700 artilleros, ingenieros militares y zapadores, médicos y enfermeros y hasta seis capellanes. En total 35 073 hombres, a los que habría de sumar las brigadas de los traidores.

"Monterrey es la prioridad", dirá Bazaine. Aunque Brian Hamnett sostenga que la fórmula para cazar a Juárez fue diseñada imitando la persecución de Al-Qadir 20 años antes en Argelia, porque "la tierra y la geografía de México, eran igual de inhóspitas y el país era similar al territorio argelino" (¿?), la operación de Bazaine fue de un diseño clásico: dos columnas en paralelo, la división Mejía y la división Castagny, enlazadas por una fuerza menor a cargo del coronel Miguel López (siguiendo uno de los dos caminos transitables: el de San Luis a Saltillo, Monterrey y Matamoros) y una tercera columna dirigida por L'Heriller hacia Durango. Todo para forzar a los ejércitos liberales a confrontarlos y obligar a Juárez a pasar la frontera.

Los problemas logísticos no eran menores. Bazaine le informaba al ministro de la Guerra francés que "se necesitaría no menos de 8 mil mulas de carga, al precio medio de un peso por día. Admitiendo que la expedición no durase sino 60 días, sería un gasto de más de 2 millones [de francos, 400 mil pesos] para las bestias de carga únicamente". Y además, que las guerrillas obligaban a una dispersión permanente de las fuerzas francesas. "No se debe perder de vista, por otra parte, que de Veracruz a Acapulco, por Guadalajara y San Blas, hay una línea de cerca de 2 100 km; que de Morelia a Matehuala, nuestra ocupación se extiende sobre otra línea de 515 kilómetros; y que, en el inmenso espacio que abarcan estas líneas, nuestras columnas móviles no cesan de accionar en todas direcciones. Se puede admitir que a su acción incesante debe el Imperio mexicano su existencia actual", informaba Bazaine al ministro.

El 11 de junio el general francés escribía a Napoleón III: "En cuanto a Juárez, no creo que pueda permanecer en Monterrey después del descalabro de Doblado, y se dice que Vidaurri vuelve a emprender la campaña para arrojarlo de allí, si no se sale". Un día más tarde L'Heriller avanzando a toda velocidad, tomaba Zacatecas y proseguía hacia Durango. Y dos semanas más tarde, habiéndose abierto el camino, el general proponía al emperador francés: "dentro de poco estaremos obligados a tomar un partido respecto de Matamoros [...]. El momento me parece oportuno para dirigir una expedición sobre esta ciudad, que alimenta los recursos de Juárez y le permite comunicarse fácilmente con los americanos del norte", a lo que un mes después Napoleón III respondía afirmativamente.

El 28 de junio Maximiliano decretó que los empleados de todas las oficinas del imperio deberían trabajar todos los domingos y días festivos con la excepción de Jueves y Viernes Santo, Domingo de Resurrección, Domingo de Pentecostés, día de Corpus, 16 de Septiembre, 12 de diciembre y Navidad, lo que provocó un enorme disgusto entre la base católica del imperio que aspiraba a muchos más días feriados. Sin embargo, el 7 de julio el arzobispo Labastida dio un discurso de balcón a una multitud que celebraba el cumpleaños de Carlota: "Señores: no olvidemos que a la magnánima y generosa Francia, que nos ha cubierto con su glorioso pabellón, debemos el haber alcanzado la dicha de constituir un gobierno nacional conforme a la voluntad de la mayoría" y terminó con vivas a "nuestra amada emperatriz Carlota. ¡Por mil y mil años viva!".

Como si la realidad y sus deseos vivieran en dos países diferentes, a mediados de julio Maximiliano reorganizó su ministerio dando entrada a dos liberales moderados, que en aquellos momentos eran llamados "con el mote de pancistas" (por eso de que la panza es primero): Juan de Dios Peza (el padre del poeta) y el abogado José Fernando Ramírez, en Relaciones Exteriores. El gabinete estaba equilibrado con la presencia de los conservadores: Joaquín Velázquez de León, como ministro de Estado y José María González de la Vega como ministro de Gobernación. Con esto el emperador se libraba de Salas, Almonte y Labastida, los tres originales regentes. Pero el verdadero poder estaba en manos del gabinete del emperador, descrito por el que sería un de sus miembros, el abate Domenech, como "omnipotente y funesto" y dirigido por Félix Eloin, del que el nativo del Distrito Federal, José Luis Blasio era traductor.

Masseras cuenta que Eloin "desde el mes de junio de 1864 hasta el mes de marzo de 1866 fue la única potencia verdadera en México. Tuvo todo entre sus manos, literalmente todo". Doménech amplia la definición del consejero belga: "ignorante de la lengua y de las costumbres de México. Sus compatriotas me han asegurado que el rey Leopoldo lo había impuesto al archiduque Maximiliano. Sin talento, me han dicho, para ser ingeniero, no pasó de sobrestante de minero. Su manera de cantar cancioncillas y algunos talentos de sociedad le valieron la benevolencia de un gran señor que lo lanzó hasta la corte, donde supo atraerse la atención del rey [...]. Las funciones de jefe de gabinete lo hacían más poderoso que los ministros. No habiendo ocupado nunca en Bélgica puestos importantes, no se encontraba en su lugar con el que ocupaba en México. No supo elevarse a la altura de las funciones que se le habían confiado; quería ver todo, monopolizar todo; pero abrumado por la abundancia de negocios y su poca aptitud para despacharlos, nunca terminaba nada. Sus sentimientos antifranceses, su ignorancia completa de la situación de México y de su pasado, le hicieron rechazar una multitud de proyectos [...] de una importancia incalculable para el país".

Si por encima del gobierno estaba el gabinete, por encima de él, un poder superior dirigía el México imperial, el general Bazaine, que proseguía la campaña hacia el norte.

El general L'Heriller para el 4 de julio, sin encontrar resistencia, entraba en Durango, donde recibió el apoyo de la población conservadora y del oligarca Flores, que le regaló 21 kilómetros cuadrados para "la fundación de colonias militares".

González Ortega y Patoni, que habían pensado combinar fuerzas para tomar Durango, se separaron, el primero para incorporarse a Juárez y el segundo para reorganizarse en Chihuahua. El 24 de julio González Ortega llegó a Saltillo con 2 mil hombres aproximadamente y 17 piezas de artillería. Ese mismo día, según Bazaine, la fuerza del Presidente en Monterrey (la brigada de Negrete) "se componía de [unos] 2 030 hombres de infantería y caballería y 18 piezas de artillería; la ciudadela estaba armada; la ciudad, poco aprovisionada, y Juárez parecía decidido a defenderse allí en el caso de que no tuviese que encontrarse sino con una débil fuerza francesa o mexicana, o a alejarse de allí si se dirigía contra él una expedición seria. Corría el rumor de que había recibido 2 mil fusiles, 2 mil pistolas y mil sables de los americanos". Reunido Juárez con Negrete y González Ortega, acordaron la marcha contra Durango, escasamente defendido por el general L'Heriller. A sus 5 mil hombres los franceses sólo podían oponer un batallón de cazadores de a pie, dos compañías del 99 de línea, cinco compañías del 2° de zuavos, dos pelotones de caballería y una sección de artillería. Bazaine reflexionaba con informes no muy precisos que le suministraban sus espías: "En cuanto al camino que debía seguir Juárez en caso de retirada, era difícil poder fijarlo. Su primera idea era ir a Durango; pero, estando ocupada esta ciudad, tuvo que renunciar a ella, lo mismo que al proyecto de pasar a los Estados Unidos por Brownsville, desde el momento en que esta ciudad había sido evacuada por los federales. Según toda probabilidad, no le quedaba más que ganar el golfo de México para tratar de embarcarse en Soto la Marina, donde su yerno Santacilia había debido hacer preparar un barco".

Todo esto mientras Vidaurri estaba en Texas, protegido por el ejército confederado, esperando volver a pasar el río, si Quiroga tenía éxito en un ataque sorpresa contra Juárez.

NOTAS

1) Guillermo Prieto: "Encargos a Maximiliano" y *El Cura de Tamajón* en *Obras completas*, tomo XXII. Manuel Santibáñez: *Reseña histórica del cuerpo del Ejército de Oriente*, vol. 2. Clementina Díaz y de Ovando: *La vida mexicana al filo de la sátira. La intervención francesa y el segundo imperio*. Victoriano Salado Álvarez: *La intervención y el imperio, 1861-1867*. Gustave Niox: *Expedition du Mexique, 1861-1867; récit politique et militaire*. Brian Hamnett: *Juárez, el benemérito de las Américas*. José María Vigil: *La Reforma*. Ireneo Paz: *Maximiliano*. Emmanuel Domenech: *Histoire du Mexique: Juarez et Maximilien*. Emmanuel Masseras: *Ensayo de una Intervención Francesa en México*. Benito Juárez: *Documentos, discursos y correspondencia*, tomo IX (en particular Jesús González Ortega a Juárez, Juárez a Viesca, 1° de julio de 1864). François-Achille Bazaine: *La intervención francesa en México según el archivo del Mariscal Bazaine*.

2) Bazaine al ministro de Negocios Extranjeros francés (México, sin fecha; fue escrita entre el 25 y el 31 de octubre de 1863, un año antes). Informa sobre los puertos del Golfo

de México, para "conocer sus recursos, su comercio y sus entradas". Describe Tampico (en su poder) como "una plaza malsana para los europeos" y fundamental para la "exportación de la plata"; Matamoros, donde "todos los informes que me llegan atestiguan un gran movimiento comercial; en el curso de julio, ochenta navíos de todos tamaños y nacionalidades" arribaron dando a la aduana juarista ingresos por 8 mil pesos.

3) José Fernando Ramírez (ojo: diferenciarlo del Nigromante) entra al gabinete: Hilarión Frías cuenta la entrevista de Maximiliano y Ramírez: "Uno de sus deseos más vivos había sido atraerse una de las ilustraciones del partido liberal; pero habían sido en vano halagos, promesas, empeños, y todo se había estrellado en la firmeza del viejo patricio. Este se vio un día arrastrado al gabinete imperial donde lo recibió el emperador. La conferencia fue larga [...]. Razones de alta conveniencia política, de patriotismo, todo fue inútil; el antiguo demócrata, aunque se sentía conmovido y convencido, no quiso quebrantar su resolución ni dejar de ser fiel a la causa republicana. Entonces se descorrió la cortina que cerraba la puerta del gabinete que conducía a las habitaciones interiores. Apareció la emperatriz Carlota en el dintel de aquella puerta. Avanza lentamente acercándose a los dos interlocutores. Y, tendiendo la mano a Ramírez, le dijo con su voz breve y armoniosa: Todo lo he oído. Al negaros a servir a nuestro país, ayudando en su obra grandiosa al emperador, no demostráis mucho patriotismo. Pero lo que no habéis cedido en el debate, lo cederéis a una mujer que os lo suplica; y yo, la emperatriz, os ruego que ingreséis al Consejo de Ministros, pues no creo que temáis correr nuestra buena o mala suerte. Ramírez inclinó aquella cabeza prominente y nutrida en el estudio: ¡Su alma apasionada no pudo resistir aquel ataque, y cedió!".

131

LA TRAICIÓN DE LÓPEZ URAGA

El Ejército de Occidente, dirigido por el cojo michoacano de 54 años José López Uraga, hacia marzo del 64 "reunió al Consejo de Gobierno y le manifestó que se hallaba en graves apuros a consecuencia de haberse cortado sus relaciones con el gobierno general [cuenta José María Arteaga que estaba enfermo en Sayula y no asistió] y que enviaba al licenciado Miguel Buen Romero a enlazarse con Juárez". Pero Buen Romero no avanzó hacia el norte; fue a la Ciudad de México a entrevistarse con Bazaine a nombre de López Uraga y luego a Guadalajara a continuar sus negociaciones con Douay.

Bazaine, el 18 de marzo, escribió al ministro de la Guerra de Francia: "He hecho transmitir igualmente comunicaciones al general Uraga, en Jalisco, y al coronel Elizondo, que manda una partida en Michoacán. Este último me ha respondido que esperaba la llegada del archiduque Maximiliano para hacer acta de adhesión; no me ha ocultado que sólo permanecía sobre las armas, porque temía un espíritu de conquista de parte de Francia, al cual se opondría hasta derramar la última gota de su sangre". Elizondo se entregaría a los imperiales con 400 hombres el 10 de mayo.

El general José María Arteaga reflexionaba posteriormente: "La división de Jalisco estaba muy potente al salir de Guadalajara y después se aumentó considerablemente; pero el general (López) Uraga se ha empeñado en destruirla en marchas y contramarchas inútiles y vergonzosas, haciéndola huir delante de un corto número de franceses, porque mis órdenes han sido muy terminantes de que jamás se comprometa una acción con el enemigo; le ha quitado sus mejores cuerpos, para formar otras divisiones y mientras que las demás fuerzas han estado atendidas en el pago de sus haberes, la que ha dejado bajo mis órdenes ha carecido de todo, porque sobre los recursos que le ha proporcionado el gobierno general ha echado mano de los que pertenecen al estado".

Crecen los murmullos de que López Uraga está negociando con Bazaine, que le prometió conservar el mando de sus tropas no mezcladas con los traidores si se plegaba al imperio. El 30 de abril el general se quejará a Juárez de que tiene encima a 4 mil franceses y traidores, que se acercan 3 mil hombres de Lozada por Nayarit y que en Michoacán Leonardo Márquez trae otros 4 mil hombres. Cinco días más tarde González Ortega recuenta a Juárez estos frecuentes rumores.

El 28 de mayo Bazaine le escribía a Napoleón: "El general Uraga me ha hecho nuevasproposiciones y espero que firme su acta de adhesión al Emperador". El 1º de junio López Uraga convocó una reunión de jefes del ejército a la que Arteaga no acudió y sin tener claro el terreno que pisaba se limitó a pedir un voto de confianza a los reunidos. Arteaga le escribió un día después: "Es necesario que usted no nos abandone y que, haciéndose violencia, coopere con su nombre, su poderoso apoyo y su conciencia política, no menos que sus conocidos talentos militares, a salvar nuestra querida patria, quien de todos sus buenos hijos lo espera con justicia".

El 12 de junio Arteaga, ya convencido de lo avanzada que estaba la traición le escribió a Juárez: "Los acontecimientos se han desencadenado últimamente, en términos que ya exigen una medida pronta y radical por parte del supremo gobierno […]. La traición que desde hace mucho tiempo meditaba el Gral. Uraga y su inteligencia con los invasores, es ya un hecho […]. Para impresionar más a los jefes que han tenido el sufrimiento de escucharlo, les ha pintado las ventajas, la dulzura que promete una situación diversa [y] ha ofrecido el grado de generales a los coroneles Ortiz, Echeverría y Bravo, con la esperanza de hacerlos por este medio sus cómplices, asegurándoles que continuarán con sus empleos, bajo el dominio de la intervención". Y por lo tanto los jefes de la división "hemos resuelto suspenderle la obediencia como general en jefe del ejército republicano, al cual se ha hecho indigno de mandar".

Todavía el 19 de junio López Uraga intentó ganar a Arteaga con una carta incomprensible en que se quejaba de la orden del gobierno de alimentar al ejército con los productos de los pueblos "cuando hoy apenas nos toleran"; añadía: "Vamos a tener que entrar en el vandalismo; yo no voy en esa senda; no la creo conveniente [...]; y así, o nos unimos todos a un fin, o la ordenanza, y hoy la amistad y consecuencia, previene cómo se sustituye al inútil". Sin mencionar su voluntad de pasarse de bando remataba: "hay un principio y no se debe dejar perder. En fin, gordinflón, adiós, y lo ama su amigo López Uraga".

El 10 de julio Bazaine le escribía al ministro de la Guerra de Francia: "Desde hace varios días circulan rumores, que parecen tomar consistencia, sobre la sumisión del general Uraga, quien, después de la junta militar que reunió, se habría puesto en marcha, acompañado de una escolta a caballo, para venir a ofrecerse a la disposición del Emperador".

Los rumores resultaron ser ciertos y el 26 de julio el general López Uraga se adhirió al imperio en León, junto con cinco generales, tres coroneles, un jefe de batallón, cinco capitanes y el intendente del ejército. Entre ellos Juan B. Caamaño, uno de los defensores de Puebla, Emilio Rey, Ramón Iglesias (hermano de José María) y Francisco Hernández Carrasco. Quizá el más destacado de los compañeros de López Uraga era el general veterano de San Lorenzo, Tomás O'Horán, descrito por sus propios compañeros como "un hombre sin capacidad y sin educación; ha sido oficial de órdenes de Márquez; era entonces comandante de escuadrón; quiso pronunciarse, y Márquez lo puso preso en Santiago, de donde escapó para servir al partido *puro*, donde se le nombró general". Cuando conocieron la traición, una parte de los soldados de la brigada del general Caamaño se sublevó contra su jefe, quien se salvó gracias a la velocidad de su caballo perdiendo su equipaje. López Uraga declaró que perseguiría a sus ex compañeros, la "canalla que quiere colgar".

Bazaine intentó también "tocar" al general Miguel Negrete y envió un comisionado ofreciéndole que, si reconocía el imperio, "será acogido con toda la distinción que merece". Tras tener contactos en Matehuala con intermediarios, el enviado reportó que "Negrete está dispuesto a someterse con todas sus tropas, bajo la condición de ciertas garantías para él y sus oficiales; aun se me dice que Negrete no está lejos de entregar a Juárez, a Doblado y a todo el gobierno". Las noticias del mediador deberían de ser falsas, porque buscado nuevamente en agosto Negrete respondió a los agentes de Bazaine: "Como simple soldado serviré a mi patria; mas ni de mariscal estaré al lado de los traidores".

Los restos del Ejército del Centro, fieles a la causa de Juárez, se dividieron en dos grupos, mandados por Arteaga y Echegaray que quedaron encerradas entre Guadalajara, las montañas de Michoacán y el mar. Cuatro batallones intentaron romper la línea francesa por el lado de Cocula, pero fueron alcanzados por el coronel Clinchan y batidos completamente el 9 de agosto, con pérdida de 200 hombres, seis cañones y numerosos prisioneros.

NOTAS

1) Antonio García Pérez: *Estudio político militar de la Campaña de Méjico, 1861-1867. Los traidores pintados por sí mismos. Libro secreto de Maximiliano en que aparece la idea que tenía de sus servidores.* Arteaga a Benito Juárez, Cocula, 12 de junio de 1864. François-Achille Bazaine: *La intervención francesa en México según el archivo del Mariscal Bazaine.* Fernando Díaz Ramírez: *General José María Arteaga.*

2) En noviembre del año 64, López Uraga le escribe a Porfirio Díaz buscando su deserción. "Veo todo lo noble, todo lo patriótico, todo lo progresista e ilustre del Emperador, le digo a usted, amigo querido, que nuestra causa es la causa del hombre que amante de su país y de su soberanía". López Uraga era propietario de las Islas Marías que Juárez le había concedido por sus actividades diplomáticas a condición de que no pudiera venderlas. Terminará siendo ayudante de campo de Maximiliano, acompañará a Carlota a Yucatán y viajará con ella como jefe de su escolta a Europa. Al quedarse allá se salvará del paredón en la debacle del imperio. Al general López Uraga el gobierno republicano le negó rotundamente el perdón. Falleció en San Francisco, California, en medio de la mayor desesperación y quemando en su agonía parte de los documentos históricos que obraban en su poder. Los restos de los papeles de López Uraga se encuentran en la Biblioteca Bancroft de la Universidad de California en Berkeley.

132

LA ESMERALDA

Bazaine se había casado en Versalles el 12 de junio del 52 con una tal María Soledad Juana Gregoria Tormo (María Juana de la Soledad, según la biografía de Bazaine en la *Enciclopedia Británica,* María Juria según algunas fuentes francesas), huérfana española (o criolla argelina), nacida en Sidi Bel Abbes, que había sacado de un burdel en Argelia (o había recogido de niña y llevado a Francia). En París le pagó el ingreso al convento, donde le pusieron maestros de idiomas y piano, y en la medida que el general ascendía, ella comenzó a moverse en más elegantes ambientes sociales. Existe una fotografía en el Museo de Orsay de medio cuerpo y perfil, de una mujer rubia, joven, de rostro un tanto infantil y pecho abundante.

Cuando se inicia la campaña mexicana María Soledad se queda atrás y entabla relaciones con un escritor cuyo nombre desconocemos, pero que tiene una celosa esposa, que descubre cartas de la española y se las envía a Achille Bazaine con copia a la adúltera. María Soledad, desesperada, le pide al propio Napoleón que las bloquee, pero no llegan a tiempo de detener el barco. Las cartas arribarán al Distrito Federal, donde un ayudante de Bazaine las destruye sin que su jefe tenga conocimiento.

Aunque la versión oficial era que había muerto de un resfriado atrapado en la quinta del general en las orillas del Sena, el caso es que, sin saber el destino de la correspondencia, María Soledad se suicida envenenándose. El propio Napoleón prohibió que en un principio se le avisara a Achille sobre sus cuernos, aunque sí sobre el sacrificio de su esposa.

Bazaine vivió el suicidio de una manera trágica y estuvo varios días sin comer. Le escribió a Napoleón III el 1º de diciembre del 63: "Los consuelos que sus majestades se dignan expresarme, templan a mi energía y tienen la más dulce influencia sobre mi corazón" y entró en un terrible periodo de depresión, del que supuestamente salió no mucho después gracias a La Esmeralda.

Queda claro por crónicas de la época que era "una griseta joven de condición modesta, amiga de galanteos, pero no venal". O sea que de prostituta, nada. Otros la definirán como "una gachupina morena de hermoso cuerpo". También de lo poco que sabemos es que había recibido su nombre, que no su apodo, de haber venido de España y haberse instalado "de mercachifle, con un cajoncillo de ropa" enfrente de la tienda La Esmeralda en la esquina de la calle del Refugio. Sabemos por Lapierre que el mariscal Bazaine "se había enamorado de la bribona" y que llegó a ser "persona de importancia" por la influencia que ejercía sobre el jefe del ejército de ocupación francés.

Era público y conocido que gracias a la influencia de La Esmeralda "por orden expresa de Bazaine, fue puesto en libertad un individuo" (un tal Alaniz) aunque no hay registro de por qué había sido encarcelado. José María Iglesias narra un baile dado por Bazaine hacia el final de julio del 64 al que concurre la nueva morralla, "adictos a la monarquía por orgullo y por imbecilidad". El mariscal les pidió a los invitados que sólo asistieran por invitación, bajo amenaza y exigencia de llegar a la hora fijada, porque si llegabas tarde no te dejarían pasar, y la demanda de ir vestido de gala, "siendo de rigor" que las damas fueran escotadas. Se repartieron boletos, se dice que con la intención de que no apareciera por allí La Esmeralda, pero sí cuantas "modistas y grisetas francesas encierra la capital".

Y ante la reiterada aparición en la Ciudad de México de las mencionadas grisetas, el narrador se ve obligado a recurrir a los diccionarios, porque su memoria de haber leído a Víctor Hugo, que las define como costureras "galantes", no le parece suficiente. Y no aclara demasiado porque las definiciones, según lo clasista y machista que sea el autor, van de "muchacha humilde y de vida airada" a "mujer prostituta de clase vulgar", "ramera" a "muchacha trabajadora que aprecia la galantería". Y el narrador no deja de tenerles simpatía a las grisetas, al fin y al cabo proletariado sexual de un ejército imperialista.

De todas estas cosas, Guillermo Prieto se pregunta en la república errante que se encuentra en Monterrey y observa burlonamente a la Ciudad de

México: "¿Por qué nos dan pena los amores de Bazaine?". Y el autor de este libro, concordando, no puede dejar de preguntarse ¿por qué pierde tiempo con estas extrañas historias?

NOTA

1) Guadalupe Loaeza y Verónica González Laporte: *La Mariscala*. Eugéne Lefèvre: *Documentos oficiales recogidos en la secretaría privada de Maximiliano. Historia de la intervención francesa en Méjico*. Guillermo Prieto: "Defensa de Mosieur Bazaine" en *El Cura de Tamajón, Obras completas*, tomo XXII. José María Iglesias: *Revistas históricas sobre la intervención francesa en México*. J. M. Miguel I. Verges: "Pepita de la Peña y la caída de Bazaine". Jean Meyer: *Yo, el francés. Crónicas de la intervención francesa en México, 1862-1867*. Victoriano Salado Álvarez: *La intervención y el imperio, 1861-1867. La maréchale Bazaine* hacia 1857, Musée d'Orsay, París.

133

EL INICIO DEL PROFUNDO EXILIO INTERIOR

El 15 de agosto de 1864 amaneció densamente nublado. Las nubes no se abrieron. Una lluvia pertinaz se desató. Esto obligó a la gente en Monterrey a permanecer en sus casas. Desde temprano se escucharon balazos en las afueras. Algunos ciudadanos se acercaron al Presidente diciéndole que su vida peligraba y que sería conveniente que saliera de la ciudad. "Ante el asombro de quienes le rodeaban, pacientemente Juárez los escuchó, tomó el reloj, que señalaba las nueve de la mañana, y les recordó a todos que la salida había sido fijada con anterioridad para las tres de la tarde".

En la madrugada había salido de la ciudad el general Miguel Negrete con los tres cuerpos de infantería, unos 700 hombres, para reforzar a los que estaban preparando la contención a los franceses en La Angostura, donde se realizaban fortificaciones para detenerlos en el desfiladero histórico que había sido testigo de la batalla contra los gringos en el 47, entre San Luis y Saltillo, próximo a la hacienda de Buenavista.

Sólo quedaba para proteger al gobierno la escolta, cosa de cien hombres del batallón Supremos Poderes dirigida por Pedro Meoqui y dos escuadrones de caballería que mandaba el garibaldino Pedro Guaccione. El coronel Julián Quiroga, que había fingido rendirse, se había desplazado desde Cadereyta con unos 600 hombres y en la tarde y la noche del día 14 comenzó a tirotear las orillas de la población.

Para la una de la tarde, en la ciudad reinaba la confusión. La gente miraba por las ventanas. Había jinetes recorriendo las calles. Una hora después, en las afueras del Palacio de Gobierno, se había reunido una multitud. Aparecieron los coches, entre ellos uno conducido por el que sería su habitual cochero, Juan Idueta, al que había conocido en esa ciudad. El coronel Guccione llegó hasta el Palacio de Gobierno e informó el peligro que se corría si no se retiraban en ese momento. El Presidente con su habitual frialdad tomó su coche y ordenó la salida; tras él los carricoches donde viajaban Sebastián Lerdo de Tejada, José María Iglesias, Guillermo Prieto, Manuel Ruiz y algunos empleados del gobierno. Eran las tres y diez minutos de la tarde. Las tropas de Quiroga, se acercaron lo suficiente para tirotear la comitiva y una bala se incrustó en el carruaje. La escolta se quedó atrás conteniéndolos.

Esa noche, la del 15 de agosto, Benito durmió en Santa Catarina. Siguiendo el consejo de Miguel Negrete ("me he persuadido de que el camino en que se pensaba es intransitable para carruajes y trenes por el mal estado en que se encuentra, no quedándonos ya otro camino que el que va de la Rinconada por Pesquería a Monclova"); pero no será Monclova el destino, sino el occidente, sin definirse aún si Chihuahua o Sinaloa en el Pacífico, "por sus mayores recursos y mayor facilidad de comunicaciones con el interior y exterior de la república", diría Lerdo, que era partidario de esta opción.

Un día antes Margarita Maza y sus hijos llegaron a Estados Unidos. Los acompañaba Pedro Santacilia, casado con Manuela un año antes y hombre de todas las confianzas del Presidente, que se habría de volver su interlocutor privilegiado en los dos años siguientes. Al mismo tiempo habían salido de Monterrey Francisco Zarco y otros republicanos. Juárez pensaba que los no combatientes, y particularmente su familia, podían significar un peligro si caían en manos de los imperiales y que Zarco, aunque sin cargo diplomático, podía hacer una importante labor de propagandista. En cualquier caso, vaticinaba tiempos difíciles para su persona y para el reducido grupo de los ministros.

Juárez se lo toma con calma, que nadie diga que el gobierno huye, y se queda esa noche en el pueblo de Santa Catarina, a ocho kilómetros de Monterrey. Pero al otro día, al salir hacia las cinco o seis de la mañana, según Lerdo, "se presentó de improviso […] alguna fuerza de Quiroga […] como de cien hombres, que dispararon sus armas sobre la fuerza de la escolta y que huyeron en el acto que se les contestaron sus tiros. De esto resultó un muerto y dos heridos de nuestra fuerza. Después de [eso], ya no pretendieron seguir al gobierno".

El 16 de agosto, por la tarde, la comitiva llega al Molino de Santa María, 20 kilómetros antes de Saltillo, y allí reciben informes de Negrete de que, a causa de la velocidad del desplazamiento de las columnas francesas, él y González Ortega habían decidido "que la resistencia no tenía probabilidades de buen éxito y que consideraba peligroso hacer la retirada casi a la vista de los franceses por el camino directo para Parras".

El general Castagny había salido de San Luis Potosí al finalizar julio, al frente de 3 500 hombres, imponiéndoles una velocidad tremenda. El 16 de agosto estaba a 30 kilómetros de Saltillo. Prosiguió su avance hasta llegar al célebre desfiladero de La Angostura, donde se encontró con numerosos atrincheramientos de campaña y una hábil colocación de las fuerzas liberales, que lo obligaron a detenerse. El analista militar español García Pérez comenta: "Todo parecía dispuesto a una jornada sangrienta, cuando la súbita aparición de Quiroga, al frente de 800 hombres, al otro lado del desfiladero, hizo creer a los liberales que se presentaba una fuerte vanguardia. Apresuradamente abandonaron aquellas magníficas posiciones, olvidando ocho piezas y cien cajas de municiones. Sin disparar un tiro se apoderó Castagny de esta presa importante y pasó el desfiladero". En La Angostura los republicanos sólo dejaron clavadas seis piezas de batalla, quemando también las cureñas y un poco de parque para el que no bastaban los carros.

El 17 de agosto el carruaje de Juárez y su escolta alcanzan el ejército en repliegue (unos 1 500 hombres) en la hacienda de Mesillas, donde pernoctan. Tres días más tarde Castagny ocupa Saltillo, la capital de Coahuila. Juárez se encuentra en el pueblo de El Anhelo. Lerdo de Tejada narra: "Seguir el camino para Monclova y de allí continuar para Chihuahua con siete u ocho jornadas de desierto, no era posible sin exponerse a perder parte de la fuerza. De ahí que el gobierno nada más se propuso hacer creer a los franceses que seguiríamos el camino para Monclova". "Desde Anhelo se formó una sección de 300 hombres para escoltar al gobierno, con objeto de que fuera una jornada adelante del grueso de las fuerzas que no podían hacer jornadas largas por traer 15 piezas de batalla, diez de montaña y un tren de carros algo pesado".

Entre el 21 y el 23 de agosto, la comitiva circula por pequeños poblados de nombres curiosos: hacienda de Venadito, rancho de Alto de Norias, hacienda de la Sauceda, San Antonio del Jaral y rancho el Oratorio, hacienda de la Tinaja, llegando el 24 de agosto a la hacienda de San Lorenzo. Patrullas imperiales los detectan pero no los enfrentan en las cercanías de Parras. El general Aymard los viene siguiendo a tres jornadas de la retaguardia que constituye el ejército mandado por González Ortega. Vienen sufriendo al igual que los mexicanos por el cansancio de la caballada y mulada y la escasez de pasturas.

El 26 de agosto Castagny ocupa Monterrey ante la fría acogida de la población. Se hacen con 55 piezas de distintos calibres, 1 500 proyectiles y 150 mil cartuchos. Se han perdido en pocos meses 118 piezas de artillería, 20 mil proyectiles y un millón de cartuchos. En Monterrey Castagny espera a la división Mejía, que salió de Tula (Tamaulipas). Los desastres para los republicanos se suceden. El coronel Clinchant, con 400 zuavos, dispersa a la segunda división del centro de Isidoro Ortiz, de 2 mil hombres. Aymard toma Parras el 28 de agosto.

Mientras tanto, el gobierno y el ejército se han estacionado en la villa de Viesca donde el 29 de agosto se celebra un consejo de guerra con la presencia de los generales Negrete, González Ortega, Alcalde, Aranda, Quezada, Guiccione y Carvajal. Juárez propone reunir este ejército con el de Patoni para enfrentar a los franceses y abre la discusión "con toda franqueza". González Ortega se opone y objeta la idea de que el gobierno viaje hacia Chihuahua, que por razones de distancia, desmoralizaría a la tropa y los oficiales. Juárez le responde que "había una equivocación en creer que las tropas iban para Chihuahua pues jamás se había indicado esta idea. Se trataba de ir al punto en que está Patoni para que unidos batamos al enemigo". González Ortega insistió en que "no era conveniente marchar al rumbo indicado porque se diría que huíamos para salvar sólo nuestras personas y sacrificar a la tropa. Que esto era lo que se decía en todas partes y como su opinión y su conciencia le decían que perderíamos las fuerzas si nos dirigíamos, repitió, rumbo a Chihuahua; si el gobierno así lo disponía, obedecería y haría que marchara su fuerza; pero que renunciaría [a] todo mando para librarse de toda responsabilidad".

Juárez se reserva su opinión y curiosamente nombra a González Ortega jefe del primer cuerpo del Ejército de Occidente. El 2 de septiembre Juárez en Santa Rosa se reúne con Patoni y algunos de los oficiales de la división de Durango. Al atravesar cerca de 90 kilómetros de casi desierto y al seguir por un camino de muy escasos víveres y pocas pasturas, la división de Patoni tiene muchas deserciones, al grado de haber perdido 600 o 700 hombres.

Un mes antes, el 6 de agosto del 64, Manuel Doblado y el coronel José Rincón Gallardo salieron del país por Matamoros, primero rumbo a La Habana, luego a Nueva York. Bazaine conoce en seguida la noticia. Dos meses más tarde, el 6 de octubre desde Nueva York Doblado escribe a un periódico francés: "Es mentira decir que haya pedido yo amnistía al gobierno creado por la Intervención francesa [...] decir que he querido hacer mi par particular para lograr que se declaren inviolables ciertas propiedades es una calumnia infame [...]. He venido al extranjero [...] después de que me fue adverso el azar de la guerra". Aclaraba que si alguna vez se pidieron salvoconductos a través de un amigo, no fue con su aprobación. El hecho es que ha abandonado la resistencia.

Por esos mismos días el zacatecano general Felipe Berriozábal, que llevaba cuatro meses en Saltillo, le escribió a Juárez solicitando un salvoconducto. "Con verdadera pena [...] me he resuelto a salir del país y permanecer en los Estados Unidos", y añadía que la medida había sido tomada por la desconfianza que existía respecto a él en el entorno del Presidente.

En agosto eran derrotados los republicanos de Ugalde en el desfiladero de Candelaria en la Huasteca y las tropas de Tourre tomaban Huejutla. Menos de un mes más tarde, el 4 de septiembre, en Salinas Victoria, Santiago Vidaurri y su hijastro Julián Quiroga, reconocían al imperio de Maximiliano: "Yo, el infrascrito, declaro reconocer al emperador Maximiliano como legítimo soberano de México, y me someto a su autoridad".

NOTAS

1) Agustín Rivera: *Anales mexicanos. La Reforma y el Segundo Imperio*. Lucas Martínez
    Sánchez: *Coahuila durante la Intervención Francesa, 1862-1867*. Antonio García Pé-
    rez: *Estudio político militar de la Campaña de Méjico, 1861-1867*. Manuel Doblado:
    Testimonios de un patriota. Benito Juárez: *Documentos, discursos y correspondencia*,
    tomo IX (en particular: Felipe Berriozábal a Juárez, Saltillo, 12 de agosto de 1864;
    Miguel Negrete a Juárez, Saltillo 16 de agosto de 1864; Juárez al embajador Matías
    Romero, Nazas, Durango, 22 de septiembre de 1864). François-Achille Bazaine: *La
    intervención francesa en México según el archivo del Mariscal Bazaine*. José María Vigil:
    La Reforma. Centro de Investigación Científica Jorge L. Tamayo: *Pedro Santacilia, el
    hombre y su obra*. Miguel Ángel Granados Chapa: "Francisco Zarco. La libertad de
    expresión".

2) Matías Romero embajador mexicano en Estados Unidos enjuició duramente la sa-
    lida de Doblado cuando asistió a su entierro el 19 de junio del 65: "la expió muy
    severamente puesto que le costó la vida". Manuel Doblado murió de enfermedad en
    Nueva York. El funeral se celebró en la iglesia católica de San Francisco.

3) Cartuchos y proyectiles. La mayoría de los fusiles usados por el ejército mexicano
    necesitan proyectiles (balas) y cartuchos (de pólvora para producir la explosión que
    la arroja), haciendo muy lento el procesos de cargar y por tanto la frecuencia de tiro.

134

MAX EN EL DISTRITO FEDERAL

Mientras el mariscal Bazaine estaba muy preocupado por la propagación de las enfermedades venéreas entre sus tropas y llamaba al subse-
cretario de Gobernación a "la necesidad de introducir una activa vigilancia
para detener la propagación de la sífilis, haciendo vigilar y visitar en un
consultorio a las mujeres públicas. La enfermedad se esparce cada vez más
en las clases bajas de la sociedad, y el número creciente de los casos que se
presentan en las filas del Ejército, y que se elevan a más de 300 sólo en la
guarnición de México, me hace insistir todavía para que se tomen medidas
preservadoras", Maximiliano y Carlota se estrenaban como emperadores en
el Distrito Federal.

El 3 de agosto, cuando paseaban en carretela por la calle de Plateros,
"se encontraron la imagen del Santísimo que era traído de la casa de un
moribundo, se bajaron de la carroza y permanecieron de rodillas hasta que
pasó, acto que fue aplaudido casi por todos los periódicos". Curiosamente

no habría de caracterizar a los consortes imperiales un catolicismo militante, sino todo lo contrario. El día 7 de agosto se promulgaría un decreto bastante liberal sobre libertad de imprenta. Ignacio Manuel Altamirano generosamente lo caracterizaba: "el príncipe austriaco, aunque hijo de una casa que se ha señalado siempre por su carácter autoritario y absolutista, profesaba ideas moderadas en política, de las que ya había dado pruebas gobernando el reino lombardo-veneto, y, además, su ilustración personal, su general benevolencia, sus inclinaciones artísticas, y sobre todo el deseo muy natural de atraerse los ánimos de los que consideraba como nuevos súbditos, le hacían repugnar las miras rencorosas, el espíritu atrasado, el carácter estrecho y mezquino y las pretensiones soberbias del partido conservador que lo había llamado y que amenazaba tenerlo bajo su tutela".

En cuanto a lo ilustrada la pareja real, si se juzga por las lenguas que dominaban, lo eran. Según José Luis Blasio, traductor de Eloin y luego secretario del emperador, Maximiliano hablaba alemán, húngaro, francés, inglés, italiano y aprendía rápidamente el español. Carlota, que conocía el francés y el alemán "hablaba en español sin el más mínimo acento extranjero, con mucha lentitud y como si meditara cada una de sus frases antes de pronunciarlas; era un poco miope y casi siempre miraba a su interlocutor bajando un poco los párpados para verlo mejor".

Quizá eran menos conservadores de lo necesario en aquel México violentamente escindido, pero sin duda eran, en un país miserable, unos aristócratas despilfarradores. Habían fijado sus salarios mensuales en 125 mil y 16 666.66 pesos, lo que constituía al año una caja chica de gastos personales y discrecionales de 1 700 000 pesos (ocho y medio millones de francos). La casa imperial era carísima: Almonte, llamado mariscal de la corte y ministro, tenía un sueldo de 10 mil pesos anuales (hasta que fue enviado como embajador en Francia); Schertzentlechner, del que se decía que era "un sabio profundo" y que fue despedido como inepto, ganaba 4 500. Bombelles, conde en su tierra y coronel en México, además de su sueldo, gozaba de una gratificación mensual de 108 pesos. El médico Semeleder, 208 al mes (y no era el único médico de cámara, pues había otros y siete "consultantes"). Los chambelanes que eran de 36 a 40 ganaban siete; los caballerizos, cinco o diez.

Había 26 criados de cámara; la cocina tenía un contador con cien pesos mensuales, un gran jefe de cocina con 125 y 6 galopines, pasteleros o ayudantes; la caballeriza, un jefe y 15 mozos, y así lo demás. En un solo mes se gastaron en la cocina, fuera de los vinos y sueldos, 3 852 pesos, entre ellos 434 pesos que costaba el sustento de las condesas de Zichy y Kollonitz, que vivían con sus criados a expensas del emperador. En fin, la cuenta de los gastos de la corte, desde el 13 de abril hasta el 16 de agosto de 1864, importó la respetable suma de 319 669 pesos 76 centavos, que fueron invertidos en vajillas de plata y porcelana, cristalería, mantelería y ropa de casa, compra de vinos, arneses, caballos y coches, libreas, uniformes y armas, transportes y regalos.

Payno cuenta que el gran séquito se componía de cuatro o cinco señoras sexagenarias que eran Grandes Cruces de San Carlos; del gran mariscal Almonte, del ministro de Estado, del presidente del Consejo y de siete secretarios más, seguidos del gran maestro de ceremonias y del único conde mexicano, y las damas de honor de palacio, cosa de 40.

Blasio añade: "en vista del esplendor que Maximiliano daba a su corte queriendo todo el mundo pertenecer a ella, se desató una verdadera fiebre de aristocracia y de nobleza y era muy rara la familia mexicana que no anduviese en busca de pergaminos, de árboles genealógicos y de escudos de armas, para comprobar que descendía de condes, duques o marqueses".

Sara Yorke ilustra: "Al principio fue difícil establecer entre los mexicanos republicanos la rígida etiqueta de la corona austriaca, y ciertos intentos infructuosos sólo provocaron dolores de cabeza en ambos lados. Por ejemplo cuando la señora Salas, esposa del regente, fue presentada a la joven soberana, la pobre mujer se le acercó amigablemente, preparada para darle el abrazo nacional [...]. Para su consternación la alta emperatriz se hizo para atrás y se irguió cuan alta era ante lo que consideró una libertad excesiva".

En ese contexto el general traidor José Domingo Herrán se casó el 9 de agosto con Guadalupe Almonte, la hija del mariscal, en la capilla del palacio imperial. Estaban todos. Ofició el arzobispo Labastida y los testigos fueron los emperadores, el mariscal Bazaine, el ex regente Salas y dos generales de división. Según la crónica social "la concurrencia en la capilla y en el banquete fue numerosa y selecta"; ahí estaban, el arzobispo Munguía, seis obispos, los condes de Bombelles, Zichy, Ramsay y del Valle, las condesas damas de la emperatriz, los marqueses de Montholon y Ranzy, el general Woll, don Eustaquio Barrón y don José María Martínez Negrete. Carlota regaló a su ahijada un aderezo de diamantes.

NOTA

1)   François-Achille Bazaine: *La intervención francesa en México según el archivo del Mariscal Bazaine*. Agustín Rivera: *Anales mexicanos. La Reforma y el Segundo Imperio*. José María Vigil: *La Reforma*. Juan de Dios Peza: *Epopeyas de mi patria: Benito Juárez*. José Luis Blasio: *Maximiliano íntimo: el emperador Maximiliano y su corte. Memorias de un secretario particular*. Ignacio Manuel Altamirano: *Historia y política de México, 1821-1882*. Sara Yorke Stevenson: *Maximiliano en México: recuerdos de una mujer sobre la intervención francesa*. Manuel Payno: *Cuentas, gastos, acreedores y otros asuntos del tiempo de la intervención francesa y del imperio de 1861 a 1867*.

135

LA CUEVA DEL TABACO

En los primeros días de septiembre, el 4, muy de madrugada, la comitiva presidencial arriba a una pequeña hacienda, una ranchería, llamada por los naturales El Gatuño, situada unos 15 kilómetros antes de Matamoros. Se trataba, tan sólo, de una docena de árboles y un pequeño caserío en la boca del desierto. Los vecinos vieron entrar a la comitiva: al frente la escolta de los jinetes guanajuatenses, un puñado tan sólo, al mando del coronel Pedro Meoqui; luego, la calesa negra tirada por un par de mulas, una diligencia torcida y a la cola, 11 carretas tiradas por bueyes, donde se encontraban bastimentos y el archivo de la nación.

Era El Gatuño tierra de liberales probados en las armas. Años antes Juárez había recibido en Palacio a una comisión de estos lares y los había apoyado en su guerra particular contra un hacendado gachupín y conservador; de manera que el gobierno resultaba querido y respetado.

Juárez hizo alto frente a la casa de Damián Álvarez. Allí almorzaron. En un rincón de la estancia cuadrangular: cocina, sala, recámara; toman asiento el Presidente, Guillermo Prieto, José María Iglesias y Sebastián Lerdo de Tejada. Alguien recordará que Juárez recogía de donde se estaba torteando, las tortillas enchiladas que llevaba humildemente a sus ministros.

Después del almuerzo Juárez se entrevista con Jesús González Herrera, jefe militar de Coahuila nacido en 1832 en la hacienda de Hornos y con Juan de la Cruz Borrego. Algo les dirá sobre la custodia de las tres carretas donde viajan los documentos del archivo de la nación, algo les dirá sobre que no hay que escatimar esfuerzos para impedir que los reaccionarios o los invasores se hagan con el archivo. Obtiene de los hombres la más profunda adhesión.

Juárez al despedirse le regaló a la dueña de la casa un daguerrotipo suyo autografiado y sugiere entonces, antes de salir del rancho, que se cambiara el nombre tan feo de El Gatuño por el de Congregación Hidalgo, pues por ahí había pasado Hidalgo hacía 53 años. La idea les gustó a los vecinos y pronto cubrieron las formalidades. Luego Juárez siguió la marcha.

Los conspiradores decidieron esconder las cajas en el cauce de un arroyo seco, al sur de La Soledad, llamado el Jabalí. Nadie transitaba por ahí. Les tomó dos jornadas trabajando en las noches. Mientras las carretas en el patio simulaban estar llenas, ellos las iban destripando y enterrando su contenido. Pero el lugar no era seguro. Nueva mudanza. Las cajas volvieron a reposar en las carretas situadas en el patio, que poco a poco se iban cubriendo de tierra.

Finalmente se eligió la cueva del Tabaco. La tierra, al oriente del Gatuño, era un montón de cerros coronados de matojos, peñuscos y aridez. Allí estaba

la cueva, que una generación antes de que los presentes hicieran vida en aquellas tierras había sido utilizada eventualmente como refugio por contrabandis-
tas de tabaco, que lo único que abandonaron en ella fue el nombre. Las cajas
fueron transportadas en tres noches de luna sucesivas, en jornadas agotadoras,
diez kilómetros caminando por el abrupto terreno, sin animarse a encender
antorchas, llevando sobre las espaldas una y otra vez el cargamento de papeles.

Al fin el Archivo quedó oculto en la cueva. Una entrada estrecha, con forma de puerta fantasmal en la pared de roca, la cual a lo lejos se veía como un
accidente más en el terreno, y que fácilmente cubrieron con matas de zacate y
mezquites. Las carretas fueron llevadas por Borrego a Parral y ahí malvendidas.

En febrero del 65 los rumores de que Juárez había escondido algo en
esa zona hicieron que los imperiales detuvieran a Marino Ortiz y lo llevaran
preso hacia Matamoros, dándole sablazos y caballazos. Al arribo a las goteras
de la ciudad traía las ropas manchadas de sangre, pero no había confesado
nada. Las autoridades imperiales dieron orden de atormentarlo. Le desolla-
ron las plantas de los pies y lo obligaron a caminar sobre masas de mezquite.
Negó todo. Murió sin haber confesado el secreto. Ya muerto lo colgaron.
Sería uno de los cinco asesinados por proteger el archivo.

Borrego se encerró en la cueva. Durante cuatro meses estuvo enclaustra-
do sin poder hacer vida normal, sin poder sembrar o marcar un caballo; su
casa fue atacada tres veces, le quemaron la cosecha, golpearon a su hijo. Pero
los imperiales nunca descubrieron el secreto.

Y así, los 55 bultos que componían el archivo fueron guardados en la
Cueva del Tabaco, desde el 4 de septiembre de 1864 hasta pasados dos años
y cinco meses.

NOTAS

1) *La Gruta del Tabaco*. Lucas Martínez Sánchez: *Monclova: Hechos históricos del siglo
   XIX y Coahuila durante la Intervención Francesa, 1862-1867*. Paco Ignacio Taibo II: *La
   lejanía del tesoro*. "Una visita de Juárez Maza".

2) A fines del 66, cuando va descendiendo hacia el sur, Juárez contacta con Jesús González Herrera para que le retornen el archivo y se lo entreguen en San Luis Potosí.
   Por falta de dinero y escolta el asunto se pospone. Lerdo insiste, pero no llegarán los
   cajones sino a la Ciudad de México en el 67, con el gobierno republicano triunfante
   cuando se entrega el depósito, negándose los custodios a recibir dinero por ello.

3) En el mural de Antonio González Orozco: *Benito Juárez, símbolo de la república frente
   a la intervención francesa*, que se encuentra en el castillo de Chapultepec, el autor
   retrata en la parte superior derecha a González Herrera y de la Cruz Borrego, curiosamente en una obra que casi no contiene retratos de otros protagonistas. (Manuel
   Arellano y Bertha Hernández: *Benito Juárez: historia de un mural. El benemérito de las
   Américas en la obra de Antonio González Orozco*).

136

RIVA PALACIO EN ZITÁCUARO

Vicente Riva Palacio, llegaste a Morelia en octubre del 63 y tras la caída de la ciudad a fines del 63 estabas tratando de armar una fuerza recogiendo sueltos y rezagados por aquí y por allá sin demasiado éxito, e incluso te habías visto obligado a actuar de sastre para cortar y coser los uniformes de tus tropas. Bajo persecución de los imperiales te refugiaste en Zitácuaro, en los límites del Estado de México y el sur de Michoacán.

Tu amigo J. A. Mateos habría de escribir: "La libertad es como el sol, sus primeros rayos son para las montañas, sus últimos resplandores son también para ellas. Ningún grito de libertad se ha dado jamás en las llanuras […]. Esta era Zitácuaro en 1863".

La columna de Félix Douay ocupó Uruapan como quien se apodera de un misterioso camposanto. Mirando siempre a sus espaldas, sintiendo el inexistente soplo de la muerte tras el hombro. Con miedo a los fantasmas, encontraron la ciudad temerosa, no desocupada, pero sí con puertas cerradas y miradas de reojo.

El primero del año 64 se organizó una gran borrachera. Las familias quedaron encerradas en el fondo de las habitaciones y a la espera. "Los jefes y oficiales alojados en las casas exigían que se les tratase como príncipes y sus asistentes se ponían furiosos porque no se les entendían las pocas y malas palabras que sabían en español", diría Eduardo Ruiz fascinado por el impudor del imperial que a él lo reafirma. Un bando público con resople de cornetas y redoble de tambores obligó a los vecinos a poner a disposición del comandante francés el maíz y la paja que tuvieren, que costaba a tres pesos la fanega y 25 centavos la arroba. Al día siguiente hubo una requisición espantosa, visto que los vecinos no regalaban nada. Pusieron guardias en las panaderías para monopolizar el pan. Todo lo pagaban… pero a un tercio de su precio.

Todo esto te ha de ser contado, dándole rostroa a ese enemigo que has visto en los últimos dos años como un rostro que recibe el sable, una mancha, un tiro que pasa zumbando, una formación de soldaditos de plomo que se mueven en el terreno de la batalla.

Los comerciantes aterrados cerraron las tiendas. Luego vino el saqueo de las casas. Puercos y gallinas, hasta gatos se llevaban. Territorio conquistado, ley de la victoria. Con timidez, las únicas que no parecían espantadas, las indias que vendían fruta, se acercaron a los acuartelamientos, hasta que se produjeron algunos abusos y violaciones.

Había en Uruapan una prostituta llamada Anselma y por sobrenombre la Puro Apagado. Un grupo de zuavos fue a dar a la casa de la desgraciadísima mujer; cuando llegó el turno al último la pobre era cadáver. Una mexicana muerta que hay que poner en la lista de la venganza. Le das la vuelta al asunto, te compadeces de esos pobres soldados argelinos traídos desde el fin del mundo para conquistar en nombre de otros.

Pero de todo lo que te contó Ruiz lo mejor fue aquella anécdota del loco de Uruapan, un pobre diablo que andaba por ahí babeante todo el día y que cuando la columna francesa abandonó la población rumbo a Zamora les decía al paso y a gritos: "¡A ver cuándo vuelven, que estuvo muy divertido!".

Bazaine un tanto molesto por la guerrilla michoacana decidió el 20 de enero del 64 enviar el 89º regimiento de línea francés a Morelia y dejar a Márquez a cargo de La Piedad y Zamora.

De esos días la memoria de Eduardo Ruiz recuperará un retrato tuyo: "Montaba bien a caballo y sabe manejar el corcel, vestía un traje que le era peculiar, sombrero fieltro de ala ancha, levantado hacia el lado derecho e inclinado hacia el izquierdo, dormán de paño azul con alamares [o sea, averiguará el autor, no versado en uniformes militares, una chaqueta de uniforme con adornos de alamares, o sea ligaduras realizadas con una cinta de seda, piel o cordón cerrada en lazo para formar un ojal a través del cual pasar el botón], pantalón ancho y bota fuerte de charol. Cuando iba a pie usaba a veces una capa de paño aplomada de las que [...] llamábamos zaragozas. Era de estatura regular, de vivos movimientos, moreno y quebrado el escaso pelo que circunda una calvicie prematura. Detrás de los espejuelos chispean de inteligencia los ojos. En aquella época el general era muy joven, pues rayaba los 30 años".

En mayo del 64 en Zitácuaro se te unió Nicolás Romero a la cabeza de cien jinetes desgastados por los días de camino y los continuos combates, el más singular de los guerrilleros, el loco triste, el silencioso Nicolás Romero. Llegaba al frente de Los Colorados, un regimiento de lanceros, parchado por las heridas, sin municiones, con las astas de las garrochas astilladas de tantos encontronazos y los sables mellados. Rostros agrietados por el sol, los sudores, el polvo de los caminos. Venían a Michoacán para encontrar respiro, porque su zona de habituales correrías, en las cercanías del Estado de México e Hidalgo, estaba ya imposible, atiborrada de imperiales, por más que habían logrado que les abastecieran de balas robadas a los franceses desde la capital. Allí habían resistido un año, enfermos de tifus, sin contactos ni relaciones con la república, casi pensando en que eran los únicos, los últimos.

Nicolás Romero era mestizo, y si te preguntaran de un primer golpe de vista cuál había sido su oficio primitivo, dirías que parecía cura. Era seco, anguloso, quizá por una pequeña herida en el carrillo derecho que le habían hecho en la Guerra de Reforma, retraído, tímido, tristón, como de alma atormentada. Tenía 37 años, y había nacido en Nopala, una ranchería en el Estado de México. Hijo de campesinos miserables, no aprendió ni a leer ni a escribir. Al paso de los años se hizo obrero tejedor en una fábrica de las afueras de la Ciudad de México, hasta que en una riña callejera en el 59 en la fábrica de algodón de Molino Viejo hirió gravemente a un panadero y al subprefecto político de Tlalnepantla, robó dos caballos y salió huyendo. Viviendo siempre de fugado, hizo la Guerra de Reforma con Ramón Corona y el general Aureliano Rivera. Allí se dijo de él que era impetuoso y ardiente en el combate, frío, indiferente y melancólico en la vida diaria. Al comenzar la intervención servía en el estado de Hidalgo. Estuvo en Puebla con Zaragoza, pero nunca destacó en esa guerra que no era la suya: cañonazos, balas tiradas a enemigos invisibles. Salió del sitio al mismo tiempo que tú, en la salida de la caballería, y formó una pequeña guerrilla.

Romero, al cambiar la primera mirada, te dio una confianza que pocos te habían dado antes, y sin más le dijiste que si quería hacer la guerra a franceses y traidores aquí había encontrado su lugar y a sus iguales; le sumaste la guerrilla de Garza y una compañía de rifleros y lo mandaste a picotear hacia el Estado de México, tu obsesión. Romero te ofreció una sonrisa franca, hizo millares de preguntas sobre el nuevo territorio donde le tocaría actuar y a la cabeza de 150 hombres partió de Zitácuaro en su primera expedición, que acabó sin combate.

Diez días después, sintiendo que las fuerzas crecían, saliste de tu refugio a la cabeza de las guerrillas de Romero, Luis Carrillo, Agustín Granda, Carlos Castillo y Luis Robredo: era la fuerza más grande que se había integrado en Zitácuaro desde tu arribo, unos 500 hombres. La idea que te traía la cabeza en la hoguera, y no parecía mala idea, era atacar Toluca y jorobarles las fiestas a los imperiales, que estaban preparando jolgorios en todo el país para celebrar el arribo a México de su nuevo emperador, el tal Maximiliano. Pero la expedición tuvo que posponerse porque tras dos días y medio de agobiante marcha, con las infanterías forzando el paso: tratando de no ser vistos más que por rancheros y amigos que estaban regados por todo el territorio, a las ocho de la mañana del día 14 de junio, los exploradores avisaron que una columna de mil hombres había salido de Toluca al mando del coronel Morel para ir a buscarlos en Zitácuaro y se habían posesionado del pueblo.

Los imperiales destruyeron algunas imágenes de la virgen, lo que provocó una rebelión de los indios que les hizo abandonar el pueblo en cuatro horas. La virgen, escribió Ruiz, "era una chinaca no una traidora". Pero los gabachos volvieron.

El 5 de julio de 1864 llegaste por el oriente a Zitácuaro, coronel con 300 jinetes y 400 infantes. Te posesionaste del cerro vecino y los imperiales salieron de la ciudad a buscar el enfrentamiento. Ordenaste a Romero con los rifleros y la caballería de Acevedo que sin ser vistos flanquearan a los imperiales. Y tú, con los jinetes de Castillo y los infantes de Robredo, avanzaste a construir un orden de batalla. Entre ambas tropas había una gran barranca que aumentaba la distancia. Los traidores, viendo que tus chinacos eran pocos, se animaron a dar una carga, y comenzaron a cruzar la barranca. Fue en ese momento, como si todo hubiera sido sincronizado por tu reloj, que colgaba tranquilo de la leontina del chaleco, que la retaguardia de los imperiales, comandada por Morel y el Ronco Estrada con las caballerías, recibió por el costado el ataque de los jinetes de Romero y Acevedo. Desde la loma en que esperabas el choque con la infantería de los traidores veías el rojo blusón de los lanceros en medio de nubes de polvo. En unos instantes los 300 jinetes de Morel se dispersaron ante el impacto de la chinaca. Duró segundos el choque. Diste órdenes de cargar a la infantería.

Entonces la caballería chinaca viró buscando la espalda de los imperiales y tus hombres pusieron rodilla en tierra, dejando entre dos fuegos a los infantes enemigos. Desbordados los imperiales, se combatía en las calles del pueblo. Pierdes tu caballo, combates a pie, pistola en mano. Los imperiales viéndola perdida comenzaron a tirar los fusiles y a levantar las culatas en señal de rendición. Sonaban las dianas por todos lados. Como si hubiera fiesta. Te abrazaban los oficiales y los infantes. El tuyo era un ejército de clarinetes y fanfarrias, pitos y alaridos, marchas y coplas. A las seis de la tarde se desató la tempestad, el enemigo abandonó la plaza.

Horas más tarde, en el campamento nocturno, el teniente coronel Luis Carrillo se te aproximó todo misterioso:

—Mi coronel, no teniendo más novedad, sino que los traidores andan haciéndose bola.

—¿Cuáles traidores?

—¿Cómo cuáles? Los prisioneros, señor. Como son 600 y pico, y nosotros menos de 500, comienzan a insolentarse.

—Eso no es posible.

—¡Y cómo que sí! Usted dio la orden de que ellos mismos trajeran sus fusiles y sus cartucheras para no cargar con ese peso a nuestros hombres. Ya algunos han cargado sus armas. Si usted gusta…

—¿Qué, Carrillo?

—Les daremos una lanceada para que se les quite lo orgulloso.

—Si no lo hicimos en el acto del combate, mucho menos ahora.

—Pues qué, ¿cree usted que los hemos de sosegar con arengas?

—Precisamente, Carrillito.

—Entonces esperaremos que acabe usted de cenar para que vaya a echarles un discurso.

—No se necesita tanto, Luis, usted será el orador y con eso basta.

—¿Yo?

—Usted, y sobre la marcha, porque puede hacerse tarde. ¡Vaya usted, yo se lo mando!

Luis Carrillo salió rascándose una oreja, se dirigió al cuartel, mandó a tocar alerta y parándose enfrente de los prisioneros, dijo: "Ex traidores, de parte del coronel en jefe vengo a deciros que ya sabemos que os andáis haciendo bola. Os ciega la confianza de que sois más que nosotros; pero ¡cuánto os equivocáis! Si vosotros pasáis de 600 y nosotros no llegamos a 500, demasiado habéis visto, y lo demuestra también la historia que nosotros los liberales somos hombres y ustedes los mochos sois cabrones. He dicho.

Parece que convenció, porque los prisioneros soltaron el parque que tenían oculto y se fueron a dormir, roncando al rato como benditos.

En Zitácuaro había banda de música esperando y los habitantes, que sentían como propia la victoria, después de las angustias de las tantas derrotas, tiraban cohetes al aire. Era tu fiesta, la fiesta de tu primera victoria, coronel y poeta. Y la saboreaste hacia dentro, cada segundo de ella, porque siempre gozaste el espectáculo tanto como la obligación.

Ese fue el momento elegido por los imperiales para atacar Zitácuaro por segunda vez. Convergían sobre la pequeña ciudad tres columnas de imperialistas: la división de Leonardo Márquez con 2 mil hombres, la brigada de Elizondo, que se estrenaba como traidor, con 500 y una columna con otro millar de franceses.

Tu ejército contaba ya con una fuerza considerable, muchos se te hacían, poeta: tenías a Romero con su centenar de jinetes, orgullosamente rebautizados como Lanceros de Zaragoza; a Crescencio Morales, el mudo, con la Guardia Nacional de Zitácuaro, que constaba de 50 dragones y cien infantes; otra pequeña fuerza de caballería que mandaba Solano, y los batallones de Robredo, Bernal y Carrillo, con 800 chinacos bastante poco fogueados. En total, unos 1 200 hombres mal armados pero con la moral muy alta. Sus bases de operación estaban repartidas entre la población y las rancherías cercanas.

Concentraste en Zitácuaro a los cuerpos principales pensando que ya había llegado la hora de dar batalla. Era una absoluta locura. Los imperiales traían al menos el triple de hombres que tú, y mucho mejor armados y disciplinados. Pero necesitabas, para la salud del espíritu de tus gentes y para la confianza de Zitácuaro y, sobre todo, para la tuya propia, devolver los golpes, dar respuesta. Derrotas quizá, pero no abandonos. En Michoacán había que morir un poco para resucitar mucho. Demasiados fracasos, debacles y deserciones, y las batallas se ganan en las cabezas de los mirones; las guerras se ganan convenciendo a los que dudan. Los que no dudan son muy pocos: no hacen legión.

No eras tú el único en andar buscando gloria. Márquez quería vestirse de gala ante sus amos franceses y ansiaba celebridad para él solo. Por eso adelantó la marcha y el primero de julio estaba en las afueras de la ciudad.

Había neblina. No se veía en las montañas a 20 metros. La chinaca, avisada con tiempo, al igual que los vecinos, había desalojado la ciudad y ocupaba posiciones en cerros y cañadas. Márquez iba en punta con una patrulla de reconocimiento. Valor no le faltaba al desdichado. Tus exploradores lo vieron pasar y ya iban a hacer fuego cuando alguien dijo:

—No tiren, que es el coronel Riva Palacio que vuelve de reconocer al enemigo.

La gente retiró el dedo del gatillo y suspiró en descanso. Por eso los imperiales pasaron de largo sin saber que habían estado a punto de ser fusilados. De repente te apareciste por un recodo del camino y los chinacos se jalaban los pelos del coraje. La confusión se había originado en que aquel día por designio de la suerte, que siempre es mala, estabas vestido igual que Márquez: sombrero de fieltro aplomado de ala ancha, manga de hule y botas, y para acabarla de amolar, un caballo del mismo color.

Quién sabe si porque presintió que había estado a punto de quedarse sin cabeza, o porque la fama de los guerrilleros de Zitácuaro le pesaba, o porque en esos lomeríos nunca se sabía lo que había detrás de un pino, que Leonardo Márquez frenó la embestida y esperó a la columna de Valdés, quien se sumó al día siguiente y juntos hicieron su entrada a la ciudad. Desde luego, desierta.

Estaba ingresando a Zitácuaro la vanguardia y en las afueras esperaba el cuerpo principal de los imperiales, cuando por sorpresa cargó Romero con sus jinetes, matando y destazando, lanceando y arrojando tiros como si fueran cohetes de día feriado. El impacto del choque fue recibido de plano por los ex lanceros de Huerta, conocidos ahora como el séptimo de caballería, que comandaba el traidor de Elizondo, quien fue herido de un tiro en el repliegue y murió a los pocos días en Maravatío. Justo final a un chaquetero.

Márquez recompuso sus fuerzas y tomó la ciudad sin mayor combate. Lo dejaste hacer, sólo un aguijonazo, para que perdieran seguridad, y en el que sin costo para los chinacos, les hiciste una docena de muertos y no menos de 50 heridos. El enfrentamiento, que estabas buscando, poeta, era en tus condiciones, no en las del general mocho.

El 3 de julio, ya reunido el Tigre de Tacubaya con los franceses, salió de Zitácuaro, dejando ocupada la ciudad por 2 mil hombres mandados por los imperiales Lamadrid y Valdés, los que empezaron a fortificarse y a cavar trincheras. Les habían informado que la guerrilla no contaba con más de 1 200 hombres y se sentían seguros, pensando que la guarnición era suficiente para obligarlos a levantar el vuelo.

Llegaron los chismosos. Traen un parte que decía venía hacia Morelia un ruso. Horas más tarde te enterarás de que desde México el capitán Becker viene con instrucciones de viva voz de Bazaine para Márquez en Morelia. Y sí, el tal Becker era un aristócrata ruso incorporado a las fuerzas de Max.

Era una tarea para los lanceros de Nicolás Romero. Y a la hora escasa, se hallaban en camino. "Lo quiero vivo, Nicolás, a ti te hago responsable", le dijiste. Pero no iba a resultar tan fácil, Márquez estaba preocupado y envió a la espera de Becker a 500 hombres de Oronoz y 300 dragones de caballería al mando del coronel Miguel Camarena, un chaquetero que había sido segundo de Elizondo. Lo encontrarían en el camino de Ixtlahuaca.

Romero desplegó su red de exploradores y espías. A la una de la tarde del 13 de agosto salió de Ayala y pernoctó en la hacienda de Mayorazgo. El 14 avanzó por Tapasco y llegó al puerto de Medina como a las dos de la tarde. Camarena ya se había encontrado con el singular correo Becker y lo escoltaba, asegurándolo. Las tropas de Oronoz venían al encuentro. Romero, que en esas sierras lo sabía todo antes que nadie, se fue primero sobre la infantería de Oronoz con cien de sus mejores jinetes, derrotándolos en minutos y haciéndolos replegarse hacia la hacienda de Tepetongo, donde se hicieron fuertes. Dejó a Lino Basurto con 25 hombres para mantenerlos en acoso, y regresó a montar la emboscada. Camarena estaba advertido por sus exploradores de que los hombres de Romero andaban rondando y habían tenido un choque con otro grupo de imperiales a varios kilómetros, pero no se esperaba la aparición a la carga de los chinacos en el mismo instante en que llegaban las noticias y menos aún que, con lanza en mano y sin darles tiempo, cayeran sobre sus fuerzas sin dejar que se desplegaran los tiradores. El caos cundió en la columna imperial.

Los chinacos de Romero cuando atacaban iban buscando para exterminarlos a los oficiales, y en esta primera carga hicieron difuntos al coronel Camarena, al capitán González e hirieron a varios más. Becker se defendió a mandobles, pero cuando vio que la traía perdida, tiró hacia el monte rumbo a Tapasco. Los chinacos, viendo caballo fino y uniforme garigoleado, fueron tras él y estaban por despachárselo, el dormán agujereado de un lanzazo y el ruso en el suelo pidiendo por su vida, cuando llegó Romero a galope tendido para pararlos, y con su sola presencia detuvo la matachina.

Le quitó los documentos al derrotado aristócrata y le aceptó la espada, poniéndolo a su lado para protegerlo. Cuarenta muertos dejaron los imperiales en ambos combates, y ni un chinaco mordió el polvo, aunque quedaron bastantes heridos. De ahí la guerrilla hizo noche en El Oro y al día siguiente Romero entró en el campamento en son de gloria.

Pasándote de amable, le diste alojamiento al aristócrata prisionero con el mayor García, y te encerraste a estudiar los papeles que le habían quitado, desempolvando tu francés escolar, tus lecturas de Voltaire. Los documentos eran los planes para la confluencia de Bazaine y Márquez sobre las fuerzas de Arteaga en el sur de Jalisco. Más te tardaste en leer que en hacer un resumen, que salió aquella misma tarde en manos de mensajero escondido en el forro de un sombrero jarano. Los planes así se desbarataron.

El 24 de julio Juárez, dondequiera que estuviese, te nombró general de Brigada.

NOTAS

1) José Ortiz Monasterio: *Historia y ficción. Los dramas y novelas de Vicente Riva Palacio* y *"Patria", tu ronca voz me repetía: biografía de Vicente Riva Palacio y Guerrero.* Ignacio

Manuel Altamirano: "Batalla del cinco de julio de 1864 en Zitácuaro" en *Las glorias nacionales*. Eduardo Ruiz: *Historia de la guerra de intervención en Michoacán*. Vicente Riva Palacio: *Calvario y Tabor: novela histórica y de costumbres*. Paco Ignacio Taibo II: *La lejanía del tesoro*. Eduardo Ruiz: *Un idilio a través de la guerra: novela histórica*. Mark Moreno: *World at War: Mexican Identities, Insurgents, and The French Occupation, 1862-1867*. Antonio Albarrán: *Nicolás Romero, guerrillero de la Reforma*. Juan Antonio Mateos: "Nicolás Romero" en *El libro rojo*.

2) Un mes más tarde Becker fue cajeando por un oficial republicano y le escribió a Riva agradeciéndole sus atenciones.

137

ZORRILLA Y PRIETO

Además de ser conocido por ser el autor de *Don Juan Tenorio*, José Zorrilla había estado en México otras dos veces. Tenía casi 50 años cuando retornó en 1865. El que sería secretario de Maximiliano, Blasio, lo describe: "Era de baja estatura, un poco grueso, de regulares facciones, ojos muy negros y mirada muy penetrante, tenía bigote negro muy espeso y cabellos del mismo color a la usanza de los románticos".

Desembarcó en Veracruz el 9 de enero de 1865 y rápidamente fue agasajado por el México imperial: banquetes, lecturas de salón y recitales de poesía. En un acto en la escuela de Minería al que acudió el emperador, que además de ser buen lector de poesía se decía poeta clandestino, Zorrilla leyó un saludo a Max: "Por eso antes de leer mi poesía, / Cortés y sin servil palabrería, / Caballero español, poeta rudo, / Majestad imperial, ¡yo te saludo!".

La cosa no quedó así; poco después se verán en una hacienda de los llanos de Apam, donde Zorrilla se había acogido. Maximiliano, que pasaba por allí, fue recibido por los dueños y el poeta español. Max lo invitó a cenar y en la tertulia nocturna lo escuchó recitar varios poemas. Al día siguiente Zorrilla acompañó al emperador en su viaje y pudieron hablar los dos a solas. Terminarán viéndose en Palacio, donde Maximiliano, en un ataque de mexicanidad, invitó al dramaturgo a beber pulque.

Zorrilla anotó en sus *Recuerdos*: "Quedamos en que, no buscando en mí un adulador ni un palaciego más, yo debía ayudarle a crear un teatro nacional mejicano, del cual me nombraría director, con la condición de que no me mezclaría ni en la política del país ni en las intrigas de palacio; no me obligaría a usar uniforme ni distintivo alguno, y tendría derecho a ser recibido por él inmediatamente que yo le pasara mi tarjeta por la secretaría del gabinete civil".

Maximiliano lo nombró director del teatro nacional de México con un sueldo de 3 mil pesos. Acordaron convertir un salón del Palacio en teatro y formar una compañía llamada imperial; así como aplazar la creación del teatro nacional. Zorrilla fue a vivir al Distrito Federal y en julio de 1865 fue nombrado oficial de la orden de Guadalupe. En el cumpleaños de Carlota, el 4 de noviembre, montó un fragmento de *Don Juan Tenorio* y leyó "La corona de pensamientos, galantería poética a S. M. la Emperatriz": "Como algo en los poetas hay de hechiceros, / No extrañéis que un encanto pretenda haceros. / Con el poder del arte, que aquí me abona, / Voy, Señora, a tejeros vuestra corona".

Guillermo Prieto estaba escribiendo en *El Cura de Tamajón* y no pierde oportunidad de comentar: "Cuántos gusanos que aplauden / y camaleones que entonan / desacordados conciertos / que más parecían broma / un chasco, una cencerrada / que una recepción en forma / de los grandes personajes / que vienen desde la Europa / para hacer nomás la dicha / de esta tierra revoltosa".

Prieto y Zorrilla son casi de la misma edad, apenas separados por un año: Zorrila nació en el 17, Prieto en el 18. En el 55 se decía que Zorrilla había escrito una quintillas denigrando a los mexicanos y de pasado burlándose de Santa Anna. Prieto le respondió un poema zahiriéndolo. Finalmente el asunto se aclaró y Zorrilla testificó ante el poder civil que él nada había tenido que ver con el supuesto poema.

En esos mismos meses el español había escrito en su libro *México y los mexicanos*, un texto sobre Guillermo: "El poeta mexicano de más inspiración y de vuelo más airoso en los arranques de su genio poético. Inculto, incorrecto, desaliñado, a veces sublime, a veces rastrero; remontándose a veces como el águila, rasando a veces el polvo como la golondrina, sin paciencia para llevar a cabo obras de largo aliento, disparando sobre el papel sus pensamientos sin curarse de su palabras, sin corregir jamás sus manuscritos [...] amante sincero de su patria, apegado con delicia a sus costumbres, adorador entusiasta de sus tipos nacionales, ha elegido mil veces los argumentos de sus cantares en los caracteres y costumbres del bajo pueblo".

Tras su breve paso por el teatro imperial casero de Maximiliano, Zorrilla pidió permiso al emperador y regresó a España. Prieto siguió siendo el poeta errante de la resistencia.

NOTA

1) José Luis Blasio: *Maximiliano íntimo: el emperador Maximiliano y su corte. Memorias de un secretario particular.* Guillermo Rivera: *José Zorrilla en América, datos biográficos.* Torcuato Luca de Tena: "Un poeta español en la corte de Maximiliano". José Zorrilla: *Memorias del tiempo mexicano y México y los mexicanos* (escrito en 1858), con prólogo de Andrés Henestrosa. Marco Antonio Campos: *Joven la muerte niega el amor joven. Cuentos del siglo XIX.* Guillermo Prieto en el tomo XXII de sus *Obras completas.* Vicente

Leñero: "A cien años de la muerte del autor de Don Juan Tenorio". Sobre Max y la poesía ver el trabajo de Johann Georg Lughofer: "El poeta Maximiliano como precursor del emperador Maximiliano" en *Entre la realidad y la ficción. Vida y obra de Maximiliano*.

138

MAJOMA

Juárez y su pequeña comitiva avanzan y retroceden. Primero regresa 120 kilómetros hasta la Noria Pedriceña, en el camino a Durango; luego viene a Nazas. Duda. ¿Podrá unificar los dos ejércitos con los que cuenta? ¿Podrán frenar a los franceses? En caso de derrota, ¿replegarse a Sinaloa o a Chihuahua? Llega a Santa Rosa. El 7 de septiembre se encuentra en Mapimí. El presidente errante se va alejando lo menos posible del futuro teatro de operaciones y cada vez que puede se acerca a él.

Lerdo de Tejada narrará más tarde que la extraña ruta que se siguió tenía el sentido de despistar a los franceses, haciéndoles creer que iban hacia Monclova y buscando el camino hacia La Laguna para posiblemente seguir a Chihuahua.

González Ortega llega a La Loma. "Sufrimos un aguacero fortísimo que no he recibido otro igual en mi vida". Está punto de reunirse con Patoni. En Parras se incorporan la división de Zacatecas y la de Durango de Patoni. Este acusa a González Ortega de lentitud porque preferiría avanzar sobre Zacatecas y trata de convencerlo de dar la batalla sobre Durango antes de que los franceses reciban refuerzos de Monterrey. Calcula que el enemigo no tiene más de 800 hombres en el estado. Aunque González escribe: "Hemos quemado las naves". Está optimista respecto al triunfo.

En paralelo, el 12 de septiembre de 1864 Bazaine es nombrado mariscal por Napoleón III. En esos días Juárez le escribe a Gregorio Galindo: "Ya marchan unidas las fuerzas del señor Ortega y las del señor Patoni y las que saqué de Monterrey [restos de la gente de Doblado] al mando del general Alcalde, sobre Durango y Zacatecas. Yo procuraré no alejarme mucho de nuestro ejército de este rumbo que se denomina Ejército de Occidente. He nombrado al señor Ortega general en jefe y de su segundo al señor Patoni. Nuestro ejército de Jalisco está bien. No estamos tan mal, no hay más que obrar con actividad y constancia". Las tropas de este nuevo ejército alcanzan el número de 4 200 hombres (3 500 infantes y 700 de caballería), pero se encuentran agotados por penosas marchas y contramarchas, hambreados.

Siguiendo las órdenes de Bazaine, diversas columnas francesas han estado dando palos de ciego a la busca del ejército republicano, de cuya concentración tienen noticias. Grupos de reconocimiento han chocado contra Carvajal, que estaba recogiendo víveres, y han detectado en las cercanías de Tapona un cuerpo del ejército mexicano que suponen cuenta con 3 mil hombres.

El ejército dirigido por González Ortega progresa hacia Durango cuando reciben la noticia de que una fuerza francesa se encuentra en las inmediaciones de San Miguel del Mezquital. Se trata de una columna de 611 imperiales al mando del coronel Jules Martin, enviado por el general Edmond L'Heriller, compuesta por seis compañías, dos obuses de montaña y un escuadrón de caballería mexicana de 80 hombres bajo las órdenes del cura Jesús Meraz.

El 21 de septiembre el coronel Martin toma la hacienda de la Estanzuela, deja el convoy a retaguardia de la casa, la compañía de cazadores como reserva y los boyeros en las terrazas y muros aspillerados del edificio, y avanza sin saber muy claramente qué tenía enfrente.

El camino que sale de la Estanzuela llega poco después a una pequeña planicie, y tres kilómetros más allá pasa al pie del cerro de Majoma, donde González Ortega, que tampoco tiene claro de qué tamaño son las fuerzas que lo enfrentan, dispone una distribución de sus fuerzas. Trae además de las tres divisiones de infantería, la caballería que manda Antonio Carvajal más una brigada de caballería suelta al mando del general Eugenio Castro y 20 piezas de artillería bajo órdenes del coronel Jesús Lalanne.

Patoni toma el cerro y se vuelve el ala derecha del ejército mexicano; en la cima, se colocan diez cañones y el batallón de Chihuahua, a las órdenes del coronel Manuel Ojinaga. Como reserva Ortega y Alcalde con sus divisiones se situaron en la llanura formando el centro y ala izquierda con la caballería en las alas.

El combate se inició cuando Carvajal, al frente de una sección de exploradores, avanzó hacia la Estanzuela. Lo enfrentó el capitán francés Fouré, con un escuadrón de cazadores montados. Se trabó un tiroteo de corta duración. Parece que en esta primera acción la ventaja correspondía a los republicanos. Los franceses pierden algunos hombres y caballos.

Jules Martin pensó que tenía una corta fuerza al frente porque no divisaba al conjunto del ejército republicano y con sus zuavos comenzó el avance por columnas. Cuando se dio cuenta y sin posibilidades (o voluntad) de retroceder, avanzó. La ofensiva francesa se frenó e incluso retrocedió, bajo el fuego de los chihuahuenses de Ojinaga.

En una segunda carga, el coronel Martin se dirigió hacia la vertiente norte del cerro, que ofrecía una suave pendiente y se hallaba cubierta de arbolado; "el fuego de la artillería exaltó los ánimos de los asaltantes, que, ciegos de furor, sin reparar en los peligros ni en lo arriesgado de la empresa, se lanzaron resueltamente a la bayoneta sobre aquella batería de ocho piezas que vomitaba la muerte; tras penosos esfuerzos, consiguieron los franceses rechazar la escolta de las piezas y apoderarse de estas". Pero la artillería colocada en la cima de la loma logró con sus primeros disparos acertar al coronel

Martin, que quedó destrozado al impactarlo un cañonazo. Frédéric Benoit Japy, tomó el mando a la mitad del combate. Curiosamente Japy era muy crítico con la intervención y había escrito: "Todo el mundo aquí está cansado de esta campaña, en la que nadie ve utilidad para Francia".

En la tercera carga los franceses tomaron el cerro. Por unos momentos parecía perdida la batalla para los republicanos, pero una carga de caballería a lanza dada en la cima de la loma logró inclinar la balanza. En esta tercera acción fue necesario que subieran a la loma los batallones de Zacatecas. Varios de los infantes franceses, otros se dispersaron y se recobraron las piezas de guerra. Los imperialistas sufrieron pérdidas de consideración. Pero habían muerto los coroneles zacatecanos Fernández y Villagrana y fue herido Castro, el jefe de la caballería. Bajo presión de los zuavos comienza la fuga. No es esta una vieja historia, a lo largo del 63-64 la muerte de los oficiales, que constituyen la columna vertebral del ejército republicano, producirá una y otra vez desbandas.

En unas versiones, el general González Ortega reúne sus batallones, los arenga y los lanza a la carga ("sólo les pido diez minutos de energía") para recuperar las piezas. Pero los zuavos forman el cuadro; el escuadrón carga vigorosamente, y los cazadores, al paso ligero, caen sobre la otra batería, de la que se apoderan. Con estos mismos cañones, los franceses siembran el pánico entre las compactas filas de los liberales que abandonan precipitadamente el cerro. Sin embargo, en la narración de Iglesias: "las tropas comandadas por González Ortega observaron una pasmosa inacción, sobre todo en los momentos en que más se requería su apoyo, para defender a sus camaradas".

Sóstenes Rocha salvó nueve piezas de artillería e impidió que cayeran en poder del enemigo, pero la derrota era grave. Muchos muertos y heridos, cerca de 300, entre ellos dos generales, cubrían el campo de batalla. Los franceses capturaron 152 prisioneros, la artillería (20 piezas), gran cantidad de armas. La columna vencedora tuvo un oficial y 20 soldados muertos, cuatro oficiales y 46 heridos.

En la noche del 21 de septiembre de 1864, un ejército republicano derrotado se retiró en aparente orden hacia Nazas, para recorrer otros 25 kilómetros tras las marchas y contramarchas de los días anteriores. Los franceses muy golpeados también se replegaron hacia Durango.

González Ortega y Patoni se encontrarán con el presidente Juárez. Supuestamente los generales habían transmitido a la tropa "la imposibilidad de continuar haciendo la guerra, por falta de recursos y de gente". Juárez indignado los sustituye por Antonio Carvajal y Manuel Quezada.

El Presidente le escribe a Santacilia: "Perdimos la acción, cuando teníamos todas las posibilidades de nuestro lado, porque el señor González Ortega no metió en el combate todas sus fuerzas, sino una parte pequeña que peleó con heroísmo, y la otra, que era la mayor, quedó formada y se retiró en orden sin haber disparado un tiro y lo peor es cuando esta fuerzas, que era de 1 500 infantes por lo menos, estaba ya a 40 kilómetros del enemigo, sin que este lo persiguiera, el general en jefe, por descuido o por despecho la dejó desbandarse. Estos hechos no se han publicado ni conviene que se publiquen".

El 22 de septiembre la escolta de Juárez se amotina, son los originales de Guanajuato que traen encima kilómetros y kilómetros a pie, sin sueldo y sin buena comida. Meoqui, ante un Juárez impasible, los convence, disuelven al grupo y lo refunden en una nueva versión del batallón Supremos Poderes con un grupo vertebral de chihuahuenses. Un día más tarde el Presidente sale hacia Chihuahua escoltado por el general Negrete.

Dentro del gobierno se respira tensión y frialdad contra González Ortega, le quitan el mando. La plebe, que es mañosa, cantaba una cuarteta del Corrido de la Batalla de Majoma, que recogería años más tarde Francisco Castillo Nájera: "Ortega perdió en dos cerros: en Majoma y El Borrego" y "muera González Ortega que por él perdí la guerra". El triunfador en la derrota de Puebla se había convertido simplemente en el derrotado de Majoma.

En su recuento Juárez estima lo que queda del ejército: las tropas del centro mandadas por Arteaga, Riva Palacio y Salazar en Michoacán (gravemente dañadas por la deserción de López Uraga), Porfirio en el sur, Cortina en Tamaulipas. Y vuelve a repasar: gobernadores que no gobiernan demasiado, sin las capitales de sus estados, pero resistentes, guerrillas, grupos sueltos. Un breve consuelo, quizá excesivamente optimista; Juárez le escribe a Matías Romero: "Los imperiales en Majoma quedaron dañados, por eso no nos persiguieron [...]. Tendremos tiempo para reorganizar nuestro ejército".

Para los imperiales es el fin de la resistencia republicana.

NOTAS

1) José María Iglesias: *Revistas históricas sobre la intervención francesa en México*. Jean-François Lecaillon: *Les grands malentendus de l'intervention française au Mexique, 1862-1867*. Jean Meyer: *Yo, el francés. Crónicas de la intervención francesa en México, 1862-1867*. Antonio Avitia Hernández: *Los alacranes republicanos: historia de la Reforma, la intervención francesa y el segundo imperio en el estado de Durango*. Antonio García Pérez: *Estudio político militar de la Campaña de Méjico, 1861-1867*. Gustave Niox: *Expedition du Mexique, 1861-1867; récit politique et militaire*. Francisco Castillo Nájera: *La Batalla de Majoma. Significación política y militar. Sucesos de la época*. Benito Juárez: *Documentos, discursos y correspondencia*, tomo IX (en particular Juárez a Santacilia, 22 de septiembre de 64; Sebastián Lerdo de Tejada al embajador Matías Romero, Nazas, Durango, 22 de septiembre de 1864).

2) En el Museo de la lealtad republicana de Chihuahua (situado en la que fue casa de Juárez y palacio nacional temporal) se distribuye un folleto titulado "Ruta de Juárez" que contiene con absoluta precisión la "peregrinación" del 7 de agosto en El Sauz hasta el 12 de octubre en Chihuahua. Ahí también se puede ver una réplica del

carruaje, la carretela, el carricoche juarista y dejaron subirse al narrador; dudé en sentarme del lado izquierdo, donde se sentaba Juárez y nomás me atreví a sentarme enfrente, en el lugar de Guillermo Prieto.

139

MARIANO

En las biografías deben reseñarse cosas como que el biografiado nació en un lugar llamado la misión de San Pablo de los Labradores, en el municipio de Galeana, en el estado de Nuevo León, en el año 1826 (por más que tu secretario Juan de Dios Arias diga que en 1827), y que por tanto en el momento del viaje al norte contabas casi 40 años, que no eras ningún jovencito. Habrá que decir que entonces estabas casado. Que escribías cartas en las que confesabas que cuando todo aquello terminara querías volver a ser ranchero. Que te llamabas Mariano Escobedo de la Peña y en la juventud te escondías de tu madre para poder ir a fumar.

Y no se puede decir que una biografía nace de un instante, de una manía, de un accidente, de un retrato contemplado atentamente. Pareciera, como realmente sucede, que el narrador se deja llevar por sus simpatías. ¿Y dónde queda la objetividad si la simpatía manda?

Y desde luego, en las biografías no debe prestarse excesiva importancia a los rumores sobre la etapa juvenil del biografiado, a no ser que estos hablen de un carácter en formación. Por lo tanto sería de poco interés biográfico narrar que te habías caracterizado en tus primeros años por un carácter turbulento, actitudes de campesino rico, derrochador y pendenciero, pero más loco que abusivo; hombre que se echaba al caballo por horas con tal de ir a una fiesta, que volvía de ella en tal estado que era el caballo y no el jinete el que guiaba. Que vivías una existencia irregular y arriesgada, en la que se alternaban el desenfreno y la apatía, trabajando como arriero y comerciante.

No debería ser la biografía fuente de una novela, y obtener de ella la información de que eras el menor de cinco hermanos, que por tener cinco hermanos mayores ellos pudieron ir a estudiar en Monterrey y tú tuviste que quedarte a trabajar en el campo. Que eras jugador y aventurero, perseguidor de muchachas, arriero; "en todo el distrito de Galeana no había muchacho más arrestado, más caliente, más resuelto, más listo y más capaz de beber una copa de vino, de bailar un zapateado o de disparar media docena de tiros a una partida de indios salvajes"; por lo tanto habría que excluir de aquí el texto de Salado Álvarez que forma parte de una obra de teatro de dudoso rigor, según las academias *light*.

Pero este personaje parece(s) real y los otros no.

Sin embargo, el personaje juvenil se transmuta. Uno eres el joven parrandero norteño, otro el soldado. El joven Escobedo es uno y el militar otro. A los 20 años te volviste guardia nacional en la guerra contra los gringos. Y ese otro se transmutó. Personaje alto y desgarbado, de apariencia triste, orejón, con barba descuidada y ojos acuosos; muy sobrio en alimentos y bebidas, ausente de cansancios; que dabas la lata a todo el mundo exigiendo que te anduvieran al paso, que no te perdieran la huella, cosa imposible de hacer pues resultabas un hombre inagotable y dotado de una tremenda fortaleza física; hombre áspero, de tono severo, pero familiar.

Estuviste en la defensa de Monterrey, en el combate del cañón de Santa Rosa y hasta te cubriste de la pequeña gloria cuando en Galeana tú y los tuyos apresaron a 37 norteamericanos. Por estar, hasta estuviste en el 47 en la batalla de La Angostura. Ganaste dos medallas, pero la verdad es que no era para tanto. Y te quedó el mal sabor en la boca de una guerra que perdieron los generales.

Y seguías siendo soldado, o cuando mucho suboficial (alférez) de guardias estatales o milicias locales, cuando perseguías comanches y apaches mezcaleros en Nuevo León y Coahuila de 1848 a 1853, donde sumaste no menos de cinco combates. ¿Qué eran para ti esos indios a los que los norteños calificaban como "salvajes"? Sombras que robaban ganado, iban de pillaje y le cortaban los huevos al explorador capturado.

Pero curiosamente lo que a este narrador le interesa y no ha podido encontrar en ningún lado, no es esta trayectoria de combatiente en todas las guerras; de uno más entre los que salieron al combate en una sociedad que obligaba a su mejor gente a defenderla a cada rato. Lo que me interesa de ti es el Escobedo ranchero, el que regresaba tras cada guerra durante unos meses a las labores agrícolas. ¿Dónde estaba el rancho? ¿En San Luis Potosí? ¿Qué cosechabas? ¿Quién lo cuidaba mientras andabas echando tiros? ¿Cuándo nació tu hijo Mariano?

La dictadura de Santa Anna produjo en reacción la Revolución de Ayutla y en el año de 1855 volviste a las armas como capitán de milicias con voluntarios de Galeana y "los muchachos de Vidaurri": Zuazua, Zaragoza, Aramberri. Soldado del pueblo, te hiciste liberal porque el liberalismo era el único que enfrentaba seriamente el despotismo militar y sus ejércitos de cartón y traiciones. Liberal y antiimperialista, pero sobre todo soldado de las milicias populares.

Y viene el golpe de Comonfort y el golpe dentro del golpe de Zuloaga y de nuevo a las armas para combatir a los cangrejos y defender la Constitución del 57. Y jugarás un papel importante cuando las brigadas norteñas cambian el equilibrio inicialmente favorable a los conservadores ¿Y qué harías en esa guerra llamada de Reforma? Estar en todos lados: En la batalla de Carretas, en la toma de Zacatecas, en la batalla de Atenquique contra Miramón.

Y más de una vez en estos años te negarías a recibir ascensos que pensabas que no merecías o a mandar tropas en un número que pensabas no podías dirigir bien. ¿Humilde? O más bien absolutamente consciente de tus virtudes: buen guerrillero, excelente oficial de pequeñas fuerzas de caballería, sin visión estratégica. Finalmente teniente coronel, pues Santos Degollado habla de ti en un parte donde cuenta que a fines de 1857 te cubriste de gloria corriendo entre las balas, y tantas hubo que te mataron al caballo.

Y nuevamente los principios en la decisión de romper con Vidaurri, que te costó que el que había sido tu protector te encarcelara. Y la fallida ofensiva sobre la Ciudad de México para proteger a Juárez cercado en Veracruz. Y sobre todo, la formación de un carácter, de un estilo, de un código de honor, que se expresaba sin aspavientos y se transmitía a los hombres que mandabas; como cuando González Ortega te dio orden para que tomaras 300 hombres de la mayor confianza de tu regimiento y en Guanajuato les repartió 80 talegas de a 2 500 pesos, para que cada soldado tomara un saco y al día siguiente los entregara en San Felipe, lo que obviamente sucedió, sin haber perdido uno solo.

Y el fin de la guerra, pero los mochos que no cejaban y armaban una guerra que desangraba al país ya desangrado. Y Mejía te hizo prisionero en un combate en Río Verde porque enfrentaste a la guerrilla conservadora, que traía más de 3 mil hombres, y no te fusiló por casualidad, por más que Márquez insistía. Y tras cuatro meses de encierro te fugaste para volver a las andadas.

Eran momentos de una paz de mentiras con continua guerra contra los restos de los mochos, aunque habrían de durar muy poco, y a pesar de que querías licencia y retirarte del ejército, ya sumabas más de 15 años de guerra y el gobierno te envió a San Luis Potosí al mando de un batallón.

Cuando los franceses desembarcaron en Veracruz, Zaragoza te invitará a formar parte del Ejército de Oriente. Y entonces la historia comienza a ser conocida, muy conocida. Estarás en la batalla de las Cumbres de Acultzingo, en el 5 de mayo, aunque con penosas labores de retaguardia, y recibirás dos medallas que más que gloria te recuerdan que estabas allí, en los momentos en que la patria se la jugaba y luego en el terrible sitio de Puebla en el 63, donde ascenderás a general de Brigada, por la dirección de la defensa del fuerte de Santa Inés. Y luego la rendición a los franceses, la fuga y el viaje a Oaxaca y finalmente la gran aventura de tu vida, en una vida repleta de aventuras.

NOTA

1) "Hoja de servicios del C. General de División Mariano Escobedo, su edad cincuenta y siete años, natural de Galeana del Estado de Nuevo León, su estado casado, sus servicios, y circunstancias los que a continuación se expresan". Paco Ignacio Taibo II: *El general orejón ese*. Masae Sugawara: *Mariano Escobedo*. Celeste Bernal: *Mariano Escobedo, héroe de mil batallas*. Juan de Dios Arias: *Reseña histórica del Ejército del Norte*

durante la intervención francesa, sitio de Querétaro y noticias oficiales sobre la captura de Maximiliano, su proceso íntegro y su muerte. Israel Cavazos Garza: *Mariano Escobedo, el glorioso soldado de la República.* Óscar Flores Tapia: *Mariano Escobedo, la lealtad republicana.* Ángel Pola: *Los reportajes históricos.*

140

EL VIAJE

En septiembre del 64 Escobedo se separó de Porfirio Díaz porque no le gustaba cómo se estaba conduciendo la campaña en el sur ni su general en jefe, porque intuía que la guerra iba a cobrar la forma de una larga resistencia guerrillera o porque simplemente extrañaba las planicies y los desiertos del norte. Díaz le pidió que informara a Juárez de la desesperada situación económica que estaba pasando su división, "la absoluta falta de recursos para seguir equipándola y socorriéndola".

¿Y Juárez? ¿Dónde estaba el Presidente? En el "norte". ¿Cuál de todos los nortes mexicanos? Encontrar a Juárez a como diera lugar, desterrado y derrotado, prófugo de la capital y perseguido, perdido en el otro confín del país. Mariano Escobedo, a caballo, en un viaje que consumió al animal llegó hasta el istmo de Tehuantepec evadiendo tropas sueltas de los traidores y patrullas de descubierta de los franceses. Sin encontrar una manera segura de hacer el viaje buscó la ruta de Chiapas, donde se encontró con las mismas. ¡Qué lejos estaba el norte! Prosiguió jornadas reventando caballos, ocultándose en carretas repletas de pencas de plátanos, fingiéndose viajero, cambiando disparos en la noche con postas de imperiales fantasmas. Al fin se encontró en Tabasco. Un mes transcurrido y apenas sus esfuerzos habían sido suficientes para burlar el cerco imperial del sur.

En San Juan Bautista, no más que un poblado comercial y puerto de pescadores, cuando se disponía a viajar hacia Matamoros cruzando el golfo de México, supo de la caída de Monterrey. Robando el dinero del pasaje, Mariano cambió el destino y tomó un vapor o dos, vaya usted a saber, hacia Nueva York, oculto bajo una falsa personalidad y esperando no ser descubierto en los puertos del golfo que estaban en manos de los franceses y donde el barco haría escala. Se fingió mudo, se escondió en las carboneras de los vapores, hizo cómplices suyos a marineros y pasajeros y un día, se encontró entrando al puerto de Nueva York y sin hablar ni una sola palabra de inglés.

Por señas y preguntando, héroe del imposible cotidiano, Mariano peregrinó buscando ruta por las calles de esa ciudad que equivalía entonces a la mejor de las de él. Quién sabe cómo logró llegar a Washington, donde al fin habría de recibir del embajador mexicano noticias precisas de lo que estaba sucediendo en el norte del país. Era terrible, de la frontera republicana sólo quedaban Chihuahua y Sonora y ambas amenazadas. Hacía muy poco los franceses habían aniquilado las fuerzas que mandaba el teniente coronel Francisco Naranjo, en la frontera de Nuevo León y Coahuila, y ambos estados se encontraban en manos de los imperiales. Era obvio además que poco o ningún sentido tenía ya su comisión, que en nada podía ayudar el gobierno al Ejército de Oriente, que incluso para estas alturas Oaxaca debería de estar esperando la siguiente embestida de Bazaine. Que estaba libre de su primera misión. "Le manifesté también el proyecto que había concebido de marchar a la frontera [...] el señor Romero aprobó mi idea, escribimos al señor general Díaz".

¿Acaso tienen reposo la terquedad y la impaciencia? ¿No hace el terco de su destino, gloria? Escobedo escribió una carta que nunca llegaría al gobierno republicano en Chihuahua, informando que se movería en los estados orientales de la frontera: Tamaulipas, Nuevo León y Coahuila, buscando "trabajar de cuantas maneras me fuera posible para levantar el espíritu público, y lavar con sangre la mancha que había caído sobre mis paisanos".

Viajó en tren hasta Nueva Orleans, en jornadas interminables, en convoyes que se detenían sin explicación, leyendo en vagones atestados de heridos y viudas; pasó en medio de la guerra entre confederados y unionistas gringos, observando muy poco y aprendiendo menos por las premuras; de ahí a Brazos, luego a Brownsville cruzando las líneas de los confederados, que según cuenta Arias, quizá exagerando, "enemigos en todos los republicanos de México, mataban impunemente a cuantos creyéndose libres y protegidos en la nación vecina contra la intervención y el imperio, tenían en aquellos días la desgracia de abandonar México".

Escobedo llegará a Davis, Texas, "principiando a trabajar de cuantas maneras me ha sido posible, mandando comisionados a los pueblos de estos tres estados y haciendo uso de mis antiguas relaciones". El viaje había consumido cuatro meses y varias semanas; había dado la vuelta a México, además de atravesar Norteamérica de norte a sur. Siete veces cruzó líneas de batalla, propias y ajenas, sin que lo capturaran, ese personaje "de alta estatura, larga barba negra, anteojos colocados en una nariz respetable y fisonomía huesosa. Y sería pequeña la hazaña al lado de lo que le esperaba.

"El día 9 del pasado [diciembre del 64] pasé por fin a Laredo [Tamaulipas] acompañado de una docena de buenos mexicanos". De ellos, el que sería importante en esta futura historia era el teniente coronel Nicolás Gorostieta (otro que se había formado en las guerras contra los indios), quien también prisionero y herido en Puebla, había hecho un camino más largo que el de Escobedo para llegar a la frontera: llevado preso a Francia, se había fugado, cruzado por España y viajado a Estados Unidos mendigando su pasaje. Y había realizado esta hazaña convaleciente de sus heridas.

Por último, el grupo se complementaría con otro personaje, el teniente coronel Francisco Naranjo, un regiomontano (nacido en Lampazos) de 26 años, que había participado en la Revolución de Ayutla a los 16 años, con su cara de niño bigotudo, combatiente con los norteños en la Reforma, prisionero en Puebla y otro de los fugados.

Naranjo, tras la derrota en Coahuila se habían negado a someterse al imperio y se presentó ante Juárez en Chihuahua con siete oficiales, cruzando el desierto sin chocar con las partidas de comanches y apaches. Avergonzados por el estado de sus uniformes en jirones y llenos de chinches no se atrevían a hablar con el Presidente. Cuatro días más tarde, tras felicitarlos, Juárez los comisionó a operar en Nuevo León y Coahuila. El mismo día 12 de diciembre volvieron a iniciar la travesía del desierto. Mientras tanto, Escobedo reportaría: "He recorrido ya los pueblos todos del distrito de Río Grande".

El 3 de enero de 1865 el pequeño grupo de Naranjo se encontró en Laredo, Texas, con Escobedo y Gorostieta. Tres días después, en número de 14 hombres, bien montados y armados, dirán unos, con revólveres escasos de municiones, dirán otros, pasaron el Río Grande. Tres oficiales jubilados por las derrotas, se hicieron su propio destino. ¿No es el destino decisión propia y no arbitraria suerte? En todo el nordeste no quedaba casi nada organizado en esos negros días, a no ser la pequeña fuerza de Pedro Antonio Méndez, el guerrillero fantasma de Tamaulipas, la que con 13 hombres estaba inactiva porque su jefe se reponía de una herida.

Un mes después eran 26 hombres mal armados, peor vestidos, aunque bien montados y el 7 de febrero atacaron el Laredo mexicano tomándolo por la fuerza y arrasando con lo que se pudo, antes de salir huyendo. Cruzaron de nuevo la frontera con Estados Unidos.

El 12 febrero emprendieron su marcha hacia Piedras Negras siendo unos 50 hombres, pero en el camino se tropiezan con dos partidas de imperialistas al mando de Patiño y de Ríos en un punto conocido como Iglesias. Escobedo trató de convencerlos de volver a abrazar la república y en sus argumentos motivó a una parte de sus tropas. Mariano dio de plazo a Ríos el resto del día para que tomase partido, bajo la amenaza de que, si la respuesta no era afirmativa, habría guerra. Cuando Naranjo iniciaba el combate al otro día, las tropas de Ríos se desbandaron y el jefe conservador apenas pudo escapar con dos de los suyos. Escobedo refundió a los derrotados en su compañía, y de inmediato ocupó Río Grande. El gran problema era la falta absoluta de parque.

Muy poco ejército para un general y dos coroneles, bastan un capitán y dos sargentos. Mariano Escobedo, se autonombra capitán, Gorostieta y Naranjo sargentos. ¿Dónde se había visto esto?, en un país en que hasta los cabos se llaman capitanes y en el cual quien no es general es pavo real.

Recorriendo pequeñas poblaciones van a dar a Cuatro Ciénagas donde toda la población se pasó al lado de la chinaca, incluidas las autoridades oficiales del imperio, que sólo lo eran de nombre. En Río Grande, las mujeres ayudaron a fabricar parque y los hombres se ofrecieron como voluntarios. Para marzo ya se habían armado dos pequeños grupos al mando de Naranjo y Gorostieta, de poco más de cien hombres cada uno.

Finalmente en el rancho de la Sauceda, lograron reunir un contingente de 200 hombres (algunas fuentes hacen variar el número hasta 400) y deciden realizar una operación mayor, atacar la ciudad fronteriza de Piedras Negras, Coahuila. Enfrentarían 400 soldados de infantería y caballería y seis cañones. En la noche del 5 al 6 de marzo, tres columnas republicanas iniciaron el ataque. Ya habían logrado penetrar al interior de la población, con los imperiales resistiendo, cuando la pequeña brigada de Escobedo se encontró con que se les había terminado el parque. Hasta esos momentos las bajas eran mayores del lado conservador. El repliegue se hizo en orden y el enemigo no se atrevió a salir en su persecución.

La aparición de esta nueva fuerza insurgente en el norte de Coahuila obligó a que el imperial Florentino López, saliendo de Monterrey, comenzara a perseguirlos y pronto se acercaría con una fuerza de 800 hombres y cinco piezas de artillería. La brigada de Escobedo se escabulle y se fragmenta. Dos columnas mandadas por Gorostieta y Naranjo se van en operaciones de guerra y Escobedo con ocho hombres se dedica a insurreccionar los pequeños pueblos de Coahuila: Santa Rosa, Cuatro Ciénegas, San Buenaventura, Nadadores y Abasolo.

Escobedo está aprendiendo una nueva guerra. No la de la batalla del 5 de mayo, no la del sitio de Puebla, no la de la campaña de Oaxaca, no la de los Ejércitos Regulares. Una guerra de partidas, de guerrilleros, de combates rápidos, de ires y venires. Una guerra que se libra no sólo contra los traidores y los franceses, sino también contra el tiempo. Es la guerra de las tenacidades. Los historiadores sufrirán narrando estos tiempos inciertos que a ratos parecen inexplicables.

En Cuatro Ciénegas, dice Arias, "las autoridades y los vecinos de la población proporcionaron 20 hombres más, entre quienes se contaban algunos jóvenes [...]. También proporcionaron armas y algún vestuario, mientras que los vecinos acomodados de los otros pueblos, a su vez enviaban montados y armados a muchos de sus sirvientes, condonándoles sus deudas". Muy poco voluntarios los voluntarios, pero para un peón acasillado la guerrilla era la libertad.

Desde ese lugar Mariano Escobedo reportó al presidente Juárez los movimientos de la naciente fuerza que paso a paso conformaba: "He dejado en Nava 120 hombres a las órdenes del coronel Naranjo y otros 140 en Santa Mónica a las órdenes del coronel Gorostieta. La falta absoluta de parque me ha hecho salir con una pequeña escolta y recorrer personalmente algunos pueblos del distrito de Río Grande, he reunido algunos hombres más y elementos de guerra aunque en pequeño". Y desprecia la crisis de deserciones que se ha producido en el bando republicano: "Mientras mayor sea el número de traidores de esta clase más glorioso será nuestro triunfo".

El presidente Juárez le respondió a Escobedo el 27 de marzo, aprobando sus movimientos, y además lo invitaba a tomar medidas radicales en el trato a los traidores: "En cuanto a los ricos que han auxiliado a la Intervención o que han aceptado algún mando, como los Sánchez Navarro de ese estado de Coahuila, deben ser confiscados sus bienes como lo manda expresamente la ley. Ahora es la oportunidad de que se destruya el monopolio que esos hombres tienen de inmensos terrenos con perjuicio de la agricultura y de los pueblos de ese estado. Estos terrenos podrán venderse a precios equitativos y emplear sus productos en el mantenimiento de nuestras fuerzas o darse algún lote a nuestros jefes que con tanta constancia sostienen la causa nacional" y lo nombra general en jefe de las tropas de Coahuila y Nuevo León.

No fue Escobedo el único en realizar una prodigiosa marcha hacia el norte. Lo hará también el coronel Jerónimo Treviño, otro regiomontano nacido en Cadereyta, desde muy joven en el ejército liberal como alférez porque sabe montar a caballo y sabe escribir; se había hecho famoso dirigiendo a los lanceros de San Luis Potosí, con la Legión del Norte; herido en Guadalajara en octubre del 59. Sigue a Escobedo en la ruptura con Vidaurri; coronel en la segunda batalla de Puebla y combatiente en San Lorenzo.

Treviño también se separa de Porfirio en la campaña de Oaxaca y decide un imposible: junto con el coronel Pedro Martínez y a la cabeza de 150 jinetes, en diciembre del 64 marcha hacia el norte; eso significa cruzar el país, dominado por los imperiales: del valle de Etla a Nochixtlán, Huajuapan de León, choca con Carrillo y los austriacos en Teziutlán, atraviesa Puebla, desciende por la costa de Veracruz hasta Tuxpan, por la Huasteca de Tamaulipas llegó hasta Linares con cien hombres. Una marcha de 2 500 kilómetros rompiendo el cordón establecido por los imperiales. Finalmente, en marzo del 65, se encuentra con Escobedo, que le ordena ocupar Linares, guarnecida por 300 traidores.

NOTAS

1) Juan de Dios Arias: *Reseña histórica del Ejército del Norte durante la intervención francesa, sitio de Querétaro y noticias oficiales sobre la captura de Maximiliano, su proceso íntegro y su muerte.* "Hoja de servicios del C. General de División Mariano Escobedo, su edad cincuenta y siete años, natural de Galeana del Estado de Nuevo León, su estado casado, sus servicios, y circunstancias los que a continuación se expresan". Paco Ignacio Taibo II: *El general orejón ese.* Eugenia W. de Meyer: *Reseña biográfica de Gerónimo Treviño, 1836-1914.* Miguel Galindo y Galindo: *La gran década nacional o Relación histórica de la Guerra de Reforma, intervención extranjera y gobiernos del archiduche Maximiliano, 1857-1867.* Benito Juárez: *Documentos, discursos y correspondencia,* tomo IX (en particular Matías Romero a Lerdo de Tejada, 24 de noviembre de 1864; Mariano Escobedo al

presidente Benito Juárez desde Cuatro Ciénegas, el 13 de marzo de 1865, respuesta de Juárez del 27 de marzo de 1864). Celeste Bernal: *Mariano Escobedo, héroe de mil batallas.* Masae Sugawara: *Mariano Escobedo.* Alberto Hans: *Querétaro: memorias de un oficial del emperador Maximiliano.* Antonio Peña: *Francisco Naranjo, caudillo de la república restaurada en Nuevo León, 1867-1885.* Lucas Martínez Sánchez: *Coahuila durante la Intervención Francesa, 1862-1867.* Raúl Rangel Frías: *Jerónimo Treviño. Héroes y Epígonos.*

2) Una aventura similar a las de Escobedo y Treviño aunque menos azarosa, pero en sentido contrario, la protagonizó el guerrillero Meléndez al que Juárez encargó en Monterrey se entrevistara y llevara instrucciones a Porfirio Díaz en Oaxaca. Meléndez se disfrazó de arriero y cruzó medio país: Ciudad del Maíz, donde burló a una guerrilla imperial, Valles, la huasteca veracruzana, Teziutlán. Paseaba con un San Antonio muy santo donde había escondido los documentos, Perote, San Andrés Chalchicomula y luego hacia Oaxaca. (Salvador Ponce de León: *Anecdotario de la Reforma*).

3) Justo Benítez le advierte a Porfirio Díaz que en el libro de Arias (según los porfiristas "por sí mismo o pagado por Escobedo"), Escobedo dice que se separó de Porfirio por discrepancias en el plan de acción. Arias decía: "Mariano Escobedo [...] disentía en algo del plan que el general Díaz se propuso seguir, según lo manifestó privada y amistosamente, o bien porque considerase abandonada la frontera donde tenía sus simpatías y su tierra natal, se separó del ejército de Oriente, bajo la protesta que hizo a Díaz de trabajar sin descanso para hacer la guerra a la intervención francesa y el imperio". Carlos Tello Díaz comenta (*Porfirio Díaz, su vida y su tiempo. La guerra, 1830-1867*) que "Escobedo intentó desconocer al jefe del ejército de Oriente en las Mixtecas [...] con el propósito de desertar con sus fuerzas hacia la frontera norte [...]. Porfirio tuvo conocimiento pero no tomó represalias". Masae Sugawara, sin material que apoye su información, dice que Escobedo negoció con los imperiales su salida por Tabasco. El hecho es que a la muerte de Escobedo, Porfirio Díaz ordenó el secuestro del archivo de Escobedo en busca de imponer una versión "porfirista" de la Guerra de Intervención.

141

LA COMISIÓN CIENTÍFICA

Un imperio que se precie de serlo no sólo se establece sobre las puntas de las bayonetas, o el consenso, también sobre las pilas de libros, porque la cultura da lustre y establece una cobertura amable y civilizadora, porque el conocimiento y la información dan poder; porque los franceses bien saben y recuerdan que el paso del primer Napoleón por Egipto será recordado por la piedra de Rosetta y no por la batalla naval de Abukir... Por todo eso al inicio del 64 el general Bazaine recibió de su emperador un encargo singular.

El 20 de marzo el general le escribe a Juan Nepomuceno Almonte, el hombre fuerte de la Regencia: "Me ocupo en este momento de crear una comisión científica, artística y literaria, cuyo asiento central será México, la que tendrá correspondencia con todos los puntos importantes del Imperio y cuyos miembros serán escogidos a la vez entre los mexicanos, los franceses y los residentes extranjeros. [...] El objeto de esta comisión es desarrollar en México el gusto por el cultivo de las ciencias, de las letras y de las artes; favorecer aquí, por medio de la publicación de buenos métodos, los progresos de la agricultura y de la industria; dar a conocer lo que este país, tan liberalmente dotado por la Providencia, posee en riquezas de toda especie, y preparar, así, las vías de la inmigración; establecer, en fin, entre México y Francia, un comercio de cambio científico y una corriente intelectual igualmente provechosa a los intereses de los dos pueblos".

Diez días más tarde precisa con *monsieur* Budin, el comisario extraordinario de Hacienda del ejército francés en México, que libere mil pesos "a cargo de los fondos del tesoro mexicano" para iniciar la formación de la Comisión científica, literaria y artística y para que sea el coronel Doutrelaine el que los administre. Será el primero de una serie de gastos previstos para "la instalación material de esta comisión, la organización de su biblioteca y de sus colecciones, el funcionamiento de sus oficinas, las exploraciones a que tendrán que entregarse sus miembros y sus corresponsales, las compras, los cuidados de conservación, embalajes y expediciones de objetos de distinta especie".

La Comisión terminó siendo integrada por 25 franceses que viajaron a México y 15 científicos mexicanos, más un aparato burocrático que operaba desde París distribuido en cuatro comités (ciencias naturales y médicas, ciencias físicas y química, historia, lingüística y arqueología, y por último, economía política, estadística y trabajos públicos).

Entre los personajes más conocidos de la comisión se encontraba el abate católico Charles Etienne Brasseur de Bourbourg, arqueólogo oficial, que aseguró haber descubierto la clave de la transcripción de la escritura maya, queriendo ver en los códices un alfabeto y supuestamente tradujo el *Popol Vuh* y publicó una inútil gramática del idioma maya quiché. El gobierno francés publicó en 1866 su obra *Monumentos antiguos de México*.

Destacó el ingeniero de minas Edmond Guillemin-Tarayre, quien a la busca de las riquezas ocultas en el subsuelo mexicano, exploró inútilmente Baja California, el Estado de México, Sonora, Sinaloa, Jalisco, Guanajuato, Zacatecas, Durango, San Luis Potosí y otros estados sin poder ubicar vetas minerales.

A ellos se sumaron los geólogos Auguste Dollfus, Eugène de Monserrat y Paul Pavie, los botánicos Adolphe Boucard, Eugène Bourgeau y Louis Hahn; el escultor Alphonse Lami (que pescaría en México una infección en el hígado que lo mataría un año más tarde), el meteorólogo Andrès Poey y el zoólogo Marie-Firmin Bocourt.

Quizá el personaje más interesante fue el arquitecto y fotógrafo Léon Eugène Méhédin, que habiendo previamente realizada fotografías en gran formato de la batalla de Sebastopol y reproducciones de esculturas egipcias, el 9 de agosto de 1864 se convirtió en el arqueólogo auxiliar. Intentó viajar a Yucatán pero las guerrillas se lo impidieron. En cambio, realizó al menos 200 dibujos y fotografías de piezas antiguas. Hizo también excavaciones en la Isla de Sacrificios de Veracruz, realizó investigaciones en Teotihuacan y a finales de 1865 y hasta agosto de 1866, trabajó en Xochicalco en el llamado templo de Quetzalcóatl. Dibujó a colores con precisión el templo y lo fotografió con la técnica del calotipo y en formato gigante para luego realizar la impronta en su totalidad.

Cuando se va de México, el 8 de octubre del 66, Méhédin hizo llegar a París una gran cantidad de material: de 1 500 a 2 mil dibujos y fotografías, calcos de los códices, numerosas obras y más de 600 metros cuadrados de imágenes.

El balance general de la Comisión fue francamente pobre, pese a que el ejército francés gastó en las expediciones y sus posteriores publicaciones casi 700 mil francos-oro, aunque la reproducción de la pirámide de Xochicalco causó profunda sensación en la exposición universal de París en 1867, por más que casi ninguno de los visitantes parecían recordar a un tal Maximiliano.

NOTA

1) François-Achille Bazaine: *La intervención francesa en México según el archivo del Mariscal Bazaine* (en particular Bazaine al Gral. Almonte, 20 de marzo de 1864; Bazaine a *monsieur* Budin, 30 de marzo de 1864). Christiane Demeulenaere-Douyère: *1867: Los parisinos descubren el México antiguo*. Gary S. Dunbar: *"The Compass Follows the Flag": The French Scientific Mission to Mexico, 1864-1867*. M. Maldonado-Koerdell: *"La obra de la Commission Scientifique du Mexique"*.

142

POR LA PROVINCIA

El 10 de agosto Maximiliano sale de Chapultepec para visitar algunas ciudades del interior, acompañado de Schertzenlechner, del coronel Miguel López y abundantes criados, y escoltado por un batallón mexicano y otro de cazadores de África. Entre sus ocurrencias, registra Juan de Dios Peza, no se le ocurre otra cosa que mexicanizar su atuendo y su corbata usando una roja, en lugar de la verde de los conservadores. Tras pasar por

Querétaro, Celaya y Salamanca, llega el 15 de septiembre a las dos de la tarde a Dolores Hidalgo; es alojado en la antigua casa de Mariano Abasolo. A las 11 de la noche Maximiliano, en la ventana de la pieza del estudio y despacho del cura Hidalgo, pronunció una arenga: "Mexicanos: más de medio siglo tempestuoso ha transcurrido desde que en esta humilde casa, del pecho de un humilde anciano, resonó la gran palabra de Independencia, que retumbó como un trueno del uno al otro océano por toda la extensión de Anáhuac". ¿Se ha vuelto loco?

El 16 de septiembre Zamacois cuenta: "Concluida la función religiosa, el emperador pasó con toda su comitiva a la casa del cura don Miguel Hidalgo y [...] escribió, de su propia mano, en el libro mandado poner allí por don Benito Juárez para consignar los nombres de los que visitasen la cuna de la Independencia". Se realizó una comida oficial, de 70 cubiertos, a la que fueron invitados siete veteranos de la Independencia. Su brindis fue recibido por una salva de 101 cañonazos y la música de las bandas. Amnistió al guerrillero republicano Aniceto Guzmán. Ese día Max, al celebrar a Hidalgo, omite a Iturbide, causando la desesperación de sus consejeros.

Del 18 al 23 estará en Guanajuato, visitará las minas, bajará a un socavón. El 28 llegará a León, donde se encuentra con una representación de los recientes traidores: López Uraga, Vidaurri y Quiroga. Arrangoiz cuenta que allí pidió que le cantaran "Los cangrejos", esa canción tan "bonita" que estaba prohibida en el imperio. De nuevo, ¿inocencia o locura?

El 29 de septiembre Schertzenlechner le escribe a Eloin: "Adjunta os envío, de orden de SM la proposición de una ley que tiene relación con la cuestión triste y delicada de los guerrilleros y ladrones de caminos [...]. El emperador piensa aprovechar el día en que el poder de Juárez acabe [30 de noviembre de 1864], o de aquel en que salga del país, para declarar solemnemente a la nación, que hasta la mala y última razón política ha terminado y que en lo futuro cada guerrillero no podrá ser más que un ladrón de camino, y será juzgado con toda la severidad posible". Una de cal, otras de arena. El titubeante emperador avanza.

Maximiliano, después de haber estado algunos días en León, se fue por La Piedad a Morelia donde estuvo del 11 al 18 de octubre, y de allí a México por Toluca, donde fue a encontrarlo la emperatriz, quien había gobernado el imperio en su ausencia. La recepción en México fue fría.

NOTA

1) Agustín Rivera: *Anales mexicanos. La Reforma y el Segundo Imperio.* José María Vigil: *La Reforma.* Juan de Dios Peza: *Epopeyas de mi patria: Benito Juárez.* José Luis Blasio: *Maximiliano íntimo: el emperador Maximiliano y su corte. Memorias de un secretario particular.* Francisco de Paula Arrangoiz: *México desde 1808 hasta 1867.*

143

RIVA PALACIO EN MORELIA, OCTUBRE DE 1864

No se dirige un ejército en ausencia, como tampoco un general republicano actúa cual un chiquillo irresponsable y se va de espía. Esas cosas no son de guerra seria. Pero no pudiste resistir las tentaciones. Los rumores hacían al emperador de camino a Morelia. Un despliegue asombroso e inusitado de tropas franceses, según te iban reportando tus espías hora a hora y día a día, iban tendiendo un pasillo de seguridad, una alfombra para que Max conociera Michoacán.

El *empedador,* el *empeorador,* el *imperador* avanzaba hacia Morelia, y aunque en rigor tú eras otro invitado más en Michoacán y Zitácuaro era tierra de frontera sur, no pudiste menos que sentirte ofendido por la intrusión. Acicateado por la curiosidad, y tras recortar la barba, te pusiste un hábito de monje franciscano y a lomos de mula dejaste el campamento al amanecer para darte una escapada a la ciudad, sin más escolta que el diablo y un cuaderno de notas, dejando órdenes a tus chinacos de que, si no volvías en tres días, siguieran la guerra a su gusto, pero que la siguieran.

Y he aquí lo que viste y lo que anotaste mientras la vida la traías del hilo si alguien te reconocía bajo el hábito, o si otro curita se acercaba y te rezongaba en latín: Max llegó a las diez de la mañana por la carretera de la Merced, recorriendo calles adornadas con girasoles, gallardetes con los colores nacionales y arcos, de uno de los cuales colgaba una niña rubia, vestida de angelito la pobre, con un letrero en las manos, expuesta a la insolación. Cien jóvenes de la alta sociedad, si es que tal cosa existe por tamaño, fueron a caballo a recibirlo, pantaloneras con botones de plata y camisas bordadas. La casa de Pachita Romas se convirtió en palacio imperial. Los mirones hacían muchedumbre. ¿Curiosos o imperiales? Se hincaban para recibirlo, provocando voces de descontento entre los clericales: "No es el viático, no se hinquen". Bandas de música por todos lados. Ganas daban de sacar de la bolsa unos pesos y pedirles que tocaran "Los cangrejos", porque no sabías que al loco de Max la canción le gustaba.

De repente el tumulto creció y te alzaste sobre la espalda de dos adolescentes para verlo: Maximiliano, vestido de charro y con corbata roja, no te impresionó demasiado, era como de mentiras, como un juguete pálido y ajeno a las fritangas y los voladores. No era una persona, sino un rostro pálido para mostrar a la multitud, una imagen de cuadro, un personaje de comedia que tenía que ser persona sólo cuando abandonaba el escenario.

No asistió al tedéum que le organizaron, quedando mal con los conservadores. Incapaz de ganarse a los liberales, que no andaban para negociar con soberanos mientras estuvieran pisando suelo mexicano, se enfrentaba a sus únicos posibles aliados y adoradores. Mala cosa para el imperio, el clero se ponía nervioso.

Anochecía cuando te hartaste de ver y anotar. Y entonces, general sin ejército, mirando a diestro y siniestro y sabiéndote solo en la soledad de la noche, sacaste de la faltriquera un carboncillo y con tu mejor letra, sobre el muro escribiste: "Viva la chinaca, muera el empeorado".

Al día siguiente otras manos anónimas habrían de culminar la decoración de la ciudad, y la palabra "Patria" se repetía en los muros como sonsonete, cerca de los arcos alegóricos que tanto trabajo y dinero le había costado alzar a los mochos morelianos.

Y carcajeando para tus adentros, una vez contemplado al güerito de cerca y augurándole pésimo destino, volviste a la guerra abierta, que aunque hosca y de mal dormir, era la tuya, y dejaste para siempre los azares del espionaje, que aunque divertidos, te ponían triste el corazón.

NOTA

1) Paco Ignacio Taibo II: *La lejanía del tesoro*. Konrad Ratz y Amparo Gómez Tepexicuapan: *Los viajes de Maximiliano en México, 1864-1867*. Jack Autrey Dabbs: *El ejército francés en México. 1861-1867. Estudio del gobierno militar*. Esta anécdota, aunque basada en algunas informaciones fidedignas, se encuentra a medio camino entre la reconstrucción histórica y la ficción.

144

UNA SENSACIÓN DE PROFUNDA SOLEDAD

Jesús Vargas cuenta: "Entre la tierra norteamericana y el desierto, escogió el desierto. ¿Quién lo conoce hoy? ¿Cómo era el desierto hace más de cien años? ¿Quién se atrevería hoy a ir en un carruaje tirado por mulas desde Monterrey a Chihuahua?". El carruaje era un landó negro de diseño alemán, con dos puertas, techo abatible y un sistema de muelles para amortiguar. El cochero que hizo todo el viaje hacia el norte se llamaba Juan Idueta, empleado en el Palacio de Gobierno de Monterrey que fue reclutado por el Presidente. Mandaba la escolta el coronel Pedro Meoqui, un muchacho nacido en el Distrito Federal que apenas pasó por el Colegio Militar, participó en la campaña de Puebla con Comonfort y en el 53 estaba en el partido conservador, combatiendo a favor de los santanistas. En la Guerra de los Tres Años hizo armas con los mochos y sólo volvió al ejército republicano a fines del 61, ante el peligro de la invasión. A pesar de haber sido escolta de Juárez desde San Luis Potosí y haberlo acompañado de aquí para allá por Monterrey, Saltillo y Chihuahua, se persignaba diez veces al día y oía misa a cada rato. ¿No es raro que Juárez haya escogido como jefe de su escolta a un ex conservador y antiguo santanista?

La comitiva zarrapastrosa que era en esos momentos el gobierno de la nación, ministros y algunos empleados, el carruaje y los otros carruajes que lo seguían tocaron el territorio de Chihuahua el 29 de septiembre de 1864; una región marcada por enormes distancias y escasez de habitantes (la población en el estado se calculaba en aproximadamente 150 mil habitantes mestizos y unos 50 mil indígenas). Los recibimientos resultaban muy calurosos y eran recogidos en las crónicas de Iglesias y Guillermo Prieto, quien no puede evitar mantener en el registro: "Juárez en su peregrinación nunca llevó un pan a sus labios sin participarlo al último soldado".

Ingresaron por Villa Coronado y comenzaron las muestras de simpatía a las que ya estaban desacostumbrados: banquetes en el Valle de Allende; una muchedumbre desaforada y patriótica en Hidalgo del Parral, que desenganchó las mulas del carruaje y lo jaló por las calles de la ciudad. Juárez trató de impedirlo gritándole a la multitud entusiasta: "Los hombres libres no deben de tirar del coche de otro", pero no le hicieron mayor caso. Ahí recibirá el Presidente la propuesta de subir hacia la ciudad de Chihuahua. En Parral le leyeron un poema a Juárez: "Aunque los hombres idiotas / con frenesí te persiguen / en los brazos te reciben / los parralenses patriotas".

El 7 de octubre en Santa Cruz de Rosales, donde el baile dura hasta las 12 de la noche, se bailaron redobas, rigodones, chotís, mazurcas, valses y marchas. La banda del pueblo con violín, arpa y tambora se soltó tocando un aire muy popular por esos lares, dedicando al Presidente una canción llamada "La escobita", que Juárez se llevó en la cabeza a partir de ese momento y que al no recordar el nombre, pedía le repitieran a cuanta banda municipal encontraba llamándola, "La segunda de Rosales", la segunda que le tocaron en Santa Cruz, y así fue rebautizada "La escobita", perdiendo su humilde nombre. Da que pensar en los azares del destino y en cómo la mala memoria de un presidente puede llegar tan lejos hasta para cambiar el título de una canción, cosa que en esto de la historia y el tiempo resulta mucho más significativa que firmar un edicto.

En los dos últimos meses de 1864, el mariscal Bazaine siguiendo las instrucciones de Napoleón III, reembarcó a Francia al 2º batallón de zuavos, el 99 de línea, el 1er batallón de cazadores y la Batería de la Guardia Imperial. Supuestamente serían cubiertos con una recluta en Austria y Bélgica de 9 mil hombres según la estimación del mariscal Randon, ministro de la Guerra francés. El conde de Thun de Hohenstein fue enviado a París para negociar el trasporte de 4 mil soldados austriacos para México (no dejará de haber tensiones con el ejército francés que los había derrotado unos años antes en Italia) y en Bélgica el rey ha iniciado la recluta de 2 400 soldados que serían conocidos como la Guardia de la Emperatriz.

Jean Meyer producirá un resumen: "Para 1864, 60 naves, tripuladas por 17 751 hombres, habían efectuado 76 viajes, y transportado un total de 38 493 hombres, 5 724 caballos y 26 mil toneladas de material. Tomando en cuenta un movimiento de relevo permanente (los soldados que habían cumplido su tiempo en el ejército podían o bien enrolarse de nuevo o regresar a Francia) y también la repatriación de unidades enteras (en 1864 el primero en irse fue el diezmado Regimiento de Infantería de Marina), se puede estimar una presencia permanente de 25 mil / 28 mil hombres, en promedio, entre octubre de 1862 y diciembre de 1866".

Si a esto añadimos los imperiales mexicanos de Méndez en Michoacán, la brigada de Márquez, la de Mejía (que acababa de tomar Matamoros el 8 de septiembre, por rendición del general Cortina contra la voluntad de los coroneles Servando Canales, Antonio Rosales y Aureliano Rivera, quienes huyeron a Brownsville), las fuerzas de Vicario que operaban en el sur y Liceaga que actuaba en Veracruz, no estaremos hablando en esos momentos de menos de 35 mil hombres en las filas del ejército de Bazaine.

Además los hechos parecían darle la razón, al menos parcialmente, al pequeño canalla del teniente coronel Loizillón, marcado por haberse robado diez onzas de oro durante la campaña de Michoacán: "Todo el mundo en el ejército está convencido y todos los combates que hemos tenido lo han probado bien que tres batallones, dos escuadrones de caballería y una batería de artillería, pueden recorrer todo México sin que el ejército mexicano entero se atreva a atacarlos". Hacia el final del año 64 el capitán Gustave Niox afirmaba: "Cuando terminó el año de 1864, el ejército francés había hecho reconocer la autoridad imperial sobre la mayor parte del inmenso territorio de México" y aunque exageraba porque no estaban sometidos ni Sonora, Sinaloa, Chihuahua, Guerrero, Oaxaca, Chiapas, Tabasco y había resistencia en gran parte de Michoacán, Veracruz, Tamaulipas, Jalisco, la franja fronteriza de Coahuila y Nuevo León, lo cierto es casi todas las ciudades importantes del país estaban bajo dominio imperial. Incluso Vidaurri había regresado a Monterrey en manos francesas, sería consejero imperial y luego ministro de Hacienda de Maximiliano.

Ignacio Manuel Altamirano lo cuenta mejor que el narrador, cuando dice que eran años "desfavorables para la República [...]. Por todas partes el invasor triunfaba y las tropas republicanas no tenían más recurso que refugiarse en las montañas o dispersarse en guerrillas, con las que hostilizaban sin cesar a franceses y traidores".

El 5 de noviembre Maximiliano ordenó que corriera más sangre. En una carta a Velázquez de León afirmó: "Mi gobierno está determinado a emplear todo su empeño y energía. Si hasta hoy ha usado de indulgencia con sus adversarios políticos para dejarles tiempo y ocasión de conocer la voluntad nacional y unirse a ella, en lo de adelante tiene la imperiosa obligación de combatir a aquellos, pues su bandera no lleva ya credo político, sino pretexto para el robo y la matanza [...]. Todas las gavillas armadas que recorren todavía algunos puntos de nuestra bella patria [...] deben ser consideradas como cuadrillas de bandidos y caer en consecuencia bajo la inflexible e inexorable severidad de la ley. Mandamos por lo mismo a todos los funcionarios, magistrados y jefes militares de la nación las persigan y las aniquilen con todas las fuerzas".

Simultáneamente reorganizaba su gobierno incorporando más liberales muy moderados, los llamados por Zarco "pancistas": Velázquez de León (Estado), José Fernando Ramírez (Relaciones), José Ma. Cortés Esparza (Gobernación), Pedro Escudero y Echánove (Justicia y Negocios Eclesiásticos), Luis Robles Pezuela (Fomento), Juan de Dios Peza (Guerra). Un mes más tarde incorporaría al Consejo de Gobierno a varios conservadores: José Ma. Lacunza y Teodosio Lares y al general González Uraga.

Era un caos. Los liberales moderados (elegante manera de llamarlos) se caracterizaban por su falta de representatividad social en un país polarizado por la guerra y si a esto se sumaban las contradicciones ya existentes entre Bazaine y el emperador, entre el consejo y el gobierno y entre todos ellos y el jefe del gabinete particular de Maximiliano, el belga Félix Eloin, al que Masseras describía como parte de los que "habían llegado con la pretensión de representar el papel de hombres de Estado en un país del cual no conocían ni la lengua, ni las costumbres, ni la historia, y por el que profesaban de antemano un soberbio desprecio".

El abate Doménech resume: "Fuera de sus ilusiones y sus debilidades de carácter, no era el príncipe el hombre de la situación". Masseras va más allá: "Ligero hasta la frivolidad, versátil hasta el capricho, incapaz de encadenamiento en las ideas como en la conducta, a la vez irresoluto y obstinado, pronto a las aficiones pasajeras, sin apegarse a nadie ni a nada, enamorado sobre todo del cambio y del aparato con grande horror a toda clase de molestias, inclinado a refugiarse en las pequeñeces para sustraerse a las obligaciones serias, comprometiendo su palabra y faltando a ella con igual inconsecuencia, no adquiriendo, por último, más experiencia y gusto de los negocios, que sentimiento de las cosas graves de la vida, el príncipe encargado de reconstituir a México, era bajo todos aspectos diametralmente opuesto a lo que habrían exigido el país y las circunstancias".

Mientras que el 21 de noviembre Bazaine emite una circular en la que informa que Maximiliano desea recoger pruebas sólidas de los abusos del clero y llama a una investigación, diciembre incorporó a las tensiones internas del gobierno de Max el nuevo enfrentamiento. El 7 monseñor Pedro Francisco Meglia, arzobispo de Damasco y nuncio apostólico en México, llegó a la capital y diez días más tarde conferenció con el emperador recibiendo una lista de nueve ofertas para arreglar el conflicto con la Iglesia: la religión católica será religión de Estado; será financiada por el tesoro público; los ministros del culto católico administrarán los sacramentos y ejercerán su ministerio gratuitamente; la Iglesia cede al gobierno todas sus rentas que provengan de bienes eclesiásticos, que han sido declarados nacionales durante la República; el papa decidirá cuáles de las órdenes religiosas, suprimidas durante la República, deben restablecerse (Maximiliano deseaba restablecer la Compañía de Jesús). Los sacerdotes se encargarán del registro civil de matrimonios, nacimientos y defunciones como funcionarios civiles.

Meglia contestó que su misión era revocar las Leyes de Reforma y "reparar los daños que se han hecho y establecer el orden en la administración civil y eclesiástica", que no tenía instrucciones para tratar sobre los nueve puntos y que consultaría a Pío IX. Maximiliano se hizo el sordo y lo remitió al ministro de Justicia. Siguieron conferencias con Escudero y Echánove e incluso con Carlota (por dos horas), que según Valadés, trató de seducirlo políticamente: "Todo el abundante talento y teatralidad de Carlota se estrellaron frente al nuncio, quien rechazó los argumentos de la emperatriz como quien se sacude le polvo". Era inmune a todo argumento que no fuera la derogación de las leyes.

Los arzobispos de México, Michoacán y los obispos de Oaxaca, Querétaro y Tulancingo, le escribieron a Maximiliano el 29 de diciembre pidiéndole que no legislase sobre asuntos de la Iglesia sin previo concordato con el papa. Maximiliano les contestó pidiéndoles que no dudaran de su catolicismo, pero "buen católico como yo lo soy, seré también un príncipe liberal y justo".

Y en ese mismo diciembre el emperador envió una carta a todos los ministros del imperio en el extranjero para que la presentaran a los respectivos soberanos, protestando por el convenio que había celebrado en Miramar con Francisco José renunciando a sus derechos eventuales a la corona de Austria, argumentado que había obrado por coacción. El padre de Carlota, Leopoldo I de Bélgica, reprobó la decisión y Murphy ni siquiera se la entregó a Francisco José en Viena. Masseras insiste: "Los instintos elevados y los movimientos generosos del gentil hombre chocaban sin cesar con las extravagancias del ocioso opulento, acostumbrado a no escuchar más que sus voluntades […]. El aparato de la soberanía en lo que tiene de más fastuoso, alternaba con la afectación de una franqueza que casi descendía a la vulgaridad. Los favoritos de la víspera se encontraban abandonados, y aun a menudo maltratados al día siguiente, sin que se supiese la razón de su favor, más que de su desgracia […]. Acumulaba sobre su escritorio expedientes por centenares, confundiéndolos en tal mezcolanza, que los más esenciales y urgentes desaparecían bajo los más fútiles, tomándolos y dejándolos a su turno para acabar por perderse y abandonarlo todo. No sabía, por lo demás, desplegar una atención sostenida, sino bajo la influencia de las ideas que sonreían a sus gustos. El perfeccionamiento del código de etiqueta, la disposición de una ceremonia, el reglamento de un cortejo, la creación de la Orden del Águila Mexicana o de la de San Carlos, la instalación del teatro de la corte, el porte correcto de los trajes y de las libreas, le ocupaban fácilmente semanas enteras. Venían en seguida la botánica y la arqueología, por las cuales le atacaban accesos de pasión intermitente. Fuera de estos objetos predilectos, el trabajo constituía un esfuerzo a que era incapaz de resignarse largo tiempo aquella naturaleza voluntariosa y movediza".

Vigil añade: "Dos pensamientos [...] ocupaban a Maximiliano al concluir el año de 1864: organizar la corte sobre un pie de inusitado esplendor y hacer sentir a los cangrejos, como él llamaba a los conservadores, todo el peso de su nulidad". En esos días se compiló en un volumen de 600 páginas los reglamentos y las etiquetas de Palacio. Guillermo Prieto, en *El Cura de Tamajón*, escribió: "Al mirar las tonteras que hace el austriaco / y al ver tonto a su padre dijo un muchacho / Jesús le ayude / ¿por qué será mi padre / tan archiduque?".

Mientras tanto, la ofensiva francesa continuaba. El 2 de noviembre Leonardo Márquez ocupa Colima, tres días más tarde llega el general Douay que luego avanza hacia el noreste con tres columnas para caer sobre el ejército de Arteaga que está en Jalisco.

El coronel Clinchant con 250 zuavos, un escuadrón de caballería y dos piezas de montaña avanza a marchas forzadas sobre las huellas de los republicanos que se repliegan velozmente; pero el 21 de noviembre los alcanzan a siete kilómetros de Jiquilpan. Los franceses exagerando calculan el ejército de Arteaga en 4 mil hombres y 20 piezas de artillería de montaña.

El 22 al amanecer Clinchant arroja sobre los republicanos a los zuavos del primer regimiento en columna al mando del comandante Lalanne. El primer enfrentamiento es indeciso, los republicanos han cercado a los zuavos. En esos momentos deserta Neri con todas sus fuerzas y Echegaray sin disparar un tiro se aleja. Sólo entra en combate Arteaga con mil lanceros de Jalisco y los franceses los destruyen. La sección de artillería es muy pronto obligada a defender sus piezas a bayoneta calada; en este momento el escuadrón de caballería mandado por el capitán Perin, que ha seguido toda la maniobra del enemigo, penetra en esa zona y pone en fuga a los liberales. "La audacia y el valor y la traición han decidido la batalla".

Artega pierde en el combate 400 muertos, de los que dos son generales y un gran número de heridos y prisioneros; pierde nueve piezas de montaña, una bandera, más de 1 200 fusiles, 93 mil cartuchos, 800 tiros de cañón. Los franceses pierden al comandante Rou del Corneille y 16 zuavos, 45 heridos, entre ellos dos oficiales, Brochier y el coronel Clinchant. Arteaga en camilla huye en dirección de Uruapan arrojando al fondo de las barrancas la artillería pesada y cajas de parque.

El coronel Potier llegó el 22 por la tarde a Tingüindín, batiendo con éxito los restos dispersos de las fuerzas de Arteaga. Con este segundo descalabro el cuerpo republicano se dispersó por completo.

Nuevamente se repite la historia conocida de estos últimos meses, en terreno abierto los franceses resultan infinitamente superiores al ejército republicano por su disciplina, la habilidad de sus mandos y el armamento. Douay reporta: "La desorganización completa del ejército liberal del sud, ha sido el resultado de la victoria de Jiquilpan".

En octubre se había sometido al imperio el abogado y general Trinidad García de la Cadena y el abogado José Ma. Castro, ex gobernador de Zacatecas, se retiró a la vida privada. El 28 de diciembre González Ortega se entrevista con Juárez en Chihuahua. Juárez le dice a Santacilia: "Ortega vive ahora aquí retirado en su casa". El Presidente lo ha dejado sin ningún mando militar después de Majoma; no tiene comisión, pide permiso para salir hacia Estados Unidos.

Si la lista de las bajas que se remontaba a la Guerra de Reforma y al inicio de la Intervención resultaba interminable, ¿qué proceso revolucionario podía sostenerse ante esta sangría de sus mejores cuadros político-militares? Las bajas graves incluían la muerte de Juan Zuazua, el fusilamiento de Melchor Ocampo, la muerte en combate de Santos Degollado, el asesinato Leandro Valle, la muerte por enfermedad de Miguel Lerdo de Tejada y de Gutiérrez Zamora, la trágica defunción de Ignacio Zaragoza; la prisión en Francia, pasando hambre de Epitacio Huerta, Ignacio Mejía; la prisión y luego exilio el garibaldino teniente coronel Saviotti; la detención de Miguel Auza, el asesinato de Ignacio de la Llave… Pero ese año 64 había sido particularmente terrible: las primeras defecciones de Parrodi y Ampudia, el asesinato de Ignacio Comonfort, el fusilamiento de Ghilardi, el "envenenamiento" de Aramberri, la rendición de Francisco de Paula Milán, la defección de Díaz Mirón, el fusilamiento de Chávez, la traición de Santiago Vidaurri convertido en consejero del imperio, la salida de México de Berriozábal, el chaquetazo de López Uraga, la traición de Tomás O'Horán y Juan B. Caamaño, el exilio de Manuel Doblado y Rincón Gallardo a Estados Unidos, la deserción de Echegaray, el retiro de Jesús González Ortega… Una sensación de profunda soledad invade el campo republicano.

NOTAS

1) Francisco Bulnes: *Juárez y las revoluciones de Ayutla y de Reforma.* Hilarión Díaz: *Juárez glorificado y la intervención y el imperio ante la verdad histórica.* Gustave Niox: *Expedition du Mexique, 1861-1867; récit politique et militaire.* Ignacio Manuel Altamirano: *Historia y política de México, 1821-1882.* Lucas Martínez Sánchez: *Coahuila durante la Intervención Francesa, 1862-1867.* Antonio García Pérez: *Estudio político militar de la Campaña de Méjico, 1861-1867.* Paul Gaulot: *L'empire de Maximilien.* François-Achille Bazaine: *La intervención francesa en México según el archivo del Mariscal Bazaine.* Jean Meyer: *Yo, el francés. Crónicas de la intervención francesa en México, 1862-1867.* Víctor Orozco: "La resistencia a la intervención francesa en Chihuahua". Francisco de Paula Arrangoiz: *México desde 1808 hasta 1867.* Paco Ignacio Taibo II: *La lejanía del tesoro.* Niceto de Za-

macois: *Historia de México*. Emmanuel Masseras: *Ensayo de una Intervención Francesa en México*. Emmanuel Domenech: *Histoire du Mexique: Juarez et Maximilien*. La acción de Jiquilpan según el parte del gral. Douay. José María Vigil: *La Reforma*. José C. Valadés: *Maximiliano y Carlota en México: historia del segundo imperio*. Guillermo Prieto en *El Cura de Tamajón*, en *Obras completas*, tomo XXII. Mario Aldama: *Jalisco y la intervención francesa*. Para los potentes encontronazos entre Maximiliano y la Santa Sede ver los artículos del canónigo Jesús García: *La iglesia mejicana y el segundo imperio*.

2) Literaria (En la *Lejanía del tesoro* al modo Guillermo Prieto). "A veces la memoria no traiciona sino que ordena la realidad en otras realidades. Arbitrariamente designa los recuerdos y los mezcla. Confunde las sensaciones tenidas, con las versiones reposadas que da el tiempo. Con harta frecuencia la memoria tañe campanas de iglesias que nunca estuvieron allí. A veces estoy ahora y otras veces estoy entonces, y que el lector decida si la vivencia de lo vivido no vale la pena como pretexto para escaparse a la sintaxis de los tiempos de los verbos. Chihuahua salía del desierto como un oasis de los de aquellas mentadas mil y una noches, un oasis de agua al fin y al cabo, abundante para labios de narrador reseco. Ya nos hacíamos ilusiones de que el destino siguiente fuera otra cosa que nueva tierra de paso, pero aun así, después del par de semanas de huida, con los franceses raspando los talones de las botas, salir del desierto, era una manera de salir de la incertidumbre".

3) Entre los desertores estaba Edward Adam Subikurski (1826, Hussakowo, Polonia) que a causa de la pobreza se hace soldado en el imperio austrohúngaro. Desertor, combate a los austriacos en el 48. Vuelve al ejército imperial y participa en la campaña de Italia, se exilia en Suiza. Buscador de oro en California. En el 51 se une a las milicias territoriales en el norte de México y participa en la represión a la invasión de Raousset-Boulbon. Llega a ser capitán de la caballería mexicana hasta que en el 64 decide pedir permiso a Juárez para volver a Polonia siendo coronel; en cambio va a Veracruz donde Leonardo Márquez lo incluye en su Estado Mayor. (Arturo Mendoza Mociño: "Ese sueño de unir dos océanos sedujo a osados polacos y tenaces científicos" en Internet).

4) Juan Idueta tiene una calle que lleva su nombre en Guadalupe.

145

LOS AMORES DE LOS EMPERADORES

Uno de los delegados conservadores, Ignacio Aguilar y Marocho, que viajó a Europa para convencer a Napoleón III y a la pareja de los beneficios de instalarse en un trono en México, la retrata en un texto bastante servil: "La archiduquesa es una de esas personas que no pueden describirse, cuya gracia y simpatía, es decir, cuya parte moral, no es dable al pintor trasladar al lienzo, ni al fotógrafo al papel. Figúrate una joven alta, esbelta, llena de salud y de vida y que respira contento y bienestar, elegantísima, pero muy sencillamente vestida: frente pura y despejada; ojos alegres, rasgados y vivos, como los de las mexicanas; boca pequeña y graciosa, labios frescos y encarnados, dentadura blanca y menuda, pecho levantado, cuerpo airoso y en que compiten la soltura y majestad de los movimientos; fisonomía inteligente y espiritual, semblante apacible, bondadoso y risueño, y en que sin embargo hay algo de grave, decoroso y que infunde respeto: figúrate esto y mucho más que esto, y se tendrá una idea de la princesa Carlota".

Emmanuel Doménech, cura misionero, director de prensa del gabinete de Max, ex limosnero del cuerpo expedicionario francés, también la describe: "La emperatriz Carlota ha debido nacer con la corona imperial sobre la frente. Su aspecto noble y majestuoso indica a primera vista la soberanía: sus ojos expresivos e inteligentes, revelan los grandes pensamientos. Algunas veces sus labios y sus ojos se contraen o se animan con una expresión de desdén que le inspiran los hombres y las cosas, pero su voluntad amortigua con presteza el brillo de los ojos y da a los labios una sonrisa apacible que tranquiliza a los más suspicaces". El autor de este libro, que se confiesa suspicaz, no se siente tranquilo, hay en Carlota una inocencia aparente que para los mexicanos resulta trágica. Más bien se quedaría con la explicación de Franz Werfel: "Su encanto ha aumentado con el fingimiento que el trato diario con políticos le presta a una cara de mujer", o la descripción de Paoli: Carlota, "la maniaco depresiva más famosa del continente".

Millares de páginas se han escrito sobre la vida privada y amorosa de los emperadores, el autor no puede evitar el vicio de registrarlas. En principio parece evidente que la pareja era infértil. Ello se atribuye mayormente a Maximiliano y en particular a una enfermedad venérea adquirida en su juventud, en un viaje a Brasil, dirán algunos. Ángel Pola cuenta que Max estaba "agobiado por una enfermedad secreta, contraída en su juventud tempestuosa". Usigli, en *Corona de sombra*, insiste. Konrad Ratz lo niega: ni sifilítico, ni impotente.

Pero lo fuera o no, su vida sexual era un desastre. Susanne Igler justicará la distancia de las camas: "La costumbre imperial de dormir en recámaras separadas, perfectamente normal en Europa, había despertado sospechas en la sociedad mexicana". José Luis Blasio confirma: "Dormían separados". Rafael Muñoz va más allá: "Durante todos los años de su permanencia en México Maximiliano y Carlota nunca se acostaron juntos. Cuando estaban en la Ciudad de México o en Cuernavaca tenían habitaciones separadas. En los viajes los camaristas de Max llevaban siempre un viejo catre de hierro plegadizo que tendía en alguna pieza distante".

Un análisis superficial de la correspondencia personal daría la sensación de que te encuentras ante una pareja de enamorados, pero mientras Max lleva la carga emocional, Carlota parece colocarse más del lado de la racional, pero absoluta, admiración. Lo cierto es que abundan los adjetivos románticos.

Miko Viya habla de la frialdad sexual de Max con Carlota y sugiere que era homosexual a medias, que se sentía profundamente atraído por su eterno amigo el conde Karl de Bombelles y a ratos por su secretario en Miramar, Seves Schertzenlechner. Los demás especuladores definitivamente son partidarios de que Maximiliano ante la frialdad de su esposa era un regular adúltero.

Irineo Paz cuenta que Max le echó los perros a la sobrina del general Cisneros en un baile en Palacio y la invitó a la casa de Cuernavaca. F. Ibarra de Anda añade: "Los pasatiempos de Maximiliano tomaron carácter de cosa permanente (en 1865), deliberada y hasta falta de recato". El Instituto Nacional de Antropología e Historia lo valida en un folleto diciendo que en Cuernavaca "conoció a la esposa del jardinero de nombre Concepción Sedano, a la que se conocía como *la india bonita* y de la que se enamoró". Lo cierto es que teniendo como mansión de recreo los jardines Borda, Maximiliano se había hecho construir una casa de campo llamada El Olvido a cuatro o cinco kilómetros de Cuernavaca, en Acapancingo. Aunque según las versiones Concha Sedano se vuelve la hija del fontanero, o la esposa del jardinero de los Borda o su hija, según lo afirma el coronel Blanchot. Blasio, su secretario, será más preciso; sitúa la relación en enero del 65, cuando dice que Max pasaba 15 días en Chapultepec y 15 en Cuernavaca, la convierte en hija de un empleado de gobierno y precisa que tenía 17 años y añade que no era la única porque damas de la corte visitaban a Max en sus aposentos privados a través de una puerta que daba al jardín. Según Norbert Frýd, Max tuvo un hijo con Concha que se llamó Julián Sedano y Leguizamo, que pululaba en París en 1917 ostentándose como hijo del emperador y luciendo una larga barba partida. Fue capturado por los franceses, porque espiaba para los alemanes, y fue fusilado.

Se decía que Carlota en justa retribución también le fue infiel y que mantuvo relaciones según las fuentes con el coronel Miguel López, Cork caballerizo del emperador, Feliciano Rodríguez, o con el teniente coronel Alfred Van der Smissen jefe de la legión belga. La chismografía ilustrada dice que con el oficial belga tuvo un hijo que nació en el viaje a Europa al detenerse en las cercanías de Gante el 12 de enero de 1867 y que fue dado en adopción a un notario belga. Este hijo fue bautizado como Louis Maxime Weygand (que llegaría a ser mariscal del ejército francés). Historiadores como Albert Duchesne y André Castelot trataron de probarlo comparando fotos de Van der Smissen y Weygand en las que había un enorme parecido, pero nada se pudo probar de la maternidad de Carlota. Fueran todas estas historias ciertas o falsas, el hecho es que la pareja imperial operó dentro de una obvia relación amorosa, bastante desastrosa en materia de sexo, pero llena de fidelidades y coincidencias políticas.

En su lecho de muerte, Carlota murmurará: "Recordadle al universo al hermoso extranjero de cabellos rubios. Dios quiera que se nos recuerde con tristeza, pero sin odio". Resulta inquietante y sorprendente que la vida sexual y amorosa de Benito Juárez no haya despertado mayores intereses.

NOTAS

1) Emmanuel Domenech: "El México como es". Ángel Pola: *Los reportajes históricos*. Rodolfo Usigli: *Corona de sombra: pieza antihistórica*. Susanne Igler: *Carlota de México*. Rafael Muñoz: *Traición en Querétaro*. Miko Viya: *Querido Max*. F. Ibarra de Anda: *Carlota, la emperatriz que gobernó*. Instituto Nacional de Antropología e Historia: *Maximiliano y Carlota*. Norbert Frýd: *La emperatriz Carlota de México*. Dominique Paoli: "El papel social y cultural de la emperatriz Carlota" y *L'impératrice Charlotte: le soleil noir de la mélancolie*. "Mexican Adventure Biography Index". Ireneo Paz: *Maximiliano*. Percy F. Martin: *Maximilian in Mexico: The Story of the French Intervention, 1861-1867*. C. M. Mayo: *The Last Prince of the Mexican Empire: A Novel Based on the True Story*. Jasper Ridley: *Maximiliano y Juárez*. Konrad Ratz: *Correspondencia inédita entre Maximiliano y Carlota* y *Tras las huellas de un desconocido: nuevos datos y aspectos de Maximiliano de Habsburgo*. Joan Haslip: *The Crown of Mexico: Maximilian and His Empress Carlota*. Saeed Tiwana y Sharron McGregor: *The Prince and the Dancing Girl: An Inspirational Fiction*.
2) Emmanuel Domenech, cuyo servilismo es a prueba de fuego, se hizo famosos por un escándalo cuando presentó como propio un trabajo sobre pictogramas de indígenas de América, que resultó a fin de cuentas un cuaderno de trabajo de un niño escrito en letra gótica, todo ello después de haber sido festejado por la academia francesa y recibido méritos y glorias. Es autor de: *L'empire au Mexique et la candidatura d'un prince Bonaparte au trône mexicain*.
3) La película *Juárez* (Warner Bros., 1939) estaba basada en una obra de Broadway, *Juarez and Maximilian*; ese mismo año se filmó *La emperatriz loca* de Miguel Contreras Torres.
4) En el fondo XXIX del archivo de Condumex, además de 269 fotos de los personajes de la Reforma, hay 413 fotos de Maximiliano, Carlota y el imperio.

146

A BERLÍN Y A TURQUÍA

Una contradicción había venido creciendo entre el ejército francés y sus "auxiliares", los generales mochos mexicanos. Los queremos pero no mucho. Se expresaba en que un capitán mexicano tenía un sueldo mensual de 75 pesos y un capitán extranjero recibía 152; esto haría crisis a finales del año.

En el contexto de las confrontaciones de Maximiliano con el clero, Bazaine le sugiere, con el apoyo del secretario Eloin, librarse de Miramón. Y el 8 de noviembre del 64 Miguel sale de la capital de México enviado por Maximiliano a Berlín para "tomar un curso en la escuela superior de guerra sobre los avances de la artillería". Después de seis meses de descanso forzoso y metido en el corazón de los dimes y diretes y las intrigas, de repente: carta expedita del ministro de la Guerra enviándolo a Berlín. El aislado ex presidente se somete. El mismo día que Miramón sale de México, Carlota preside en el palacio de Chapultepec un banquete en honor del mariscal Bazaine, precedido por una función de acróbatas a cargo del maestro Chiarini. Para todos los espectros de la opinión pública se trataba de un destierro no muy bien disimulado.

Mientras Miramón no se reponía del desconcierto y se subía al *Louisiana* en el puerto de Veracruz, Leonardo Márquez, el Tigre de Tacubaya, el militar mocho que más había hecho por el imperio, era convertido por Maximiliano en embajador ante el sultán de Constantinopla y además con la agravante de que tenía que fundar un convento cristiano en Jerusalem con frailes mexicanos. Eloin cínicamente le escribía a un amigo: "el emperador […] le salvaba de las garras del clero". Márquez justificaría el "destierro" años más tarde diciendo que "yo había escrito de Colima al emperador pidiéndole licencia para ir a Europa, con objeto de curarme de mi herida, que se conservaba abierta", aunque el eterno mentiroso reconoce que esa carta nunca llegó a destino.

En enero del 65 Miramón se encuentra en Berlín, ganando un salario muy bajo. Le escribe a Concha, su mujer, cartas desesperanzadoras, quejándose del frío que atacaba su calvicie prematura y que mal cubría el pecho con la barba de chivo; y por quejarse abundaba protestando por el recorte presupuestal del 15% en sus salarios; que repartidos entre ambos le creaba problemas de subsistencia. Por ahí Barragán contaba que hasta vendió para sobrevivir los botones de oro de su uniforme y la cadena de su reloj. Poco después Maximiliano envió también a Berlín a su esposa Concepción Lombardo con sus hijos.

Si la misión de Miramón estaba marcada por el frío y el aburrimiento, la de Márquez era una comedia. El 24 de mayo del 65, Márquez fue recibido por el gran sultán en el palacio imperial de Beyler Beyi, como plenipotenciario ante la sublime Puerta (Constantinopla), poniendo en sus manos la orden de Gran Águila Azteca. *El Diario del Imperio,* al que le fascinaban estas historias, narra: "Este ceremonial se verificó con toda la grandeza, pompa y magnificencia que caracterizan a la Corte Oriental. El Gran Sultán envió a su introductor de embajadores, vestido de gala, y en una barca lujosamente dispuesta para conducir a nuestro ministro a palacio, donde encontró formadas las guardias que le hicieron los honores debidos a su clase, habiendo salido a recibirle a la puerta principal los chambelanes y demás personas de la corte, quienes le introdujeron al salón en que se hallaban el Gran Visir Aly Pacha, ministro de Negocios Extranjeros, y Ariti Bey, primer intérprete de la Sublime Puerta, los que le tributaron toda clase de atenciones y obsequios. De allí, el general Márquez, acompañado de su Secretario y su ayudante, fue conducido a la presencia del Gran Sultán, que le esperaba de pie en el salón del trono; presentando las credenciales en una cartera de terciopelo blanco bordada de oro, y el Gran Collar en una magnífica caja".

Tan ridículas y viles eran juzgadas por el público las misiones que desempeñarían Miramón en Berlín y Márquez en Turquía, que *La Orquesta* del 14 de enero de 1865 publicó una caricatura que tuvo mucho éxito. Los dos generales aparecían, cada uno con su vara de San José, en peregrinación. Miramón va adelante asiendo con la derecha un papel en que se lee el alfabeto y atrás camina Márquez. Al pie de la caricatura hay este verso: "Van en peregrinación / Dos ilustres Señorones; / Uno en busca de instrucción / Y el otro con instrucciones".

Juárez le escribiría a Mariano Escobedo el 27 de marzo del 65 calificando como un grave error de Max el haberse librado de sus dos más importantes generales mexicanos.

En Berlín, Miramón se encuentra con el estallido la guerra entre Prusia y Austria y no resiste la tentación de, dadas sus simpatías por los católicos austriacos, acercarse a Viena. Viajará más tarde a Francia en octubre del 65 donde se aloja en la calle Newton en los Campos Elíseos y se reúne con miembros de la colonia imperial en París. Será investigado por los servicios secretos franceses, que le reportarán a Bazaine. Les interesa sobre todo saber si tiene contacto con políticos franceses contrarios a la aventura mexicana de Napoleón, en particular Jules Favre, pero no encuentran ninguna prueba.

El 13 de diciembre del 65 finalmente Leonardo Márquez llegó a Jerusalén con Pedro de Haro, nombrado cónsul general del imperio mexicano en Tierra Santa, y puso en manos del gran patriarca "una rica custodia, cáliz y patena".

Por más que Márquez recibiera abundantes condecoraciones (el Gran Cordón de la Orden Imperial Turca del Medjidié y la Gran Cruz del Santo Sepulcro que le concedió el Patriarca de Jerusalén) el consulado duró muy poco y el convento no llegó a fundarse, porque Maximiliano no entregó el dinero necesario. Los monjes guadalupanos después de haber estado algunos meses en Jerusalén, en el convento de franciscanos españoles, hostilizados por los turcos y por los sacerdotes griegos ortodoxos, emigraron.

NOTAS

1) F. Ibarra de Anda: *Carlota, la emperatriz que gobernó.* José Parres Arias: *Causa de Maximiliano de Habsburgo y sus generales Miguel Miramón y Tomás Mejía.* Carlos Sánchez-Navarro: *Miramón, el caudillo conservador.* Víctor Darán: *El general Miguel Miramón; apuntes históricos.* Román Araujo: *El general Miguel Miramón, rectificaciones y adiciones a la obra del Sr. D. Víctor Darán.* José Fuentes Mares: *Miramón, el hombre.* José Antonio Septién y Llata: *Maximiliano, emperador de México, no fue traidor.* Ignacio de la Peza y Agustín Pradillo: *Maximiliano y los últimos sucesos del imperio en Querétaro y México.* Leonardo Márquez: *Manifiestos (el Imperio y los imperiales). Por qué rompo el silencio,* rectificaciones de Ángel Pola. Francisco Bulnes: *El verdadero Juárez y la verdad sobre la intervención y el imperio.* Agustín Rivera: *Anales mexicanos. La Reforma y el Segundo Imperio.* Paco Ignacio Taibo II: *La lejanía del tesoro.* Niceto

de Zamacois: *Historia de México*. François-Achille Bazaine: *La intervención francesa en México según el archivo del Mariscal Bazaine*.

2) Reconstruyo, abusando de la ficción y de mano de Guillermo Prieto, en *La lejanía del tesoro*, un diálogo así: "Amigazo (dice el Gran Sultán), qué placer que *vingas* usted por *quí*, por la Gran Puerta, tanto *tempo* sin vernos, ¿cómo sigue el tranvía de mulas de Tacubaya? Entrañable (le responde), es de mi gran placer venir hasta Constantinopla con una tinaja de curado de tuna que le envía Max. Queridísimo, *nesotros* abstemios en este rancho. La tuna es vegetal sin par de las planicies mexicanas, señor. Pues pasándote al *serrallo* mío, que la prueben de primero los *enucos*. (Cosas menores que estas pueden romper relaciones internacionales, debería cuidarse Max de sus embajadores)".

3) Du Barail sobre Márquez: "Se le tenía por muy valiente pero fanático, poco inteligente y sin piedad".

147

"LA CUARTA CALAVERA"

Dos años antes, en 1862, la situación en Jalisco era muy difícil para los liberales: enfrentaban penurias económicas, bandidaje desbordado y gran descontento de la ciudad por haber establecido el decreto para alistar a todo jalisciense entre 18 y 50 años para formar 8 mil hombres que acudieran al llamado de Juárez a la resistencia. Ramón Corona, Herrera y Cairo y Antonio Rojas organizaron el contingente de Jalisco para incorporarse al Ejército de Oriente que se pensaba mandar como refuerzo en auxilio de Puebla. Por el camino Rojas se vio obligado a enfrentar guerrillas conservadoras que se habían alzado apoyando al imperio en Jocotepec y en Zapotlán del Rey. Tras la caída de Puebla en el 63, Rojas participó en el intento de reconstruir el Ejército del Centro, pero Bazaine, al inicio del 64, tomó Guadalajara.

Las guerrillas se replegaron hacia Colima, donde fueron nuevamente derrotadas, y en diciembre del 64 Rojas emitió un manifiesto en Zacate Grullo, que José Maria Vigil califica como "programa de desolación y exterminio, cuyas funestas consecuencias pesarían ante todo sobre los propietarios y gentes pacíficas", y que decía textualmente: "Las poblaciones, en donde no sean recibidas las fuerzas republicanas con regocijo, negándoseles abierta hospitalidad, serán incendiadas y sus habitantes obligados a pelear como soldados rasos o pasados por las armas según la gravedad del delito" y "todas las propiedades de los particulares pasan a ser propiedad de las brigadas unidas; en consecuencia, todos aquellos que se rehúsen a proporcionar víveres, pasturas, dinero y cuanto más se les pidiese, serán pasados por las armas". Alguien tan poco sospechoso de emitir una opinión contra la república como Toral señala: "La obra de sus chusmas, compuestas de bandidos de la peor ralea, numerosas y completamente desorganizadas, era con mucho más perjudicial que benéfica".

Irineo Paz narra el paso de la brigada por el sur de Jalisco a fines de diciembre del 64: "El aspecto de nuestra columna de marcha desde Huescalapan hasta Zapotiltic era digna de llamar la atención: de buena gana hubiera querido que un fotógrafo sacara aquella vista. En realidad, la columna se componía de unos 3 mil hombres de combate; pero iban allí más de 8 mil personas, ocupando una extensión de cinco leguas. El número de mujeres que iban allí a caballo y a pie era superior al de los hombres. Cada oficial de Rojas llevaba un Estado Mayor y hasta los soldados llevaban ordenanzas que les estirasen sus caballos de mano, porque no se había dejado ni un solo caballo en ranchos, haciendas y poblaciones. Por supuesto que el desorden de aquella marcha era espantoso: mezcladas entre los cuerpos iban las mulas cargadas con los equipajes, los caballos de mano y las mujeres, lo cual hacía que cada escuadrón o batallón ocupara media legua. No había ni piezas de artillería ni carros, y sin embargo no podía decirse que aquella fuera una columna ligera, pues que en caso ofrecido no podría hacer movimiento alguno, y cien hombres bien disciplinados eran más que bastantes para derrotarla".

El entonces general Rojas firmaba documentos con una calavera. Lo acompañaba un secretario llamado Pedro Leos. Cuando estaban acampados en Zapotlán, arribó una diligencia de Guadalajara; Rojas estaba convaleciente y se molestó por el ruido del carruaje, ordenó que lo quemaran con todo y los pasajeros. Lo convencieron de que salvara el correo, los pasajeros y los caballos, pero no se salvó el cochero ni el vehículo.

El 28 de enero del 65 fue alcanzado por el capitán francés Berthelin, la Hiena Roja, según Paz "un asesino terrible que derramaba el luto entre todos los habitantes de las comarcas que recorría, cometiendo actos más censurables que los de Rochin y Simón Gutiérrez". Berthelin, con 200 franceses y 50 jinetes, logró cercarlos en la hacienda de Potrerillos. Sorprendidos cuando estaban desensillando los caballos, las tropas de Rojas se parapetaron, momento en el cual tres balas francesas atravesaron a Rojas, quedando muerto instantáneamente junto con 50 de sus seguidores. La historia de la muerte es confusa, o murió de un balazo en la frente mientras disparaba su rifle, o de un tiro en la espalda ejecutado por uno de los soldados de Berthelin, o asesinado a traición de un tiro en la espalda por Diego Barrientos, uno de sus hombres, que supuestamente era el hermano de un mujer violada por Rojas y se había unido a la guerrilla para vengarla. Cincuenta o 60 hombres cayeron en el combate, entre ellos el mismo Barrientos. El botín adquirido por Berthelin y los suyos consistió en más de 40 mil pesos muy bien acostalados, en barras de plata y oro, en alhajas y un buen número de armas y municiones.

Ireneo Paz le dedica un epitafio: "Este hombre extraordinario, que tanto combatió por las instituciones republicanas, seguramente sin comprenderlas, derramando más sangre humana que todos los tiranos del mundo; este hombre que fue terror de los pueblos y de las familias de Jalisco; este hombre que debió haber muerto cien ocasiones en un patíbulo, pereció gloriosamente disparando su rifle contra los invasores".

El vencedor de Rojas entró triunfante a la ciudad de Guadalajara el 27 de febrero, la prensa imperial los llamó: "los triunfadores inmortales, pacificadores del sur de Jalisco". Berthelin fue ascendido. Se decía que a Rojas le habían cortado la cabeza y sepultado el cuerpo en el campo de batalla, donde supuestamente debe permanecer. Pero la historia no habría de terminar allí.

A los 19 años, un joven desempleado llamado Eugène Boban viajó a México tras haber probado fortuna en los minerales de oro de California, era el año 1857 y en el país se combatía la Guerra de Reforma. Aprendió el español y vagó descubriendo ruinas arqueológicas, aprendiendo el náhuatl y saqueando lo que pudiera. Montó una tiendita que vendía libros, documentos, retablos coloniales y vestigios prehispánicos a turistas. La tienda creció aprovechándose de la destrucción por Baz del convento de San Francisco. Cuando se produce la Intervención francesa, tenía fama de experto y al montarse la expedición científica fue nombrado consultor y comenzó a usar el título de "anticuario del emperador". Una amplia muestra de los materiales que había recolectado fue a dar a la Exposición Universal de París en 1867, pero a la caída del imperio el material no regresó a México y Boban retornó a Francia para venderlo. En 1869 montó un comercio llamado *Antiquites Mexicaines* a una cuadra de la Sorbona con, como cuentan MacLaren y Hunt, "varios miles de artefactos, incluyendo numerosas estatuas de piedra de gran tamaño aztecas y toltecas, y cerámica fina del valle de México, raras figuras de cerámica de Veracruz y máscaras de piedra teotihuacanas".

Una parte de su colección fue a dar al Museo Etnográfico del Trocadero y Boban se convirtió en consultor. Entre las curiosidades con las que traficaba había dos calaveras de cristal del tamaño de una toronja y una placa de obsidiana con la fecha 1347. Boban las vendió y fueron exhibidas en 1878 en la Exposition Universelle. Una tercera calavera apareció posteriormente y algunos críticos señalaron que "su autenticidad parecía dudosa".

En febrero de 1885, Eugène Boban regresó a la Ciudad de México y fundó el Museo Científico. En la cuarta sala dedicada a la "craniometria y antropología física", se encontraban entre momias egipcias y restos momificados del convento de Santo Domingo una "calavera de cristal de roca tamaño natural única en el mundo" y una pieza, un cráneo, numerado en el catálogo como 1389: "Calavera de Antonio Rojas feroz jefe de guerrillas asesinado por un soldado del capitán Berthelin, ejército francés época de Maximiliano".

Boban decía que se la había dado su amigo el coronel Tamisey durante la expedición francesa, y que si había aparecido otra en una feria de Nueva York era culpa de su amigo Nichols. Como verán todo muy "científico". Finalmente

Rojas se la vendió por 99 dólares al Army Medical Museum. En 1904, el museo transfirió sus fondos al Smithsonian. Y ahí se quedó, probablemente hasta que un empleado del instituto examinó la calavera y anotó en el registro que se trataba de una calavera femenina de 30 o 40 años de edad. Lo cual dado el previo fraude de las calaveras aztecas puso en duda la autenticidad de todo. La aparición de una foto de Rojas en un álbum adquirido por una pareja de Toulouse, probablemente heredado de un soldado francés, permitió recientemente que el Smithsonian usando el "Siemans Somotom CT scanner" hiciera un modelo tridimensional al que se sobrepuso la foto. Se colocaron ojos en las órbitas, se reconstruyó la nariz, las cejas se dispusieron, se reconstruyó la boca y la frente y se colocó la piel a partir de estudios de restos similares.

El primer análisis concluyó que la reconstrucción ofrecía rasgos comunes de poblaciones de México y Centroamérica; análisis craniométricos probaron su mestizaje e indicaron que era realmente de la calavera de Antonio Rojas.

Pero este narrador mantiene sus dudas: No hay constancia de que a Rojas le cortaran la cabeza. No era mestizo, era descendiente de españoles y la foto que se muestra en la página de Cultura Autlán no parece darle la razón a los medidores: cabeza grande y alargada, mandíbula prominente.

De cualquier manera un salvaje como Antonio Rojas se merece tener su cráneo reconstruido en el Smithsonian.

NOTA

1) Agustín Rivera: *Anales mexicanos. La Reforma y el Segundo Imperio*. Ireneo Paz: *Algunas batallas*. Jane MacLaren Walsh y David R. Hunt: *The Fourth Skull: A Tale of Authenticity and Fraud*. José María Vigil: *La Reforma*. Jesús de León Toral: *Historia militar: la intervención francesa en México*.

ÍNDICE

TOMO 2